Temas de Direito das Crianças

Temas de Direito das Crianças

2016 · Reimpressão

Maria Clara Sottomayor
Juíza Conselheira do Supremo Tribunal de Justiça
Doutorada em Direito Civil pela Universidade Católica Portuguesa

TEMAS DE DIREITO DAS CRIANÇAS
AUTORA
Maria Clara Sottomayor
EDITOR
EDIÇÕES ALMEDINA, S.A.
Rua Fernandes Tomás, nºs 76, 78, 80
3000-167 Coimbra
Tel.: 239 851 904 · Fax: 239 851 901
www.almedina.net · editora@almedina.net
DESIGN DE CAPA
FBA.
PRÉ-IMPRESSÃO
EDIÇÕES ALMEDINA, S.A.
IMPRESSÃO E ACABAMENTO
DPS - DIGITAL PRINTING SERVICES, LDA

Agosto, 2016
DEPÓSITO LEGAL
377958/14

Apesar do cuidado e rigor colocados na elaboração da presente obra, devem os diplomas legais dela constantes ser sempre objecto de confirmação com as publicações oficiais.

Toda a reprodução desta obra, por fotocópia ou outro qualquer processo, sem prévia autorização escrita do Editor, é ilícita e passível de procedimento judicial contra o infractor.

 | GRUPOALMEDINA

BIBLIOTECA NACIONAL DE PORTUGAL – CATALOGAÇÃO NA PUBLICAÇÃO
SOTTOMAYOR, Maria Clara
Temas de direito das crianças. – (Monografias)
ISBN 978-972-40-5588-6
CDU 347

*Aos meus pais,
porque na infância me deixaram ser eu própria*

PREFÁCIO

Tenho a certeza que este livro vai ser um marco na história do "Direito das Crianças".

A Conselheira Maria Clara Sottomayor habituou-nos já a um elevado nível de qualidade e rigor nas obras que publica, porque fundadas em rigorosa pesquisa e ponderada reflexão. Todavia, não apenas porque contém um conjunto de temas diversos, relevantes e muito atuais, mas sobretudo porque trata de algumas matérias que têm conduzido a fortes polémicas, este livro vai ser um êxito e uma verdadeira referência.

Fruto da sua vasta experiência e investigação como Professora Universitária, mas também como ativista em Organizações de Defesa de Direitos das Mulheres e das Crianças, estes trabalhos, elaborados quase todos já após o seu Doutoramento, vêm colmatar um défice de sistematização em áreas da maior importância.

O primeiro texto sobre a questão do tratamento do Direito das Crianças como ramo autónomo contextualiza o tema sob as perspetivas histórico--filosófica e jurídica e enquadra os conceitos sob o ponto de vista da interdisciplinaridade com as outras ciências sociais e a psicologia, dirigindo por fim a abordagem para o elemento finalístico do Interesse da Criança, sem esquecer o elemento material em que preconiza a compilação de um Código das Crianças.

O segundo tema, sobre a questão da dupla residência das crianças após o divórcio, é atualmente um dos mais sensíveis nos Tribunais de Família, desmistificando as crenças que tantas vezes conduzem à injustiça. Centrando-se nas reais necessidades das crianças e no seu bem-estar, demonstra através de múltiplos estudos como pode ser violenta para as crianças, sobretudo para as mais novas, a constante mudança de residência, pela insegurança e instabilidade que provoca. Neste trabalho, analisa as consequências nefastas que teve a opção legislativa de 2008, que ao pretender desdramatizar os divórcios, eliminou qualquer apreciação da culpa dos cônjuges na rutura, acabando por, na prática, ficcionar a inexistência da violência doméstica, conduzindo assim a uma gritante indiferença perante uma realidade devastadora e de enorme dimensão, que merece um tratamento diferenciado, através de uma cláusula de salvaguarda. Por outro lado, Clara Sottomayor explica que a lei, ao adotar a ideologia da coparentalidade, permite que, por vezes, seja perigosamente substituído o *princípio da pessoa de referência* por uma ideia romantizada das relações familiares, que insiste nos convívios a todo o custo, mesmo nos casos de recusa relativamente a pais agressores. Na verdade, o que já se intuía pela experiência, sobretudo pelo crescente número de casos de homicídio, está agora demonstrado pela investigação científica que a violência recrudesce após a separação, e por isso, a autora salienta que houve já alterações legislativas nalguns Países atentos a este fenómeno, como a Austrália, o Canadá e os EUA, em que o ponto de partida nos processos de regulação das responsabilidades parentais passou a ser a proteção das mulheres e das crianças vítimas de violência doméstica.

O terceiro tema é igualmente muito oportuno e delicadíssimo, intimamente relacionado com o anterior, e desenvolve-o, em particular no que respeita à proteção que é devida às crianças vítimas de abuso sexual neste tipo de processos. Corresponde à comunicação apresentada na Conferência Internacional "O Superior Interesse da Criança e o mito da 'Síndrome de Alienação Parental'" e analisa cuidadosamente a questão da recusa dos convívios por parte da criança, a credibilidade do seu testemunho, chamando a atenção para a origem da tese, que apesar de não ter acreditação científica, tem conseguido uma progressão assustadora, na medida em que mantém vivos um conjunto de estereótipos, designadamente os que descrevem a criança como ser "incapaz", permeável à influência perversa da mãe, que age por vingança, citando abundantemente o seu autor Richard Gardner, que descrevia as mulheres e as crianças de forma absolutamente desrespeitosa e inaceitável, negando até o sofrimento das crianças abusadas. Mais tarde, tomando consciência do repúdio que as suas teses mereceram, designadamente na sequência do suicídio de adolescentes entregues ao pai, com base em pareceres seus, Gardner viria a alterar um pouco estes contornos, mas a tese malévola, essa permaneceu e tem causado, por esse mundo fora, as maiores injustiças, geradoras das mais traumáticas decisões. A aceitação desta tese também tem por base a crença romântica na "família arquétipo/ideal", negando na prática, a dimensão pandémica do fenómeno do abuso sexual intrafamiliar. Sob o pretexto da tese da alienação parental, que pretende sancionar as mães que dificultam os contactos dos pais com os filhos, sem averiguar as causas da recusa, e sem se valorizar a vontade das crianças, muitas vezes acaba-se a punir a criança, separando-a da sua pessoa de referência e correndo-se o risco de confiar crianças vítimas de abuso ao seu agressor.

Mais uma vez, Clara Sottomayor analisa múltiplos casos e decisões, demonstrando como são diferentes os pontos de vista adotados nos nossos Tribunais e apelando à clarificação da lei e também à necessária especialização dos Magistrados em matéria de violência doméstica e abuso sexual de crianças. Por ser, segundo creio, o mais chocante, destaco aquele onde talvez mais longe se levou a tese de Gardner, e que respeita ao caso de uma criança de Fronteira, que recusava visitas ao pai, a quem acusou de abuso sexual e que foi institucionalizada durante mais de um ano, por se ter considerado que a mãe, professora, incutira falsas memórias na filha.

Estas decisões são muito prejudiciais para o equilíbrio emocional das crianças e destroçam as suas mães que as querem proteger, provocando muita insegurança.

Importa referir que em todos os trabalhos deste livro, é notória a preocupação com o direito de participação das crianças, o direito a fazerem-se ouvir, a expressarem os seus sentimentos e a sua vontade e o que é igualmente extraordinário é a extensa bibliografia citada, os numerosos estudos consultados e uma reflexão centrada na criança, como sujeito, como ser autónomo, titular de direitos e com a sua identidade própria.

Também os direitos das vítimas de crimes violentos são objeto de atenção neste livro. Recentemente, quer o Conselho da Europa, através de Convenções, quer o Parlamento e o Conselho da União Europeia, através de Diretivas, têm produzido normas sobre um conjunto de matérias da maior importância, pelo que não apenas a legislação nacional como a internacional mereceu a observação zelosa da autora, que chama a atenção para a insistência expressa quer nas Convenções, quer nas Diretivas, para a formação e a especialização dos profissionais. Estas matérias específicas revestem a maior complexidade, porquanto não apenas estão dispersas, como convocam conhecimentos multidisciplinares, de outras áreas sociais. Daí que só aparentemente possam solucionar-se com bom-senso, tanto mais que esse apelo milenar não tem resultado em maior segurança e proteção para as vítimas, que sentem a deficiente formação dos profissionais como mais um obstáculo à concretização do seu direito à não violência.

Importa recordar que muitos conceitos e metodologias como a interdisciplinaridade e a utilização do raciocínio indutivo resultaram num progresso no pensamento jurídico, devido à necessidade sentida por juristas, médicos e profissionais de outras áreas do saber de combater a violência sobre a criança de forma sistemática, quer através da lei, quer através de rigorosos diagnósticos de intervenção, sem descurar a prevenção e a adoção de políticas integradas e globais para a infância.

Finalmente, Clara Sottomayor brinda-nos com dois trabalhos magníficos sobre o Direito dos afetos, que me foi particularmente grato ler e que não vou desvendar. Deixo-vos apenas três frases, que tenho a certeza vos convidam a contextualizá-las: "As emoções têm sido, ao longo da história, a força motora das mudanças dos sistemas políticos, das religiões, da Justiça, da luta contra a escravatura e contra todas as formas de opressão... As emoções desempenham também necessariamente um papel na elaboração da lei, no julgamento e no raciocínio jurídico". E mais adiante: "Quando me refiro ao papel dos sentimentos e das emoções no raciocínio jurídico, quero dizer com isto que é importante uma ética de cuidado nas decisões judiciais, quando estão em causa grupos socialmente vulneráveis".

Por ocasião do 25º Aniversário da Convenção sobre os Direitos da Criança, este é um contributo da maior valia que vai enriquecer de uma forma condigna a comemoração desta data, reafirmando a nova perspetiva da criança, como sujeito, e porque visa afinal cumprir o direito da criança a "um ambiente familiar de felicidade, amor e compreensão".

Admiro profundamente a Conselheira Clara Sottomayor, a sua inteligência, capacidade de trabalho, profissionalismo, adesão ao rigor da verdade e espírito de justiça. Defensora intransigente dos Direitos Humanos, considero-a uma das mais brilhantes juristas do nosso tempo. Incansável no seu labor de pesquisa e de escrita, tem já uma obra notável. Como me identifico com as suas posições e me tenho dedicado a esta área do Direito, senti-me muito honrada pelo convite para escrever este prefácio, que aceitei cheia de orgulho.

Estou profundamente convicta que este livro era já indispensável no nosso panorama jurídico. A nossa Universidade decerto irá retomar estes temas com a ajuda desta visão ponderada e fundamentada em pesquisa e investigação séria, que só é comprometida com a causa dos direitos fundamentais. O Direito das Crianças fica indubitavelmente dotado de uma obra de grande fôlego e interesse e os nossos Tribunais têm mais um instrumento, pleno de vigoroso pensamento, e recurso a elementos bibliográficos relevantes, para uma prática mais esclarecida e eficaz a favor da proteção da criança e por isso, também mais justa.

MARIA DULCE ROCHA
Procuradora da República,
Presidente Executiva do Instituto de Apoio à Criança

NOTA PRÉVIA

Este livro traz à luz do dia um conjunto de estudos, não publicados ou apenas parcialmente publicados, que são o resultado da investigação feita no âmbito da lecionação da disciplina de Direito das Crianças, entre 2009 e 2013, na Universidade Católica Portuguesa, no Mestrado de Direito Privado da Escola do Porto e no Mestrado Forense da Escola de Lisboa, bem como o resultado da minha participação em Conferências e da experiência adquirida no contacto com a prática judiciária, como académica, em defesa dos direitos e interesses das crianças.

O primeiro estudo refere-se ao «Direito das Crianças como um novo ramo do direito» e debruça-se sobre os elementos normativos, finalísticos e metodológicos que justificam a autonomização do Direito das Crianças, como um ramo do direito que não se enquadra, de forma perfeita, nem no direito privado nem no direito público, e que se carateriza por pôr em causa, devido à abordagem interdisciplinar dos problemas, as fronteiras entre os vários ramos do direito, cujos princípios isoladamente considerados são insuficientes para resolver de forma adequada as questões jurídicas que envolvem as crianças.

O segundo, «Entre idealismo e realidade: a dupla residência das crianças após o divórcio», incide sobre os resultados da investigação científica em torno da adaptação das crianças aos novos modelos de guarda após o divórcio, designados por «guarda partilhada» ou «alternada», para concluir que, nesta matéria, existe uma discrepância entre as representações populares sobre o que é melhor para as crianças e os dados das ciências sociais, que indicam que a maioria das crianças, sobretudo nos casos de conflito e em determinadas fases do seu desenvolvimento, sofre perturbações psicológicas e ansiedade com a execução do modelo. O Direito da Família, ao longo dos tempos, tem sido e continua a ser o ramo do direito mais ligado a ideologias e a crenças. Contudo, é nas ciências sociais que devemos procurar resposta para os problemas e não nas crenças ou no mero senso comum. Foi esta a orientação da legislação australiana da família, que, em 2011, apoiada pela investigação científica, revogou a reforma de 2006, que tinha decidido que a guarda partilhada era o modelo preferido pelo legislador e o ponto de partida das decisões judiciais.

O terceiro, «Abuso sexual e proteção das crianças nos processos de regulação das responsabilidades parentais», trata da complexa questão das alegações de abuso sexual em processos de regulação das responsabilidades parentais, num contexto em que as crianças têm muito pouca idade, cerca de 4-5 anos, os abusos não deixam vestígios físicos nem biológicos, e o sistema judicial não está preparado para compreender e valorizar as declarações das crianças, por falta de especialização sobre o tema e preconceitos contra a capacidade das crianças testemunharem e distinguirem a fantasia da realidade. O risco de um falso negativo é, por isso, muitíssimo mais elevado do que o risco de um falso positivo. Defendo, portanto, a propósito desta questão, a necessidade de articulação entre os processos tutelares cíveis e os processos penais, a audição da criança por profissionais especializados e a primazia da proteção das crianças nos processos tutelares cíveis, mesmo nos casos em que no processo-crime não se reuniu prova suficiente para uma condenação. O atual sistema, que sobrepõe a relação da criança com ambos os pais às necessidades de proteção das crianças, numa lógica de separação entre o direito da família e o direito penal, deve mudar de paradigma e passar a promover, em primeiro lugar, o direito das crianças a viver sem violência.

O quarto estudo intitula-se «Os direitos das crianças vítimas de crimes violentos» e faz uma resenha dos direitos de assistência e proteção das crianças consagrados em convenções internacionais e europeias, bem como em decisões-quadro e diretivas comunitárias, concetualizando-se os mesmos não como meras medidas de proteção, mas como direitos fundamentais de natureza análoga aos direitos, liberdades e garantias e portanto direta e imediatamente aplicáveis e vinculativos para entidades públicas e privadas (arts. 17º e 18º da CRP). Defendo, também, a concentração, de forma sistematizada e unitária, de todos estes direitos num único diploma relativo às crianças vítimas de crimes sexuais, em vez da atual dispersão por várias leis e decretos-leis, que dificulta o trabalho do julgador e dos profissionais que lidam com as vítimas, travando a inovação das práticas judiciais, que acabam por manter os paradigmas antigos, mesmo após sucessivas alterações legislativas impostas por diretivas e convenções internacionais. Note-se que, nesta matéria, mais do que alterações legislativas, é essencial a adjudicação de recursos económicos do Estado à proteção efetiva das vítimas, à obtenção de equipamentos audiovisuais para proceder à gravação em vídeo do testemunho das crianças, à criação de espaços adequados e à formação especializada dos profissionais da psicologia e do direito.

Os dois últimos textos integrados na designação, «Direito dos afetos e interesse da criança», referem-se, o primeiro, a uma Conferência feita na Faculdade de Direito da Universidade de Lisboa e o segundo, a um parecer a propósito de um caso de adoção do filho do cônjuge declarada improcedente pelo tribunal de 1ª instância e decretada por acórdão do Tribunal da Relação do Porto, que revogou a sentença recorrida. Nestes textos, debruço-me sobre o conceito de afeto como conceito legal e jurídico, passível de demonstração objetiva em tribunal, através de prova testemunhal quanto à prestação de cuidados à criança no dia-a-dia. Discuto também a questão de saber se o Código Civil aderiu a uma conceção biologista ou afetivista do interesse da criança e defendo que este diploma legal, consagrando a possibilidade de exercício das responsabilidades parentais por terceiras pessoas (arts. 1907º, 1918º e 1919º) e centralizando a definição dos pressupostos da confiança judicial com vista a futura adoção no conceito de vínculos afetivos próprios da filiação (art. 1978º, nº 1), adotou, nas decisões de guarda e de adotabilidade de crianças, a prevalência dos laços afetivos sobre os critérios estritamente biologistas, desligados da prestação de cuidados.

Uma palavra mais sobre a autonomia do Direito das Crianças:

O Direito das Crianças, como disciplina jurídica, abrange o estudo de todas as relações sociais, em que a criança ocupa a posição de sujeito, titular de direitos específicos à sua condição de ser humano em desenvolvimento.

Justifica-se a autonomia científica da regulação legal e judicial deste setor da vida social, por quatro ordens de razões:

1) *Razões didáticas*: Os ramos de direito clássicos não inserem no seu objeto de estudo e de investigação os problemas sociais e jurídicos que afetam a qualidade da vida das crianças, ou concedem-lhes uma dimensão reduzida, que não tem em conta a especificidade dos princípios aplicáveis e dos direitos das crianças. A noção de sujeito autónomo de que partem os ramos de direito tradicionais é abstrata e pretensamente universal, e tem por pressuposto a pessoa adulta, sem ter em conta as especificidades da situação biológica, psicológica, social e jurídica das crianças, as quais exigem uma lógica de discriminação positiva.

2) *Importância prática*: Contributo para melhorar a qualidade das decisões administrativas e judiciais que dizem respeito às crianças e para fornecer, aos órgãos aplicadores do direito e a todos os profissionais que lidam com as crianças, uma formação especializada.

3) *Interdisciplinaridade*: O Direito das Crianças caracteriza-se por uma abordagem interdisciplinar dos problemas, numa dupla vertente: entre os vários ramos do direito e entre o Direito e as outras ciências sociais, questionando, assim, em simultâneo, as fronteiras entre os vários ramos do direito e a separação entre o jurídico e o social. O cruzamento de diferentes ramos do direito entre si e do Direito com as ciências sociais produz um «efeito fertilizante» susceptível de fazer progredir o Direito e de encontrar soluções mais adequadas aos interesses das crianças e à concretização dos seus direitos.

4) *Valor simbólico*: Promover a consciencialização social do valor e da dignidade humana das crianças, como pessoas, bem como o reconhecimento das suas capacidades naturais e das suas aptidões físicas, psíquicas, intelectuais e volitivas, com o objetivo de obter uma mudança da mentalidade dos/das futuros/as profissionais do direito e de criar uma nova cultura da infância na sociedade e nos Tribunais, que rompa com a visão da criança como «menor» sujeita à autoridade mais ou menos discricionária de outrem, que define unilateralmente o seu interesse e que tem competência para a corrigir nas suas faltas.

A necessidade de garantir uma proteção especial às crianças foi enunciada pela primeira vez na Declaração de Genebra de 1924 sobre os Direitos da Criança e na Declaração dos Direitos da Criança adotada pelas Nações Unidas em 1959, tendo sido também reconhecida pela Declaração Universal dos Direitos Humanos, pelo Pacto Internacional sobre os Direitos Civis e Políticos (arts. 23º e 24º) e pelo Pacto Internacional sobre os Direitos Económicos, Sociais e Culturais (art. 10º). Mas foi a Convenção sobre os Direitos das Crianças das Nações Unidas, de 1989, ratificada pelo Estado português em 1990, o primeiro diploma internacional a reconhecer às crianças a capacidade de autodeterminação e os direitos de participação (art. 12º), ultrapassando-se assim a visão tradicional das crianças como objeto de políticas sociais de proteção para a sua consideração como sujeitos de direitos, portadores de uma opinião própria sobre as questões que lhes dizem respeito.

A autonomização do Direito das Crianças surge no termo desta evolução com a verificação de que a Declaração Universal dos Direitos Humanos não contemplava a *especificidade* de ser criança, que exige a consagração de *direitos específicos*, nem a realidade concreta em que as crianças vivem no mundo, marcada pela pobreza, guerra, violência, exploração sexual e outros maus tratos.

Nas palavras de Lloyd DeMause, «The Evolution of Childhood», a história da infância é um pesadelo do qual só recentemente começamos a acordar.

O padrão violento dos adultos na relação com as crianças não foi registado pelos historiadores porque a história foi, durante muito tempo, considerada como o registo dos factos públicos e não da vida privada. Apesar de as crianças constituírem cerca de metade da sociedade humana, viveram, ao longo da história e até há pouco tempo, numa condição de silêncio e de esquecimento.

Mas a relação entre os pais e os filhos constitui uma fonte independente para a mudança social. Como também diz Lloyd DeMause, "A força central da mudança na história não é a tecnologia nem a economia, mas as mudanças psicológicas verificadas na personalidade, em virtude das interações entre os pais e os filhos através de sucessivas gerações". A vida privada e familiar tem mais influência na história do que as batalhas e os castelos normalmente narrados e destacados pelos historiadores. Na verdade, pode dizer-se que, sempre que uma criança contesta o sistema familiar em que vive, altera as relações com os pais ou desafia o processo de socialização, está a mudar o mundo.

A investigação em Direito das Crianças deve iniciar-se com o questionamento da pré-compreensão individual e social da noção de infância, e com a consciencialização das várias experiências de se ser criança, acompanhada da integração dessas experiências na experiência do/a investigador/a, para que seja possível ultrapassar o auto-centrismo que carateriza estes debates, normalmente dominados por considerações de senso comum.

No ensino, o método usado é indutivo: parte do caso para o estabelecimento da regra. E a regra criada deve ter como objetivo, para além da resolução do conflito, uma finalidade pedagógica destinada a combater a cultura e os costumes que menorizam o sofrimento infantil e consideram as crianças inferiores aos adultos. É o caso da discussão em torno da admissibilidade, ou não, de castigos físicos e psíquicos às crianças, domínio em que mais necessária é a lógica emancipatória do Direito das Crianças. Esta matéria está marcada, no Direito Penal, pela aplicação de causas de exclusão da tipicidade penal ou da ilicitude, como a adequação social e o poder de correção, que acabam por perpetuar a situação das crianças como o único grupo social que pode ser fisicamente agredido sem sanções. Na verdade, a delimitação entre castigos legítimos e ilegítimos assenta em conceitos indeterminados e em remissões para as circunstâncias do caso, que abrem a porta à subjetividade do julgador e a crenças sociais já desmentidas pela investigação científica, segundo as quais os castigos físicos e psíquicos são úteis para a formação da personalidade das crianças e para a sua auto-responsabilidade.

O Direito das Crianças não pode ignorar a visão das crianças como um *grupo social discriminado* nem desligar o tratamento jurídico das questões que lhe dizem respeito da *história do patriarcado,* em que as crianças eram vistas como objetos, propriedade do pai e submetidas à sua autoridade, conceção presente ainda hoje, de forma implícita e inconsciente, na mentalidade dominante.

A doutrina deve fornecer um contributo para a elaboração de princípios e critérios de decisão que permitam resolver os conflitos entre os interesses das crianças e os interesses dos adultos, e os conflitos entre os direitos das crianças à proteção e à autodeterminação, pois muitos problemas de Direito das Crianças dizem respeito à tensão entre heteronomia e autonomia, havendo domínios em que prevalece a proteção, por exemplo, a vitimação por crimes violentos, a pobreza, o trabalho infantil, e outras em que prevalece a autonomia, como o acesso a cuidados médicos e de saúde ou questões de guarda e de convívio com progenitores ou familiares com quem a criança não coabita.

O Direito das Crianças não estuda a criança através do conceito de incapacidade de exercício. Em matéria de direitos fundamentais perde sentido a tradicional distinção entre capacidade de gozo e de exercício, não sendo possível separar a titularidade de direitos fundamentais da capacidade do seu exercício, sobretudo, se pensarmos nos direitos de personalidade, como os direitos à vida, à integridade pessoal e ao livre desenvolvimento da personalidade.

O conceito de incapacidade de exercício é substituído por um conceito gradativo de capacidade natural, de acordo com escalões etários, que reconhecem as aptidões físicas, psíquicas, intelectuais e volitivas das crianças, como pessoas dotadas de vontade e liberdade.

A teoria dos «direitos das crianças» e o estatuto das crianças, como sujeitos morais e jurídicos, resultam de ter sido ultrapassada pelas ciências sociais a visão cultural das crianças como seres incapazes de decisões racionais.

Mas a proclamação de direitos ou a sua consagração formal é insuficiente para alterar as condições em que vivem as crianças, a qual exige um compromisso e um investimento dos Estados na criação de condições para o exercício efetivo dos direitos. Um desses compromissos, sistematicamente assumido pelo Estado português, perante a ordem jurídica internacional e comunitária, é a formação especializada dos profissionais que tomam decisões em relação às crianças ou que participam no processo de tomada de decisão. Outro é a organização de campanhas de sensibilização/informação da população e das próprias crianças. Obrigações que o Estado português tem incumprido. É que de nada adianta a "esquizofrenia legislativa" dos Estados, sem a adjudicação de recursos económicos a estas tarefas, nem podemos viver na espera passiva e resignada de uma alteração de mentalidades: todos os dias esta passividade lesa profundamente as crianças e toda a humanidade.

Porto, 5 de Abril de 2014
MARIA CLARA SOTTOMAYOR

O Direito das Crianças – um novo ramo do direito[*]

Sumário: Introdução. **1.** A noção de criança. a) Filosofia; b) Direito; c) Psicologia e Sociologia; d) Antropologia. **2.** A autonomização do Direito das Crianças. a) Elemento material; b) Elemento finalístico; c) Elemento metodológico. **3.** A Convenção sobre os Direitos da Criança e os direitos de participação. **4.** O fim da regra da incapacidade geral de exercício e o modelo gradualista. **5.** Conclusão: O Direito das Crianças como disciplina nova e autónoma.

Introdução

A autonomia de um ramo de direito significa sempre uma preocupação da sociedade com as questões que pertencem ao seu objeto de estudo. Um ramo de direito de afirmação recente, como o Direito das Crianças, revela a preocupação crescente do Estado e da sociedade com as crianças, e o emergir no mundo jurídico de um novo sujeito de direitos, apagado pelo carácter abstrato dos conceitos utilizados na ciência jurídica e por sociedades centralizadas nos interesses dos adultos.

---

[*] Texto, agora revisto e aumentado, correspondente à conferência proferida no I Congresso de Direito das Crianças, 17-18 de Abril de 2008, Escola de Direito do Porto, Universidade Católica Portuguesa, parcialmente publicado *in* Estudo em Homenagem a Rui Epifânio, Coordenação: Armando Leandro, Laborinho Lúcio e Paulo Guerra, Almedina, Coimbra, 2010, pp. 79-88.

Mas a primeira dificuldade deste novo ramo do direito é a definição do seu sujeito: O que é uma criança ou o que significa ser criança? A Convenção dos Direitos da Criança, no art. 1º, define criança como todo o ser humano até aos 18 anos de idade. O direito civil define menoridade, como o período de tempo da vida humana que começa no dia do nascimento de um sujeito e termina no dia em que este completa o décimo oitavo ano de vida (art. 122º[1]). O sistema de aquisição da maioridade, no direito português, é um sistema de fixação normativa e automática num limite etário rígido, mas mitigado[2], que admite espaços de auto-determinação às crianças e aos adolescentes, de acordo com a sua maturidade, as chamadas maioridades antecipadas, com a atribuição de capacidades aos menores para actos jurídicos específicos. Todavia, estas zonas de autonomia estão estabelecidas de forma dispersa e não sistemática, sem uma lógica unificadora[3], sendo preferível, porque mais adequado à realidade, um sistema gradativo baseado na evolução progressiva da pessoa e acompanhado, no plano jurídico, pelo alargamento da capacidade à medida do desenvolvimento, por fases ou escalões de idade[4].

O direito comparado fornece-nos exemplos de sistemas de fixação normativa da maioridade, que aceitam o princípio gradativo, dividindo a menoridade em várias idades correspondentes a progressivos graus de maturidade. Veja-se os exemplos do Código Civil alemão e do Código Civil austríaco: O primeiro, apesar de fixar a aquisição da maioridade aos 18 anos completos, distingue duas fases dentro da menoridade, de acordo com o critério genérico da idade, dividindo os menores

---

[1] Todos os artigos sem menção de origem pertencem ao Código Civil.
[2] Cf. CARVALHO FERNANDES, *Teoria Geral do Direito Civil, Vol. I, Introdução Pressupostos da Relação Jurídica*, 5ª edição revista e actualizada, Universidade Católica Editora, Lisboa, 2009, pp. 256-257; ROSA MARTINS, *Menoridade, (In)capacidade e Cuidado Parental*, Coimbra, 2008, pp. 29-33. Sobre os vários sistemas de relevância da idade para efeitos de capacidade jurídica, *vide* RAÚL GUICHARD, «Sobre a incapacidade dos menores no direito civil e a sua justificação», *Revista de Ciências Empresariais e Jurídicas*, ISCAP, Nº 6, 2005, p. 115.
[3] Cf. ROSA MARTINS, *Menoridade, (In)capacidade e Cuidado Parental*, ob. cit., p. 37.
[4] Cf. CARVALHO FERNANDES, *Teoria Geral do Direito Civil*, ob. cit., p. 255.

em sujeitos com menos de 7 anos designados como "absolutamente incapazes" (§ 104, I BGB), e sujeitos com idade superior a sete anos, mas menores de 18, considerados como sujeitos menores de idade "limitadamente capazes" (§ 106 do BGB)[5]. O código civil austríaco consagra a existência de três escalões de menoridade aos quais correspondem diferentes graus de (in)capacidade (§ 21, 2 ABGB): os sujeitos menores de 7 anos, os sujeitos de idade compreendida entre 7 e 14 anos e os maiores de 14 anos mas menores de 18[6]. Este terceiro grupo é considerado apto para governar a sua pessoa e os seus bens, em situações específicas previstas na lei, sendo fora destas hipóteses necessário o consentimento dos representantes, sob pena de ineficácia do negócio, que pode ser ratificado pelo menor, por escrito, quando atingir a maioridade.

Existindo, no plano jurídico, uma fase da vida designada por menoridade, ainda que com um carácter evolutivo, importa perguntar: O que torna, então, as pessoas com menos de 18 anos diferentes? O que significa ser criança? A idade do ouro, da fragilidade e da inocência, típica das nossas representações sociais? Será uma noção biológica, psicológica ou cultural? A criança é diferente do adulto, ou tem, afinal, as mesmas capacidades e sentimentos?

A ordem jurídica tem entendido que, nesta fase da vida, as pessoas precisam de proteção para se desenvolverem física, intelectual e emocionalmente, estando a sua autonomia limitada pelo princípio geral da incapacidade de agir, no plano negocial. Contudo, verifica-se uma contradição entre a aquisição da maioridade aos dezoito anos e a capacidade delitual a partir dos sete anos (art. 488º, nº 2), bem como a imputabilidade penal a partir dos dezasseis anos (art. 19º do CP). A idade de dezasseis anos é também a referência para as capacidades de gozo dos menores para negócios familiares pessoais como o casamento (art. 1601º, al. a) e a perfilhação (art. 1850º, nº 1), enquanto a capacidade

---

[5] Cf. SCHMITT, J., §§ 104-113 BGB, *Münchener Kommentar Bürgerliches Gesetzbuch, Allgemeiner Teil*, 5. Auflage, Beck, München, 2006, pp. 1217-1286.
[6] Cf. RUMMEL, ABGB Kommentar, 1. Band: §§ 1-1174, 3. Auflage, Wien.

para testar só se verifica com a maioridade ou com a emancipação pelo casamento (art. 2189º, al. a)[7]. Se as sociedades ocidentais consideram demasiado prematura a idade de 16 anos para contrair matrimónio, a qual tenderá, no futuro, a subir para os 18 anos, já a idade para perfilhar é questionada no sentido inverso, pois pode suceder que um adolescente do sexo masculino com menos de 16 anos tenha um filho e o queira reconhecer voluntariamente. O Código Civil espanhol e o alemão admitem o reconhecimento voluntário da paternidade antes dos 16 anos, desde que o ato seja autorizado pelo tribunal com audiência do Ministério Público ou pelos representantes legais. A partir dos dezasseis anos, desde que tenha completado o ensino obrigatório, o menor tem capacidade para celebrar por si, diretamente, um contrato de trabalho, não necessitando de ser substituído pelos representantes legais, que apenas dispõem de um direito de oposição escrita. Trata-se, na opinião da doutrina, de uma exceção à regra civil da incapacidade geral de exercício dos menores, justificada pela importância do trabalho para a subsistência do menor e da sua família[8]. Deve rejeitar-se, em consequência, o instituto da representação legal, dado o carácter eminentemente pessoal do contrato de trabalho e a relevância da vontade do menor[9]. Mesmo relativamente a menores de 16 anos, que já completaram a escolaridade obrigatória e que necessitam de autorização dos representantes legais, não se trata de uma

---

[7] A classificação, como capacidade negocial de gozo, resulta mais de uma tradição romanista do que da lógica dos conceitos, bem podendo estes actos jurídicos ser enquadrados no conceito de capacidade negocial de exercício, com especificidades de regime, no estilo da *common law*, que não reconhece autonomia ao conceito de capacidade jurídica de gozo. Neste sentido, vide RAÚL GUICHARD, «Sobre a incapacidade dos menores no direito civil e a sua justificação», 2005, p. 119 e p. 120, nota 10.

[8] Cf. MARIA DO ROSÁRIO PALMA RAMALHO, *Direito do Trabalho, Parte II – Situações Laborais Individuais*, 3ª edição, 2009, p. 108.

[9] Rejeitando a figura da representação legal para os contratos de trabalho celebrados por menores, vide JÚLIO GOMES, *Direito do Trabalho*, Volume I, *Relações Individuais de Trabalho*, Coimbra, 2007, pp. 455-456, PEDRO ROMANO MARTINEZ et al., *Código do Trabalho Anotado*, 8ª edição, Coimbra, 2009, p. 252.

substituição do menor pelos pais, mas de uma actuação ao lado do menor, semelhante à figura da assistência, pois os pais não podem celebrar o contrato sem ou contra a vontade do menor. A vontade do menor não é requisito suficiente, mas ela é sempre um requisito necessário e primário, no sentido de que a vontade negocial é sua e não dos pais ou dos tutores[10].

No Código Civil de 1867, a idade nupcial (art. 1073º) adquiria-se aos 14 anos, para o sexo masculino e aos 12 anos para o sexo feminino. A primeira República introduziu, neste contexto, uma profunda modificação, subindo a idade nupcial dos rapazes para os 18 anos e das meninas para os 16 anos, praticando, contudo, uma discriminação em função do género, na medida em que admitia o casamento das crianças do sexo feminino numa idade mais baixa, num contexto jurídico, em que o casamento representava uma forma de subordinação da mulher ao marido[11].

Na mesma época, em que a maioridade se atingia aos 21 anos, estava legalizado o trabalho infantil, para menores de 10 anos, em fábricas, desde que tivessem instrução primária e compleição robusta (Regulamento de 16 de Março de 1893). Ou seja, a autonomia dos jovens para regerem a sua pessoa e os seus bens estava cerceada, mas em contrapartida podiam ser usados, desde a infância, como instrumentos de lucro das empresas e de sustento das famílias.

---

[10] Cf. Jorge Leite, «Alguns aspectos do regime jurídico do trabalho de menores», *Prontuário de Legislação do Trabalho, Actualização nº 40*, CEJ, 1992, p. 14.

[11] O Decreto de 1910, que subiu a idade nupcial, não previa exceções, diferentemente do que era típico nas ordens jurídicas de Itália e França, as quais previam a dispensa de idade nos casos da gravidez de menor seduzida, de processo-crime contra o sedutor ou como forma de assegurar à menor impúbere meios de subsistência, o que para a nossa mentalidade actual representa a legalização da pedofilia e a negação do direito das crianças do sexo feminino a serem crianças. Cf. Cunha Gonçalves, *Tratado de Direito Civil*, Volume VI, Coimbra – 1932, pp. 95-97. Tendo o decreto de 1910 sofrido críticas, a lei veio a admitir, no Decreto de 12 de Junho de 1926, o casamento de menores do sexo feminino de 14 anos, por motivos ponderosos, relativos à honra, abrangendo, segundo a doutrina da época, o rapto e a violação, o que representou um recuo nos direitos das crianças do sexo feminino.

Hoje, continuamos a ter contradições no regime jurídico da menoridade, podendo um menor de 16 ou 17 anos contrair matrimónio, desde que tenha autorização dos pais, emancipando-se pelo casamento e adquirindo, em consequência, capacidade de exercício (arts. 133º e 129º), mas não dispondo um menor não casado do direito de requerer a emancipação com base, por exemplo, em abandono, desinteresse ou maus tratos por parte dos pais ou tutores[12]. O sistema jurídico introduz, assim, uma desigualdade de tratamento entre os menores que sejam casados e aqueles que não sejam, distinção que não está justificada numa menor maturidade ou autonomia destes últimos. Um menor pode celebrar contrato de trabalho, a partir do momento em que complete 16 anos, mas os pais podem opor-se, por escrito, a que o salário dos filhos menores seja recebido por estes (art. 70º, nº 3 do CT)[13]. Ao trabalho prestado pelos filhos aos pais, com meios ou capitais pertencentes a estes, não corresponde uma obrigação civil dos pais de remuneração, mas meramente uma obrigação natural, que os filhos não podem exigir judicialmente, em caso de incumprimento (art. 1895º, nº 2). Uma pessoa com menos de 18 anos, que trabalhe, paga impostos, mas não tem direito de voto, ou seja, não tem voz nas decisões políticas de adjudicação dos recursos económicos. Apesar de a noção de menoridade se estender até ao limite dos 18 anos, estando a atividade negocial do menor enquadrada pela figura da incapacidade de exercício de direitos (art. 123º) com as exceções previstas no art. 127º, um/a jovem, a partir dos 16 anos, adquire imputabilidade penal, passando a ser julgado/a pelos factos ilícitos penais que pratica num tribunal

---

[12] Defendendo a emancipação a requerimento do menor a partir dos 16 anos, decretada por decisão de um Tribunal, mas duvidando do apoio da opinião pública a esta medida, numa sociedade mais preocupada em controlar as crianças do que em reconhecer a sua individualidade e integridade pessoal, *vide* MICHAEL FREEMAN, *The moral status of children, Essays on the Rights of the Child*, Kluwer Law International, 1997, p. 232.

[13] Discordando desta solução legislativa considerada mais conservadora do que o Código Civil, o qual, no art. 127º, confere aos menores poderes de administração sobre os rendimentos do seu trabalho, *vide* JÚLIO GOMES, *Direito do Trabalho, ob. cit.*, p. 460.

penal, sendo-lhe aplicadas as mesmas sanções criminais previstas para os adultos. Na verdade, estas antecipações da maioridade são cada vez mais questionáveis e foram consagradas não no interesse dos menores, mas no interesse dos adultos.

Em face desta perplexidade, o Direito, nalgumas questões, tende a acentuar a proteção dos jovens, aumentando para 18 anos a idade da imputabilidade penal, da capacidade para celebrar contrato de trabalho e da capacidade nupcial, e noutras, tende a alargar a capacidade jurídica dos menores, fazendo-a coincidir com a capacidade natural, porque concebe a criança como um sujeito em desenvolvimento, conceção que tem como consequência a reapreciação crítica do instituto da incapacidade de exercício. Este deixa de ser visto como um conceito monolítico e de sinal negativo para passar a ser um conceito que admite capacidades específicas, consoante a fase de desenvolvimento em que a criança se encontra. A Convenção sobre os Direitos da Crianças das Nações Unidas reconhece pela primeira vez, às crianças, espaços de auto-determinação e direitos de participação, nas decisões que lhes dizem respeito, sobretudo, na esfera pessoal e das relações familiares (art. 12º da Convenção dos Direitos da Criança), cabendo às crianças um papel ativo na construção do seu projeto de vida.

A história da humanidade tem sido uma história de luta e de emancipação de grupos discriminados, feridos das chamadas *capitis deminutiones*, como as incapacidades derivadas da etnia, do sexo e da nacionalidade, às quais se juntam, agora, as incapacidades derivadas da idade. As crianças deixam de ser vistas como pessoas incapazes de agir e de exercer os seus direitos, orientando-se, hoje, as reformas dos códigos civis, por um princípio geral de capacidade natural dos menores, de acordo com as faculdades físicas, intelectuais e volitivas presentes em cada fase ou etapa do seu desenvolvimento.

1. A noção de criança

a) *Filosofia*

A noção de criança, no subconsciente cultural e no Direito, está marcada pelo pensamento dos grandes filósofos como Platão e Aristóteles, que influenciaram a civilização ocidental.

Para Aristóteles, a criança era um ser irracional, inacabado e imperfeito, e a relação entre o pai e os filhos baseava-se nos princípios do governo monárquico – a autoridade régia[14]. A faculdade deliberativa das crianças era imperfeita, necessitando estas do pai como guia, com base no binómio ordem/obediência[15]. Aristóteles partia de uma conceção de pessoa baseada exclusivamente na idade adulta, o conceito de cidadão, como todo aquele que tem a possibilidade de participar na função deliberativa ou judicial, qualidade que se adquiria pelo nascimento[16].

Platão concebe a criança como um ser irracional e irascível[17]. As crianças são vistas como seres ignorantes, desprovidos de sabedoria e de racionalidade para controlar as situações adversas[18] e a relação entre os pais e os filhos era construída como uma relação hierarquizada e baseada na obediência das crianças aos adultos. Platão caracterizava como um abuso de liberdade do regime democrático "que o pai se acostume a tratar o filho como igual e a temer os filhos, e o filho a ser tanto como o pai, e a não ter nem respeito nem receio dos pais"[19].

A filosofia política da Idade Moderna, através de Locke, continuou a defender a irracionalidade e a incapacidade das crianças, que se encontram "fora do domínio da lei da razão"[20], designando a infância

---

[14] Cf. ARISTÓTELES, *Política*, Editorial Gredos, S.A., Madrid, 1999, pp. 79-80.
[15] *Ibidem*, pp. 81-82.
[16] *Ibidem*, pp. 152-156.
[17] Cf. PLATÃO, *A República*, Tradução de Elísio Gala, Guimarães Editores, 2010, Livro IV, 441 b, p. 174: "É algo que se pode ver até nas crianças que, desde que nascem, são logo plenas de irascibilidade, ao passo que a razão, no meu pensar, algumas jamais dela participam e a maioria bastante tarde." *Ibidem*, Livro VII, 534 d, p. 304: "Mas se um dia tivesses, de facto, de educar na prática aquelas crianças que educas e instruis em palavras, não consentirias, presumo, que viessem a ser Governantes da Cidade e os árbitros de supremas decisões, sendo eles mesmos tão irracionais como as linhas assim chamadas da geometria."
[18] *Ibidem*, Livro X, 598 c, p. 394 e Livro X, 604 c, p. 404.
[19] *Ibidem*, Livro VIII, 562 e, pp. 343-344.
[20] JOHN LOCKE, *Segundo Tratado do Governo*, Fundação Calouste Gulbenkian, 2007, p. 80.

como um "estado imperfeito"[21] e negando às crianças a capacidade de exercer uma vontade própria, devendo os pais ditar-lhes o que fazer e regular as suas ações durante a menoridade[22], sem que se aceitasse o desenvolvimento gradual da criança e as suas capacidades específicas em cada estádio de desenvolvimento. A relação entre pais e filhos é abordada através da noção de poder de domínio dos pais e a submissão dos filhos, sendo recusado às crianças o "estado de igualdade perfeita" de que beneficiam todos os seres humanos, pois "os seus pais possuem uma espécie de poder e de jurisdição sobre elas"[23].

Rousseau foi o filósofo que lançou as bases da moderna pedagogia. Diferentemente de Locke, que concebia a infância de forma negativa, como uma falha ou falta de racionalidade, através dos conceitos de incapacidade e de autoridade paterna, Rousseau reconhece a criança como um sujeito semelhante ao adulto e rejeita a conceção tradicional da criança como um "adulto em miniatura", defendendo que a infância tem maneiras de pensar, de ver e de sentir que lhe são próprias[24], e valorizando esta fase do desenvolvimento humano enquanto momento de aprendizagem e de humanização[25]. Contudo, Rousseau tinha por referência, na sua obra, a criança do sexo masculino, dedicando o Livro V do Volume II do livro "Emílio", a Sophie, a companheira de Emílio, obra em que descreveu um modelo educativo das crianças do sexo feminino orientado para que as mulheres servissem os homens, lhes obedecessem e aguentassem os maus tratos[26]. Por outro lado, para Rousseau, as

---

[21] *Ibidem*, p. 81.
[22] *Ibidem*, p. 81.
[23] *Ibidem*, p. 79.
[24] Cf. JEAN JACQUES ROUSSEAU, *Emile ou de L'Éducation, Vol. I, Livre Second*, Paris, p. 78.
[25] *Ibidem, Livre Premier*, pp. 7 e 41.
[26] "Assim, toda a educação das mulheres deve ser em função dos interesses dos homens. Agradar-lhes, ser-lhes úteis, fazer-se amar e honrar por eles, educá-los quando jovens, tratá-los quando adultos, aconselhá-los, consolá-los, tornar-lhes a vida agradável e doce: eis os deveres das mulheres, em todos os tempos, e o que lhes deve ser ensinado, desde a sua infância". IDEM, *Emílio*, Volume II, Livro V, Publicações Europa-América, Lda., 1990, p. 190; A mulher, "feita para obedecer a um ser tão imperfeito como o homem – frequen-

crianças são excluídas do contrato social porque lhes falta a capacidade de auto-preservação e porque dependem dos pais até serem capazes de cuidar de si mesmas[27], defendendo a sujeição das crianças aos adultos porque são estes que sabem o que é melhor para elas e o que conduz à sua sobrevivência. No mesmo sentido, John Stuart Mill defende que a sua teoria da liberdade individual só se aplica a indivíduos na maturidade das suas faculdades e não a crianças, e entende que o Estado tem um poder absoluto sobre as crianças, podendo restringir a sua liberdade de escolha porque estas são incapazes de auto-governo e de actuar com base em motivos racionais, carecendo de proteção contra si mesmas[28]. Para o efeito, a sociedade usa, não só o poder de educação mas também a ascendência e a autoridade sobre mentes menos capazes de julgar por si mesmas[29]. John Rawls aceita que todos os seres humanos, sem exclusão de raças ou grupos, têm capacidade para ser sujeitos morais e devem ser tratados de acordo com o princípio da justiça[30]. Contudo, apesar de reconhecer o potencial das crianças como sujeitos morais, apenas reconhece a qualidade de sujeito de direitos a quem tem capacidade de ter uma conceção de bem próprio e um plano de vida racional, e de possuir um sentido de justiça, traduzido na capacidade de aplicar os princípios da justiça e de agir de acordo com eles[31]. As crianças são concebidas como "primitivas morais", que possuem direitos básicos, mas que não sabem cuidar de si mesmas, devendo ser protegidas da sua fraqueza e falta de racionalidade e vontade, através da actuação de outros

---

temente tão cheio de vícios e sempre tão cheio de defeitos –, muito cedo ela deverá aprender a suportar mesmo a injustiça e os erros de um marido, sem se queixar; e convém que seja amável em benefício próprio; não é para ele, mas para ela, que deve ser doce. A amargura e a obstinação das mulheres nunca conseguem mais do que agravar os seus males e os maus procedimentos dos maridos." *Ibidem*, p. 196.

[27] Cf. Jean-Jacques Rousseau, *O Contrato Social*, Publicações Europa-América, 1986.
[28] Cf. John Stuart Mill, *On Liberty*, Penguin Classics, 1985, pp. 141-142 e 147-150.
[29] *Ibidem*, p. 150.
[30] John Rawls, *Uma Teoria da Justiça*, 1971, Tradução portuguesa, 1993, Lisboa, p. 383.
[31] *Ibidem*, p. 382.

(pais e tutores), em seu nome, de acordo com os princípios do paternalismo[32].

O filósofo que maior influência teve na ciência jurídica, Kant, defendeu que as crianças têm direitos morais, que decorrem do seu direito inato à liberdade, como o direito a serem cuidadas pelos seus pais[33]. Contudo, falta-lhes a capacidade para obrigar outrem e o poder para exigir o cumprimento destes deveres[34]. Na sua tese sobre os direitos subjetivos, divide-os em três categorias: a categoria da substância, a que corresponde o direito real sobre a coisa corpórea; a categoria da causalidade correspondente à prestação e a categoria da comunidade ou reciprocidade, relativa aos direitos do marido sobre a mulher e sobre os filhos, considerados direitos pessoais segundo uma modalidade real ligada à ideia de posse[35].

As crianças, nestas teorias, têm o estatuto de sujeitos morais, contudo, as incompetências e incapacidades associadas necessariamente à infância fazem com que os direitos das crianças sejam concebidos como meros direitos de proteção e não como direitos políticos e de auto-determinação, negando-se a dimensão da participação e da capacidade natural da criança visível, hoje, sobretudo, nas decisões relativas a cuidados de saúde, a chamada emancipação médica das crianças[36].

Esta conceção de infância, como incapacidade e irracionalidade, reflecte-se, ainda, hoje, no Código Civil, por exemplo, na responsabi-

---

[32] *Ibidem*, pp. 201-202 e 385.
[33] Cf. KANT, *A Metafísica dos Costumes*, Tradução de José Lamego, Fundação Calouste Gulbenkian, Lisboa, 2005, p. 125.
[34] CF. KATHERINE HUNT FEDERLE, «Looking for Rights in All the Wrong Places: Resolving Custody Disputes in Divorce Proceedings», *Cardozo Law Review*, Vol. 15, 1994, p. 1529.
[35] KANT, *Métaphysique des Moeurs, Première Partie, Doctrine du Droit*, traduction de A. Philonenko, Paris, 1993, pp. 136-164.
[36] Cf. L. JANET DOLGIN, «The Fate of Childhood: Legal Models of Children and Parent – Child Relationship», *Albany Law Review*, vol. 61, 1997, pp. 345 ss., disponível para consulta *in* Legisnexis Academic.

lidade civil das pessoas obrigadas à vigilância de outrem (art. 491º), por virtude de incapacidade natural destas, entre as quais estão incluídas as crianças. Esta forma de responsabilidade está regulada na subsecção «Responsabilidade civil por factos ilícitos» a par de outras modalidades de responsabilidade como a responsabilidade por danos causados por edifícios ou outras obras (art. 492º) e a responsabilidade por danos causados por coisas, animais ou atividades perigosas (art. 493º), e contém implícita uma noção de criança como um ser incapaz e irracional, incontrolável e perigoso, suscetível de causar danos a terceiros. Esta noção da criança como um ser inconsciente, irrequieto e irresponsável está também presente na vida corrente e fundamenta a discriminação das crianças na família e na sociedade, e os poderes de correção que os adultos reclamam sobre elas.

b) *Direito*

A criança foi vista nas sociedades patriarcais como objeto propriedade do pai. No Direito Romano, o *paterfamilias* detinha sobre os filhos menores poderes análogos aos da propriedade sobre as coisas e os escravos, como o direito de vida ou de morte sobre os filhos, o direito de exposição, de venda e de abandono[37]. Tendo este poder absoluto sido atenuado ao longo da história, por influência do cristianismo e por razões económico-sociais, manteve-se, contudo, no movimento de codificação do século XIX e do século XX, nos Códigos Civis de 1867 e de 1966, a estrutura hierárquica e autoritária do poder paternal do chefe da família masculino com poderes discricionários sobre os filhos menores. O poder paternal era concebido como uma instituição tutelar dos filhos, baseada em direitos-deveres de proteção, educação, representação e administração dos bens. Mas os filhos estavam numa posição de subordinação, pois tinham o dever de cumprir, durante a menoridade, os preceitos dos pais, em tudo o que não fosse ilícito e dever de honrar e respeitar os seus pais, enquanto estes

---

[37] Cf. CUNHA GONÇALVES, *Tratado de Direito Civil*, Volume II, Coimbra – 1930, p. 347.

não estavam obrigados a um dever semelhante em relação aos seus filhos. O dever de obediência abrangia áreas como a instrução, a escolha de profissão ou carreira, o internamento em colégio, convento ou seminário[38]. A relação entre os pais e a criança era uma relação hierarquizada, que incluía o poder de correção, como um direito dos pais castigarem moderadamente os filhos e a possibilidade de o pai requerer ao Tribunal medidas contra o filho desobediente e indisciplinado, como o internamento em casa de correção[39]. No domínio do Código Civil de 1867, a população e o legislador acreditavam que não havia educação possível sem severidade, crença que se prolongou para o Código Civil de 1966, que continuava a admitir o poder de correção. Esta crença está presente, ainda, nos dias de hoje, conforme é visível nos estudos sobre maus tratos infantis[40] e num inquérito à população realizado, em 2003, pela Organização Mundial contra a Tortura, cujo resultado indica que cerca de 67% da população aceita a licitude dos castigos físicos às crianças[41].

Depois da Constituição de 1976 e da Reforma de 1977, com o princípio da igualdade de género, a abolição do poder de correção e a conceção de criança como ser em desenvolvimento, titular de direitos fundamentais, o poder paternal passa a ser concebido como um poder funcional, passando o instituto a ser integrado por um conjunto de deveres de cuidado e de educação da pessoa dos/das filhos/as, a quem é reconhecido um espaço de autonomia perante os pais, de acordo com a sua maturidade, fundando-se o instituto, não na incapacidade geral de agir, mas na proteção e promoção do desenvolvimento integral das crianças.

---

[38] *Ibidem*, p. 380.
[39] *Ibidem*, pp. 369-370.
[40] Cf. Armando Leandro, «A problemática da criança maltratada em Portugal. Aspectos jurídicos e judiciários», *Revista do Ministério Público*, ano 9º, 1988, nºs 35 e 36, pp. 62-63.
[41] Cf. Maria Clara Sottomayor, «Existe um poder de correcção? A propósito do acórdão do STJ de 05-04-2006», *Lex Familiae, Revista Portuguesa de Direito da Família*, Ano 4 – nº 7 – 2007, nota 18, pp. 115-116.

Na moderna ciência jurídica, no Direito das pessoas, o sujeito de direito deixa de ser uma noção abstrata, sem idade, género, raça e estatuto económico-social, passando a ser a pessoa humana contextualizada. Esta nova conceção, que atende à posição económica e social das pessoas e à sua diferença em relação aos grupos dominantes, opera uma fragmentação do conceito de sujeito de direito, dividido em categorias carecidas de uma proteção especial: os pobres, os idosos, as mulheres, as pessoas portadoras de deficiência, as crianças. Para além das categorias género, raça e orientação sexual, surgem agora a idade, como fator de discriminação, e as crianças, como um grupo social discriminado por uma hierarquia socialmente construída.

O movimento feminista tem chamado a atenção para o facto de o Direito das Crianças assentar numa ideia de criança neutra em relação ao género, propondo estudos acerca do impacto do género da criança na definição do seu bem-estar e interesse, bem como na deteção do tipo de maus tratos de que são vítimas[42]. Na investigação feita em Portugal sobre maus tratos, verifica-se uma diferenciação em função do género na vitimação das crianças, sendo as crianças do sexo feminino mais atingidas pelo crime de abuso sexual e as do sexo masculino por trabalho abusivo[43].

O Direito das Crianças refere-se a uma determinada noção de criança. O Direito, que aprecia conceitos precisos e objetivos, define a infância como uma fase da vida do ser humano que dura até aos 18 anos, colocando limites à infância através da definição legal da maioridade. As pessoas, até aos 18 anos, encontram-se numa situação de fragilidade e de dependência física e emocional, cujo grau está relacionado com a idade, e que exige do Estado e da sociedade deveres especiais de

---

[42] JO BRIDGEMAN and DANIEL MONK, «Introduction: Reflections on the Relationship between Feminism and Child Law», in *Feminist Perspectives on Child Law*, London, 2000, p. 12.

[43] Cf. ANA NUNES DE ALMEIDA, ISABEL MARGARIDA ANDRÉ/HELENA NUNES DE ALMEIDA, «Sombras e marcas: os maus tratos às crianças na família», *Análise Social*, volume XXXIV, nº 150, Outono, 1999, p. 108.

proteção. Esta fase da vida humana não é uniforme, mas subdivide-se em várias etapas, cada uma correspondente a um grau específico de desenvolvimento e cada uma portadora de necessidades específicas. Em consequência, a lei, para alguns efeitos, prevê limites de idade inferiores aos 18 anos. Por exemplo, para efeitos de trabalho, a idade mínima de admissão é de 16 anos (art. 68º, nºs 1 e 2 do CT). O/A menor, a partir dos 16 anos, tem capacidade negocial para a celebração de contrato de trabalho válido, desde que tenha completado a escolaridade obrigatória[44], salvo oposição escrita dos representantes legais (art. 70º, nº 1 do CT). Carecerá, contudo, de autorização dos representantes legais, na hipótese de não ter completado a escolaridade obrigatória (art. 70º, nº 2). Abaixo dos 16 anos, o/a menor que tenha completado a escolaridade obrigatória pode celebrar contrato de trabalho, com a autorização escrita dos representantes legais, desde que se trate de trabalhos leves que não prejudiquem a sua segurança ou saúde, a assiduidade escolar e desenvolvimento (arts. 70º, nº 2 e 68º, nº 3 do CT)[45].

---

[44] Com a subida da escolaridade obrigatória para 18 anos (Lei 85/2009, de 27 de Agosto), o Código de Trabalho carece de revisão, devendo eliminar-se o requisito da escolaridade obrigatória para a celebração de contrato de trabalho pelo menor de dezasseis anos ou fazer-se coincidir a capacidade para celebrar contratos de trabalho com a maioridade.

[45] Os menores com idade inferior a 16 anos podem participar em espectáculo ou outra atividade de natureza cultural, artística ou publicitária, a que se refere o art. 81º do Código de Trabalho e podem prestar trabalho autónomo (art. 3º, nº 4 da Lei nº 7/2009, de 12 de Fevereiro). Contudo, esta atividade está sujeita a regras especiais para proteção das crianças, nos termos dos arts. 2º a 11º da Lei nº 105/2009, de 14 de Setembro, que regulamenta e altera o Código de Trabalho. A entidade promotora deve proceder a uma comunicação à Comissão de Proteção de Crianças e Jovens em Perigo do domicílio do menor, encarregada de fiscalizar o respeito pelas regras legais e a ausência de prejuízo para a segurança, a saúde, o desenvolvimento físico, psíquico e moral, a educação e a formação do menor, devendo ouvir o menor, antes de deliberar, sempre que possível (art. 7º, nº 1 da Lei nº 105/2009). Neste ponto, a opção do legislador não está de acordo com o princípio gradualista e com a capacidade natural dos menores, devendo ter sido exigido o consentimento destes a partir de determinada idade ou desde que possuíssem discernimento. Sobre a qualificação do contrato que titula a prestação de atividade, celebrado entre os representantes legais e a entidade promotora (art. 9º

A capacidade nupcial e a maioridade religiosa (arts. 1601º, nº 1, al. a) e 1886º do C.C.), bem como a imputabilidade penal têm início aos 16 anos (art. 19º do CP). Já a capacidade para consentir em cuidados de saúde só se verifica nos jovens com mais de dezasseis anos, desde que possuam o discernimento necessário (art. 38º, nº 3 do CP), vigorando, em matéria de cuidados de saúde, um sistema de compromisso entre o critério estático da idade e o critério dinâmico da avaliação casuística do discernimento[46].

A doutrina designa estas situações, em que antes da maioridade, os menores são tratados como adultos, como maioridades especiais ou antecipadas[47], as quais se encontram dispersas na lei, de forma assistemática e casuística, variando o limite ou escalão etário em que são admitidas, consoante o tipo de decisão que está em causa. Paralelamente ao aumento dos espaços de auto-determinação das crianças, traduzidos em direitos de audição obrigatória nas decisões e processos que lhes

---

da Lei 105/2009), rejeitando a sua natureza de contrato de trabalho e criticando a solução legislativa de consagrar o instituto da representação legal para menores de 14 ou 15 anos, criando-se assim uma dualidade de regimes para situações semelhantes, que viola o princípio da igualdade de tratamento, pois, a lei não faz esta exigência em relação ao contrato de trabalho celebrado pessoalmente por menores de 14 ou 15 anos, nos termos dos arts. 66º e ss. do CT, vide MARGARIDA PORTO, *A participação de menor em espectáculo ou outra atividade de natureza cultural, artística ou publicitária*, Coimbra, 2010, pp. 185-191.

[46] Cf. ROSA CÂNDIDO MARTINS, «A Criança, o Adolescente e o Acto Médico. O problema do consentimento», Comemorações dos 35 Anos do Código Civil e dos 25 Anos da Reforma de 1977, Volume I, *Direito da Família e das Sucessões*, Coimbra Editora, 2004, pp. 791-831.

[47] Cf. MARIA NAZARÉ LOBATO GUIMARÃES, «Ainda Sobre Menores e Consultas de Planeamento Familiar», *Revista do Ministério Público*, 1982, p. 198; GUILHERME DE OLIVEIRA, «O acesso dos menores aos cuidados de saúde», *R.L.J.*, Ano 132º, 1999, nº 3898, p. 17; SÓNIA MOREIRA, «A autonomia do menor no exercício dos seus direitos», *Scientia Juridica*, Tomo L, nº 291, Setembro-Dezembro, 2001, pp. 159-194; ROSA MARTINS, *Menoridade, (In)capacidade e Cuidado Parental*, ob. cit., pp. 34 e ss.; MARIA CLARA SOTTOMAYOR, *Regulação do exercício das responsabilidades parentais nos casos de divórcio*, Coimbra, 5ª edição, 2011, p. 18, nota 8.

dizem respeito, alguns destes limites etários tendem, contudo, a subir para os 18 anos, para proteção dos menores e defesa dos seus direitos humanos, como o caso da capacidade nupcial, devido aos riscos da admissibilidade do casamento para os direitos à saúde, à educação e ao desenvolvimento das adolescentes do sexo feminino[48], e a imputabilidade penal, para proteção dos jovens contra a estigmatização penal.

c) *Psicologia e sociologia*
A noção de infância, como uma fase do desenvolvimento humano específica do ponto de vista biológico e psicológico, é recente na história, remontando ao século XVII, em que psicólogos, pedagogos e teólogos começaram a defender a importância da educação e da escolarização das crianças[49]. Contudo, a psicologia e a sociologia são portadoras, tal como o direito, de uma visão da infância, assente na ideia de que as crianças não dispõem, ainda, das capacidades e características dos adultos, vivendo num estado de imaturidade biológica e psicológica, que evolui para a maturidade do adulto, através do desenvolvimento e da socialização.

A noção de criança, aparentemente natural e universal – período pelo qual passa o ser humano antes de ser adulto e caracterizado pela distinção biológica, emocional e psicológica entre o adulto e a criança – surge como uma noção contingente, que depende do tempo e do lugar, e que, dentro da mesma época e lugar, varia, ainda, consoante o contexto. A noção de infância é das mais complexas que existe e uma das mais permeáveis, a par de outras categorias como a de género ou raça, à cultura e às ideias pré-concebidas. Reconhece-se, hoje, que a noção de criança é uma construção social, que depende da época, da história e da cultura, e que na mesma época, coexistem discursos conflituantes

---

[48] Recomendando a idade nupcial aos 18 anos e alertando para os riscos do casamento de meninas, *vide* Conselho dos Direitos Humanos das Nações Unidas, in *http://www.iheu. org/un-publishes-iheu-statment-child-marriage-child-abuse*.
[49] Cf. PHILIPPE ARIÈS, *A Criança e a vida familiar no Antigo Regime*, Tradução portuguesa, Lisboa, Relógio d'Água, pp. 7 e 212.

e contraditórios em torno da infância. A construção social da infância não é neutra, mas sempre moral e política, e construída em função dos interesses dos adultos. As crianças sempre tiveram um lugar central na satisfação das necessidades dos adultos e oferecem aos adultos tudo o que eles querem mas que lhes falta: a dependência, o amor, o cuidado, a estabilidade e a segurança[50].

Esta construção social não consiste apenas numa teoria ou num símbolo cultural, mas tem impacto na vida das crianças, na medida em que crianças e adultos mudam o seu comportamento em resposta a esta construção[51]. A definição da infância como inocência, oriunda do século XIX e presente até aos dias de hoje na cultura, revelou-se como prejudicial às crianças, na medida em que desprotege aquelas que não têm um comportamento correspondente a este estereótipo, a quem a sociedade retira, por isso, a qualidade de criança.

Nalguns países europeus nega-se às crianças, autoras de factos ilícitos criminais, o estatuto de criança, na medida em que as crianças podem ser penalmente responsabilizadas no sistema penal dos adultos, a partir de idades muito baixas, como o caso do direito inglês, que prevê a idade da imputabilidade penal aos 10 anos[52]. No domínio da vitimação por crimes de abuso sexual, a noção de infância, nas representações culturais, tende a aplicar-se a crianças de idade mais baixa, não sendo reconhecido aos/às adolescentes o estatuto de criança, na medida em que a sociedade e o sistema judicial tendem a não percecionar o abuso sexual de adolescentes como tal, culpabilizando-os/as e vendo-os/as como alguém que seduziu[53].

---

[50] Cf. Jo BRIDGEMAN and DANIEL MONK, «Introduction: Reflections on the Relationship Between Feminism and Child Law», 2000, p. 4.
[51] Cf. *Ibidem*, p. 4.
[52] Cf. JULIA FIONDA, «Youth and Justice», in *Legal Concepts of Childhood*, Edited by JULIA FIONDA, Oxford, 2001, p. 85.
[53] Cf. Tribunal de Círculo de Santa Maria da Feira, Decisão instrutória de 1997.04.29, Proc. 117/97, PAULO DUARTE TEIXEIRA, *Sub Iudice*, Jan.-Março/1998, pp. 1-4, em que o juiz não pronunciou o arguido, apesar de ter ficado provado que este seduziu dolosamente

A autonomia é uma área cheia de contradições: Representará o reconhecimento da liberdade de casar a partir dos 16 anos um fator de promoção da autonomia das crianças, ou antes, a criação, sobretudo, para as crianças do sexo feminino, de uma nova forma de subordinação? Não representará o direito de as crianças acederem, a partir da idade fértil, às consultas de planeamento familiar e à contraceção (Lei nº 3//84, de 24 de Março e Portaria nº 52/85, de 26 de Janeiro) uma contradição com a lei penal que não reconhece, às crianças, até aos catorze anos de idade, capacidade para consentir de forma livre e esclarecida em atos sexuais e que considera o crime de abuso sexual de crianças como crime público? Não terá havido conivências da classe médica com abusos sexuais de crianças que recorrem ao sistema de saúde, solicitando contraceção ou cuidados ginecológicos, a pedido seu ou de familiares? Formulação mais adequada tem a Lei 120/99, de 11 de Agosto, relativa à saúde reprodutiva dos jovens, referindo-se no art. 2º, nº 3 à necessidade de adequação da educação para a saúde sexual e reprodutiva aos diferentes níveis etários, considerando as suas especificidades biológicas, psicológicas e sociais.

Na cultura europeia, no momento histórico presente, a infância é algo de muito valioso para a sociedade e é concebida como imaturidade física, dependência, fragilidade, inocência e necessidade de proteção. Contudo, a inocência é erotizada pelos abusadores sexuais de crianças porque representa aquilo que eles não têm. Uma das formas de combate contra a pedofilia e contra o abuso sexual de crianças é a construção social do adulto como inocente e a aceitação social, nas crianças, de qualidades como a irreverência e a autonomia, que têm sido reprimidas pelas sociedades que baseiam a relação adulto/criança na autoridade e na obediência.

---

uma menina de 14 anos (designada pelo Tribunal, como "mulher") e com ela manteve relações sexuais, sem o seu consentimento. A decisão funda-se no facto de a criança não ter gritado durante as relações sexuais. Para um comentário a esta decisão, *vide* MARIA CLARA SOTTOMAYOR, «O poder paternal como cuidado parental e os direitos da criança», in *Cuidar da Justiça de Crianças e Jovens*, Coimbra, 2003, pp. 28-33.

As ciências sociais colaboram entre si na definição de infância. Na psicologia do desenvolvimento, a infância tem sido entendida como um processo de desenvolvimento que tem como objetivo a maturidade emocional e mental da pessoa humana[54]. A infância é vista como uma fase de aprendizagem e a idade adulta como a sua lógica conclusão. A criança é um não-adulto ou um adulto futuro. O desenvolvimento infantil traduz-se, assim, num processo de sucessivos equilíbrios de estruturas cognitivas, em que cada estrutura deriva lógica e inevitavelmente da precedente, até à pessoa completa – o adulto. A esta noção essencialista de infância contrapõe a sociologia uma noção de criança baseada no processo de socialização, que tem como primeiros agentes os pais, sendo a família o lugar onde se prestam os cuidados às crianças e onde se constrói a sua rede de relações afetivas, bem como o elemento principal na formação da personalidade e na aprendizagem de papéis sociais. Contudo, a distinção entre a infância e a idade adulta não é assim tão rígida: os adultos também são dependentes dos outros e a visão da criança como dependente e improdutiva não é verdadeira. Pense-se nas crianças que cuidam de outras crianças e de adultos idosos ou portadores de deficiências, e, ainda, nas crianças que trabalham e que contribuem para os encargos da vida doméstica. A invisibilidade do trabalho das crianças e a sua desvalorização económica são um fenómeno paralelo ao problema do trabalho doméstico feminino não remunerado. O movimento feminista defende, portanto, a conceptualização da relação entre adultos e crianças como uma relação de interdependência, e propõe o reconhecimento do contributo das crianças para o cuidado dos outros, assim como a resolução das disputas judiciais em torno da guarda das

---

[54] Para uma crítica à ideologia do desenvolvimento na construção da infância como um processo, *vide* Jo BRIDGEMAN and DANIEL MONK, «Introduction: Reflections on the Relationship Between Feminism and Child Law», *ob. cit.*, pp. 3, 5-6; ERIC HEINZE, «The Universal Child?», in *Of Innocence and Autonomy, Children, Sex and Human Rights*, 2000, pp. 6-7.

crianças, de acordo com uma ética de cuidado, e não como uma batalha entre adultos que reclamam direitos[55].

A noção de infância nas ciências sociais, como a psicologia e a sociologia, apesar de ter sido decisiva para o conhecimento das necessidades especiais das crianças, revelou-se, todavia, portadora de uma conceção de criança que perpetua o preconceito da sua inferioridade ou carácter incompleto em relação ao adulto. Nesta noção de infância, com efeito, as experiências e as atividades das crianças, apenas adquirem significado em relação aos valores dos adultos. Estes atingiram uma posição, como membros funcionais da sociedade, mas a criança continua a ser um receptor passivo das normas dos adultos, cuja atividade está confinada a cadeias de progressos sucessivos até à idade adulta. As crianças ainda não acederam ao grau de participação completa na sociedade, faltando-lhes, ainda, um requisito para o pleno reconhecimento do seu estatuto, como pessoas titulares de direitos. De acordo com estas conceções, as crianças não criam ativamente o seu mundo, mas desenvolvem-se num mundo pré-existente. A iniciativa da criança ocorre só dentro de cada estrutura do desenvolvimento e não como um desafio criativo a essa estrutura. Esta representação da infância corresponde, nas práticas sociais, a uma visão das crianças como se não fossem seres pensantes, como não-sujeitos, que esperam passivamente a idade adulta.

Já a psiquiatria, através das posições de DE MAUSE, define a criança, como um produto da história e um veículo de mudança social, elegendo a evolução das relações pais-filhos como o motor da mudança histórica, a qual assentaria na capacidade de sucessivas gerações de pais regressarem à idade psíquica dos seus filhos e trabalharem as ansiedades das crianças de uma melhor maneira do que aquela que fizeram durante a sua própria infância[56].

---

[55] BRIDGEMAN and DANIEL MONK, «Introduction: Reflections on the Relationship Between Feminism and Child Law», *ob. cit.*, p. 11.
[56] Cf. LLOYD DE MAUSE, «The Evolution of Childhood», in *The History of Childhood*, Edited by Lloyd de Mause, 1974, p. 3.

d) *Antropologia*

Os modelos de infância assentam numa multiplicidade de variáveis geográficas, económicas e psicodinâmicas, incluindo classe, género e raça, e atribuem à criança um papel ativo e constitutivo na formatação do seu mundo[57]. Esta conceção assenta no multiculturalismo que inspira o movimento internacional dos direitos das crianças, contrapondo-se às conceções essencialistas. A noção de infância não pode ser abrangida por um único olhar. Há uma multiplicidade de infâncias que se sobrepõem a uma ideia eterna e platónica de criança. As crianças participam e criam mundos sociais complexos, governados pelo seu próprio significado e legitimidade, e quase autónomos das normas dos adultos[58]. A antropologia demonstrou que as tradições que as crianças aprendem umas com as outras são mais reais, mais úteis e mais recreativas do que aquilo que aprendem com os adultos[59]. As crianças vivem numa cultura de minoria que é transitória (porque os seus membros saem), mas que, ao mesmo tempo, permanece e é resiliente à mudança[60]. A força desta cultura é de tal forma intensa que as crianças mais novas levam mais a sério os ritos das crianças mais velhas do que os dos adultos[61].

As crianças, como pessoas portadoras da sua originalidade e especificidade, não se limitam a copiar, de forma passiva, as práticas dos adultos, assumindo antes um papel constitutivo na interação com eles. As crianças surgem, assim, como agentes constitutivos da sua própria socialização. É do reconhecimento deste papel às crianças que emergem os seus direitos de participação e a passagem do seu estatuto de objeto das decisões dos adultos para o estatuto de sujeito de direitos, cuja voz é escutada pelos vários poderes legislativos, judiciais e sociais, que tomam decisões em relação a elas.

---

[57] Cf. Eric Heinze, «The Universal Child?», *ob. cit.*, p. 15.
[58] *Ibidem*, p. 16.
[59] *Ibidem*, p. 16.
[60] *Ibidem*, pp. 16-17.
[61] *Ibidem*, p. 17.

As conceções mais recentes de infância recusam-se a definir as crianças em termos daquilo que lhes falta. A infância não é a idade adulta incompleta, mas constitui, antes, um conjunto de experiências nem mais nem menos coerentes do que as dos adultos[62]. A noção mais moderna de infância é aquela que a define como um grupo social marginalizado ou excluído, em direção a um movimento de emancipação[63]. Esta visão política das crianças, como grupo social que reivindica a promoção dos seus direitos civis, sociais, culturais e económicos, inclui, também, direitos de participação política e o abandono da ideia de infância como uma cidadania de segunda categoria. Este movimento político tem, contudo, em relação aos outros, como o dos escravos, dos homossexuais ou o das mulheres, a especificidade de não ter sido iniciado pelas próprias crianças, mas por adultos portadores da sua própria perspetiva sobre o interesse das crianças. Daí que, para conhecer a opinião e os sentimentos das crianças, seja importante escutar a sua própria voz, e os estudos das ciências sociais tendem, hoje, a incluir entrevistas a crianças sobre o impacto, na sua vida, das políticas sociais, das leis e das decisões judiciais ou administrativas que lhes dizem respeito.

2. A autonomização do Direito das Crianças

O Direito das Crianças não é, apenas, uma parte do Direito da Família, mas atravessa as fronteiras das categorias académicas e ramos de direito estabelecidos, invadindo o Direito Constitucional e os Direitos Humanos, o Direito Penal e o Direito Processual Penal, o Direito Civil, o Direito da Educação e o Direito da Medicina. O emergir, na cultura, da especificidade da infância, como uma fase caracterizada por necessidades especiais e pela titularidade de direitos específicos, fez surgir uma abordagem dos assuntos que envolvem crianças, de acordo com uma perspetiva centrada nos seus interesses e direitos. Neste contexto,

---

[62] *Ibidem*, p. 17.
[63] Cf. JULIA FIONDA, «Legal Concepts of Childhood: an Introduction», *ob. cit.*, p. 16.

surgiu o Direito das Crianças, fruto de um processo de consolidação e de reunião dos assuntos relacionados com as crianças num ramo do direito autónomo. Mas, definir o Direito das Crianças como um conjunto de normas jurídicas aplicáveis às crianças ou relacionadas com as crianças é uma forma incompleta e superficial de tratar a questão. A autonomização do Direito das Crianças tem um significado cultural, social e político. Este ramo do direito centraliza-se na pessoa da criança, como indivíduo, e não apenas como membro de uma família ou um objeto passivo de proteção, e simboliza um aumento da importância das crianças e da preocupação do Estado e da sociedade com o seu bem-estar. Os assuntos que integram o Direito da Família e os outros ramos do Direito são estudados de acordo com uma perspetiva original, que até agora tinha sido silenciada pela sociedade e pelo Direito – a perspetiva das crianças. Esta perspetiva permite analisar as questões do divórcio, das responsabilidades parentais e da violência doméstica a uma outra luz, tendo em conta, por exemplo, a forma como as crianças encaram as visitas forçadas e os seus sentimentos perante a violência doméstica do pai contra a mãe[64], assim como a sua posição perante o divórcio dos pais, nos casos em que o divórcio se dá sem conflitos.

A autonomia disciplinar de um ramo do direito inclui um elemento material, segundo o qual, o ramo do direito se define como um conjunto de normas jurídicas que regulamentam uma determinada secção ou fatia da realidade social; um elemento finalístico, ou seja, o objetivo e o princípio fundamental que unem e norteiam as normas jurídicas em causa; e um elemento metodológico.

a) *Elemento material*

O direito português sempre concedeu uma especial atenção às crianças, tendo sido um dos primeiros países europeus a excluir as

---

[64] Cf. AUDREY MULLENDER AND REBECCA MORLEY, *Children Living With Domestic Violence, Putting Men's Abuse of Women on the Child Care Agenda*, London, 2001.

crianças com menos de 16 anos do sistema penal dos adultos, com a introdução dos Tribunais de Menores, pela Lei de 27 de Maio de 1911[65].

O Direito das Crianças desenvolve-se numa zona que não é exclusivamente de direito público nem de direito privado, e situa-se numa área de interpenetração entre o direito e o social, entre o direito e a psicologia, constituindo um ramo do direito em formação.

O Direito das Crianças engloba, portanto, normas de todos os ramos de direito que incidem sobre a situação das crianças, quer de direito privado quer de direito público, na medida em que a intervenção do Estado na família tem sido crescente, sendo abandonada progressivamente a ideia oitocentista de privatização da família. Os ramos do direito relevantes são, por exemplo, para além do Direito da Família e do Direito Civil, o Direito Internacional Público e o Direito Comunitário, o Direito Constitucional, o Direito Penal e Processual Penal, o Direito do Trabalho, o Direito Fiscal e o Direito da Segurança Social. No Direito Internacional Convencional, temos como fonte dos Direitos das Crianças, com a mesma força das normas constitucionais, a Convenção dos Direitos das Crianças das Nações Unidas de 1989, que assinala a passagem do estatuto da criança de objeto da proteção dos adultos para sujeito de direitos, consagrando os direitos de autodeterminação e de participação das crianças.

No Direito Constitucional, as normas que consagram os direitos, liberdade e garantias da pessoa humana e os direitos económicos, sociais e culturais, são aplicáveis às crianças, como pessoas titulares de direitos fundamentais, como o direito à vida, à liberdade, à integridade pessoal e ao livre desenvolvimento (arts. 24º, 25º e 26º da CRP), o direito à habitação e à educação. A Constituição contém, ainda, uma norma específica para a proteção da infância contra todas as formas de opressão e de discriminação, como o art. 69º, nº 1 da CRP, considerado

---

[65] Cf. ANABELA RODRIGUES, *Revista Portuguesa de Ciência Criminal*, Ano 7, Fasc. 3º, Julho-Setembro, 1997, p. 359.

pela doutrina constitucionalista um direito fundamental de natureza análoga (art. 17º da CRP), e como tal, uma norma diretamente aplicável e vinculativa para todas as entidades públicas e privadas, nos termos do art. 18º da CRP[66]. Esta norma tem sido interpretada no sentido de incluir um direito da criança a viver em ambiente familiar e à manutenção das suas relações afetivas[67].

No domínio do Direito Civil, têm importância para as crianças, as normas da Parte Geral que consagram uma enumeração exemplificativa de direitos de personalidade (arts. 70º e ss.), as normas que definem a menoridade e a incapacidade de exercício de direitos e a participação no tráfico jurídico, através dos seus representantes legais ou por acto próprio (arts. 122º e ss.); os direitos de participação na família (arts. 1878º, nº 2; 1885º e 1901º); o direito a métodos educativos e de disciplina não violentos e não humilhantes, o qual apesar de não estar expressamente previsto, resulta de uma interpretação sistemática da lei, imposta pelo 69º, nº 1 da CRP, que consagra o direito da criança à proteção do Estado e da sociedade contra o exercício abusivo de autoridade na família e nas instituições, e pelos arts. 152º, nº 1 e 152º-A, nº 1, al. a) do CP, que tipificam, como crime de violência doméstica e de maus tratos, os castigos corporais a crianças, trabalhadores ou outros dependentes[68].

No Direito Penal e Processual Penal, é importante estudar o estatuto das crianças vítima de crimes violentos, sobretudo, a área dos crimes sexuais, em que a dupla vitimação provocada pelo sistema social e judicial de proteção é particularmente traumatizante para as crianças. Estas matérias orientam-se pelo princípio do superior interesse

---

[66] Cf. JORGE MIRANDA, *Manual de Direito Constitucional*, IV, Coimbra, 2000, p. 151.
[67] Cf. ARMANDO LEANDRO, «Direito e Direito dos menores. Síntese da situação em Portugal no domínio civil e no domínio para-penal e penal», *Infância e Juventude*, nº especial, 1991, p. 263; MARIA DULCE ROCHA, «Adoção – Consentimento – Conceito de Abandono», *Revista do Ministério Público*, nº 92, Ano 23º, Outubro-Dezembro 2002, p. 98.
[68] Cf. MARIA CLARA SOTTOMAYOR, «Existe um poder de correcção? A propósito do acórdão do STJ de 05-04-2006», 2007, pp. 111-129.

da criança, consagrado no art. 8º, nº 3 do Protocolo Adicional Facultativo à Convenção dos Direitos das Crianças, que visa o estabelecimento de medidas legislativas, judiciais, sociais e administrativas que evitem o atraso desnecessário dos processos (art. 8º, nº 1, al. g) e que protejam as necessidades especiais das crianças enquanto testemunhas (art. 8º, nº 1, al. g). Neste contexto, se situam as medidas destinadas a impor a inquirição da criança para memória futura, durante o inquérito, através de vídeo-conferência (art. 271º, nºs 1 e 2 do CPP)[69], o direito da criança se fazer acompanhar por uma pessoa da sua confiança[70] e a obrigação de evitar a repetição dos interrogatórios e dos exames, geradores do fenómeno da vitimização secundária das crianças, que cria nestas a sensação profunda de não serem importantes para a sociedade e de não terem poder. O Protocolo Adicional Facultativo à Convenção dos Direitos das Crianças consagra, também, a exigência de que todos os profissionais e magistrados, que lidam com as vítimas, tenham formação especializada, em direito e psicologia (art. 8º, nº 4). Na escolha das medidas de coação relativamente ao abusador e das medidas de proteção da criança, importa também considerar o interesse da criança vítima e o seu direito à reinserção social e à recuperação física e psicológica, consagrado nos arts. 39º da Convenção dos Direitos da Criança e 9º, nº 3 do Protocolo Adicional Facultativo, devendo adotar-se medidas que envolvam a

---

[69] Não nos parece adequada a condição da lei de que a vítima não seja ainda maior, pois a vítima de abuso sexual na infância, mesmo depois da maioridade, continua a sofrer os danos psicológicos resultantes de ter de enfrentar, cara-a-cara, o arguido, no momento do julgamento.

[70] Este direito está consagrado de forma imperfeita, na lei de proteção de testemunhas (art. 27º), que apenas se refere à designação de um técnico de serviço social ou outra pessoa especialmente habilitada para o acompanhamento da testemunha (art. 27º, nº 1), não prevendo o direito da criança se fazer acompanhar por alguém da sua confiança pessoal, com quem tenha laços afetivos, por exemplo, um/a professor/a ou um membro da família, a quem tenha revelado o abuso. Já nos processos de promoção e de proteção, a criança goza do direito de se fazer acompanhar por uma pessoa da sua confiança (art. 84º, nº 2 da Lei 149/99, de 1 de Setembro).

restrição da liberdade do abusador, como a medida de coação de prisão preventiva e a aplicação de penas de prisão efetiva ou medidas de segurança em regime fechado, em caso de condenação. As medidas alternativas à prisão revelam-se ineficazes quando o agressor é um membro da família da criança ou vive nas proximidades. As medidas de proteção das crianças vítimas, no caso do abuso intra-familiar, têm consistido, sobretudo, na institucionalização. Esta é estigmatizante para as crianças, pois agrava os danos psicológicos causados pelo abuso e provoca sensação de abandono e desamparo, e aumenta o risco de revitimização das crianças, no ambiente institucional[71].

Para ultrapassar os mitos relacionados com o abuso sexual de crianças, revela-se ser necessária a organização de campanhas de informação da população (art. 9º, nºs 1 e 2 do Protocolo Adicional Facultativo), com a finalidade de prevenir o abuso sexual de crianças e de conduzir a uma maior reprovação ético-jurídica dos crimes sexuais contra crianças, através da sensibilização da população para o sofrimento das vítimas e para a repercussão do crime no seu equilíbrio bio-psico-social. O abuso sexual de crianças, no início do século XX e até à década de 80, esteve dominado pela crença de que as crianças, por sua natureza, não podiam ser lesadas e de que o abuso sexual não lhes causava dor nem dano, sendo o abuso e o comportamento da criança subsequente ao abuso atribuídos à responsabilidade das vítimas vistas como maldosas[72]. Estas conceções são a origem do sentimento de culpa e de vergonha que a sociedade provoca nas crianças sexualmente abusadas.

Para além de normas consagradas nos Códigos tradicionais e em documentos internacionais, o direito português contém vários diplo-

---

[71] RIBEIRO, C. & MANITA, C. (2007), «Crianças Vítimas de abuso sexual intra-familiar: significados do envolvimento no Processo Judicial e do Papel dos Magistrados». *Revista do Ministério Público*. Ano 28 (Abr-Jun), nº 110, pp. 47-86.
[72] Cf. CAROL SMART, «A History of Ambivalence and Conflict in the Discursive Construction of the Child Victim of Child Sexual Abuse», *Social and Legal Studies*, volume 8, 1999, pp. 397-398.

mas avulsos que especificamente se referem às crianças, tendo em conta a sua especificidade e vulnerabilidade, como, entre outros, a Organização Tutelar de Menores, o Estatuto do Aluno (Lei nº 30/2002, de 20-12, com as alterações da Lei nº 3/2008, de 18-01), a Lei de Proteção de Crianças e Jovens em Perigo (Lei 149/99, de 1 de Setembro); a Lei Tutelar Educativa (Lei nº 166/99, de 14 de Setembro), a Lei de Proteção de Testemunhas (Lei nº 93/99, de 14 de Julho com as alterações subsequentes), que protege as necessidades especiais das crianças vítimas de crimes sexuais e das crianças testemunhas em processo penal.

Julgo que a compilação de um código das crianças, através da sistematização e ordenação das matérias, em função de pontos de vista unitários, em vez da actual dispersão de regras e leis, representaria uma melhoramento científico e legislativo[73], que contribuiria para facilitar o trabalho dos/as juristas e outros/as profissionais, bem como para fixar a autonomização do direito das crianças, pois esta autonomia é mais nítida quando existe uma independência da codificação.

b) *Elemento finalístico: o interesse da criança*

A noção de interesse da criança subjaz a todas as normas que regulamentam as relações da criança com a família, o Estado e a sociedade, e constitui o critério de decisão relativamente a todos os litígios judiciais que envolvam a pessoa da criança.

A criança tem direito a que sejam considerados, em todas as decisões que lhe dizem respeito, a sua opinião e os seus diferentes estádios de desenvolvimento, com as respetivas necessidades e capacidades específicas. Na relação com os pais, a criança deixa de estar sujeita ao poder paternal, como um conjunto de direitos-deveres, em que a componente dos direitos era acentuada, para ser uma pessoa numa posição de igual

---

[73] Cf. MENEZES CORDEIRO, *Tratado de Direito Civil, IV, Parte Geral, Pessoas*, 3ª edição, Coimbra, 2011, pp. 464-465.

dignidade à dos pais, pela qual estes assumem responsabilidade e deveres de cuidado e de educação, respeitando as suas aptidões físicas e intelectuais, assim como os seus afetos. O Direito das Crianças, orientado pelo princípio do superior interesse da criança, assume, portanto, um carácter finalístico, que tem como objetivo a promoção dos direitos das crianças e o seu bem-estar físico e psíquico.

A doutrina tem definido o interesse da criança como um conceito indeterminado, que carece de preenchimento valorativo, e que goza de uma força apelativa e humanitária, chamando a atenção para a criança como pessoa e para os seus direitos[74]. Contudo, na prática, esta noção apesar do seu carácter apelativo e humano, que gera um aparente consenso, tem-se revelado um critério pouco útil, porque abrange uma variedade de sentidos, prestando-se a interpretações subjectivas decorrentes das convicções pessoais e das ideologias de quem decide. Na prática, o critério fracassa na sua missão de proteger as crianças, porque serve de veículo para conceções não testadas sobre o que é melhor para as crianças, acabando por reflectir os interesses dos adultos. Este defeito do princípio do interesse da criança, em abstrato fundamentador de qualquer solução, provoca falta de transparência nas decisões[75], que omitem o verdadeiro elemento que as motivou.

A definição do interesse da criança, de acordo com a sua vontade e sentimentos, tem-se revelado uma tarefa difícil para os tribunais, devido à falta de empatia com o sofrimento da criança e com as suas necessidades específicas, processo particularmente visível na prevalência atribuída ao vínculo biológico, nos conflitos judiciais entre progenitores biológicos e terceiras pessoas que cuidam da criança. O Direito das Crianças está repleto de interpretações da noção de interesse da criança contrárias ao seu bem-estar e dominadas pelos interesses dos

---

[74] Cf. MARIA CLARA SOTTOMAYOR, *Regulação do exercício do poder paternal nos casos de divórcio*, ob. cit., pp. 40 e ss.
[75] Cf. JOHN EEKELAAR, «Beyond the welfare principle», *Child and Family Law Quarterly*, 2002, p. 237.

adultos, como a recusa em ouvir as crianças nos processos de divórcio; a guarda conjunta em situações de violência doméstica; a imposição coerciva de visitas de progenitores com quem a criança não tem laços afetivos ou que a maltratam; o segredo de identidade nos processos de adoção; a dificuldade para as crianças nascidas por procriação assistidas em saberem as suas origens e a legitimidade dos castigos com intenção educativa.

A importância das decisões relativas às crianças, para o seu bem-estar psíquico, exige a concretização do conceito de interesse da criança, através de regras específicas e objetivas, como a regra da pessoa de referência e a da prevalência dos laços afetivos sobre os biológicos, baseadas no direito da criança à solução que melhor promove o seu desenvolvimento. O direito, como ciência social que se projeta na vida das crianças, podendo causar-lhes sofrimentos e entraves ao seu desenvolvimento, deve assumir, neste contexto, uma dimensão interdisciplinar, que se abre aos dados das outras ciências sociais e humanas, que identificam o interesse da criança com a estabilidade e manutenção da relação afetiva com a(s) sua(s) pessoa(s) de referência, que cuidam de si no dia-a-dia[76]. Contudo, os pareceres de psicólogos ou outros especialistas devem ser proferidos por profissionais com formação especializada em psicologia infantil ou em saúde mental, consoante a questão a tratar, e, apesar do seu papel auxiliar do juiz, não são vinculativos, sob pena de se retirar aos Tribunais, através da delegação noutros profissionais, a função judiciária de administrar a justiça em nome do Povo e de defender os direitos liberdades e interesses legalmente protegidos dos cidadãos (art. 202º, nºs 1 e 2 da CRP).

---

[76] Cf. MARIA CLARA SOTTOMAYOR, «A família de facto e o interesse da criança», *Boletim da Ordem dos Advogados*, nº 45, Jan.-Fev. 2007; IDEM, «Qual é o interesse da criança? Identidade biológica *versus* relação afetiva», Universidade de Coimbra, Centro de Direito da Família, em vias de publicação; DULCE ROCHA, *O Superior Interesse da Criança na perspetiva do respeito pelos seus direitos*, Instituto de Apoio à Criança, Lisboa, Abril de 2008.

c) *Elemento metodológico*

O método deste novo ramo do direito caracteriza-se pela sua interdisciplinaridade, isto é, inclui uma óptica renovada de entender e estudar o direito, em interação com as outras ciências sociais.

Este ramo do direito apresenta uma dupla interdisciplinaridade pelo facto de abranger, não só uma ligação entre os vários ramos de direito, mas também uma relação com as outras ciências sociais, como a psicologia, sociologia, pedopsiquiatria e antropologia. Esta dimensão interdisciplinar exige dos aplicadores do direito e de todos os profissionais uma formação especializada, que lhes forneça a compreensão da criança como pessoa, das suas relações afetivas e necessidades específicas.

A ciência jurídica tende a abandonar o carácter redutor e parcial do método lógico-dedutivo e a questionar a delimitação tradicional entre o jurídico e o não jurídico. Os novos ramos de direito, como o direito das crianças, são uma forma, por excelência, de denunciar os limites e as elevadas margens de erro dos métodos tradicionais de estudo do direito. O estudo do direito, para estar ao serviço das pessoas, deve ser encarado como instrumento de justiça, seguindo um método indutivo, que parte da experiência concreta das crianças e das circunstâncias materiais e emocionais em que vivem, assumindo uma finalidade que não é neutra, pois visa a promoção do bem-estar e da segurança de um grupo de pessoas – as crianças.

3. A Convenção sobre os Direitos das Crianças e os direitos de participação

O movimento internacional dos direitos das crianças situa-se num contexto, em que a comunidade internacional dá atenção às diferenças, reconhecendo direitos humanos específicos a categorias de sujeitos, como as mulheres, as minorias, os povos indígenas, as pessoas portadoras de deficiência, os trabalhadores. De entre estas categorias emergiram, também, as crianças, como titulares de direitos específicos, em função da sua diferença, grau de desenvolvimento e dependência.

A Convenção dos Direitos da Criança de 1989 é o documento internacional que reflecte a especificidade da infância, concebendo, de forma inovadora, a criança como pessoa titular de direitos e liberdades fundamentais, com o direito de participar nas decisões que lhe dizem respeito[77]. As crianças como sujeitos de direito são dotadas de uma progressiva autonomia no exercício dos seus direitos em função da sua idade, maturidade e desenvolvimento das suas capacidades, adquirindo um estatuto de cidadania social. Os Direitos das Crianças consagrados pela Convenção e subdivididos em três categorias (direitos de provisão, direitos de proteção e direitos de participação) são direitos extra-constitucionais, com a mesma força dos direitos, liberdades e garantias previstos na Constituição (arts. 16º, 17º e 18º da CRP).

O art. 12º da Convenção consagra o direito de a criança ser ouvida em todos os processos que lhe digam respeito, seja diretamente, seja através de representante. Esta norma vincula todos os Estados que ratificaram a Convenção. O princípio da participação das crianças foi adotado no direito português já aquando da Reforma de 1977, nos arts. 1878º, nº 2 e 1901º, nº 3, que conferem às crianças um espaço de autonomia de acordo com a sua maturidade e o direito a serem ouvidas, no tribunal, em caso de conflito dos pais relativamente a questões de particular importância. Estas normas têm, contudo, um carácter meramente pedagógico, uma finalidade da Reforma de 1977, que introduziu normas adiantadas em relação à realidade social, com uma intenção educativa, que visava promover, a longo prazo, a mudança de mentalidades. Na prática, o direito ao respeito pela autonomia consiste num direito sem tutela, que se encontra à disposição dos próprios pais, e o direito da criança a ser ouvida, sem a fixação legal de limite etário, na hipótese do art. 1901º, nº 3, é uma afirmação teórica, pois conflitos judi-

---

[77] Sobre a Convenção dos Direitos da Criança, *vide* MARTA SANTOS PAIS, «A Convenção dos Direitos da Criança (quadro inspirador de uma política global para a infância)», *Documentação e Direito Comparado*, nºs 55-56, p. 212; GUSTAVO FERRAZ DE CAMPOS MÓNACO, *A Declaração Universal dos Direitos da Criança e sues Sucedâneos Internacionais (Tentativa de Sistematização)*, Universidade de Coimbra, 2004, pp. 102 e ss.; CATARINA TOMÁS, «Convenção dos Direitos da Criança: Reflexões Críticas», *Infância e Juventude*, 2007, nº 4, pp. 121-145.

ciais entre os pais, quanto a questões de particular importância, na constância do casamento ou da união de facto, serão muitíssimo raros. No Código Civil, há outras normas que consagram o direito das crianças serem ouvidas, como o art. 1931º, nº 2, para a nomeação de tutor, a partir dos catorze anos, o art. 1984º, al. a), relativamente à audição dos filhos do adotante maiores de 12 anos, bem como o direito do adotando maior de doze anos prestar consentimento para a adoção (art. 1981º, nº 1, al. a), o direito do jovem com mais de dezasseis anos de convocar o conselho de família (art. 1957º, nº 1), de requerer ao Tribunal a notificação dos pais para a aceitação ou rejeição de liberalidades ou a nomeação de um curador especial (arts. 1890º, nº 2 e 1891º, nº 1). Mas são a lei Tutelar Educativa (Lei nº 166/99, de 14 de Setembro) e a Lei de Proteção de Crianças e Jovens em Perigo (Lei nº 147/99, de 1 de Setembro) que mais revolucionaram o estatuto das crianças, conferindo-lhes o direito de audição (art. 45º, nº 1, al. a) da LTE; arts. 4º, al. i) e 84º da LPP), o direito de requerer ou constituir a nomeação de defensor, em qualquer fase do processo (art. 46º, nº 1 da LTE); o direito de oposição às medidas propostas pelas Comissões de Proteção, a partir dos doze anos (art. 10º da LPP); o direito de requerer diligências e oferecer meios de prova (art. 104º, nº 1 da LPP); o direito de alegação, por escrito, e de apresentação de prova, a partir dos doze anos (art. 114º, nº 1). A Lei 124/99, de 20 de Agosto reconhece às crianças, a partir dos catorze anos, o livre exercício do direito de associação; a Lei de Saúde Mental reconhece o direito, a partir dos catorze anos, de receber ou de recusar intervenções terapêuticas e internamentos (arts. 5º, nº 3 e 7º, al. b) da Lei nº 36/98, de 24 de Julho). A partir dos 16 anos, as crianças têm capacidade judiciária ativa, como autoras, no domínio do direito de trabalho (art. 2º, nº 1 do CPT), podem consentir em cuidados de saúde e intervenções cirúrgicas, desde que tenham o discernimento necessário para avaliar o seu sentido e alcance no momento em que prestam o consentimento (art. 38º, nº 3 do CP). A lei exige que as crianças prestem a sua concordância para uma dádiva de órgãos ou de tecidos, de acordo com a sua capacidade de entendimento e de manifestação de vontade, não definindo um escalão etário fixo (art. 8º, nº 4 da Lei 12/93, de 22-04).

O regime jurídico do apadrinhamento civil (Lei 103/2009, de 11 de Setembro) prevê, numa norma inédita no direito português, o direito da criança maior de 12 anos ter a iniciativa processual de solicitar, em Tribunal, a constituição de uma relação jurídica de apadrinhamento, devendo, para o efeito, o Tribunal ou o MP, nomear patrono que a represente (art. 10º, nº 1, al. e) e nº 2)[78]. A criança ou o jovem tem ainda o poder de designar a pessoa ou a família da sua escolha para padrinhos (art. 11º, nº 2), quando a relação de apadrinhamento é constituída por sua iniciativa, vigorando, em qualquer caso, o princípio da audição obrigatória no processo, relativamente à escolha dos padrinhos (art. 11º, nº 6). Para a constituição da relação de apadrinhamento é necessário o consentimento da criança ou do jovem maior de 12 anos (art. 14º, nº 1, al. a). Os escalões etários dos doze e dos dezasseis anos são também utilizados na lei que prevê medidas de assistência e proteção para vítimas de violência doméstica (art. 9º da Lei 112/2009, de 16 de Setembro), que consagra os dezasseis anos como a idade do consentimento para a intervenção e o período compreendido entre os doze e os dezasseis anos, como a idade para prestar consentimento juntamente com o representante legal, salvo nos casos em que este está ausente ou é o agente do crime, dependendo a intervenção, nestes casos, unicamente do consentimento da criança, prevendo-se para as crianças com menos de doze anos o direito de serem ouvidas sobre a intervenção de acordo com a sua maturidade.

A psicologia moderna indica que a idade, em que uma pessoa adquire todas as faculdades intelectuais para tomar decisões, situa-se entre os 12 e os 14 anos, nos processos de regulação das responsabilidades parentais em casos divórcios e nas decisões médicas, e que quanto mais

---

[78] A norma que atribui iniciativa processual, para intentar um processo judicial de promoção e proteção, à criança com idade superior a doze anos (art. 105º, nº 2), só se aplica nos casos marginais do art. 11º, al. e), em que decorridos seis meses após o conhecimento da situação pela comissão de proteção não tenha sido proferida qualquer decisão.

autonomia for concedida às crianças, melhor estas a exercem[79]. A investigação sobre a capacidade da criança participar em processos judiciais demonstra que a capacidade para consentir de uma criança de 14 anos, em relação a tratamentos médicos e psicológicos, não difere da de um adulto entre dezoito e vinte e um anos, no que diz respeito ao testemunho, à compreensão dos factos, à sensatez da decisão e à compreensão das suas consequências[80]. Neste estudo, mesmo as crianças com 9 anos foram tão competentes como os adultos, nos critérios do testemunho e da sensatez da decisão[81].

Em processos de regulação das responsabilidades parentais, a investigação conclui que adolescentes de catorze anos são tão competentes para tomar decisões como os de dezoito anos e que crianças de nove/ /dez anos são tão competentes como as de catorze e de dezoito, na sensatez da preferência e na racionalidade dos motivos[82]. Contudo, o stress da criança com o divórcio dos pais pode prejudicar o seu testemunho e capacidade de decisão[83]. O reconhecimento deste direito à criança não pode representar uma demissão dos adultos nem a delegação das suas responsabilidades nas crianças[84], o que seria uma forma de abandono ou de mau-trato psicológico. A ideia de autonomia constitui o resultado de um "novo olhar" sobre as crianças como pessoas – a sua sensibilidade, sentimentos e opiniões – que seriam escutados e valorados nos processos judiciais que lhes dizem respeito e no interior das famílias, pelos adultos que delas cuidam.

---

[79] Cf. MICHAEL FREEMAN, *The moral status of children*, ob. cit., pp. 228-231.
[80] Cf. WEITHORN/CAMPBELL, «The Competency of Children and Adolescents to Make Informed Treatment Decisions», *Child Development*, 1982, vol. 53, p. 1589, apud MICHAEL FREEMAN, *The moral status of children*, ob. cit., p. 229.
[81] *Ibidem*, p. 229.
[82] Cf. ELLEN GREENBERG GARRISON, «Children's Competence To Participate in Divorce Custody Decision making», *Journal of Clinical Child Psychology*, 1991, Vol. 20, p. 78.
[83] Cf. MICHAEL FREEMAN, *The moral status of children*, ob. cit., p. 231.
[84] Cf. ROSA MARTINS, «Responsabilidades parentais no século XXI: A tensão entre o direito de participação da criança e a função educativa dos pais», *Lex Familiae, Revista Portuguesa de Direito da Família*, Ano 5, nº 10, 2008, p. 34.

Para decisões quanto à sua guarda, a criança tem o direito de ser ouvida, em qualquer idade (arts. 4º, al. i) da LPP, 147º-A e 175º da OTM) e sabe exprimir-se para afirmar qual é a pessoa adulta com quem mantém a sua relação afetiva principal, sobretudo, nos casos em que foi maltratada por um dos progenitores ou assistiu à violência do pai contra a mãe. O mesmo sucede, nos casos de conflito entre pais biológicos, desconhecidos para a criança, e os detentores da guarda de facto, nos casos em que os Tribunais, por força de convicções biologistas, precisem de comprovar a existência da relação afetiva da criança com os seus cuidadores. Contudo, em processos de divórcio, nos casos litigiosos, bastará, em regra, para a determinação da guarda, a prova dos factos integradores do conceito de progenitor de referência, que cuidava da criança no dia-a-dia, na constância do casamento, sem necessidade de ouvir a criança, que tem o direito ao silêncio perante o conflito dos pais, não constituindo a audição desta um dever, mas um direito.

As crianças vivem inseridas em famílias e são pessoas em relação com os membros da família. A desfuncionalização da família e a abolição da hierarquia nas relações familiares, em função da idade e do género, permitiu a descoberta da afetividade e da sua importância como fator de promoção do desenvolvimento emocional, físico e intelectual das crianças. O modelo democrático, participativo e igualitário actualmente vigente, na lei, reconhece às crianças o direito de participação no processo de decisão das questões que lhe dizem respeito e concede-lhes espaços de autonomia. Contudo, a educação das crianças continua a ter a dimensão protecionista. As crianças como seres que vivem há pouco tempo neste mundo e não conhecem os seus perigos precisam da proteção dos adultos, sendo necessário um equilíbrio entre a progressiva autonomia e os limites impostos pela necessidade de proteção.

A capacidade de a criança tomar decisões não pode, portanto, ser determinada de forma rígida, dependendo das circunstâncias do caso e da personalidade da criança, o que levanta dificuldades na aplicação prática dos direitos de participação. Por um lado, a vulnerabilidade das crianças sujeita-as a perigos e a manipulações dos adultos, o que fundamenta as perspetivas protecionistas, mas por outro, as crianças são capazes de fazer as suas escolhas de forma consciente e racional, e devem ter uma palavra na condução da sua vida. Permitir às crianças essa liberdade e auto-determinação constitui um treino de cidadania, que se não for exercitado, durante a infância, não será exercido, de forma repentina, aos 18 anos.

A área da participação das crianças, a mais dominada pela antiga ideia – m "uma criança não tem quereres" – é aquela em que a aplicação da Convenção tem sido mais deficiente e que exige da sociedade e do sistema judicial uma maior mudança de mentalidade e de valores. A ideia de infância como vulnerabilidade, dependência e falta de proteção tem servido para restringir o envolvimento das crianças nos processos de decisão das questões relevantes para a sua vida. Esta visão da infância não esgota a imagem das crianças e deve ser completada por construções alternativas que reconheçam às crianças autonomia e poder de participação.

4. O fim da regra da incapacidade geral de exercício e o modelo gradualista

O tratamento jurídico da questão da infância resume-se, no direito civil tradicional, aos conceitos jurídicos de menoridade e incapacidade de exercício, sendo a questão da autonomia das crianças considerada secundária e reduzida ao aspecto patrimonial e laboral (art. 127º), num quadro legislativo dominado pelo dever de obediência (art. 128º). O instituto da incapacidade de exercício tem uma origem patrimonial, visando, em primeiro lugar, a proteção patrimonial do incapaz, proprietário de bens, e da integridade do património familiar, e, em segunda linha, a proteção da segurança no tráfico jurídico.

No direito europeu, questiona-se o princípio da incapacidade de exercício de direitos, em que os pais actuam como representantes dos filhos, e propõe-se a sua substituição, a partir de uma determinada idade, pelo instituto da assistência, permitindo, aos adolescentes, o direito de participação e reconhecendo a sua autonomia[85]. O regime

---

[85] Cf. Rosa Martins, «Poder Paternal vs autonomia da criança e do adolescente?», *Lex Familiae*, Revista Portuguesa de Direito da Família, Ano 1, nº 1, 2004, pp. 71-73.

da incapacidade de exercício revelou-se demasiado rígido, autoritário e limitativo da liberdade das crianças e dos jovens, sobretudo, na esfera pessoal, apresentando a figura da assistência uma maior flexibilidade e adaptabilidade ao desenvolvimento progressivo das crianças. A representação legal nunca foi compatível com decisões pessoais e relativa aos afetos das crianças, em que os pais não se podem substituir aos filhos[86]. A menoridade não é vista, pela lei, como um bloco, mas como um processo gradual de desenvolvimento, ao longo do qual as crianças vão adquirindo autonomia e capacidade de decisão, sendo admitidas maioridades parciais.

Os direitos das crianças e dos jovens ao livre desenvolvimento da personalidade (arts. 26º e 69º, nº 1 da CRP) e ao reconhecimento da sua dignidade humana (art. 1º da CRP) exigem o abandono da regra da incapacidade de exercício e a sua substituição por um princípio de capacidade de agir limitada a um determinado âmbito de actuação, tendencialmente coincidente com a capacidade natural das crianças e dos jovens (método da inversão)[87]. O princípio da capacidade sofreria restrições expressamente previstas na lei e seria objeto de uma interpretação restritiva, cabendo ao legislador o ónus da justificação das incapacidades[88]. Este sistema visa conciliar exigências contraditórias, por um lado, proteger a criança da sua vulnerabilidade e por outro, promover a sua autonomia, reconhecendo às crianças um estatuto de pessoas dotadas de inteligência, dignidade humana e vontade.

A visão tradicional do instituto das incapacidades assentava numa conceção de criança sem aptidão natural para agir, sujeita ao poder

---

[86] A Parte Geral do Código Civil consagra o dogma do poder paternal como representação, enquanto o Livro do Direito da Família admite a autonomia progressiva dos adolescentes e a competência destes para actos pessoais (art. 1878º, nº 2). Neste sentido, vide o Parecer da Procuradoria-Geral nº 53/80, de 6/11, sobre o acesso de menores a consultas de planeamento familiar, consagrando o princípio de que, no que diz respeito a actos pessoais, a actuação dos pais não pode ser reconduzida aos poderes de representação.

[87] Cf. ROSA MARTINS, *Menoridade, (In)capacidade e Cuidado parental*, ob. cit., pp. 112-113.

[88] *Ibidem*, p. 114 e nota 252.

paternal e vista como um ser carente de proteção, especialmente diminuído de um ponto de vista físico, intelectual e relacional, em razão da idade, e sem competências para participar no tráfico jurídico.

De acordo com a nova visão da infância, a incapacidade geral dos menores é uma limitação dos seus direitos à auto-determinação e participação e só deve ser consagrada, em casos especiais, na medida do necessário para a proteção dos seus interesses e suprimento de incapacidades naturais, de acordo com um princípio de proporcionalidade que implica a proibição do excesso[89].

O modelo gradualista admite escalões de capacidades, adaptando-se melhor à finalidade do instituto das responsabilidades parentais: a promoção do desenvolvimento integral das crianças e dos jovens e a preparação para o seu pleno ingresso no tráfico jurídico. Nos termos deste modelo, as crianças teriam idoneidade para a prática de actos patrimoniais de que resultem, apenas, vantagens jurídicas, como aceitação de uma doação pura da qual não resultem deveres ou obrigações para a criança, princípio já aflorado no art. 951º, nº 2 do C.C., para actos correntes ou habituais destinados a satisfazer necessidades do dia-a-dia e actos que pela sua importância sejam socialmente considerados ao alcance da capacidade natural da criança[90]. Mas é no domínio dos actos pessoais, no interior da família – o ambiente em que a personalidade da criança se forma e educa – que se torna mais pertinente e socialmente necessário admitir capacidades naturais às crianças. Neste domínio, a doutrina e o legislador devem fazer uma opção ideológica clara: a superação de modelos autoritários e hierarquizados de educação por modelos democráticos, que incentivem a participação da criança e a expressão da sua originalidade como pessoa. O treino da criança para a cidadania pode fazer-se desde tenra idade, permitindo à criança pequenas opções no quotidiano, em relação a actos materiais, como o corte de cabelo e o vestuário, e a participação na decisão quanto

---

[89] Cf. RAÚL GUICHARD, «Sobre a incapacidade dos menores no direito civil e a sua justificação», 2005, p. 103.
[90] Cf. ROSA MARTINS, *Menoridade, (In)capacidade e Cuidado parental*, ob. cit., pp. 135-137.

a cuidados de saúde correntes e quanto à frequência de culto religioso ou escola a frequentar. Ao alcance da capacidade natural dos adolescentes deve estar a prática de actos jurídicos expressivos da sua personalidade e sensibilidade como a inscrição num partido político, sindicato, associação, clube desportivo e a decisão de publicação de uma obra.

O princípio do consentimento a partir dos 16 anos, consagrado no art. 38º, nº 3 do CP para actos médicos, é aplicável às decisões relativas a direitos de personalidade, como o direito à imagem ou à intimidade da vida privada, por exemplo, exibição de fotografia ou entrevista em jornal, revista ou televisão, nos termos das normas dos arts. 340º, nº 1, 81º, nº 1 e 280º, nº 2, relativas à limitação voluntária aos direitos de personalidade e ao consentimento do ofendido[91]. Contudo, os pais ou tutores, no exercício dos seus deveres parentais de cuidado e de vigilância, têm o direito de oposição, cabendo ao Tribunal de Família e de Menores a apreciação da capacidade de discernimento dos adolescentes, de acordo com a natureza, a importância jurídico-social e a gravidade do acto, e as razões educativas em que se baseia a oposição dos pais[92]. Se a criança tem menos de 16 anos, a decisão de autorizar cabe aos pais ou tutores enquanto pessoas que exercem as responsabilidades parentais no interesse da criança, mas este direito de autorizar ou recusar autorização está condicionado pelo dever de auscultar a criança e pelo consentimento da criança pré-adolescente, a quem não pode ser imposta a participação em filme ou programa televisivo contra a sua vontade[93]. A actuação dos pais, quando implica disposição de direitos de personalidade dos filhos, deve obedecer à forma escrita e ser apreciada pelo MP ou pelo juiz, nos termos do art. 1918º, por analogia com os actos jurídicos patrimoniais para os quais a lei prevê a necessidade de autorização do Tribunal (arts. 1889º e 1938º)[94].

---

[91] *Ibidem*, pp. 144-145.
[92] *Ibidem*, pp. 147-148.
[93] *Ibidem*, pp. 148-149.
[94] *Ibidem*, pp. 149-151 e nota 323.

O Tribunal Constitucional aplicou um princípio semelhante, no acórdão nº 323/09[95], em que invalidou a autorização da mãe para a participação de duas crianças em entrevista na televisão, numa reportagem sobre violência doméstica, sem qualquer distorção de voz e imagem das crianças, condenando a televisão ao pagamento de uma coima, por grave ofensa à dignidade pessoal das crianças, susceptível de causar graves distorções no desenvolvimento da sua personalidade, devassa da vida privada e familiar, considerando que os pais não podem dispor dos direitos dos filhos e que o Estado tem o dever de proteção das crianças contra o exercício abusivo de autoridade (art. 69º, nº 2 da CRP).

Relativamente às formas de suprimento das incapacidades, a doutrina defende um sistema ternário que divide a menoridade em três fases[96]: 1) A infância, desde o nascimento até aos sete anos, em que vigoraria o regime da representação legal; 2) a pré-adolescência, dos sete aos catorze anos, em que o instituto seria o da representação legal, mas mitigada pelo poder-dever dos pais de promoverem a participação e a audição da criança; 3) a adolescência, entre os catorze e os dezoito anos, período em que seria aplicável o instituto da assistência, segundo o qual a iniciativa para o acto caberia ao adolescente, mas com o consentimento dos pais ou dos tutores, que actuariam ao lado dos filhos, mas não em substituição ou em nome destes.

No direito português, é possível deduzir da norma do art. 38º, nº 3 do Código Penal, a partir dos 16 anos e desde que o/a adolescente possua discernimento para a decisão em causa, um princípio de capacidade natural para actos relativos a direitos de personalidade, ao exercício de liberdades fundamentais e actos puramente pessoais[97].

---

[95] Acórdão do TC, de 29-06-2009 (Relator: Vítor Gomes), in *Base Jurídico-Documental do MJ*, http://www.tribunalconstitucional.pt/tc/acordaos/20090323.html.

[96] Cf. Rosa Martins, *(In)capacidade, menoridade e cuidado parental*, ob. cit., pp. 128-129.

[97] Na doutrina penalista, tem-se levantado a questão relativamente ao consentimento de menores de 16 e de 17 anos para exercer a prostituição, defendendo Ana Rita Alfaiate (*A relevância penal da sexualidade dos menores*, Coimbra, 2009, p. 107), por analogia com o

De acordo com esta conceção de menoridade e de responsabilidades parentais, os pais, para além do dever de proteção dos filhos, têm o dever de promoção dos direitos que compõem a esfera pessoal dos filhos, de lhes reconhecer autonomia, de acordo com a sua maturidade (art. 1878º, nº 2, 2ª parte) e de envolver as crianças no processo de decisão.

5. Conclusão: O Direito das Crianças como disciplina nova e autónoma

A autonomia do Direito das Crianças, como disciplina jurídica, abrange o estudo de todas as relações sociais em que a criança ocupa a posição de sujeito ou de objeto de políticas sociais de proteção e de promoção dos seus direitos. Esta autonomia, não só científica mas também didática, tem uma importância prática e simbólica, na medida em que chama a atenção para o valor das crianças como pessoas e para a sua especificidade, contribui para melhorar a qualidade das decisões e dos processos que lhe dizem respeito e para um aprofundamento da cons-

---

art. 38º, nº 3 do CP, que a partir dos 16 anos, desde que o menor tenha capacidade de discernimento para compreender o alcance e o sentido da sua declaração de vontade, o consentimento afasta a ilicitude da conduta do agente, no âmbito do art. 174º do CP. Diferentemente, entendemos que se aplica, neste contexto, o conceito jurídico de menoridade, beneficiando o/a jovem prostituído/a, ainda que tenha prestado consentimento, da proteção decorrente do estatuto de criança, tal como o definem a Convenção dos Direitos da Criança das Nações Unidas e o Protocolo Facultativo à Convenção sobre os Direitos da Criança relativo à venda de crianças, prostituição e pornografia infantil. Dadas as situações de miséria, abandono e exploração que acompanham as situações de prostituição, a lei não deve reconhecer relevância ao consentimento do/da menor. Neste sentido, veja-se a tendência do direito europeu para punir o indivíduo que recorre à prostituição de menores (art. 174º do CP), como uma forma de dissuasão e de desincentivo ao fenómeno, como resulta das obrigações internacionais e comunitárias assumidas pelo Estado Português. Cf. Decisão-Quadro 2004/68/JAI do Conselho, de 22-12-2003, relativa à luta contra a exploração sexual de crianças e a pornografia infantil e a Diretiva 2011/93/EU do Parlamento Europeu e do Conselho, de 13 de Dezembro de 2011, relativa à luta contra os abusos sexuais e a exploração sexual de menores e a pornografia infantil, que substituiu a Decisão-Quadro.

ciência colectiva quanto à dignidade humana e direitos das crianças, bem como para decisões e políticas sociais promotoras do seu desenvolvimento físico, intelectual, psíquico e emocional.

Também razões de conveniência didática militam no sentido da autonomização, na medida em que os outros ramos do direito com repercussão na vida das crianças não inserem, por tradição, no seu objeto de estudo e de investigação, os problemas jurídicos que afetam a qualidade e a dignidade da vida das crianças. À autonomia científica corresponde uma autonomia funcional e pedagógica, traduzida na inserção do Direito das Crianças, nos curricula das faculdades de direito, como disciplina cujo objeto conduziria os/as juristas a reflexões descuradas pelos objetos dos ramos de direito clássicos. A autonomização do Direito das Crianças, para além de uma importância prática, tem, também, uma importância simbólica, na promoção do valor e da dignidade humana das crianças, como pessoas, na mentalidade dos futuros profissionais do direito, e na criação de uma nova cultura da infância nos Tribunais.

Entre idealismo e realidade:
a dupla residência das crianças após o divórcio*

Sumário: Introdução. **1.** Definição de conceitos: exercício conjunto das responsabilidades parentais e guarda (ou residência) alternada ou partilhada. **2.** Origem norte-americana do conceito de guarda partilhada e a sua difusão na Europa. **3.** Dimensão quantitativa da guarda partilhada e evolução da jurisprudência. **4.** A posição da jurisprudência portuguesa em relação à guarda partilhada. **5.** Exercício conjunto das responsabilidades parentais e violência doméstica: a insuficiência da solução adotada no art. 1906º, nº 2. **5.1.** Necessidade de articulação entre o Direito Penal e Direito da Família. **5.2.** Os riscos para as crianças que assistem à violência doméstica e medidas de proteção. **6.** A lição do direito da família australiano: o impacto da reforma de 2006. **7.** A investigação científica sobre a guarda partilhada na Austrália. **7.1.** A reforma de 2011 do direito da família australiano. **7.2.** A reforma de 2011 no Canadá. **8.** A investigação norte-americana sobre a parentalidade partilhada. **8.1.** O relatório do Estado de Washington. **9.** O caso específico das crianças de tenra idade e a teoria da vinculação. **10.** A perspetiva da criança sobre a dupla residência e os seus direitos de participação. Conclusão e recomendações.

Introdução

O direito, como ciência ou técnica baseada na lógica, está, por vezes, muito distante da vida das pessoas. Identifica verdade com crenças ou

---

* Todos os artigos sem menção de origem pertencem ao Código Civil.

experiências pessoais, em detrimento de uma análise objetiva e individualizada de cada caso, sem que os aplicadores do direito questionem se estas crenças ou experiências são generalizáveis à maioria da população. Identifica verdade com coerência interna do sistema e com dedução lógica do geral para o particular, produzindo posições formalistas, sem que os aplicadores do direito tenham a formação suficiente para saber se os problemas ou os conflitos interpessoais, que as normas jurídicas são chamadas a dirimir, são resolvidos de forma a promover a justiça e a paz social.

Esta conclusão é válida, quer para os órgãos com competência para administrar a justiça, quer para os profissionais que os coadjuvam, e também para as universidades que elaboram a doutrina que vai influenciar as decisões judiciais.

Poucas questões jurídicas são tão conflituosas e tão ideológicas como a das responsabilidades parentais após o divórcio. Poucas questões têm, como esta, um tão grande impacto no bem-estar das famílias e das crianças. Se durante a constância do casamento ou da união de facto vigoram regras estabelecidas espontânea e autonomamente pelas famílias, já depois do divórcio ou da separação, embora a auto-regulação continue a ser o padrão de decisão para uma parte das famílias, o mesmo não sucede para todas, havendo sempre casos que apresentam uma conflitualidade elevada. No conceito de famílias com altos níveis de conflito, não incluímos as famílias com história de violência doméstica. A violência doméstica não pode ser conceitualizada como conflito, mas como crime, o que torna impossível uma lógica de mediação, exigindo-se antes a responsabilização do agressor e a proteção das vítimas, não só através das medidas de coação ordenadas pelos tribunais penais, mas também através das decisões de guarda e de visitas, nos processos de regulação das responsabilidades parentais, as quais não devem fomentar contactos entre o agressor e as vítimas, diretas ou indiretas, como o caso das crianças que assistem à violência.

Figuras designadas por guarda conjunta, alternada ou partilhada apareceram, neste contexto, como fórmulas destinadas a apaziguar a conflitualidade entre ex-cônjuges e a criar soluções que satisfizessem os progenitores e que, simultaneamente, promovessem a continuidade da relação da criança com ambos os pais. Mas cedo se verificou, nos países onde estas figuras há mais tempo são praticadas, que estas, em vez de acalmarem os conflitos, os acentuavam, colocando os filhos no meio dos litígios dos pais e, afinal, longe de promoverem o interesse das crianças, prejudicavam o seu bem-estar psicológico. A mediação familiar e os serviços sociais pós-divórcio de apoio às famílias não identificaram as famílias com história de violência doméstica, confundindo-as com situações de mero conflito, e os tribunais não procederam à proteção das vítimas, na sua maioria, mulheres e crianças, o que aumentou as situações de risco para a vida e para a integridade física e psíquica destas.

O objetivo de promover a relação da criança com ambos os pais tem conduzido, desde a década de 80 do século XX, a que as ordens jurídicas procedam a reformas sucessivas da legislação civil relativa à regulação das responsabilidades parentais. Em Portugal, o interesse da criança a uma relação de proximidade com ambos os pais foi introduzido na lei, em 1995 (Lei nº 84/95, de 31 de Agosto), juntamente com a possibilidade legal de homologação de acordos que consagrassem o exercício conjunto das responsabilidades parentais, soluções que foram reforçadas pelas reformas de 1999 e de 2008. A Lei nº 59/99, de 30 de Junho consagrou um dever de fundamentação da decisão quando o tribunal, na ausência de acordo dos pais, determinasse que o poder paternal fosse exercido pelo progenitor a quem o filho for confiado. A Lei nº 61/2008, de 31 de Outubro introduziu como princípio-regra o exercício conjunto das responsabilidades parentais (art. 1906º, nº 1) e incluiu, entre os critérios de decisão acerca da residência da criança, a disponibilidade de cada um dos pais para promover a relação da criança com o outro (art. 1906º, nº 5). Este critério legal é originário dos EUA onde é designado por *"friendly parent provision"*. O princípio da coparentalidade, após o divórcio, atinge o seu apogeu com a chamada guarda alternada ou partilhada que implica que a criança tem uma dupla residência, vivendo com ambos pais em períodos de tempo iguais ou muito próximos em quantidade.

O Código Civil português, diferentemente de outros países, apenas estipulou como regra o princípio do exercício conjunto das responsabilidades parentais nas questões de particular importância, ou seja, nas grandes decisões a tomar relativas à saúde e educação da criança (art. 1906º, nº 1), não tendo consagrado qualquer presunção de guarda partilhada nem a possibilidade de uma residência dupla da criança. Contudo, a lei admite, no art. 1906º, nº 7, acordos que consagrem uma ampla partilha de responsabilidades entre os pais, presume-se que não apenas responsabilidades legais, mas também a responsabilidade pelos cuidados quotidianos. Com fundamento nesta norma, a jurisprudência publicada homologa acordos apresentados por algumas famílias aos tribunais, que determinam que a criança residirá alternadamente com cada um dos pais. O Ministério Público, no Tribunal da Relação de Lisboa, contudo, tem entendido que os acordos de residência alternada não são admitidos na lei, recorrendo das decisões de 1ª instância que homologam os referidos acordos. Havendo nos tribunais posições divergentes quanto a esta questão, pretendo com este estudo contribuir para a uniformidade na aplicação da lei, informando acerca dos resultados de estudos científicos feitos nos EUA e na Austrália sobre a guarda conjunta física e alertando para os perigos que a generalização desta figura representa para as crianças, ao contrário do que são as assunções populares e as crenças sociais. Embora todos os estudos possam ter limitações metodológicas ou resultados enviesados por ideologias, as ciências sociais apontam critérios para distinguir a fiabilidade dos estudos. Esta forma de debater a multiplicidade de opiniões sobre o tema é a única que comporta alguma objetividade e credibilidade, sob pena de se cair em convicções ou experiências pessoais que não são representativas da população em geral. Devo também fazer notar que os resultados dos estudos empíricos, sendo uma fonte de informação que assume um papel muito importante no conhecimento da realidade e que evita que se caia em preconceitos, nunca dispensam uma decisão individualizada, em que cada caso seja decidido com base nos seus próprios factos, devidamente avaliados e ponderados. A investigação científica não dita a solução dos casos, mas consciencializa quem decide e os profissionais, que lidam com as famílias, dos fatores que têm um impacto particular no bem-estar da criança e potencia a ponderação de elementos ou factos que, a não ser chamada a atenção para eles, seriam desconsiderados.

Devemos, portanto, fazer sobre esta tema uma reflexão informada pelas ciências sociais e pelas experiência de outros países, para não corrermos o risco de cometer os mesmos erros, quer a nível legislativo, fazendo reformas precipitadas por grupos de pressão, quer a nível judicial, impondo às famílias soluções que não são praticáveis e que prejudicam as crianças. É pela ciência e pela decisão dos casos concretos com neutralidade e bom senso, que nos devemos guiar na procura do bem--estar da população divorciada, sobretudo, das crianças, a parte mais vulnerável.

1. Definição de conceitos: exercício conjunto das responsabilidades parentais e guarda (ou residência) alternada ou partilhada

Importa, antes de mais, efetuar uma clarificação dos conceitos, pois os conceitos comumente designados por «guarda alternada», «guarda conjunta» ou «guarda partilhada», importados do direito norte-americano, não coincidem com o conceito legal de exercício conjunto das responsabilidades parentais utilizado no art. 1906º, nº 1 do Código Civil.

Os conceitos de guarda conjunta (*joint custody*) ou de parentalidade partilhada (*shared parenting*) apareceram primeiro nos países da *Common Law* e tiveram a sua origem no direito norte-americano, onde os tribunais começaram a proferir decisões de atribuição da guarda dos filhos menores a ambos os pais, desde a década de quarenta do século XX, ainda antes das alterações legislativas, embora tivesse sido a partir das décadas de sessenta/setenta que a figura se tornou mais comum[1]. No direito inglês, a guarda conjunta nunca conheceu a popularidade que conheceu nos EUA, surgindo na década de sessenta, mas nunca tendo sido aplicada com a mesma frequência com que o faziam os tribunais norte-americanos.

Foi na década de setenta do século XX que se iniciou, nos EUA, o movimento legislativo de introdução da guarda conjunta (física ou

---

[1] Cf. MARIE PRATTE, «La garde conjointe des enfants de familles désunies», *Révue Géneral du Droit*, 1988, Vol. 19, nº 3, p. 538.

legal), tendo sido esta figura, nas suas várias modalidades, adotada pela legislação de cerca de dois terços dos Estados Norte-Americanos, na década de oitenta, privilegiando-se soluções que permitissem a manutenção do contacto da criança com ambos os pais.

Nos países de direito civil, a guarda conjunta ou partilhada surge mais tarde, nos anos setenta ou oitenta, aplicada pelos tribunais em caso de acordo dos pais, e de forma mais tímida. A sua consagração legislativa remonta às décadas de oitenta ou de noventa do século XX. Em Espanha, em 1981, a lei do divórcio aceitou o exercício conjunto do poder paternal, a par do exercício exclusivo ou parcial, ou da distribuição entre os pais das várias funções educativas; em França, o exercício conjunto (sem alternância de residência) foi introduzido em 1987; em Portugal, em 1995, foi adotado o exercício conjunto das responsabilidades parentais, em casos de acordo dos pais, e, em 1997, na Alemanha, o BGB foi alterado e passou a estipular o exercício conjunto das responsabilidades como o princípio regra após o divórcio.

A figura foi sofrendo, nas ordens jurídicas europeias, progressivos alargamentos, passando de uma opção restringida ao acordo dos pais a uma possibilidade de imposição por decisão judicial, a pedido de um dos pais, ou a um princípio-regra ou preferência legal, afastado, apenas, mediante a prova de prejuízos para o interesse das crianças ou em situações de violência doméstica.

A expressão «exercício conjunto das responsabilidades parentais» utilizada no art. 1906º do código civil refere-se, apenas, à questão jurídica de saber a quem compete a tomada de decisões relativas aos assuntos de particular importância da vida da criança, estipulando a lei que os pais devem decidir de comum acordo estas questões (art. 1906º, nº 1). Mas este princípio do exercício conjunto não abrange a fixação de uma residência dupla da criança nem significa a imposição legal de uma relação frequente desta com ambos os pais. O exercício conjunto das responsabilidades parentais nada tem a ver com a relação afetiva ou com o convívio da criança com ambos os pais, mas apenas com a exigência legal de que as decisões mais relevantes, no domínio da educação e da saúde da criança, sejam tomadas por ambos os pais.

Deste princípio não se pode deduzir qualquer decisão legislativa favorável à partilha do tempo da criança entre ambos os pais, nos moldes de uma alternância de residência. Inclusivamente, este princípio do exercício conjunto é compatível com o modelo tradicional da guarda única, residência da criança com um dos pais e direito de visita do outro, em fins-de-semana alternados. A posição do legislador, em relação aos modelos que permitam uma relação frequente da criança com ambos os pais e acordos de partilha de responsabilidades, para além do que estipula o art. 1906º, nº 1, está consagrada no art. 1906º, nº 7 e surge restringida aos casos em que os pais estão de acordo, embora o juiz assuma um papel conciliador relevante na determinação do conteúdo dos acordos.

O exercício conjunto pode assumir três modelos: exercício conjunto com fixação de residência principal da criança junto de um dos pais, exercício conjunto com alternância de residência da criança, de acordo com um determinado ritmo temporal e exercício conjunto com permanência da criança na casa de morada de família, vivendo os pais aí alternadamente (*Bird Nest Arrangement*).

O Código Civil consagrou, como paradigma das decisões e dos acordos de regulação das responsabilidades parentais, o primeiro modelo, que implica a fixação da residência principal da criança (art. 1906º, nºs 1 e 5).

O terceiro modelo (*Bird's Nest Arrangement*) foi adotado por algumas famílias norte-americanas, mas é muito raro, tendendo a aplicar-se, apenas, durante uma fase curta, de transição, não sendo prático nos casos de segundo casamento ou união de facto de um ou de ambos os pais[2].

Em todos estes modelos, os pais atuam como uma comunidade educativa que permanece depois do divórcio, continuando a assumir em

---

[2] Cf. PERSIA WOOLEY, «Shared parenting Arrangements», in AAVV, *Joint Custody and Shared Parenting*, JAY FOLBERG (ed.), The Bureau of National Affairs, The Association of Family and Conciliation Courts, 1984, p. 19.

conjunto os deveres em relação ao desenvolvimento psíquico, físico, moral e educativo dos filhos e estabelecendo acordos acerca das grandes opções e orientações relativas à educação destes.

No modelo de exercício conjunto com residência alternada, a criança reside um montante de tempo substancial com cada um dos pais, de acordo com um determinado ritmo temporal de alternância, por exemplo, semanal ou mensal. Neste modelo, as decisões imediatas do dia-a-dia relativas à disciplina, dieta alimentar, atividades extracurriculares, contactos sociais, cuidados de saúde de rotina ou urgentes, cabem ao progenitor que se encontra, no momento, na companhia da criança, mas resultam de orientações educativas definidas por ambos, e todas as decisões de particular importância, quanto à saúde e educação da criança, exigem o consentimento de ambos os pais.

No modelo de exercício conjunto das responsabilidades parentais com residência habitual, o mais utilizado pelas famílias e o que está previsto na lei (art. 1906º do Código Civil), a criança tem a residência habitual com um dos pais, permanecendo junto do outro, durante estadias de duração variável, que a lei pretende que sejam mais amplas e frequentes do que os tradicionais direitos de visita (art. 1906º, nº 7 do Código Civil). As decisões de particular importância relativamente à vida da criança, por exemplo, intervenções cirúrgicas, mudanças de estabelecimento de ensino, estabelecimento de residência no estrangeiro, prática de desportos perigosos, etc., devem ser tomadas por ambos os progenitores, tal como na constância do casamento (art. 1906º, nº 1).

O modelo escolhido pelo legislador, no art. 1906º do Código Civil, e que é imposto às famílias, salvo demonstração de que se revela contrário ao interesse da criança (art. 1906º, nº 2), é aquele em que as decisões de particular importância relativas aos filhos são tomadas em conjunto, com residência principal da criança junto de um dos pais e um regime de visitas em relação ao progenitor não residente.

O exercício conjunto das responsabilidades parentais porque inclui, apenas, uma partilha, no plano jurídico, das grandes decisões a tomar, acompanhada da fixação da residência da criança junto de um dos pais, distingue-se da chamada guarda conjunta ou guarda alternada, conceitos que não pressupõem a fixação de uma residência habitual da criança, vivendo esta, respetivamente, períodos duradouros com cada um dos pais ou residindo alternadamente com ambos, de acordo com um determinado ritmo semanal, quinzenal ou mensal.

O exercício conjunto das responsabilidades parentais (correspondente à figura norte-americana designada por *joint legal custody*) foi um modelo que começou por ser uma criação prática da jurisprudência norte-americana, pensada para pais que têm capacidade de cooperação e de diálogo, que sabem separar os seus problemas pessoais dos seus papéis enquanto progenitores e que confiam um no outro como pais. Como pressupostos do exercício conjunto das responsabilidades parentais costumam ser enunciados, pela jurisprudência e pela doutrina, os seguintes fatores: capacidade de cooperação entre os pais, concretizada num projeto educativo apresentado por estes; capacidade educativa de ambos os pais; relação afetiva sólida entre a criança e cada um dos pais e o interesse da criança, ou seja, as suas necessidades e o seu grau desenvolvimento, a sua opinião, etc. Se o exercício conjunto abranger alternância de residência, os tribunais costumam exigir que os pais estejam de acordo, tenham com a criança uma relação afetiva de idêntica profundidade e relevância, tenham a mesma aptidão moral e material para prover à educação da criança e ao seu sustento, bem como igual capacidade para cuidar desta. Alguns tribunais são mais exigentes, entendendo que deve existir, entre os pais, uma identidade de estilos de vida e de valores, que estes sejam capazes de acordar num programa educativo quanto à saúde, disciplina, religião, tratamentos médicos e estabelecimento de ensino, que as suas residências sejam próximas, que os ambientes das duas residências sejam semelhantes, que os horários de trabalho dos pais sejam flexíveis e que os pais tenham recursos financeiros para manter duas casas separadas com condições para acolher a criança.

Existe ainda um outro modelo, raramente aplicado, em que a residência alternada está enquadrada por uma solução de exercício unilateral das responsabilidades parentais. Este modelo foi criado nos EUA e adotado por alguns tribunais, nos casos de maior conflitualidade, como uma forma de evitar a agonia de ter que escolher um dos pais[3].

O conceito de "exercício unilateral das responsabilidades parentais com alternância de residência" caracteriza-se pela possibilidade de cada um dos pais deter a guarda da criança alternadamente, de acordo com um ritmo temporal, o qual pode ser um ano escolar, um mês, uma semana ou uma parte da semana, detendo, cada progenitor, durante os seus períodos de estadia com a criança, a totalidade dos poderes-deveres integrados no conteúdo das responsabilidades parentais (art. 1878º do Código Civil), não só quanto às decisões quotidianas mas também quanto às decisões de particular importância, sem que se exija diálogo entre os pais ou a definição conjunta de orientações educativas. Durante cada turno, cada progenitor exerce exclusivamente o poder paternal, enquanto o outro beneficia de um direito de visita. No termo de cada período, os papéis invertem-se. Este modelo distingue-se do exercício conjunto das responsabilidades parentais, mesmo do modelo que inclui uma alternância de residência, uma vez que o exercício conjunto pressupõe, por parte dos pais, uma cooperação constante, pois as decisões relativas à educação da criança são tomadas em comum, enquanto na residência alternada com exercício unilateral das responsabilidades, cada progenitor toma sozinho, no seu turno, as decisões de particular importância. Por consequência, são maiores os riscos de contradição e de bloqueio nesta hipótese, podendo as decisões de um dos pais, durante o seu turno de guarda, frustrar e anular as decisões do outro.

Em Portugal, esta posição já foi aplicada pelo Tribunal da Relação de Lisboa num caso de litígio profundo e continuado entre os pais[4],

---

[3] Cf. MNOOKIN/MACCOBY, *Dividing the child: Social and legal dilemmas of custody*, Harvard University Press, 1992, p. 273.

[4] Cf. acórdão da Relação de Lisboa, de 22-05-2012 (João Ramos de Sousa), processo nº 1900/05.7TBSXL-E.L1-1, em que o tribunal decidiu instituir o regime da guarda alternada do menor, com ritmos de alternância longos, definidos pelos períodos escolares, acompanhado de um regime de exercício exclusivo das responsabilidades parentais nos

e é defendida por alguma doutrina, que entende que a solução mais consentânea com os interesses em jogo seria um modelo de guarda alternada, em que cada um dos pais exerce integralmente, em exclusividade, as responsabilidades parentais, de acordo com o seu critério educativo, aquando do seu período de custódia[5].

No exercício conjunto das responsabilidades parentais, tal como está concebido pela lei, a comunidade educativa sobrevive para além do divórcio, mantendo a família uma estrutura bilateral como durante o casamento, enquanto na residência alternada com exercício unilateral das responsabilidades, cada um dos pais age de forma autónoma, não necessitando do consentimento do outro para tomar uma decisão importante relativamente à pessoa ou bens da criança. O exercício das responsabilidades parentais passa das mãos de um dos pais para as mãos do outro, de acordo com um ritmo temporal definido pelo tribunal, sendo cada um dos pais sucessivamente detentor do exercício das responsabilidades parentais na sua integralidade. De um ponto de vista jurídico, este modelo é muito difícil de realizar, na prática, pois exige que os poderes de representação que integram as responsabilidades parentais passem de um progenitor para o outro constantemente, causando uma incerteza para terceiros (por exemplo, colégios, escolas, hospitais, associações desportivas ou recreativas) com quem os pais queiram celebrar contratos de prestação de serviços ou de assistência para a criança, e permitindo que durante o seu turno cada um dos pais anule a decisão previamente tomada pelo outro, sujeitando a

---

períodos em que este se encontra confiado à guarda de um dos pais, sem prejuízo de algumas decisões que serão tomadas conjuntamente por ambos os progenitores: decisões relativas à escolha do estabelecimento escolar a frequentar pelo menor, à sua submissão a operações cirúrgicas, aos locais de frequência de atividades extracurriculares prescritas pelos médicos e à educação religiosa, bem como à representação e administração de bens do menor.

[5] Cf. PAMPLONA CORTE-REAL/SILVA PEREIRA, *Direito da Família. Tópicos para uma Reflexão Crítica*, Lisboa, 2008, p. 104 e JORGE DUARTE PINHEIRO, *O Direito da Família Contemporâneo*, 3ª edição, Lisboa, 2010, p. 349.

criança a alterações na sua vida social e pessoal, suscetíveis de minar a sua estabilidade afetiva e psíquica, assim como a sua sensação de segurança.

2. Origem norte-americana do conceito de guarda partilhada e a sua difusão na Europa

As mudanças legislativas ocorridas nos EUA transformaram-se numa moda que se espalhou também pela Europa, surgindo no velho continente os movimentos sociais pró-guarda conjunta oriundos do direito norte-americano.

Em Espanha, a lei do divórcio de 1981 previa que o exercício do poder paternal fosse confiado ao progenitor que residia com os filhos. Contudo, o juiz podia, a pedido do outro progenitor, no interesse da criança, atribuir ao requerente o direito de exercer o poder paternal em conjunto com o progenitor residente ou distribuir entre o pai e a mãe as funções inerentes ao exercício dos direitos-deveres parentais (art. 156º, *in fine* do Código Civil espanhol)[6]. A lei espanhola referia-se, apenas, à guarda conjunta legal, pressupondo a fixação da residência da criança junto de um dos pais, mas admitia que o exercício conjunto das responsabilidades fosse adotado a pedido de um dos pais e independentemente do consentimento do outro. Na prática judicial, contudo, a figura só era admitida em casos excecionais e tinha uma implantação muito reduzida na jurisprudência espanhola[7]. A alternância de residência era considerada ilegal e contrária ao interesse da criança, definido a partir da ideia de estabilidade da residência, do ambiente e das condições de vida da criança, sendo rejeitada mesmo nos casos em que os pais estavam de acordo, devido às frequentes mudanças de residência que implica. Neste sentido, aponta-se como exemplo, as decisões do Tribunal de Múrcia, de 10 de Maio de 2000 e de 15 de

---

[6] Cf. Margarita Fuente Noriega, *La patria potestad compartida en el codigo civil español*, Editorial Montecorvo, S. A., Madrid, 1986, p. 293.

[7] Cf. Ana Seisdedos Muiño, *La patria potestad dual*, Universidad del País Vasco, 1988, pp. 332 e ss.

Dezembro de 2002, nas quais o juiz entendeu que a guarda partilhada era uma medida que visava mais satisfazer os pais do que providenciar pelo melhor desenvolvimento e educação da criança, que crescerá sem uma ideia clara do que é um lar fixo e estável, e terá dificuldade em assentar a sua vida num círculo específico de amigos e de ambiente[8]. Pode dizer-se que, no período anterior à lei nº 15/2005, havia uma clara rejeição da guarda partilhada pela jurisprudência espanhola.

Todavia, mais tarde, a pressão política de grupos de homens divorciados que reclamavam igualdade de direitos em relação aos filhos e que contestavam as soluções tradicionais de guarda maternal conseguiram que, na lei do divórcio nº 15/2005, o legislador previsse expressamente a possibilidade de decisões judiciais a impor a guarda partilhada, a pedido de um dos pais, mas condicionada, contudo, por um parecer favorável do Ministério Público. O facto de o procurador público ter um direito de veto sobre o poder do juiz adotar a guarda partilhada colocou questões de inconstitucionalidade por violação do art. 117º, nº 3 da Constituição de 1978, uma faculdade vista como exorbitante, que interfere na função de julgar do poder judicial e atenta contra a sua independência[9]. O acórdão do Tribunal Constitucional espanhol, de 17 de Outubro de 2012[10], declarou inconstitucional e nula a expressão "favorável" contida no nº 8 do art. 92º do código civil espanhol, que exigia um parecer favorável do Ministério Público para que pudesse ser decretada a guarda partilhada, passando o juiz a ter o poder discricionário de outorgar esta modalidade de guarda, com base na sua avaliação sobre o interesse da criança, mesmo que o Ministério Público emita parecer em sentido contrário.

---

[8] Cf. TERESA PICONT, «The Equality Rights of Parents and the Protection of the Best Interests of the Child After Partnership Breakdown in Spain», *International Journal of Law, Policy and the Family*, 2012, p. 381.
[9] *Ibidem*, p. 380.
[10] Documento disponível *in* http://www.quieroabogado.es/images/pdf/Civil/Familia/Custodia-compartida-no-vinculante-informe-ministerio-fisca-sentencia-constitucional.pdf.

O legislador espanhol, apesar de admitir a guarda partilhada mesmo na falta de acordo dos pais, não a considerou um princípio geral nem uma opção preferida, afirmando, por influência dos movimentos feministas de defesa dos direitos das mulheres maltratadas, que a guarda partilhada não se aplica nos casos em que existem indícios de violência doméstica (art. 92º, nº 7 do código civil). Os tribunais especializados em violência de género têm o poder de suspender o exercício das responsabilidades parentais, da guarda ou das visitas de um progenitor acusado destes atos (arts. 65º e 66º do código civil).

No período de vigência da lei nº 15/2005, a guarda alternada tem sido aplicada lentamente, mas de forma progressiva, pelos tribunais espanhóis. Contudo, a percentagem de casos em que a figura foi aplicada é muito baixa, quando comparada com a atribuição da guarda a um dos pais, normalmente, a mãe. Os tribunais optam pela guarda partilhada, nos casos de consenso dos pais, a não ser que as circunstâncias da família sugiram que a guarda partilhada não está de acordo com o interesse da criança. A aplicação da guarda partilhada, nos casos litigiosos, tem sido muito rara. Em 2010, em Espanha, a guarda foi atribuída à mãe em 83,2% dos casos e ao pai em 5,6% dos casos; a guarda partilhada foi aplicada em 10,5% dos casos e a atribuição da guarda aos avós ou a outros parentes foi a solução adotada em 0,6% dos casos[11].

Os tribunais, em geral, após a entrada em vigor da lei nº 15/2005, continuam a entender que a guarda partilhada pode ser prejudicial ao bem-estar e normal desenvolvimento das crianças, exigindo, para decidir a favor da dupla residência da criança, um acordo dos pais ou pelo menos a falta de oposição de um deles à proposta do outro, e rejeitando a figura, quando os pais não têm capacidade de cooperação e de responsabilidade conjunta, quando a natureza da relação pessoal entre os pais está marcada pelo conflito, e, ainda, nos casos em que um dos pais não revela disponibilidade para cuidar dos filhos.

---

[11] Cf. *Instituto Nacional de Estatísticas Espanhol*, 2011, *apud* TERESA PICONT, «The Equality Rights of Parents and the Protection of the Best Interests of the Child After Partnership Breakdown in Spain», 2012, p. 382.

Contudo, desde 2009, que o Supremo Tribunal Espanhol tem feito uma mudança significativa nesta situação, decidindo a guarda partilhada, mesmo na falta de acordo dos pais, entendendo que a guarda partilhada implica, na sua essência, a falta de estabilidade do ambiente doméstico da criança e que este motivo não é fundamental ou decisivo para negar que o interesse da criança possa coexistir com a falta de uma residência estável e permanente (Supremo Tribunal Espanhol, acórdão de 8 de Outubro de 2009, nº 623/2009)[12]. Entendeu o Supremo Tribunal Espanhol que a guarda partilhada não deve ser rejeitada sem mais, nem aceite de forma abstrata, devendo a sua aplicação assentar nas circunstâncias do caso e em determinados critérios, que a lei devia especificar, tal como o direito inglês e o direito norte-americano: prática adotadas pelos pais antes do divórcio; capacidade de cooperação e de co-responsabilização dos pais; capacidade dos pais para manter uma política educativa comum; baixo nível de conflito entre os pais; a relação anterior da criança com cada um dos pais; a distância entre as residências dos pais; a disponibilidade dos pais para manter contacto direto com os filhos durante o período de tempo que estes vivem consigo; a idade das crianças; os desejos das crianças; o resultado dos relatórios sociais, periciais (psicologia ou pedopsiquiatria) e do parecer do Ministério Público[13].

Recentemente, o Supremo Tribunal Espanhol, no acórdão nº 257//2013, de 29 de abril de 2013[14], considerou a guarda partilhada como uma opção preferencial e não como uma medida excecional, seguindo a orientação, segundo a qual a interpretação do art. 92º, nºs 5, 6 e 7 do código civil deve fundar-se no interesse das crianças afetadas pelas medidas a tomar, podendo a guarda partilhada ser decretada quando concorram os seguintes critérios: a prática anterior dos pais nas suas

---

[12] Documento disponível *in* custodiapaterna.jimdo.com/sentencias/tribunal-supremo/custodia-compartita-08-10-09/.
[13] *Ibidem*.
[14] Documento disponível para consulta *in* http://www.quieroabogado.es/images/pdf/Civil/20130429-Sentencia-Tribunal-Supremo-Custodia-Compartida.pdf.

relações com os filhos e as suas aptidões pessoais; os desejos manifestados pelas crianças; o número de filhos; o cumprimento por parte dos pais dos seus deveres em relação aos filhos e o respeito mútuo nas suas relações pessoais e o resultado dos pareceres psicossociais legalmente exigidos. Por acórdão de 19 de julho de 2013 (resolução nº 495/2013)[15], o Supremo Tribunal espanhol revogou a decisão do Tribunal de 1ª instância e do Tribunal de apelação, que decidiram pela guarda maternal, para consagrar a guarda partilhada de acordo com uma alternância quinzenal, pois constava do relatório psicossocial que ambos os pais tinham capacidade parental e se interessavam pelos filhos, que os filhos tinham um vínculo afetivo positivo e normalizado com o pai e com a mãe, e que não manifestavam preferência por nenhum dos dois. Diferentemente, no acórdão de 7 de junho de 2013 (resolução nº 370/2013)[16], o Supremo Tribunal espanhol confirmou a decisão do acórdão recorrido e do tribunal de 1ª instância, que rejeitaram a guarda partilhada, devido à falta de comunicação entre os pais e à sua conflitualidade, situação absolutamente contrária ao que há-de ser a cordialidade e a coordenação exigidas pelo sistema de guarda partilhada e que é susceptível de influir de forma perniciosa no desenvolvimento integral das crianças.

Algumas regiões espanholas com direito civil próprio e com capacidade para legislar nesta matéria, Aragão e Catalunha, adotaram a guarda partilhada. A lei aragonesa 2/2010, de 26 de maio, modificou a lei do divórcio e aceitou a guarda partilhada como opção preferencial ou princípio geral[17]. O juiz pode, assim, aplicar a guarda partilhada sem o acordo dos pais. O art. 80º, nº 2 estipula que o juiz deve dar um tratamento preferencial à guarda partilhada, exceto se a

---

[15] Documento disponível para consulta in http://www.poderjudicial.es/search/documento/TS/6820264/Patria%20potestad%20compartida/20130809.

[16] Documento disponível para consulta in http://www.poderjudicial.es/search/documento/TS/6748826/Divorcio/20130614.

[17] Cf. CONSUELO BAREA PAYUETA, *Los inconvenientes de la custodia compartida*, Barcelona, 2012, p. 31.

guarda única for mais conveniente, tendo em conta o plano de parentalidade e os seguintes fatores: (i) a idade da criança; (ii) o *background* familiar e social das crianças; (iii) as opiniões das crianças com suficiente capacidade de discernimento, de todas as crianças com mais de 12 anos, dando especial consideração às opiniões daquelas que têm mais de 14 anos; (iv) a aptidão e vontade dos pais para assegurar a estabilidade dos filhos; (v) a possibilidade de conciliar a vida familiar com o trabalho dos pais; (vi) e outras circunstâncias de especial relevância[18].

Na Catalunha, em 2010, deu-se uma reforma do Código Civil da Catalunha relativo à pessoa e à família, que passou a estipular no art. 233º, nºs 8, 9 e 10, que o tribunal pode decidir pelo exercício conjunto das responsabilidades parentais nos casos de falta de acordo e presume ser no interesse da criança a relação continuada com ambos os pais, a não ser que tal seja prejudicial aos interesses dos filhos[19].

A lei da Catalunha estabelece que os acordos dos pais devem ser incluídos no processo judicial sob a forma de um plano de parentalidade. Estipula também que, se não houver acordo dos pais sobre o exercício conjunto das responsabilidades ou se o plano de parentalidade não for aprovado, o tribunal deve atribuir a guarda partilhada, a não ser que a guarda única seja considerada a solução mais conforme com o interesse da criança[20]. Esta lei baseia-se no ponto de vista, segundo o qual a alternância de residência protege o interesse da criança e beneficia os pais[21].

Em 2011, o Tribunal Constitucional decidiu validar a lei da guarda partilhada impulsionada pelo Governo Valenciano e aprovada pelo

---

[18] Cf. TERESA PICONT, «The Equality Rights of Parents and the Protection of the Best Interests of the Child After Partnership Breakdown in Spain», 2012, p. 381.
[19] Cf. CONSUELO BAREA PAYUETA, *Los inconvenientes de la custodia compartida*, ob. cit., pp. 32-33.
[20] Cf. TERESA PICONT, «The Equality Rights of Parents and the Protection of the Best Interests of the Child After Partnership Breakdown in Spain», 2012, p. 381.
[21] *Ibidem*, p. 381.

Parlamento regional[22]. A lei dá prioridade ao acordo entre os pais e estabelece um princípio geral de guarda partilhada nos casos em que não seja possível o acordo, permitindo ao juiz atribuir a guarda a um só dos pais, atendendo às circunstâncias do caso[23].

Neste momento, os movimentos de direitos dos pais lutam junto do Governo pela consagração em toda a Espanha da guarda partilhada como a opção preferida ou presumida pela lei nos casos de divórcio[24].

Em França, a evolução legislativa seguiu passos semelhantes, partindo de posições jurisprudenciais de rejeição da residência alternada para a consagração legal da figura.

Na jurisprudência francesa, a sentença do Tribunal de Grenoble, de 8 de Maio de 1982[25] afirmou que «a guarda alternada é um atentado à unidade do lar, unidade de direção e unidade de educação indispensáveis ao desenvolvimento da criança». Em 1983, a Circular da *Garde des Sceaux*, de 3 de Maio[26] proibiu a guarda alternada, solução também adotada, em 1984, pela *Cour de Cassation*[27].

O legislador francês, em 1987, consagrou o exercício em conjunto da autoridade parental no Código Civil, mas, impôs ao julgador a obrigação de fixar a residência da criança junto de um dos pais, rejeitando implicitamente a guarda alternada, conforme resulta dos debates parlamentares da lei *Malhuret*[28].

A lei de 1 de janeiro de 1993 transformou o exercício conjunto da autoridade parental de uma mera alternativa possível, desde que aus-

---

[22] Cf. CONSUELO BAREA PAYUETA, *Los inconvenientes de la custodia compartida*, ob. cit., p. 35.
[23] *Ibidem*, p. 35.
[24] *Ibidem*, p. 39.
[25] *Grenoble*, 8 Mai 1982, J.C.P. 1983, IV, p. 331.
[26] Cf. NICOLAS-MAGUIN, «A propos de la garde conjointe des enfants de parents divorcés», *Dalloz*, Chr. XX, 1983, p. 113.
[27] Civ. 2º, 2 Mai 1984, Informations Rapides, *Dalloz*, 1985, p. 171.
[28] Cf. MAZEAUD, *Rapport sur le Projet de Loi sur l'exercice de l'autorité parentale*, Assemblée Nationale, nº 693, 1986-87, p. 10.

cultada a opinião dos pais, no princípio-regra em casos de divórcio, mantendo a fixação da residência habitual da criança junto de um dos pais[29].

A lei de 4 de Março de 2002 aderiu ao exercício conjunto das responsabilidades parentais como princípio regra para todas as famílias, incluindo os casos de rutura da união de facto, e admitiu a fixação da residência alternada da criança, a título provisório, pelo juiz, a pedido de um dos pais, mesmo em caso de desacordo entre ambos[30]. Após o decurso de um determinado período de tempo, o juiz toma uma decisão definitiva: ou mantém a alternância ou regressa à fórmula da residência permanente. Esta nova solução é acompanhada da primazia dada ao acordo dos pais e da possibilidade de o juiz recorrer à mediação familiar para obter o acordo parental. Esta solução tem sido, contudo, criticada pela doutrina que entende que a lei sofre de excesso de idealismo, por sobrestimar o zelo dos pais nos acordos e a mediação familiar, ainda mal organizada, e por subestimar as despesas e as dificuldades práticas da execução da residência alternada, assim como por não ter em conta a possibilidade de oposição da criança[31].

A lei de 4 de Março de 2002 forneceu uma base legal à guarda alternada, em caso de divórcio ou de separação, na medida em que estipula o princípio de que a criança deve manter relações de grande proximidade com ambos pais e consagra a paridade entre o homem e a mulher no domínio das responsabilidades parentais, atribuindo aos juízes uma ampla margem de poder de apreciação para regular as responsabilidades parentais e fixar a dupla residência da criança.

---

[29] Cf. HUGHES FULCHIRON, «Une nouvelle reform de l'autorité parentale», Chr. XXV, *Dalloz*, 1993, p. 118.
[30] Cf. J. R., «Autorité Parentale. Loi nº 2002-305 du 4 mars 2002 relative à l'autorité parentale», *RTDC*, nº 2, 2002, pp. 377-384 e BOULANGER, «Modernisation ou utopie? La reforme à l'autorité parentale par la li du 4 mars 2002», *Dalloz*, 23 mai 2002, pp. 1571--1577.
[31] *Ibidem*, p. 1577.

O *Cour d'appel* de Fort de France, na decisão de 15 de Junho de 2012[32], entendeu que está dentro dos poderes de decisão dos tribunais optar por esta modalidade de guarda, de acordo com uma perspetiva casuística, segundo a qual cada caso deve ser tratado com base nos seus próprios factos, tendo-se em conta a capacidade educativa dos pais, os constrangimentos práticos desta forma de guarda, a colaboração entre os pais e a opinião de especialistas sobre as suas consequências para o desenvolvimento das crianças, bem como a similitude das condições de acolhimento da criança proporcionadas pro cada um dos pais e a ausência de contradições quanto aos projetos educativos dos filhos. Na fundamentação da decisão, o tribunal exprimiu uma visão optimista da figura, entendendo que a guarda alternada permite que a criança mantenha uma relação regular com cada um dos pais, o que enriquece a sua vida social e aumenta a disponibilidade de cada um dos pais para os filhos durante o seu período de residência. Esta posição, contudo, não é unânime, havendo decisões judiciais que rejeitam a guarda alternada com base em vários critérios: a má relação entre os pais; o afastamento dos seus domicílios entre si e da escola da criança; a idade da criança, entendendo-se que, para crianças mais pequenas, a alternância da residência é prejudicial. A jurisprudência francesa, apesar de admitir nalguns casos a guarda alternada, considera que esta não pode converter-se numa regra geral e absoluta, pois tal seria perigoso para o interesse das crianças.

A doutrina, em comentário à decisão da *Cour d'Appel* de Fort de France, pronunciou-se de forma mais cautelosa perante a guarda alternada, questionando se esta visão «angelical» é realista em face de um quadro relacional de conflito entre os pais, muito comum nos divórcios, e chamando a atenção para o facto de esta figura implicar que a criança não tenha um domicílio fixo e para o risco de que a criança se torne, em nome de uma pretensa paridade parental, num objeto dos direitos dos pais[33].

---

[32] Cf. *CA Fort de France, ch. civ.*, 15 juin 2012, *Jurisdata* nº 2012-021574.
[33] Cf. JACK VIMON, «Garde alternée, intérêt de l'enfant ou enfant, intérêt de la garde alternée?», *La Semaine Juridique, Edition Général*, nº 42, 15 Octobre 2012, p. 1902.

O debate sobre a guarda alternada, em França, incidiu também sobre a compatibilidade da dupla residência da criança com o princípio da unicidade do domicílio e sobre os problemas práticos que levanta. Ou seja, se uma pessoa tem várias residências, ela não pode ter mais do que um domicílio, definido como o lugar principal, onde a pessoa tem o seu centro de interesses, negócios e relações. Este princípio permite controlar a inscrição nas listas de eleitores e a filiação em organismos sociais. O art. 108º, nº 2 do Código Civil francês continua a dispor que o menor não emancipado está domiciliado junto dos seus pais e se estes vivem separados, o menor tem o seu domicílio junto daquele progenitor com quem vive. Uma vez que esta norma não foi alterada, recomenda-se que os pais, que optam pela guarda alternada depois do divórcio ou da separação, fixem o domicílio da criança junto de um deles para efeitos jurídicos[34].

Em Itália, a lei de 6 de Março de 1987 permitia a guarda conjunta, não como uma solução obrigatória para os pais, mas como uma mera sugestão às famílias, estipulando a lei, como princípio regra, a guarda exclusiva de um dos pais, acompanhada pelo exercício em conjunto das responsabilidades parentais nas questões de particular importância.

A doutrina italiana considerou a guarda conjunta e a guarda alternada como soluções, em regra, não praticáveis, porque fora da realidade dos núcleos familiares italianos[35], ou, apesar de reconhecer a sua importância, como forma de mudar mentalidades, entendeu que estas figuras só seriam praticáveis num reduzido número de casos[36].

A guarda alternada foi a modalidade de guarda mais criticada por provocar a exposição das crianças a mudanças de rotinas, de mentalidades e estilos de vida entre duas famílias, fatores susceptíveis de produzir uma influência negativa na educação dos filhos e de aumentar os

---

[34] «Domicile de l'enfant en cas de garde alternée», Rep. Min., min. Justice: JO Sénat 25 juin 2009, p. 1613, *La Semaine Juridique, Edition Générale*, 6 Juillet 2009, nº 28, p. 14.
[35] Cf. TRABUCCHI, *Il nuovo divorzio*, II, pp. 137 e ss.
[36] Cf. E. QUADRI, *Famiglia e ordinamento civile*, Torino, 1999, pp. 307-314, em especial, 313.

riscos de as crianças se sentirem desorientadas ou instrumentalizadas pelo conflito parental[37].

Em 2006, a lei nº 54/2006 alterou o art. 155º do código civil, que passou a consagrar, no nº 2, que o juiz deve avaliar prioritariamente a possibilidade de os filhos menores serem confiados à guarda de ambos os progenitores e de a responsabilidade parental ser exercida, também, por ambos, ou decidir a qual dos pais devem ser os filhos confiados, determinando os tempos e as modalidades da presença dos filhos junto do outro progenitor. A lei impõe ao juiz que tenha em conta os acordos dos pais, desde que não sejam contrários ao interesse da criança (art. 155º, 2, *in fine*), o que significa que a responsabilidade de organizar, para os filhos, um novo modelo de vida após o divórcio, compete, em primeiro lugar, aos pais. Este novo modelo de vida deve respeitar o direito das crianças a um relacionamento equilibrado e continuado com ambos os pais e o direito de conservar relações significativas com os avós e com os parentes de cada um dos ramos da filiação (art. 155º, 1).

A lei estipula (art. 155º, 3) que as decisões de maior importância relativas à educação, instrução e saúde, são tomadas por ambos os pais, tendo em conta a capacidade, a inclinação e as aspirações dos filhos. Sendo o legislador omisso relativamente às decisões da vida corrente, a jurisprudência italiana tem inserido, nos acordos e nas decisões, uma cláusula, segundo a qual as decisões da vida quotidiana das crianças e das suas rotinas podem ser tomadas pelo progenitor que, no momento, se encontra junto da criança, sem o consentimento do outro[38].

O modelo que o legislador considera mais adequado ao direito da criança se relacionar com ambos os pais é a guarda partilhada, designada por *"affidamento condiviso"* no art. 155º-*bis* do código civil italiano, em vez de *"affidamento congiunto"*, e que visa tornar mais clara a ideia de

---

[37] Cf. SANTUOSSO, *Il Divorzio, Tratatto di Diritto Privato*, diretto da Pietro Rescigno, vol. II, *Persona e Famiglia*, Tomo II, Torino, 2002, p. 353.
[38] Cf. *Sesta*, «Le nuove norme sull'affidamento condiviso: profili sostianli», *Famiglia e Diritto*, 2006, pp. 383-384.

participação de ambos os pais nas tarefas diárias ligadas ao cuidado e ao desenvolvimento dos filhos[39]. Contudo, na prática judiciária, o modelo é aplicado na forma de *joint legal custody*, segundo a qual os filhos menores residem com um dos pais, a título principal, e têm tempos de permanência, na residência do outro progenitor, mais amplos do que o tradicional direito de visita[40].

A lei civil italiana afirma que o juiz pode confiar a guarda da criança a um só dos pais, nos casos em que a atribuição da guarda ao outro progenitor seja contrária ao interesse da criança e permite a qualquer um dos pais, a todo o tempo, requerer a guarda exclusiva, em caso de prejuízo para o interesse da criança causado por um dos pais, protegendo, na medida do possível, o direito da criança a relacionar-se com ambos os progenitores (art. 155º-*bis*, 1 e 2). Se a ação de alteração for manifestamente infundada, o juiz pode considerar o comportamento do progenitor requerente na determinação das providências a adotar no interesse dos filhos (art. 155º-*bis*, 2, *in fine*). As decisões e os acordos de guarda dos filhos, alimentos, e exercício das responsabilidades parentais são revisíveis, a todo o tempo, a pedido de um dos pais (art. 155º-*ter*). O juiz deve ouvir as crianças a partir dos 12 anos e em idade inferior, desde que capazes de discernimento (art. 155º-*sexies*, 1).

A jurisprudência, recentemente, revelou abertura à residência dupla, estabelecendo o domicílio da criança junto de cada um dos pais. É o caso de uma decisão do tribunal de Florença, motivada pela consideração de que deste modo a criança goza de uma maior oportunidade de usufruir de serviços públicos, uma vez que os seus pais vivem em comunidades diversas[41]. Esta decisão organiza com minúcia o funcionamento desta dupla domiciliação da criança, estabelecendo uma alternância semanal e adotando indicações muito específicas sobre

---

[39] Cf. RITA RUSSO/MASSIMILIANO STURIALE, *L'affidamento dei minori nella prospettiva europea*, Giuffré Editore, Milano, 2013, p. 60.
[40] *Ibidem*, p. 61.
[41] Cf. *Trib. Firenze, ord 4.4.2012, nº 190*, apud ibidem, p. 62.

os tempos e os modos de passagem de um domicílio ao outro. Trata-se de uma decisão provisória, e os pais são convidados à mediação, sinal de que não se trata de pais colaborantes e com capacidade para gerir de forma autónoma um modelo tão exigente como a residência alternada[42].

Na Alemanha, em 1982, o Tribunal Constitucional declarou a inconstitucionalidade do § 1671, IV do BGB, que consagrava o princípio da guarda única sem exceções, estabelecendo a possibilidade legal do exercício conjunto das responsabilidades, desde que se verifiquem determinados pressupostos: 1. Vontade de ambos os pais de exercer em conjunto as responsabilidades parentais; 2. Capacidade educativa e de cooperação de ambos; 3. Inexistência de motivos que exijam, no interesse da criança, uma decisão de guarda única com exercício unilateral das responsabilidades parentais; 4. Convicção do juiz de que os pais estão em condições de exercer conjuntamente os deveres de assistência e de educação dos filhos, após o divórcio, de uma forma modificada[43].

A doutrina e a jurisprudência entendiam, em face desta decisão do Tribunal Constitucional Alemão, que a guarda conjunta era uma solução para um pequeno número de casos excecionais, em que os pais revelavam capacidade de cooperação e em que, tendo sido a solução experimentada pelos pais durante a separação de facto, se demonstrou que não causava danos à criança[44]. Na década de oitenta, só uma pequena proporção de famílias recorriam à possibilidade de guarda conjunta[45].

---

[42] Cf. RITA RUSSO/MASSIMILIANO STURIALE, *L'affidamento dei minori nella prospettiva europea*, ob. cit., p. 62.
[43] Cf. «Bundesverfassungsgericht nº 692 – G.G. art. 6º, II, S.1 § 1671, IV BGB», *FamRZ*, 1982, pp. 1179-1184.
[44] Cf. COESTER, «Gemeinsame Sorgerecht nach Scheidung?», *EuGRZ*, 1982, p. 263.
[45] Cf. OELSTER/KASTEN, «Zehn Jahre gemeinsame elterliche Sorge nach der Scheidung», *FamRZ* 1993, p. 21; RAINER OLLMANN, «Das gemeinsame Sorgerecht nach der Scheidung und das KJHG», *FamRZ*, 1993, pp. 869 e ss., referindo tribunais alemães com uma média de 1%-2% de casos de guarda conjunta e outros com percentagens de 12%-16%.

Na Alemanha, o exercício conjunto das responsabilidades parentais era adotado pelas famílias em cerca de 1% a 2% dos casos, aumentando esta percentagem todos os anos, atingindo, na década de 90, um valor de 20%, embora a maior parte destes casos incluissem a fixação de uma residência habitual das crianças[46].

Foi com a lei de 16 de dezembro de 1997, que entrou em vigor em 1998, que o legislador consagrou expressamente a possibilidade de exercício conjunto das responsabilidades parentais, depois do divórcio ou da separação. A doutrina considerou que a lei era compatível com os modelos de alternância de residência, quer o *modelo do pêndulo*, em que a criança vive alternadamente com cada um dos pais, quer o *modelo do ninho*, em que a criança continua a viver na casa de morada de família e são os pais que alternam[47]. Contudo, a maior parte das famílias escolhe um modelo que envolve a fixação de residência habitual[48].

A noção legal de exercício conjunto das responsabilidades parentais (*Gemeinsames Sorgerecht*) abrange a tomada em conjunto das decisões de particular importância, cabendo as decisões da vida quotidiana da criança ao progenitor que, por acordo de ambos ou por decisão judicial, reside habitualmente com esta.

Os tribunais inicialmente entenderam que a lei continha uma afirmação implícita da guarda conjunta como um princípio-regra, que admitia, como exceção, a possibilidade de um dos pais requerer a guarda única e o exercício unilateral das responsabilidades para proteção do interesse da criança[49]. A jurisprudência, contudo, evoluiu da consideração da guarda conjunta como um princípio-regra para uma solução mais restrita, segundo a qual a guarda conjunta não tem

---

[46] Cf. DIETER HENRICH, «Separazione, Divorzio, Affidamento dei Minori: L'Esperienza Tedesca», in AAVV, *Separazione, Divorzio, Affidamento dei Minori: Quale Diritto per l'Europa?*, Atto del Convegno, a cura di MICHELE SESTA, Giuffrà Editore, Milano, 2000, p. 50.
[47] *Ibidem*, p. 51.
[48] *Ibidem*, p. 51.
[49] Cf. WINFRIED BORN, «Gemeinsames Sorgerecht: Ende der «modern Zeiten». Besprechung von BHG, Urteil v. 29.9.1999 – XII ZB 3/99», *FamRZ*, 1999, pp. 396-399.

primazia sobre a guarda única nem existe qualquer presunção legal de guarda conjunta, ficando a admissibilidade desta dependente dos pressupostos exigidos pelo Tribunal Constitucional alemão em 1982: acordo dos pais, capacidade de cooperação destes e interesse da criança[50].

No Reino Unido, o objetivo do legislador, no *Children Act* de 1989, foi deixar intactos os direitos e obrigações dos pais em relação aos filhos após o divórcio. O direito inglês reconhece uma espécie de exercício conjunto legal e estipula que os tribunais apenas tomam decisões de residência e de contacto (*residence orders; contact orders*), mas não consagrou a guarda partilhada com residência dupla da criança e permite a cada um dos pais agir sozinho e independentemente do outro no exercício das responsabilidade parentais, sem consagrar sequer um dever de consulta de cada um dos pais em relação ao outro[51].

O *Children Act* de 1989 dispõe, todavia, que a criança deve manter, após o divórcio, uma relação contínua com ambos os pais e que todas as decisões judiciais a tomar têm como critério o interesse da criança. A avaliação do juiz, nas decisões de residência e de visitas, deve ser global e ter em conta os fatores enumerados na lei: os interesses e aspirações da criança; a sua personalidade; as possíveis repercussões psicológicas que qualquer mudança pode provocar na pessoa da criança (os tribunais seguem o princípio de que a estabilidade nas relações da criança é muito importante); a sua maturidade; o *background* social e cultural; qualquer trauma que a criança tenha sofrido; a capacidade educativa dos pais[52].

Geralmente é a mãe que obtém uma decisão de residência, por se reconhecer, unanimemente, que é ela que cuida dos filhos no dia-a-dia, e o pai, como progenitor não residente, tem direito ao convívio

---

[50] *Ibidem*, pp. 396-399.

[51] Cf. EEKELAAR, *Regulating divorce*, Clarendon Paperbacks, Oxford, 1991, pp. 128-129.

[52] Cf. MARTY SLAUGHTER, «Separazione, Divorzio, Affidamento dei Minore: L'Esperienza Inglese», in AAVV, *Separazione, Dovorzio, Affidamento dei Minori: Quale Diritto per l'Europa?*, *ob. cit.*, pp. 65-66.

com os filhos. Se as visitas forem impedidas sem motivo justificativo, o progenitor pode requerer a execução coativa da decisão ou do acordo ou, em alternativa, intentar uma ação penal.

3. Dimensão quantitativa da guarda partilhada e evolução da jurisprudência

Numa primeira fase, apesar de a guarda conjunta legal não ter oferecido muita resistência da parte dos tribunais e das famílias, o mesmo não se pode afirmar em relação à guarda partilhada. A atitude dos tribunais perante a residência alternada ou a partilha da guarda da criança era negativa, restringindo a jurisprudência dominante esta modalidade de guarda a casos excecionais, em que os pais apresentavam determinadas características relacionais.

O movimento feminista alertou para os perigos da dupla residência, considerando a guarda alternada um sistema salomónico, que reparte a criança entre ambos os pais, como se de um objeto de tratasse, com a finalidade de satisfazer o interesse do pai, o qual nem sempre, durante a constância do casamento, se tinha responsabilizado pelos cuidados básicos dos filhos[53]. A guarda alternada seria, assim, um meio para realizar uma ideia formalista de igualdade parental, sacrificando o interesse das crianças de tenra idade, aquelas que mais necessitam da estabilidade das condições externas para se desenvolverem[54]. Para além destes inconvenientes, a guarda partilhada permite a continuação da

---

[53] Cf. ANN MARIE DELOREY, «Joint Legal Custody: A Reversal to Patriarchal Power», *Canadian Journal of Women and the Law*, Vol. 3, nº 1, 1989, pp. 33 e ss.; MARIA CLARA SOTTOMAYOR, «O exercício conjunto das responsabilidades parentais: Igualdade ou retorno ao patriarcado?», in *E foram felizes para sempre...?, Uma Análise Crítica do Novo Regime Jurídico do Divórcio*, Atas do Congresso de 23, 24 e 25 de Outubro de 2008, Wolters Kluwer, Coimbra Editora, 2010, pp. 113-146.

[54] Cf. RAMSAY KLAFF, «The Tender Years Doctrine: A Defense», *California Law Review*, Vol. LXX, 1982, pp. 335 e ss.; NEELY, «The Primary Caretaker Parent Rule. Child Custody and the Dynamics of Greed», *Yale Law & Policy Review*, vol. 3, 1984, pp. 177 e ss.; CAROL BRUCH, «Sound research or Wishful Thinking in Child Custody Cases? Lessons from Relocation Law», *Family Law Quarterly*, Volume 40, nº 2, 2006, pp. 281-314.

violência doméstica após a separação e reduz o poder negocial das mães relativamente aos alimentos e às consequências económicas do divórcio, abdicando estas dos seus direitos patrimoniais para não perderem a guarda das crianças, sendo esta renúncia tanto maior quanto mais forte for o seu vínculo afetivo aos filhos[55]. A guarda conjunta ou partilhada foi considerada uma figura que, por se basear numa retórica de igualdade, esquece a desigualdade económica entre mulheres e homens, e tem inerente uma função ideológica que tende a reforçar uma noção de «família biológica eterna», descurando a realidade social de pobreza e de abandono vivida pelas famílias monoparentais[56].

Aponta-se, ainda, como estando na génese do instituto da guarda partilhada, uma «vingança» ou «back-lash» contra o movimento feminista e uma nostalgia da indissolubilidade do matrimónio[57].

As novas formas de guarda, conjunta ou partilhada, são normalmente praticadas por pais com rendimentos mais elevados, permanecendo as mães de classes mais desfavorecidas com pouco ou nenhum apoio financeiro do outro progenitor. Os problemas de bem-estar dos filhos de pais divorciados, que vivem com a mãe, não se explicam necessariamente pela ausência de contacto com o pai. O principal fator na redução do bem-estar destas crianças é o pouco rendimento da mãe, não tendo a investigação científica demonstrado nem vantagens nem desvantagens decorrentes do contacto da criança com os dois pais biológicos[58].

---

[55] Cf. JOANNE SCHULLMAN/VALERIE PITT, «Second Thoughts on Joint Child Custody: Analysis of Legislation and its Implications for Women and Children», in *Joint Custody and Shared Parenting* (Jay Folberg editor), the Association of Family and Conciliation Courts, 1984, pp. 210 e ss.; DEBORAH L. RHODE, *Justice and Gender,* Harvard University Press, London, 1989, p. 158.

[56] Cf. REGINA GRAYCAR, «Equal Rights versus Fathers' Rights: The Child Custody Debate in Australia», in *Child Custody and the Politics of Gender,* Edited by CARL SMART and SELMA SEVENHVIJSEN, London and New York, 1989, pp. 160 e ss.

[57] Cf. JEAN CARBONNIER, *Droit Civil, La Famille, L'Enfant, Le Couple,* Paris, 1999, p. 608.

[58] Cf. SARA MCLANAHAN/GARY SANDEFUR, *Growing Up With a Single Parent: What Hurts, What Helps,* Cambridge, Harvard University Press, 1994, p. 134.

Quanto à conformidade da residência alternada com o interesse da criança, defendia-se, com amplo consenso de psicólogos, médicos e especialistas em psiquiatria infantil, que a guarda alternada, para crianças de pouca idade, acarretava inconvenientes graves pela instabilidade que criava nas suas condições de vida e pelas separações repetidas relativamente a cada um dos seus pais, causadas pela constante mudança de residência. A residência alternada comprometia, assim, o equilíbrio da criança, a estabilidade do seu quadro de vida e a continuidade e unidade da sua educação, para além de não garantir a colaboração dos pais.

Contudo, a uma primeira fase de rejeição da figura ou de aceitação cautelosa seguiu-se uma outra fase, influenciada por grupos de pressão constituídos por pais divorciados que desejam ter uma relação de maior proximidade com os filhos, segundo a qual a guarda partilhada devia ser o ponto de partida de qualquer decisão judicial ou acordo parental.

Neste quadro, aumentaram os casos de guarda partilhada e este modelo passou de aplicável a casos raros ou excepcionais para se generalizar a percentagens mais elevadas da população divorciada. Nos EUA, um estudo publicado, em 2008, reportou que, em Wisconsin, a aplicação da residência alternada aumentou de 2% para 32% das separações durante um período de 20 anos até 2001[59]. O mesmo sucedeu noutros países. Por exemplo, na Noruega, deu-se um aumento da guarda partilhada de 4% dos casos, em 1996, para 10%, em 2004[60] e, no Reino Unido, num inquérito feito a 559 pais divorciados ou separados, 12% destes declararam ter adotado a partilha da guarda em relação aos filhos com menos de 16 anos (na proporção de, pelo menos, três dias e três noites por semana com cada um dos pais), correspon-

---

[59] Cf. MELLI/BROWN, «Exploring a new family form – the shared time family», *International Journal of Law, Policy and the Family*, 2008, vol. 22, pp. 231-269.
[60] Cf. KRISTIN SKJORTEN/ROLF BARDINGHAUG, «The involvement of children in decisions about shared residence», *International Journal of Law, Policy and the Family*, 2007, vol. 21, p. 376.

dendo este valor a 9% de todas as famílias separadas[61]. Na Austrália, um inquérito feito, em 2008, a 10.000 pais separados, após a reforma legislativa de 2006, demonstrou que em 16% dos casos as crianças viviam num sistema de alternância de residência, entendendo-se por tal modelo aquele em que as crianças passam com cada um dos pais 35% a 65% das noites, por semana[62]. Pensa-se que, de entre todas as crianças, independentemente do ano da separação dos pais, a proporção daquelas que vivem em guarda partilhada terá subido de 3%, em 1997, para 8%, em 2007[63].

Embora não tenhamos resultados sobre a evolução da guarda partilhada em Portugal, há indícios de que a jurisprudência portuguesa tende, sobretudo, nos tribunais de 1ª instância, a encarar com mais otimismo a partilha do tempo da criança por ambos os pais. Contudo, para não se cair no risco de decisões baseadas em crenças, é importante ter em conta os dados da investigação científica, os quais, embora não associem necessariamente guarda partilhada com consequências prejudiciais às crianças, indicam que os casos de sucesso são aqueles em que as famílias têm certas características que não estão presentes nos casos tipicamente litigiosos.

4. A posição da jurisprudência portuguesa em relação à guarda partilhada

A jurisprudência portuguesa tem assumido uma posição cautelosa relativamente ao exercício conjunto das responsabilidades parentais e à alternância de residência ou guarda alternada, recusando esta solução em famílias com história de violência doméstica, em famílias em que existe uma elevada conflitualidade entre os pais e, em geral, em casos

---

[61] Cf. STEPHEN GILMORE, «Shared Parenting: The Law and the Evidence», *Seen and Heard* – Volume 20, nº 1, p. 22.

[62] KASPIEW et al, *Evaluation of the family law reforms*, Australian Government, Australian Institute of Family Studies, December 2009, p. 129, disponível para consulta *in* http://www.aifs.gov.au/institute/pubs/fle/evaluationreport.pdf.

[63] *Ibidem*, pp. 129-130.

de falta de acordo entre estes[64]. Contudo, verificou-se, após a reforma de 2008 uma mudança de paradigma, que me parece preocupante em face dos perigos que a investigação científica indica que a alternância de residência traz para as crianças.

No domínio de vigência da lei anterior à reforma de 2008, os Tribunais da Relação, na jurisprudência publicada, assumiam uma posição cautelosa relativamente às novas formas de guarda conjunta ou alternada, para proteger a criança do conflito parental. Casos paradigmáticos são os acórdãos do Tribunal da Relação de Coimbra, de 5 de Maio de 2009 (Távora Vítor), processo nº 530/07.3TBCVL-A.C1[65] e de 4 de Maio 2010 (Távora Vítor), processo nº 1014/08.8TMCBR-A.C1[66].

---

[64] RL 14-12-2006, RL 18-12-2007, RC 30-11-2004, RE 12-11-2006 e RE 19-12-2006, disponíveis em *Base Jurídico-Documental do MJ*, www.dgsi.pt.

[65] «Assim, é de notar que a guarda conjunta ou mesmo alternada supõem que os desentendimentos entre os progenitores sejam eliminados ou minimizados, colocando os interesses da criança acima dos mesmos; pressupõe uma convivência estreita entre ambos os progenitores e a possibilidade de tomada de decisões em comum. Aquando da guarda alternada é necessário que a mesma não se traduza em sucessivas metodologias educacionais, antes permaneça incólume o rumo de orientação traçado quanto ao projeto educativo. Se não estão garantidas estas (exigentes) condições, a criança será a maior parte das vezes o alvo indireto do ressentimento dos pais e não raro vítima dos seus objetivos desviadamente egoístas».

[66] Neste caso, constava da matéria de facto que os pais estavam a ser acompanhados pelos Serviços de Violência Familiar do CHP de Coimbra (factos nº 53 a 55) e que a criança tinha inicialmente rejeitado as visitas do pai, tendo essa situação sido ultrapassada (facto provado nº 50). O Serviço de Violência Familiar do CHP de Coimbra acompanhou o requerido, tendo concluído que este: «a) "Tem uma enorme necessidade de controlo, dos outros e das situações, sendo muito inflexível na leitura que faz do mundo e das pessoas que o rodeiam; b) Sente-se mais confortável quando as coisas são como ele as lê e as vê, apresentando dificuldades em admitir leituras e opiniões diferentes da sua; c) Apresenta dificuldades em colocar-se no lugar do outro e em perceber outras perspetivas que não as dele; d) Demonstra arrogância e atitudes altivas; e) Pontua, em situações de crise, a incompetência do outro; f) É impulsivo, embora por vezes aparente alguma teatralidade e exagero na expressão emocional; g) Assume, por vezes, uma imagem social de "*l'enfant terrible*" que gosta de manter associada a uma crença de que é único e especial; h) Revela ter relações interpessoais intensas e instáveis"». As instâncias decidiram que a criança fica

O acórdão do Tribunal da Relação de Lisboa, de 13 de Dezembro de 2012 (Rijo Ferreira), processo nº 1608/07.9TBCSC.L1-1, numa decisão que não se pronunciou sobre a alternância de residência, mas sobre o exercício conjunto das responsabilidades parentais, previsto no art. 1906º, nº 1, na redação da Lei nº 59/99, decidiu que «O exercício conjunto do poder paternal pressupõe, desde logo, com vista a evitar a sujeição do menor a uma situação de permanente instabilidade, um clima de cooperação entre os progenitores no desenvolvimento de um projeto educativo comum. Tal não ocorre, manifestamente, no caso dos autos, em que as relações dos progenitores no que tange à menor se pautam por manifesta divergência de vivências e projetos educativos e conflitualidade latente (ainda que eventualmente ela tenha a sua causa apenas num dos progenitores)».

Todavia, mesmo no domínio de vigência da lei anterior a 2008, a jurisprudência publicada aderiu à alternância de residências através de um regime de visitas amplo, apesar de a guarda estar formalmente confiada apenas a um dos progenitores. Veja-se o acórdão da Relação de Évora, de 19 de Dezembro de 2006 (Maria Alexandra Moura Santos), processo nº 2012/06-3, em que, apesar da atribuição da guarda ao pai, foi estipulado um regime de visitas que implica alternância semanal de residência entre pai e mãe, solução que foi considerada compatível com

---

confiada à guarda e cuidados da mãe que exercerá as responsabilidades parentais, e estipularam um regime de visitas com acompanhamento especializado, de forma a permitir uma aproximação paulatina da criança ao pai, rejeitando a guarda conjunta ou alternada com o seguinte fundamento: «A guarda, conjunta ou mesmo alternada supõe que os desentendimentos entre os progenitores sejam eliminados ou minimizados, colocando os interesses da criança acima dos mesmos; pressupõe uma convivência estreita entre ambos os progenitores e a possibilidade de tomada de decisões em comum. Não se verificando aquele condicionalismo impõe-se a entrega dos menores a um dos progenitores, havendo todavia que salvaguardar tanto quanto possível um relacionamento saudável com o outro, sempre salvaguardando o interesse superior daqueles, devendo os pais consciencializar-se de que tais contactos assumem o cariz de convívios-dever. Permanecendo um ambiente de crispação entre os progenitores, reflectindo-se nos menores, os contactos supra-aludidos deverão processar-se de forma paulatina».

o art. 1906º, na redação da Lei nº 59/99, devido à natureza de jurisdição voluntária do processo de regulação das responsabilidades parentais, tendo o tribunal rejeitado a argumentação da mãe recorrente, segundo a qual o regime de visitas fixado teria por consequência que a menor passaria uma semana alternada com o pai e com a mãe, entendendo que tal significaria "uma guarda conjunta", só possível por acordo dos progenitores.

Contornando este argumento, o tribunal entendeu o seguinte:

> «De facto, assim parece mas não é. Com efeito, é pressuposto da guarda conjunta (art. 1906º, nº 1 do C.C.) o acordo dos pais relativamente ao exercício conjunto do poder paternal pois para que estes sejam capazes de tomar em conjunto decisões relativas à educação da criança, é necessário que estejam de acordo. Ora, *in casu*, o exercício desse poder foi atribuído ao pai pelo que a ele compete no interesse da menor, o exercício do respetivo conteúdo (art. 1878º do C.C.). E no âmbito do direito de visitas entendeu a Exmª Juíza a quo determinar que a menor passaria, por forma alternada, uma semana com cada um dos progenitores.
>
> E, a nosso ver, nada obsta a tal decisão pois, não obstante o art. 1906º, nº 2 do C.C. estabelecer que na ausência de acordo deve o tribunal determinar que o poder paternal seja exercido pelo progenitor a quem o filho for confiado, encontramo-nos no âmbito de um processo de jurisdição voluntária em que o tribunal não está sujeito critérios de legalidade estrita, devendo antes adotar em cada caso a solução que julgue mais conveniente e oportuna (arts. 1410º do CPC e 150º da OTM). Ora, *in casu*, afigura-se, de facto, oportuna e de maior interesse para a menor, a decisão de determinar que esta, não obstante o exercício do poder paternal caber ao pai, passar como até aqui, alternadamente, uma semana com cada um dos progenitores, situação que confere à mãe a faculdade de, alojando a menor nesse período, manifestar a sua afetividade por ela, partilhar os seus sentimentos, as suas emoções, as suas cumplicidades, e de relacionar-se com a família da mãe que por ela nutre dedicação e carinho.
>
> Acresce que é essa, definitivamente, a vontade da menor que conforme se provou encontra-se satisfeita com a situação (al. h) dos factos provados) a qual lhe permite igualmente um estreito relacionamento com o pai e família paterna que igualmente por ela nutre grande dedicação e carinho (al. f) dos factos provados).

A menor tem vivido, como se referiu, deste modo e nenhum reflexo negativo teve na sua personalidade, sendo uma jovem de 11 anos equilibrada em termos emocionais e com bom aproveitamento escolar (als. h) e i) dos factos assentes).

Acresce que as residências dos pais da menor são próximas, dispondo de quarto próprio em cada uma delas (al. d) dos factos assentes) tendo ela a sua vida organizada em função do regime alternado que vinha praticando».

Noutro caso, o acórdão da Relação de Lisboa, de 22 de Maio de 2012, (João Ramos de Sousa), processo nº 1900/05.7TBSXL-E.L1-1[67], decretou, no domínio de vigência da Lei nº 59/99, a guarda alternada, de acordo com os períodos escolares, com exercício exclusivo das responsabilidades parentais em cada período, revogando a decisão do tribunal de 1.ª instância que fixava a residência principal da criança junto da mãe. A criança, do sexo feminino, tinha 14 anos à data do acórdão e padecia de uma doença do foro psíquico. Apesar de existir, no caso, um conflito grave e prolongado entre ambos os pais, o Tribunal da Relação baseou a sua decisão na boa relação afetiva da criança com ambos os progenitores, na capacidade parental de ambos e na preferência manifestada pela criança em viver com ambos os pais alternadamente, tendo a opinião da criança sido considerada livre de quaisquer pressões dos pais.

A Relação de Guimarães, num processo de regulação das responsabilidades parentais, no domínio da lei anterior a 2008, manifesta uma

---

[67] «1. Não havendo acordo do pai e da mãe quanto regime de residência, e na impossibilidade de guarda conjunta, deve estabelecer-se o regime de guarda alternada por tempos correspondentes aos períodos escolares. Este regime pode ser alterado por ambos os pais, de comum acordo.
2. Atendendo a que daí resultam encargos para ambos os pais, que se compensam, não é de fixar pensão de alimentos. As despesas de educação e saúde serão comparticipadas por ambos em partes iguais.
3. As questões de grande importância para a vida do menor serão decididas pelo pai e pela mãe, de comum acordo, sujeitas a decisão do tribunal na falta deste.»

posição crítica em relação à guarda alternada. Veja-se o acórdão da Relação de Guimarães, de 18 de Maio de 2010 (Maria Luísa Ramos), processo nº 1230/07.0TBEPS.G1, confirmando a decisão de 1ª instância que alterou o regime de guarda alternada, em ritmo diário, com exercício conjunto das responsabilidades parentais, previsto no acordo apresentado pelos pais na Conservatória do Registo Civil de Barcelos, afirmando que se impõe «(...)a necessidade de alteração de regime, (...), havendo que atribuir a guarda a um só dos progenitores com vista à estabilização do modo de vida dos menores, que se mostrou gravemente afetado pelo regime de alternância diário "escolhido" pelos progenitores, (particularmente no que à menor [D] respeita), quer pelo próprio regime de alternância em si mesmo considerado, *manifestamente insustentável e prejudicial* às necessidades de descanso e estabilidade física e psicológica dos menores e necessidades decorrentes da sua vida escolar, quer face às dificuldades que os progenitores *ainda* manifestam no seu relacionamento após a separação e divórcio, com forte influência negativa na vida dos filhos e no modo de relacionamento dos menores com os progenitores (...) e, assim, atenta a idade da menor [D], forte ligação e dependência emocional da mãe que manifesta, deve manter-se a situação de facto atualmente existente, (factos provados nº 10 a 13), afigurando-se como adequada a entrega dos menores à guarda e cuidados de sua mãe, à qual incumbirá ainda o exercício do poder paternal, nos termos do art. 1906º, nº 2 do Código Civil, na versão aplicável.»

No mesmo sentido, a Relação de Guimarães, por acórdão datado de 19 de Fevereiro de 2013 (Maria da Purificação Carvalho), processo nº 119/08.0TMBRG.G1, rejeitou a hipótese de guarda alternada ou conjunta, devido à elevada conflitualidade dos pais. O Tribunal de 1ª instância confiou a guarda ao pai, com quem a criança vivia desde o momento do divórcio, e consagrou o exercício conjunto das responsabilidades parentais. A mãe recorre, alegando que luta desde 2007, pela guarda da filha e para manter contactos com esta, que sempre foram impedidos pelo progenitor, e que os tribunais nunca tiveram em conta os sucessivos incumprimentos do regime de visitas acordado, as ameaças e a violência exercida pelo progenitor sobre si, nem as lesões que tal situação criava na filha. O Tribunal da Relação, afirmando que não havia prova dos factos alegados pela mãe, confirmou a decisão do tribunal de 1ª instância, entendendo que o pai era a pessoa de referência da filha e que a criança vive desde os dois anos de idade com o pai e com a avó paterna, constituindo a alteração da guarda para a mãe uma mudança que prejudicaria a sua estabilidade. Nesta decisão, teve primazia a estabilidade da vida da criança sobre o sentimento de justiça para com uma mãe privada de conviver com a filha, contrariamente ao que se decide quando é a mãe que impede os contactos do pai com a criança, e que, acusada de alienação parental, perde a guarda dos filhos como sanção para o seu comportamento, diversidade de critérios que indicia discriminação de género. Também a violência e as ameaças de que a mãe alega ter sido vítima não constam dos factos provados, mas deviam ter sido rigorosamente investigadas pelos tribunais, pois constituem indícios de violência doméstica, a qual aumenta de intensidade na altura da separação ou do divórcio, não envolvendo necessariamente agressões físicas, mas o controlo da relação através da utilização dos filhos como arma de arremesso.

Ao abrigo da Lei nº 61/2008, os Tribunais da Relação têm manifestado uma posição favorável à homologação dos acordos de residência alternada, mas não já ao decretamento deste regime em casos de conflitualidade dos pais e/ou quando a criança é de tenra idade.

No acórdão da Relação de Lisboa, de 19 de Junho de 2012 (Graça Araújo), processo nº 2526/11.1TBBRR.L1-1, o tribunal de 1ª instância homologou um acordo que consagrava a residência alternada, por períodos de 2/3 dias, de uma criança com três anos à data do pedido de homologação[68]. O Ministério Público recorreu da deci-

---

[68] «I – A vulgarmente denominada "guarda alternada" significa que "cada um dos pais detém a guarda da criança alternadamente", exercendo, no período de tempo em que detém aquela guarda, "a totalidade dos poderes-deveres integrados no conteúdo do poder paternal, enquanto o outro beneficia de um direito de visita e de vigilância".
II – O artigo 1906º do Código Civil não veda a hipótese de guarda alternada, não existindo outrossim impedimento à existência de dois domicílios do menor, assim como sucede

são de homologação, por entender que o acordo não acautelava o interesse da criança e porque a guarda alternada não é admitida na lei. O tribunal de 1ª instância, privilegiando a proximidade do relacionamento da criança com ambos os progenitores e salientando a circunstância de morarem perto, homologou o acordo apresentado.

O Tribunal da Relação de Lisboa entendeu que não havia incompatibilidade entre o conteúdo do acordo e a lei, fundamentando a sua posição com o art. 1906º, nº 7 que permite aos pais, com grande flexibilidade, fixar soluções que fomentem a partilha de responsabilidades e uma relação de grande proximidade da criança com ambos os pais. Entendeu o acórdão da Relação que, sendo o domicílio do menor o do progenitor a cuja guarda estiver (artigo 85º, nº 1), não existe impedimento a que a criança tenha dois domicílios, tal como sucede com qualquer pessoa que resida alternadamente em diversos lugares (artigo 82º, nº 1), especificando que, ainda que assim se não entenda, o tribunal pode determinar uma única residência do filho, enquanto "ponto de referência da vida jurídica da criança", e homologar um acordo de estadias alternadas.

Considero que esta última solução é a mais favorável ao interesse da criança e conforme com o teor da lei. Deve, então, ser fixada, nos acordos de regulação das responsabilidades parentais, não uma situação de guarda alternada, expressão que nem sequer é usada pela lei, mas uma residência principal da criança para efeitos jurídicos, conforme exige a lei, admitindo-se, nos casos em que os pais estejam de acordo e tenham capacidade de cooperação e de diálogo, a fixação de estadias alternadas junto de ambos.

---

com qualquer pessoa que resida alternadamente em diversos lugares (artigo 82º, nº 1 do Código Civil).
III – Mas ainda que se entenda que o tribunal tem de determinar uma única residência do filho, enquanto "ponto de referência da vida jurídica da criança", com consequências que se não compadecem com alterações periódicas, não há incompatibilidade entre essa determinação e uma situação de estadias alternadas.».

O acórdão da Relação de Lisboa não confirmou, contudo, a decisão de homologação, antes revogou a decisão recorrida, remetendo o processo para a 1ª instância, para averiguação dos pressupostos exigidos pela doutrina para a conformidade da residência alternada com o interesse da criança, uma vez «que os autos não contêm elementos que permitam "apostar" com um mínimo de segurança que viver alternadamente com cada um dos pais, por períodos de dois ou três dias consecutivos, acautela suficientemente o interesse da C».

Nestes casos, os tribunais devem ponderar a tenra idade da criança e o perigo potencialmente criado pela constante mudança de residência e pelas separações repetidas da pessoa de referência. Embora caiba aos pais o juízo sobre o interesse dos seus filhos, os tribunais devem fiscalizar rigorosamente estes acordos, exigindo o acompanhamento da criança de tenra idade por um especialista e a aposição de uma cláusula de revisão, para a hipótese de a criança não se adaptar à alternância.

Os tribunais, para homologarem estes acordos, devem investigar, ao abrigo dos seus poderes inquisitórios, qual dos pais cuidou predominantemente da criança, desde o seu nascimento, para que este progenitor fique encarregado, conforme exige a lei (art. 1906º, nº 3), de definir as orientações educativas relevantes das questões da vida corrente da criança e para que o outro pague uma pensão de alimentos à criança, a fim de se evitar que os acordos de residência alternada funcionem como estratégias para fugir ao cumprimento da obrigação de alimentos.

No acórdão da Relação de Lisboa, de 28 de Junho de 2012 (Ana Luísa Geraldes), processo nº 33/12.4TBBRR.L1-8, após descrição doutrinal do significado dos conceitos de guarda alternada ou partilhada, o tribunal decidiu pela legalidade da homologação dos acordos de residência alternada, dentro de determinados pressupostos.

Num caso de rutura de uma união de facto, os pais acordam, após terem sido assistidos pelo juiz de 1ª instância na Conferência de pais (art. 175º da OTM), na residência alternada, em ritmo semanal, da filha com dois anos de idade, acordo esse homologado pelo Tribunal. O Ministério Público recorre, alegando que o acordo de residência alternada não é admitido na lei.

O acórdão do Tribunal da Relação de Lisboa decide pela confirmação da decisão de homologação do acordo dos pais, entendendo que o acordo de residência alternada é compatível com a lei, citando o art. 1906º, nº 1 e nº 7, invocando a intenção do legislador de fomentar a relação da criança com ambos os pais e o princípio da autonomia privada da família perante a intervenção do Estado, que faz dos pais os melhores decisores da vida dos sues filhos, bem como a natureza de jurisdição voluntária do processo (arts. 150º da OTM e 1410º do CPC). O Tribunal da Relação de Lisboa deu por verificados os pressupostos para a figura funcionar: ausência de crispação e de conflito entre os pais; proximidade das residências de ambos; relação próxima da criança com ambos os pais.

O acórdão, na sua fundamentação, deduz da mera existência de acordo entre os pais a ausência de conflito e a preocupação dos pais em defender os interesses da criança. Ora, para a análise do conceito de interesse da criança, devem ter-se em conta, não considerações gerais de senso comum, mas os resultados da investigação científica. Esta indica que, para as crianças em idade pré-escolar, sobretudo antes dos 4 anos, a residência alternada não deve ser decretada, por implicar desorganização da vinculação com ambos os pais, e, para as crianças entre os 4 e os 10 anos, por apresentar, quando existem conflitos entre os pais, vários inconvenientes para a sua estabilidade e para a saúde física e psíquica[69].

Para controlar a conformidade destes acordos ao interesse da criança, os tribunais de 1ª instância devem proceder a uma investigação individualizada sobre os factos de cada caso, requerer uma avaliação psicológica da criança para detetar se tem capacidade para suportar o modelo e as constantes separações da sua pessoa de referência primária, a qual não foi feita no caso *sub iudice*. Este tipo de

---

[69] Cf. JENNIFER MCINTOSH/ RICHARD CRISHOLM, «Shared Care and Children's Best Interests in Conflicted Separation. A Cautionary Tale from Current Research», *Australian Family Lawyer*, Vol. 20, nº 1, pp. 1-11.

acordos devem estar sujeitos a uma fase de experimentação, em que a criança é seguida por psicólogo/a ou pedopsiquiatra que analise a adaptação da criança e o seu equilíbrio[70], e devem conter uma cláusula de revisão para a hipótese de a criança revelar sintomas de instabilidade psicológica, enurese noturna, pesadelos, ou outras perturbações relatadas pelos estudos empíricos sobre esta questão. Por outro lado, sabe-se, pela experiência dos advogados e mediadores familiares que acompanham as famílias, que muitas vezes os acordos não significam ausência de conflitualidade, mas constituem apenas um meio de obter o divórcio rapidamente, adiando o conflito para outro momento, ou resultam do poder de negociação dos pais em relação às questões patrimoniais de partilha de bens e de alimentos, não consagrando as melhores soluções para as crianças, mas para os interesses dos adultos. Nos casos de violência doméstica, a investigação científica afirma que as mulheres não têm capacidade negocial para estabelecer um acordo livre e voluntário com o agressor, dada a perda de autodeterminação gerada pelo medo da continuação da violência e pelas ameaças que acompanham os processos de divórcio[71]. Perante estes dados da investigação científica, os tribunais de 1ª instância, no seu papel protetor das crianças, devem investigar, oficiosamente, mesmo que nenhuma das partes o peça, ou a pedido do MP, todos estes elementos para que não se corra o risco de a decisão de homologação do acordo constituir um perigo para a criança, como se revelou suceder noutros países, como os EUA e a Austrália, onde o sistema de mediação familiar e os

---

[70] Veja-se o caso decidido pelo acórdão do Tribunal da Relação do Porto, de 06-12-2011 (Pinto dos Santos), processo nº 1709/09.9TBPFR.P1, em que um regime provisório de guarda conjunta, de acordo com o qual a criança ficava entregue a cada um dos pais durante uma semana, foi modificado pelo tribunal, a pedido da mãe, devido à falta de adaptação revelada pela criança à execução do mesmo, invocada pela mãe e confirmada pelo Relatório do ISS – IP, que concluiu que *"o menor passou a manifestar angústia e instabilidade, uma vez que permanecia demasiado tempo longe do agregado familiar a que esteve habituado desde o nascimento(...)".*

[71] Cf. Sobre a síndrome da mulher maltratada, *vide* LENORE WALKER, *The Battered Women*, New York, 1979.

tribunais adotaram esta solução sem o seu fundamento ter sido acautelado e controlado judicialmente.

No acórdão da Relação de Lisboa, de 9 de Maio de 2013 (António Valente), processo nº 1297/12.9TBBRR.L1-8, o tribunal pronunciou-se, mais uma vez, pela homologação do acordo dos pais de residência alternada, mediante o qual estes pediam ao tribunal, ao abrigo do art. 182º da OTM, uma alteração do acordo anterior que confiava a guarda à mãe. Tendo o tribunal de 1ª instância decidido pela homologação do recurso, o MP recorreu da sentença, invocando a ilegalidade do acordo, por violação do art. 1906º, nº 3 e nº 5, disposições que impõem ao tribunal a fixação de uma residência e de um regime de visitas (nº 5) e a atribuição a um dos pais do poder-dever de definir as orientações educativas mais relevantes que devem ser seguidas pelo outro (nº 3). No caso *sub iudice*, o Tribunal da Relação de Lisboa, entendendo que, em princípio, a melhor solução para as crianças é a de serem confiadas à guarda de um dos pais, confirmou a decisão do tribunal de 1ª instância, dada a especificidade do caso concreto. A criança tinha 10 anos de idade à data do requerimento de alteração e o regime de alternância de residência já era praticada voluntariamente pelos pais, desde 2007, ambos com profissões que exigiam partilha dos cuidados diários da criança, devido às suas ausências, não tendo sido reportado ao tribunal qualquer efeito nefasto para a criança. Não obstante, o tribunal entende que «Estamos aqui perante uma medida excecional, face ao critério geral mais recomendável de os menores viverem à guarda e com um dos progenitores, beneficiando o outro do regime de visitas, e que se justifica porque no caso em apreço ambos os progenitores são tripulantes de aviões e a sua profissão obriga-os a estarem ausentes no estrangeiro duas semanas intercaladas em cada mês.» Neste caso, uma vez que o modelo já tinha sido experimentado com sucesso e que a criança já estava em idade escolar, 10-11 anos, não se levantavam os riscos típicos da residência alternada para crianças de tenra idade acima descritos.

No caso do acórdão do Tribunal da Relação de Lisboa, de 25-10-2012 (Ana de Azeredo Coelho), 4547/11.5TBCSC-A.L1-6, as instâncias decidiram pela residência da criança junto da mãe, rejeitando o pedido do recorrente de residência alternada, devido à tenra idade da criança e às suas necessidades de estabilidade e de segurança[72].

No acórdão da Relação de Lisboa, de 18 de Março de 2013 (Maria de Deus Correia), processo nº 3500/10.0TBBRR.L1-6, decidiu-se o seguinte:

> «O regime de residência alternada não é, normalmente, o mais adequado no caso de conflito acentuado entre os progenitores e em que este-

---

[72] «A questão é, assim, a de saber qual a situação de residência que permitirá prosseguir melhor o interesse da E..., em concreto: a residência com um dos progenitores (e qual) ou a residência alternada com cada um? A decisão recorrida entendeu que a tenra idade da menor (ao tempo cinco anos) e o facto de se manter na casa em que vivia antes da separação dos pais impunham a fixação de residência nessa casa que é agora a da mãe. O critério apela à manutenção de estabilidade na vida da menor mantendo a referência espacial (não se trata apenas de tijolos, mas de local de organização da vida). A opção foi assim a de manter o domínio de estabilidade numa circunstância de instabilidade que a ruptura da vida em comum dos pais sempre constitui. Nessa medida afigura-se adequada a opção pela residência da mãe face à residência do pai que constituiria uma novidade. Mas o que o Recorrente pretende é que a menor tenha residência alternadamente consigo e com a mãe, entendendo que tal possibilita o convívio com o pai, convívio que na solução escolhida considera ficar prejudicado. Na verdade, a verificação deste prejuízo – violador do interesse da menor tal como densificado nas normas citadas – determinaria a revogação da decisão. Cumpre analisar essa perspetiva. A decisão recorrida refere que o pai da menor mantém com ela convívio diário, independente do facto de a menor residir consigo ou de o pai trabalhar na sua escola, e estabelece um regime de convívio nos tempos de fim-de-semana mais frequente do que o que é estabelecido relativamente à mãe. Acresce ponderar que, na normalidade das situações, e nada permite considerar se verifiquem a esse título circunstâncias excecionais, a qualidade de convívio no tempo livre do fim-de-semana é superior à possível nos tempos dos afazeres quotidianos. Neste contexto, que é o conhecido nos autos, não se vê que a decisão ponha em causa o convívio da menor com o pai. Seguramente será um convívio diferente daquele que existia quando viviam na mesma casa, mas nada autoriza se conclua, que terá menor qualidade ou que apenas a partilha da residência possibilita um convívio adequado. Assegurado o convívio, entende-se adequado considerar, como o faz a decisão impugnada, que assume particular relevo a manutenção da menor no centro da sua organização espacial de vida: a casa onde morava antes da separação dos pais. Entende-se em consequência, improcederem as conclusões do Recorrente de que a fixação da residência da menor com a mãe prejudica o seu superior interesse.»

jam em causa crianças muito pequenas.» (...) «Por um lado temos o pai que "adota uma postura geradora de conflitualidade e exclusão da mãe na vida do filho" e que "mostra dificuldade de entendimento na procura de soluções adaptadas a uma participação de cada um dos progenitores na educação e acompanhamento do filho". Por outro lado, temos a mãe que "mostra conhecer as necessidades do filho, de acordo com a idade deste, entendendo que este deve ficar a residir consigo, mas disponibilizando-se para ajustar um regime de permanência com o pai o mais amplo possível e de acordo com as possibilidades e disponibilidades de cada um deles". Perante este quadro fáctico, não é difícil perceber qual dos progenitores tem melhores condições para gerir os actos da vida corrente da criança e por isso com ele deve residir: aquele que percebe efetivamente as necessidades da criança e é capaz de colocar os interesses do filho à frente das suas próprias motivações. Não há dúvida, que no caso concreto, esse progenitor é a mãe.»

A recente decisão do Tribunal da Relação de Lisboa (acórdão de 30 de Janeiro de 2014, Relatora: Ana Luísa Geraldes, Processo nº 6098//13.4TBSXL-B.L1-8), confirmou o princípio, segundo o qual, em situações de conflito entre os pais, as crianças de tenra idade devem ser confiadas à guarda da mãe, a pessoa primária de referência, rejeitando o pedido de guarda alternada do pai, em relação a uma criança de dezoito meses de idade:

«III – A este propósito a jurisprudência acolhe como factor relevante a regra da figura primária de referência, segundo a qual a criança deve, em princípio, ser confiada, nos primeiros anos de vida, à sua mãe, pessoa com quem a criança de tenra idade mantém um vínculo afetivo e emocional mais profundo.

IV – Essa escolha baseia-se na concreta situação da criança e não pode nunca ser entendida como afastamento do outro progenitor, com quem deve promover-se uma relação de proximidade que permita estreitar laços, contribuindo para o crescimento e desenvolvimento harmonioso do menor do ponto de vista psicológico.

V – Em caso de menor com dezoito meses de idade, sendo a mãe quem efetivamente se encarregava dos cuidados com a criança, e verificada uma situação de conflito entre os progenitores, é adequada uma solução provisória de residência do menor com a mãe e de afastamento de guarda alternada».

O acórdão da Relação de Coimbra, de 18 de Outubro de 2011 (Regina Rosa), 626/09.7TMCBR.C1 rejeita, também, de acordo com a orientação dominante, a residência alternada da criança nos casos em que as crianças são de tenra idade e em que se verifica um elevado conflito parental:

> «A proposta do recorrente, sem dúvida bem intencionada, de a filha residir alternadamente com cada um dos progenitores iria criar certamente uma instabilidade na vida da criança e aumentar o conflito parental. Não descurando que ambos os pais são idóneos e que a L... mantém bom relacionamento com eles, nutrindo por eles afeto e relacionando-se bem com a esposa do pai, importa reter que este, pese embora seja um pai carinhoso, participativo e empenhado, não poderá dispensar a mesma atenção, os mesmos cuidados à filha como faz a mãe, pois estará mais absorvido com os gémeos recentemente nascidos. Ao invés de se atender a critérios de igualdade formal, importa, sim, ter consideração pelo critério da figura primária de referência: a criança deve ser confiada à pessoa que cuida dela no dia-a-dia. Este critério da pessoa de referência, na decisão da guarda dos filhos, é o mais correcto e conforme ao interesse da criança, permitindo a continuidade da educação e das relações afetivas com quem esta está mais ligada física e emocionalmente. O superior interesse da menor, em função do qual o tribunal terá de decidir, aconselha que se invista num projeto de vida junto da mãe e família materna, na qual se sente integrada e apoiada».

O acórdão da Relação de Coimbra, de 11 de Julho de 2012 (Fonte Ramos), processo nº 1796/08.7TBCTB-A.C1, rejeitou uma solução de alternância de residência, de quinze em quinze dias, requerida pelo pai na alegação de recurso, atendendo à idade da criança e ao seu grau de desenvolvimento:

> «Resta dizer que, atendendo à idade do menor, ao seu desenvolvimento físico-psíquico, à ligação de maior proximidade que vem mantendo com a requerida e ao demais apurado, nada justifica a implementação de um regime de *"guarda alternada"*.

Embora nada tenha sido referido na fundamentação do acórdão, da matéria de facto provada (factos provados nºs 22 a 36 e nº 110) resultam alguns indícios de violência doméstica do pai contra a mãe e não um mero conflito parental.

Atente-se, em particular, nos seguintes factos:

> 22. Em 29.4.2011, o pai do menor bateu na mão da mãe do menor e à frente deste, tendo este ficado em pânico. A partir dessa data, o menor mostra-se apreensivo, procurando proteção junto da sua educadora de infância, solicitando-lhe para fazer os trabalhos numa secretária sozinha – idem.
>
> 33. Nas consultas de pediatria efetuadas ao menor entre 20.9.2010 a 28.6.2011, o menor referiu a existência de discussões "feias" entre os pais, consubstanciando preocupação daquele o facto de o seu pai usar palavras "feias" para se referir à mãe e que a linguagem do pai é uma das razões pelas quais não gosta de estar com ele – conforme relatório psicológico de fls. 385.
>
> 34. Nos períodos de maior convulsão parental o menor revela desagrado em ir/estar com o pai, períodos esses que causam ao menor maior ansiedade, chegando a recusar estar com o pai – conforme relatório psicológico de fls. 385.
>
> 110. No dia 26.4.2011, no banco do infantário, o menor disse à sua educadora que o pai lhe disse *"o pai vai matar a mãe"*.»

Para compreender a recusa da criança às visitas e para conferir estabilidade e segurança à sua vida, seria conveniente que os técnicos que fazem os relatórios sociais e as perícias tivessem formação especializada em violência doméstica, para não se correr o risco de uma situação de perigo para a criança ser confundida com um mero conflito a resolver por medidas coercivas ou por conselhos moralistas aos pais. Na verdade, a mãe, vítima direta da violência, e a criança, vítima indireta, como já salientámos, precisam de medidas de proteção, em vez de serem obrigadas a comunicar e a conviver com o agressor. Com a agravante de que o sucesso que a tese da síndrome de alienação parental tem tido nalguns tribunais pode ainda confundir mais estas situações, penalizando a mãe, que não cumpre o regime de visitas para se proteger a si e aos seus filhos, com a perda da guarda e a sua entrega ao agressor, visto erroneamente como progenitor alienado.

Na Relação do Porto, a posição da jurisprudência tem sido reticente em relação à alternância de residência ou a regimes de visitas amplos, com múltiplas pernoitas para crianças de tenra idade.

O acórdão da Relação do Porto, de 10 de Janeiro de 2012 (Cecília Agante), processo nº 336/09.5TBVPA-B.P, relativo a um processo de incumprimento da obrigação de entrega dos filhos pelo pai, salienta, por razões pedagógicas, embora não fosse este o objeto do processo, os inconvenientes da guarda partilhada, solução acordada pelos pais num contexto conflituoso de um divórcio sem consentimento e que não veio a resultar na prática:

«É certo que o tribunal decidirá, sempre e prioritariamente, de harmonia com o interesse do menor (artigo 1906º, 7, do Código Civil), procedendo objetivamente à sua aferição, procurando garantir a prossecução do interesse do menor sem comprometimento dos vínculos afetivos próprios da filiação e assegurar os cuidados ou a atenção adequados à idade ou à situação pessoal da criança, sem punir ou censurar os pais. Aliás, a actual terminologia legal de responsabilidades parentais, em substituição da anterior, poder paternal, pretende co-envolver os progenitores nas medidas que afetem o futuro dos filhos e co-responsabilizá-los na preservação de relações de proximidade, não obstante a ruptura conjugal. Evidentemente que é muito relevante a disponibilidade afetiva dos progenitores para que as crianças alcancem um harmonioso desenvolvimento e é nesse progenitor que deve sustentar-se a figura primária de referência, que é sempre aquela que cuida da criança na sua via quotidiana. Daí que uma guarda partilhada de um modo tão paritário possa redundar na ausência da dita "figura primária de referência", aspecto de que não devem alhear-se os progenitores. Figura que permite, por um lado, "promover a continuidade da educação e das relações afetivas da criança e, por outro, atribuir a guarda dos filhos ao progenitor com mais capacidade para cuidar destes e a quem estes estão mais ligados emocionalmente. A figura primária de referência será, também, em regra, aquele progenitor com quem a criança prefere viver"».

Relativamente a um regime de visitas de uma criança de tenra idade (cinco anos à data do acórdão) proposto pelo pai contra a vontade da mãe, com três pernoitas em casa do pai numa semana (duas seguidas e uma interpolada), e duas pernoitas, em dias interpolados, na semana seguinte, entendeu o acórdão da Relação do Porto, de 06-12-2011 (Pinto dos Santos), processo nº 1709/09.9TBPFR.P1, o seguinte:

> «Mas o apelante não pode querer que as «coisas» se alterem de um dia para o outro, pois tem de pensar, em primeiro lugar, no superior interesse do seu filho (e não no seu direito de pai), já que este é o princípio que norteia todo o regime das responsabilidades parentais como proclamam os arts. 1906º, nº 7 do CCiv. (redação actual dada pela Lei nº 61/ /2008, de 31/10), 147º-A da OTM e 4º da Lei nº 147/99, de 01/09 (Lei de Proteção de Crianças e Jovens em Perigo).
>
> E, face ao parecer médico-legal de fls. 196-201 (cfr. nº 10 dos factos provados), o que neste momento (quer no da sentença, quer agora no deste acórdão) se impõe é que o menor permaneça mais tempo com a mãe, embora deva ter também o maior contacto possível com o pai, sendo certo que o regime de visitas deve ser o mais simples possível para que seja facilmente apreendido pelo menor, para que não lhe cause angústia e incerteza e para que ele próprio o vá interiorizando e, com o tempo, seja até ele a querer ampliá-lo para estar mais tempo com o aqui recorrente.»

5. Exercício conjunto das responsabilidades parentais e violência doméstica: a insuficiência da solução adotada no art. 1906º, nº 2

Em Portugal, em sentido contrário ao parecer da Associação Portuguesa de Mulheres Juristas elaborado a propósito da Reforma de 2008, a nova lei do divórcio e das responsabilidades parentais (Lei nº 61/2008, de 31 de Outubro)[73] não incluiu regras específicas de proteção para as mulheres e crianças vítimas de violência doméstica, tendo o legislador presumido que as sanções aplicadas pelos tribunais penais seriam sufi-

---

[73] Cf. MARIA CLARA SOTTOMAYOR, «Uma análise crítica do novo regime jurídico do divórcio», in AAVV, *E foram felizes para sempre...? Uma análise crítica do novo regime jurídico do divórcio*, MARIA CLARA SOTTOMAYOR/MARIA TERESA FÉRIA DE ALMEIDA (coordenação), Coimbra editora, Coimbra, 2010, pp.13-52.

cientes para este fim. Pensou-se nos chamados «divórcios normais», resolvidos por mútuo acordo e em que a conflitualidade, quando existe, decorre de um ressentimento temporário provocado por uma relação extramatrimonial ou pela partilha de bens.

Apesar de a lei permitir que o juiz decrete o exercício unilateral das responsabilidades parentais, quando considere que o exercício conjunto é contrário aos interesses da criança (art. 1906º, nº 2), este critério, pela sua indeterminação e carácter vago, não só não fornece indicação suficiente ao juiz para decidir, como se presta a uma interpretação subjetiva e biologista, que presume que o exercício conjunto das responsabilidades é sempre no interesse da criança, tornando-se este preceito legal ilusório e ineficaz como cláusula de salvaguarda para as mulheres vítimas de violência doméstica.

A lei pretendeu desdramatizar os divórcios, eliminando qualquer apreciação da culpa dos cônjuges na rutura e regulando a questão da residência dos filhos e do exercício das responsabilidades parentais pelo princípio da igualdade de género e pela intenção de fomentar a participação do pai na educação dos filhos e de aumentar o convívio entre aquele e estes[74]. A cláusula da disponibilidade de cada um dos pais para fomentar a relação da criança com o outro foi erigida a critério de determinação do progenitor residente, em caso de conflito (art. 1906º, nº 5), não se tendo indicado expressamente, como critério ou fator de decisão, a continuidade dos cuidados e da relação afetiva com o progenitor que assumiu, na constância do casamento, as responsabilidades principais pelos cuidados prestados aos filhos. Trata-se da consagração legal do critério da pessoa de referência, a qual tem uma importância social e política relevante, na medida em que reconhece o que tem sido o trabalho das mulheres na família e a relação especial que, normalmente, criam com os filhos, não permitindo a desvalorização destes elementos pelos tribunais, nas suas decisões. O Estado de Washington adotou na lei este conceito como um fator, entre outros,

---

[74] Cf. *Exposição de Motivos do Projeto de Lei, nº 509/X*, pp. 9-11.

nas decisões acerca da residência da criança, afirmando expressamente o seu valor preponderante na decisão[75].

Tal como sucede noutros países, a prática tem revelado que as regras estabelecidas pela lei para a regulação das responsabilidades parentais, nos casos de divórcio, prejudicam a segurança das mulheres e das crianças vítimas de violência doméstica. E, para a resolução dos problemas de segurança destas famílias, as medidas decretadas pelos tribunais penais são insuficientes. Acontece com frequência que o tribunal penal aplica ao agressor uma medida de coação de afastamento da vítima e o tribunal de família decreta um regime de visitas amplo e sem super-

---

[75] Cf. *Washington Revised Code 1989*, § 26.09.187 (3): (i) A intensidade, a natureza e a estabilidade da relação da criança com cada um dos pais, incluindo **a indicação de qual dos pais assumiu uma maior proporção das responsabilidades pelo desempenho das funções parentais relacionadas com as necessidades diárias da criança**; (ii) Os acordos dos pais, desde que estabelecidos com a informação devida e voluntariamente; (iii) O passado de cada um dos pais no exercício dos papéis parentais e o seu potencial para o futuro; (iv) As necessidades emocionais da criança e o seu estádio de desenvolvimento; (v) As relações da criança com irmãos e outros adultos significativos, tal como o envolvimento da criança no seu ambiente físico, escolar, ou outras atividades significativas; (vi) Os desejos dos pais e os desejos da criança com maturidade suficiente para exprimir preferências independentes e razoáveis; (vii) O horário de trabalho de cada um dos pais e as condições habitacionais consistentes com esses horários. O fator (i) é aquele que deve ter mais peso na decisão. A noção de funções parentais, para o efeito do fator (i) está definida no § 26.09.004 (3): «A noção de funções parentais abrange todos os aspectos em que o progenitor toma decisões e desempenha funções necessárias para os cuidados e desenvolvimento da criança. As funções parentais incluem: a) Manutenção, com a criança, de uma relação de afeto estável, consistente e de proteção; b) Satisfação das necessidades diárias da criança, tais como alimentação, vestuário, cuidados físicos e de higiene, supervisão, saúde, e infantário, e envolvimento noutras atividades apropriadas ao nível de desenvolvimento da criança e que estão dentro das circunstâncias económicas e sociais da família; c) Educação adequada à criança, incluindo disciplina ou outra educação essencial ao interesse da criança; d) Assistência à criança no desenvolvimento e manutenção de relações pessoais apropriadas; e) Exercício de um juízo adequado em relação ao bem-estar da criança, consistente com o nível de desenvolvimento da criança e com as circunstâncias sociais e económicas da família, e f) Apoio financeiro à criança.»

visão e/ou um regime de exercício conjunto das responsabilidades parentais, obrigando a mulher a encontrar-se com o agressor e expondo os filhos à violência, aquando das entregas das crianças para o exercício do direito de visita do pai. Não há comunicação entre o tribunal penal e o tribunal de família, e, quando a mulher alega no tribunal de família, para se proteger de contactos com o agressor, a pendência do processo-crime, a medida de coação aplicada ou até a sentença de condenação, tem como resposta, da parte dos profissionais que elaboram os relatórios sociais e do juiz, o discurso oficial do divórcio sem culpa, traduzido na convicção de que as lesões sofridas durante o casamento são o passado e que, nos tribunais de família, deve olhar-se para a construção do futuro e para a relação das crianças com ambos os pais, aderindo à ideia, promovida pelo poder político, que o direito penal e o direito da família são compartimentos estanques.

O paradigma de divórcio pressuposto pelo legislador para definir os critérios legais de determinação da residência, visitas e exercício das responsabilidades parentais foi um divórcio pacífico ou marcado por uma conflitualidade transitória. Contudo, neste tipo de divórcios, a necessidade de regras para resolução de conflitos é escassa, e são as famílias sozinhas ou com a ajuda de advogados ou de serviços de mediação, que encontram soluções para a organização dos efeitos do divórcio e da guarda dos filhos. Não é este o grupo de famílias que precisa das normas jurídicas estabelecidas para a resolução dos conflitos em torno da guarda dos filhos e do exercício das responsabilidades parentais. São as famílias com níveis de conflitualidade altamente elevada e prolongada no tempo quanto à guarda e visitas as principais utilizadoras da lei civil e do sistema judicial. E este grupo de famílias é composto, maioritariamente, por famílias com história de violência doméstica, para as quais o exercício conjunto de responsabilidades parentais e o regime de visita sem supervisão não são adequados, por serem usados pelos agressores como meios de controlo das vítimas, impedindo-as de realizarem os seus projetos de vida depois da separação e sujeitando as crianças à continuação da violência. Estudos feitos nos EUA demonstram que 70% a 75% das famílias com conflitos em torno da guarda de crianças têm história de violência doméstica, tendo experimentado agressão física depois da separação[76] e que os agressores usam o litígio em torno da guarda das crianças como um instrumento de controlo das mulheres, pedindo a guarda dos filhos duas vezes mais do que os progenitores não abusivos[77].

No sentido da investigação norte-americana, o estudo de SIMÕES//ATAÍDE, feito com famílias em conflito no Tribunal de Família e de Menores de Coimbra, revela que o afastamento do progenitor sem a guarda nem sempre é negativo para a criança[78], pois a relação da criança com ambos os pais, permitindo a exposição daquela aos conflitos dos progenitores, cria um conjunto de reações, nas crianças, perturbadoras do seu desenvolvimento[79]. Os resultados dos estudos apontam as seguintes consequências do conflito parental para os filhos: "(...) atitudes de recusa do contacto com o progenitor não residente (26%), de acusação a um ou a outro dos progenitores (54%) e de revolta face à situação existente (16%)". Verificou-se, ainda, "o desejo expresso da separação dos pais (12%), a esperança na sua reconciliação (76%) e a preferência explícita por um deles (67%)" assim como "quebras de rendimento, dificuldades de aprendizagem e mesmo insucesso escolar (27%); tendência para o isolamento, tristezas prolongadas, choro sem razão aparente e medos com ou sem objetivo definido (37%); manifestações de ansiedade com a aproximação do dia da visita e angústia de separação do progenitor residente (12%); febres, dores abdominais e vómitos sem causa orgânica (5%); alterações do sono com insónias e pesadelos (7%); enurese noturna (8%); acesso de cólera, agitação motora excessiva e comportamentos agressivos (26%);

---

[76] Cf. JANET R. JOHNSTON, «High Conflict Divorce», *The Future of Children, Children and Divorce*, nº 1, vol. 4, 1994, pp. 168-169.
[77] Cf. AMERICAN PSYCHOLOGICAL ASSOCIATION, *Violence and the Family: Report of the American Psychological Association Presidential Task Force on Violence and the Family* (1996), disponível para consulta *in* http://www.apa.org/pi/viol&fam.html.
[78] Cf. SIMÕES/ATAÍDE, «Conflito parental e regulação do exercício do poder paternal: da perspetiva jurídica à intervenção psicológica», *Psychologica*, 2001, p. 247.
[79] *Idem*, p. 252.

desobediência persistente, mentiras e pequenos furtos (11%); fugas à escola (3%)"[80].

A nossa lei civil, não prevendo regras específicas para a regulação das responsabilidades parentais nos casos em que há indícios de violência doméstica, não está em harmonia com o art. 31º da Convenção de Istambul (Convenção do Conselho da Europa para Prevenção e o Combate à Violência Contra as Mulheres e a Violência Doméstica), ratificada pelo Estado português, o qual prevê que os Estados partes tomarão as medidas legislativas, ou outras necessárias, para assegurar que, ao determinar a custódia e os direitos de visita das crianças, sejam tomados em consideração incidentes de violência, bem como adotadas medidas para assegurar que o exercício dos direitos de visita ou de custódia não comprometam os direitos e a segurança da vítima e das crianças. O estatuto de vítima atribuído pelas autoridades judiciárias ou pelos órgãos de polícia criminal, nos termos do art. 14º da Lei nº 112/2009, de 16 de Setembro, quando não existam fortes indícios de que a violência é infundada, deve ter por efeito a suspensão ou restrição de visitas do agressor e a impossibilidade de exercício conjunto das responsabilidades parentais, devendo o artigo 1906º do Código Civil ser alterado no mesmo sentido.

O traço caraterizador da violência doméstica contra as mulheres reside no desejo do agressor controlar a vida da vítima, independentemente da ocorrência de agressões físicas. O agressor serve-se das leis civis relativas às responsabilidades parentais e do sistema judicial para continuar a ter proximidade com a vítima e a controlar a sua vida, ficando, assim, a mulher e os filhos impedidos de recuperar psicologicamente dos danos causados pela violência a que estiveram expostos durante o casamento ou a união de facto.

Assiste-se, nos tribunais portugueses, a processos de incumprimento do regime de visitas intentados, na sua maioria, contra as mães (art. 181º da OTM), em que os progenitores requerem a condenação

---

[80] *Idem*, p. 252.

daquelas ao pagamento de multas e de indemnizações, assim como a execução do regime de visitas perante a recusa da criança[81]; a processos de incumprimento ou de regresso imediato de menor deslocado para o estrangeiro por um dos pais sem autorização do outro[82]; a processos-crime de subtração de menores intentados contra a mãe, por incumprimento do regime de visitas ou por emigração da mãe para outro país onde encontra oportunidades de emprego[83].

Os critérios de determinação da residência da criança, na medida em que assentam na disponibilidade de cada um dos pais para permitir a continuidade da relação da criança com o outro progenitor (art. 1906º, nº 5), contribuem para silenciar as mulheres vítimas de violência por medo de perderem a guarda dos seus filhos, em virtude de não serem consideradas progenitoras colaborantes e para as penalizar nas decisões de guarda, quando recusam o cumprimento do regime de visitas, para se protegerem da violência, que continua a ser exercida depois da separação. Este critério permite ainda premiar o

---

[81] Acórdão da Relação de Lisboa, 23-10-2012 (Conceição Saavedra), processo nº 2304//05.7TBCLD-E.L1-7, defendendo a orientação segundo a qual a recusa da criança não é necessariamente o resultado de manipulações da mãe; acórdão da Relação de Lisboa 29-05-2008 (Nelson Borges Carneiro), condenando a progenitora a multa, por incumprimento de visitas agendadas pelo IRS; acórdão da Relação do Porto, 03-10-2006 (Henrique Araújo) e acórdão da Relação de Lisboa 08-02-2007 (Relator: Sousa Pinto), não condenando a mãe por falta de prova da culpa desta no incumprimento; acórdão da Relação de Lisboa, 27-10-2011 (Ezagüy Martins), processo nº 2373/10.8TMLSB-A.L1-2, entendendo que a recusa de uma criança de seis anos não exclui o incumprimento, condenando a mãe ao pagamento de multa; acórdão da Relação de Guimarães, 04-12-2012 (António Santos), processo nº 272/04.1TBVNC-D.G1, que ordena a remessa dos autos para o tribunal de 1ª instância para que se proceda à audição da menor, a fim de indagar os motivos da recusa desta às visitas.

[82] Acórdão da Relação de Coimbra, 23-04-2013 (Teles Pereira), processo nº 1211//08.6TBAND-A.C1.

[83] Acórdão do Supremo Tribunal de Justiça, de 23-05-2012 (Henriques Gaspar), processo nº 687/10.6TAABF.S1, acórdão da Relação do Porto, 25-03-2010 (Joaquim Gomes), processo nº 1568/08.9PAVNG.P1 e acórdão da Relação de Coimbra, de 18-05-2010 (Alberto Mira).

progenitor que simula ou cria artificialmente situações de incumprimento do outro para lhe retirar a guarda dos filhos/as, aumentando o conflito e a chicana entre ex-cônjuges[84].

A ideologia da coparentalidade após o divórcio entra em tensão com as necessidades de proteção das vítimas. Os peritos que fazem as avaliações psicológicas e os relatórios sociais não têm formação especializada para lidar com a complexidade destas questões, não raro omitindo, nos relatórios, as declarações feitas pela vítima de violência, ou interpretando-as como conflito e não como mau trato, mantendo-as, assim, ao nível do que é relatado por cada uma das partes, sem proceder ao confronto destas declarações com outros documentos como relatórios hospitalares, as queixas apresentadas pela mulher na polícia, despachos e sentenças proferidas nos processos-crime, etc. Os tribunais de família também nem sempre procedem, ao abrigo dos seus poderes inquisitórios, às investigações necessárias para averiguar a veracidade das alegações de violência ou avaliam erradamente a prova apresentada, por falta de consciência dos danos psicológicos causados às crianças expostas à violência parental e pela crença no mito de que a violência termina com a separação. Diferentemente, os dados revelados pela investigação científica e pelos casos de mulheres assassinadas por ex-maridos ou ex--companheiros demonstram que, pelo contrário, a violência não termina com a separação, mas aumenta de intensidade[85].

Os advogados, por vezes, também aconselham as mulheres a não revelar a violência porque pensam que estas alegações vão colocar as mães em perigo de perder a guarda dos filhos, por não surgirem, perante o juiz, como pessoas generosas com o ex-cônjuge e com espírito de cooperação, como exige e pressupõe a lei[86].

---

[84] Cf. MARGRET K. DORE, «The "Friendly Parent" Concept: A Flawed Factor for Child Custody», *Loyola Journal of Public Interest Law*, 2004, vol. 6, p. 45.
[85] Cf. PETER G. JAFFE, CLAIRE V. CROOKS, and SAMANTHA E. POISSON, «Common Misconceptions in addressing Domestic Violence in Child Custody Disputes», *Juvenile and Family Court Journal*, 2003, p. 59.
[86] Cf. *Evaluation of the 2006 family law reforms*, ob. cit., 2009, p. 250.

Na verdade, as preocupações com a coparentalidade depois do divórcio obscureceram as situações de violência doméstica, que passaram a ser vistas como um mero conflito ou como uma estratégia processual das mulheres para obter, num processo litigioso, a guarda única.

O agressor baseia o seu comportamento num conjunto de táticas e estratégias dirigidas à mulher com quem tem ou teve uma relação íntima, com o objetivo de induzir medo e de manter o poder e o controlo na relação. Essas estratégias são compostas por ameaças, coerção, privação de recursos, sendo os filhos, no momento da separação, o principal instrumento para o agressor atingir a sua vítima e para manter a primazia e o domínio na relação com a mulher.

Este controlo do agressor exerce-se de várias formas: recusa de autorização à deslocação da mãe e dos filhos para outro país, onde a aquela tem novas oportunidades de emprego e fica protegida da violência; ação de cumprimento coercivo do regime de visitas; requerimento do pagamento de multas em casos de incumprimento ou de aplicação de sanções penais por subtração de menores; pedido de guarda única dos filhos, alegando problemas mentais da mãe, desemprego e dificuldades financeiras desta ou pedido uma divisão do tempo entre os pais, em moldes semelhantes aos da guarda alternada ou conjunta.

A ideia de que o sistema deteta e trata de forma diferenciada as situações de violência doméstica em relação aos chamados «divórcios normais» revelou-se ser falsa. As exceções legais ao exercício conjunto das responsabilidades parentais ou à guarda partilhada ou alternada previstas no direito da família norte-americano, para as famílias com história de violência doméstica, revelaram-se inúteis, na prática, desde logo, pela própria natureza da violência doméstica como um conjunto de comportamentos de controlo e de intimidação sobre o parceiro íntimo, praticados, na maioria dos casos, pelo homem em relação à mulher, que não deixam marcas físicas na vítima[87]. Na prática, os tri-

---

[87] Cf. GABRIELLE DAVIS, J. D., KRISTINE LIZDAS, J. D., SANDRA TIBBETTS MUPHY, J. D., and JENNA YAUCH, *The Dangers of Presumptive Joint Physical Custody*, Battered Women's Justice Pro-

bunais não dispõem de meios fiáveis para distinguir, de forma rigorosa e consistente, os casos de guarda em que existe violência doméstica de outros casos conflituosos. Os profissionais encarregados de fazer avaliações psicológicas ou relatórios sociais tendem também a minimizar as alegações de violência ou a concluir erroneamente que o abuso é mútuo, mesmo quando não é o caso[88]. Muitas mulheres vítimas de violência não classificam a sua experiência em moldes que permitam a sua identificação, especialmente nos casos em que essa experiência se carateriza mais por aspetos de controlo e de coação e menos por agressões físicas. Nos EUA, o «Projeto de Justiça para as Mulheres Vítimas de Violência Doméstica»[89] aponta as seguintes razões para o silêncio das mulheres: estas não reconhecem a sua experiência como abuso ou violência, não têm prova suficiente de que o abuso ou a violência se verificou; não se identificam como vítimas, na altura da separação, por medo de retaliações; não confiam no sistema judicial e de proteção de menores; receiam ser desacreditadas e terem que revelar uma verdade muito dolorosa para nada. Muitas mulheres, que sofreram violência na constância do casamento ou da união de facto, nunca apresentaram queixa na polícia e só quando o agressor pede a guarda ou um regime de visitas é que invocam a violência para protegerem os filhos e evitarem a continuação da violência contra elas. As alegações de violência, nos processos de regulação das responsabilidades parentais, têm sido desvalorizadas ou reputadas falsas sem a investigação necessária dos factos alegados e da natureza da relação entre os ex-

ject, 2010, disponível para consulta *in* http://www.bwjp.org/files/bwjp/articles/Dangers_of_Presumptive_Joint_Physical_Custody.pdf.

[88] Cf. Peter Jaffe, Janet R. Johnston, Claire V. Crooks, Nicholas Bala, «Custody Disputes Involving Allegations of Domestic Violence: Toward a Differentiated Approach to Parenting Plans», *Family Court Review*, 2008, nº 56, p. 507, disponível para consulta *in* http://learningtoendabuse.ca/sites/default/files/AFCC%20Article.pdf.

[89] Gabrielle Davis, J. D., Kristine Lizdas, J. D., Sandra Tibbetts Muphy, J. D., and Jenna Yauch, *The Dangers of Presumptive Joint Physical Custody, Battered Women's Justice Project*, *ob. cit.*

-cônjuges ou ex-companheiros. A investigação científica conclui que as alegações feitas nos processos de divórcio ou de guarda de crianças não tendem a ser falsas em maior número do que as feitas noutros contextos e recomenda que as acusações de violência feitas em litígios de guarda e visitas não sejam desatendidas só pelo momento em que são feitas[90].

Os progenitores agressores ou abusivos têm estratégias para minar a capacidade parental do outro depois da separação e invocam factos para provar, em tribunal, a parentalidade ineficaz do outro, por exemplo: depois de privarem a mulher de recursos económicos, não pagando alimentos e prejudicando a mulher na divisão dos bens, invocam falta de condições financeiras ou habitacionais desta para pedir a transferência da guarda; depois de exercerem violência psicológica continuada sobre a mulher, invocam o seu estado mentalmente perturbado, para demonstrar a sua incapacidade parental.

A constatação da dimensão do fenómeno da violência doméstica e a consciência da ineficácia da lei para proteger vítimas conduziu, noutros países, como a Austrália, o Canadá e os EUA, a mudanças de paradigma na regulação da guarda após o divórcio, o qual passou a centrar-se, não nas famílias ditas «normais», mas nas famílias com história de violência doméstica, passando o interesse da criança e a modalidade de guarda escolhida a ter como paradigma as necessidades de segurança das mulheres e das crianças vítimas de violência doméstica, e não a coparentalidade ou a partilha igual do tempo entre os pais. Por exemplo, na Austrália, a guarda alternada ou a parentalidade partilhada constituiu o ponto de partida ou o objetivo da reforma em 2006. Contudo, este paradigma só vigorou durante um curto de prazo de quatro anos, tendo sido abandonado por uma nova reforma em 2011, que adotou

---

[90] Cf. PETER JAFFE et al., «Custody Disputes Involving Allegations of Domestic Violence: Toward a Differentiated Approach to Parenting Plans», 2008, *ob. cit.*, p. 507; JANET JOHNSTON et al., «Allegations and Substantiations of Abuse in Custody-Disputing Families, *Family Court Review*, 2005, Vol. 43, nº 2, p. 288.

como ponto de partida das decisões judiciais a proteção das mulheres e das crianças vítimas de violência doméstica[91].

5.1. Necessidade de articulação entre o Direito Penal e o Direito da Família

A libertação da violência é um direito fundamental que devia ser gozado por todas as pessoas, independentemente do género, idade, etnia ou estatuto económico. A lei e a forma como esta é aplicada são aspectos decisivos para essa liberdade, tal como a transformação cultural, a qual deve ocorrer em conjunto com as alterações legais, para que os grupos alvos preferenciais de maus tratos e abusos dentro da família – as mulheres e as crianças – possam viver em segurança e livres dos danos associados à violência.

Os valores do direito da família, em particular, no que diz respeito à questão da guarda e das visitas pós-divórcio ou rutura de uma união de facto – igualdade, cooperação e comunicação entre os pais, e relação próxima da criança com ambos – entram em conflito com as necessidades de segurança das vítimas de violência doméstica. O Direito da Família, como mecanismo para regular as relações familiares, o seu estabelecimento, conteúdo e dissolução, revela-se como um instrumento inadequado para resolver os problemas das famílias com história de violência doméstica, abuso sexual, toxicodependência e alcoolismo, pois assenta nos princípios da privacidade e da auto-regulação, sendo avesso à intervenção do Estado. Por outro lado, mais do que em qualquer outro ramo do direito, o direito da família, quer na sua formulação legislativa, quer na aplicação judicial, reflete as crenças mais profundas, íntimas e mutáveis da sociedade. O casamento na sociedade portuguesa foi indissolúvel entre 1940 e 1975, por razões religiosas. O divórcio reflecte, também, as crenças da sociedade, criando-se uma dicotomia entre a necessidade de reconhecer legalmente a rutura ou o fracasso

---

[91] KASPIEW et al, *Evaluation of the family law reforms*, Australian Government, Australian Institute of Family Studies, *ob. cit.*

do casamento e a resposta emocional da cultura às mudanças na estrutura da família. A manutenção da comunidade parental ou a co-parentalidade após o divórcio é, numa sociedade como a portuguesa, uma forma de substituir a antiga crença na ideia de perenidade conjugal. A idealização da família, outrora aplicada à família fundada no casamento, aplica-se, hoje, à família pós-divórcio. Apesar de estas crenças funcionarem bem para resolver as situações das famílias não violentas, minam e impedem as necessidades de segurança das vítimas de violência doméstica, que o direito penal pretende assegurar. Daí a dificuldade do sistema em proceder à integração do direito da família na lei penal, que pune a violência doméstica, e em proteger as vítimas, no momento da separação ou do divórcio. Enquanto o direito penal considera o comportamento do agressor um crime pelo qual este deve ser responsabilizado, o direito da família vê dois parceiros íntimos que precisam de modificar, dissolver ou regular a sua relação através de atos de cooperação para resolverem os seus conflitos. O direito da família e o direito constitucional fazem, ainda, prevalecer sobre os direitos das crianças, os direitos dos pais (art. 36º, nºs 5 e 6 da CRP), concebidos como direitos de defesa contra a intervenção do Estado.

Nos países que têm disposições especiais na lei civil para proteger as vítimas de violência doméstica (posse exclusiva da casa de morada de família pela vítima, proibições de contacto do agressor com a vítima, impedimento do acesso do agressor à guarda dos filhos, suspensão de contactos, pensão de alimentos, indemnizações civis), e que têm exceções legais à guarda conjunta para as famílias com história de violência doméstica, como o caso dos EUA e no Canadá[92], deteta-se que estas mudanças legislativas não são acompanhadas por mudanças nas práticas. A falta de coordenação entre todas as entidades que lidam com

---

[92] Quase todos os Estados Norte-Americanos mudaram as leis civis para considerar a violência doméstica como um fator na decisão judicial de guarda e de visitas ou consagraram uma presunção legal ilidível de que um agressor não deve assumir a guarda dos filhos.

as famílias na altura do divórcio e a deficiente formação dos profissionais explicam o fracasso na identificação do fenómeno da violência doméstica e no estabelecimento de soluções que assegurem a proteção efetiva das vítimas[93]. Mesmo quando a violência doméstica é detetada, as assunções e crenças do direito da família limitam a aplicação prática das medidas civis de proteção, devido a uma falta de consciência dos juízes e dos outros profissionais relativamente aos danos provocados às crianças pela exposição à violência doméstica e por força de preconceitos dos profissionais na avaliação da vítima, vista como pessoa traumatizada, frágil e incapaz de pensar racionalmente, e por isso, sem perfil para assumir sozinha a guarda dos seus filhos[94]. A experiência demonstra que as mulheres vítimas de violência são vistas como incapazes, pelo sistema, e sistematicamente criticadas pelos profissionais e pelos membros da sua rede social, por não romperem a relação. Contudo, as mulheres vítimas de violência são pessoas racionais, com capacidades e forças, que têm de suportar ónus e barreiras, que o comum das pessoas não enfrenta, e que são capazes de avaliar as estratégias disponíveis para responder à violência e decidir com base no seu interesse[95]. Uma vez disponibilizadas pelo sistema medidas de proteção eficazes, as mulheres farão uso delas para saírem das relações abusivas. A decisão de não romper a relação abusiva pode ser o resultado de uma avaliação dos riscos de uma rutura, sem proteção eficaz, entendendo a mulher que são menores os riscos de permanecer na relação do que os

---

[93] Cf. PETER G. JAFFE, CLAIRE V. CROOKS, and SAMANTHA E. POISSON, «Common Misconceptions in addressing Domestic Violence in Child Custody Disputes», 2003, p. 58.
[94] Cf. PETER G. JAFFE, CLAIRE V. CROOKS, and SAMANTHA E. POISSON, «Common Misconceptions in addressing Domestic Violence in Child Custody Disputes», 2003, pp. 59-61 e ANDREA C. FARNEY and ROBERTA L. VALENTE, «Creating Justice Through Balance: Integrating Domestic Violence Law into Family Court Practice», *Juvenile and Family Court Journal*, 2003, p. 39, disponível para consulta *in* http://www.bvsde.paho.org/bvsacd/cd67/justice_balance.pdf.
[95] Cf. ANDREA C. FARNEY and ROBERTA L. VALENTE, «Creating Justice Through Balance: Integrating Domestic Violence law into Family Court Practice», 2003, p. 47.

riscos de sair dela. Por isso, cabe ao sistema colocar à disposição das mulheres instrumentos eficazes de segurança após a rutura. Destas medidas fazem parte a proteção da relação afetiva do progenitor cuidador primário, normalmente a mulher vítima de violência, com os seus filhos e regras especiais de exercício das responsabilidades parentais, bem como medidas de proteção económica, que garantam um rendimento adequado e a posse exclusiva da habitação.

Nos EUA, verificou-se que estas regras civis de proteção não são acessíveis a todas as mulheres, tendo estas especial dificuldade em encontrar advogados especializados que as representem em tribunal, sendo esta dificuldade maior para as mulheres pobres, imigrantes e de outras etnias, especialmente em risco de se tornarem sem abrigo[96]. No Canadá, as casas abrigo para mulheres vítimas informam que o acesso limitado das mulheres a advogados que as representem pode ser um fator para estas permanecerem em relações abusivas ou voltarem para junto do agressor, em cerca de metade dos casos[97].

Em Portugal, não temos dados sobre esta questão, mas sabe-se que o apoio judiciário tem vindo a ser cada vez mais limitado pela lei e que não fornece às vítimas serviços de advocacia especializados em violência doméstica e direito da família. Este tipo de serviços, as vítimas só poderão encontrar através de associações, sendo que a maior parte

---

[96] *Ibidem*, p. 47.
[97] Cf. PETER JAFFE, CLAIRE V. CROOKS, and SAMANTHA E. POISSON, «Common Misconceptions in addressing Domestic Violence in Child Custody Disputes», 2003, p. 64, citando dados fornecidos pela «Ontario Association for Internal & Transitional Houses» e referindo que no estudo que realizaram 75% das mulheres pediram apoio judiciário e que o apoio foi negado a 20% destas mulheres, devido à natureza familiar da disputa ou porque estas tinham casa ou poupanças. As mulheres que tiveram apoio judiciário sentiram que os serviços fornecidos eram mínimos. A complexidade dos conflitos de guarda em famílias com história de violência doméstica exige tempo e especialização para além do que era fornecido pelo apoio do Estado. Algumas mulheres revelaram ter contraído dívidas para contratar advogado. As vítimas revelaram um grau de satisfação elevado com os serviços especializados em violência doméstica.

delas não presta serviços de patrocínio judiciário, mas apenas de atendimento a vítimas com a finalidade de informar as mesmas sobre os seus direitos e de prestar apoio psicológico.

Sabe-se também que as mulheres imigrantes, por força de isolamento social e familiar, têm menos capacidade de resposta à violência doméstica, desde logo por não disporem de habitação alternativa junto de familiares nem de ajudas económicas para arrendamento de casa, nem conhecerem a lei portuguesa. Têm mais dificuldade de acesso à informação, por não dominarem a língua e/ou não estarem inseridas socialmente. Quando casadas com um agressor de nacionalidade portuguesa estão mais sujeitas a serem ameaçadas de pobreza e privação de bens, porque este invoca a seu favor, como arma de arremesso, uma lei que diz ser-lhe favorável, por exemplo, em relação à casa de morada de família, aos deveres conjugais, à tutela dos filhos, alimentos etc. Por outro lado, a ideia clássica de que em Portugal não há xenofobia ou racismo, também se revela como um mito criado pelo regime salazarista, para legitimar a colonização, e que perdura no discurso social e cultural até hoje[98]. As mulheres estrangeiras, muitas vezes sem autorização para residir em Portugal, têm problemas de estabilidade de emprego, pois os seus contratos de trabalho são precários, mal remunerados e sem descontos para a Segurança Social, circunstâncias laborais que aumentam a sua carência económica e dependência em relação ao companheiro. Apesar de beneficiarem de apoio judiciário e do serviço nacional de saúde, e de as crianças carecidas de proteção residentes em Portugal estarem sob a alçada da competência das Comissões de Proteção de Crianças e Jovens em Risco, correm também o risco de serem discriminadas no acesso a estes serviços.

A investigação científica tem demonstrado que não há uma mulher agredida universal e que os sistemas jurídicos baseados em assunções genéricas sobre as mulheres maltratadas, sem contemplação pelas dife-

---

[98] Cf. CLÁUDIA CASTELO, «O modo português de estar no mundo. O luso-tropicalismo e a ideologia colonial portuguesa (1933-1961)», in AAVV, *O Mundo Continuará a Girar. Prémio Victor de Sá de História Contemporânea, 20 anos (1992-2011)*, 2011, pp. 111-116.

rentes circunstâncias em que vivem, destinam-se, na prática, a ser irrelevantes e potencialmente prejudiciais[99]. Os casos em que ao género feminino da vítima se adicionam outros elementos como a etnia, a nacionalidade estrangeira, a orientação sexual, a situação sócio-económica, a religião ou a deficiência são designados como «interseccionalidade da discriminação». A identidade é complexa e provém de vários elementos que definem a pessoa e que se interrelacionam, criando um sistema de opressão que reflecte a interseção de múltiplas formas de discriminação. A oposição binária, homem *versus* mulher deixou de ser o único ponto de interesse e a pesquisa volta-se da dicotomia de género para a reconsideração das diferenças e das desigualdades entre as próprias mulheres, sem esquecer, contudo, que há um conjunto de experiências de subordinação que são comuns a todas as mulheres, qualquer que seja a sua etnia, religião, nacionalidade ou estatuto sócio-económico. Daí que seja necessário ter em conta as especificidades de cada mulher ou grupo de mulheres, nomeadamente, a sua etnia e nacionalidade, para se delinear uma política social e de proteção das vítimas de violência doméstica.

5.2. Os riscos para as crianças que assistem à violência doméstica e as medidas de proteção

A investigação demonstra um conjunto significativo de problemas físicos, de desenvolvimento, emocionais e comportamentais associados à exposição das crianças à violência doméstica[100]:

- Agressividade e comportamentos auto-destrutivos;
- Crueldade em relação aos animais;
- Consumo de álcool ou de drogas;
- Depressão e tendências para o suicídio;

---

[99] Cf. ANDREA C. FARNEY and ROBERTA L. VALENTE, «Creating Justice Through Balance: Integrating Domestic Violence Law into Family Court Practice», 2003, pp. 47-48.
[100] Para uma resenha dos resultados da investigação científica, *vide* CLARE DALTON/SUSAN CARBON/NANCY OLESEN, «High Conflict Divorce, Violence, and Abuse: implications for Custody and Visitation decisions», *Juvenile and Family Court Journal*, 2003, pp. 17-18.

- Baixa auto-estima;
- Sentimentos de culpa;
- Passividade e rejeição;
- Problemas somáticos como dores de cabeça, enurese, insónia e úlceras;
- Pesadelos, ansiedade e hipervigilância, e perturbações de sono;
- *Deficit* de atenção;
- Comportamentos obsessivo-compulsivos;
- *Deficit* de capacidades sociais e de resolução de problemas;
- Baixa empatia e aceitação;
- Perpretação de violência;
- Insucesso e absentismo escolar, e problemas de disciplina.

As crianças mais pequenas apresentam uma probabilidade maior de exibir queixas somáticas e de experimentar um maior sofrimento emocional, enquanto os mais velhos apresentam uma maior probabilidade de experimentar um ou mais problemas específicos de internalização ou externalização. Muitas das consequências adversas da exposição à violência doméstica são sintomas associados, quer para crianças quer para adultos, ao *stress pós-traumático*. E a investigação indica também que alguns dos sintomas podem resultar de mudanças irreversíveis na estrutura e na função do cérebro das crianças expostas à violência numa fase precoce do seu desenvolvimento.

Para além destes problemas gerados pelo facto de as crianças viverem num ambiente de violência doméstica, há ainda uma questão adicional, que é a de saber até que ponto estas crianças interiorizam um conjunto de assunções sobre a aceitabilidade da violência, o seu papel na manutenção e regulação das relações sociais e ainda, em especial, a sua conexão com o amor e o compromisso nas relações íntimas. Se a violência for infligida por um homem sobre uma mulher, como sucede na maioria dos casos de violência doméstica, esta situação transmite às crianças uma mensagem sobre o poder, os direitos e o valor dos homens e das mulheres, segundo, o que contribui para perpetuar na sociedade os preconceitos de género e a legitimação dos papéis de género desiguais, baseados no binómio dominação masculina/subordinação feminina.

Este catálogo de consequências potenciais para as crianças e para toda a sociedade, decorrentes da exposição de crianças à violência doméstica, derruba o mito aceite pelos tribunais e pelos profissionais, que lidam com as famílias, de que o comportamento do progenitor agressor com o outro é irrelevante para avaliar a qualidade da sua parentalidade e da sua capacidade para educar. O progenitor que expõe a criança a uma situação de violência doméstica está, não só a agredir o cônjuge, mas também a criança. O dano causado pode ser irreversível ou reversível só após uma extensa terapia. Os danos repercutem-se na sua vida adulta, programando a pessoa para usar ou sofrer violência nas suas relações íntimas e fazendo com que tenha de lutar, durante toda a infância e vida adulta, contra problemas psicossomáticos, físicos e doenças emocionais, que a impedem de ter uma vida normal.

A investigação científica reconhece, contudo, que a dimensão destes danos é distinta consoante a idade da criança, o seu temperamento, interesses e qualidade da relação com os seus pares ou outras pessoas significativas, o grau de violência usado pelo agressor, o facto de a criança ser, ou não, o alvo ou a causa da violência, a capacidade do progenitor agredido para providenciar uma parentalidade apropriada, apesar dos maus-tratos sofridos, o nível de sofrimento emocional vivido pelo progenitor maltratado.

As crianças que assistem à violência doméstica são crianças em perigo, para o efeito de legitimar a intervenção do Estado na família, de acordo com os princípios orientadores da lei de proteção das crianças e jovens em perigo. Segundo o art. 3º, als. b) e e) da Lei nº 147/99, de 14 de setembro, estão em perigo as crianças que sofrem maus-tratos físicos, maus-tratos psíquicos e que estão sujeitas a comportamentos que afetam a sua segurança e equilíbrio emocional, conceitos que abrangem todos os problemas físicos, psíquicos e emocionais sofridos pelas crianças que assistem à violência. Os processos de regulação das responsabilidades parentais sobre o destino destas crianças não estão assim sujeitos aos princípios que vigoram para as famílias ditas «normais», em que apenas existe um conflito, mas não situações de violência. Em consequência, a guarda das crianças não pode ser confiada ao progenitor agressor, nem deve ser aplicado o princípio do exercício conjunto das responsabilidades parentais, nem imposto um regime de visitas ao agressor contra a vontade da criança. Tal regime só deve existir se a criança o desejar e sempre com supervisão de terceiros, para evitar que a criança seja usada para obter informações sobre o local onde se encontra a vítima ou para a controlar e/ou seja física ou psicologicamente agredida. As visitas sem supervisão são usadas pelo agressor como oportunidades para agredir a mulher, pois é depois da separação que o agressor fica mais enraivecido e mais persegue a sua vítima, correndo esta, nos casos mais graves, o risco de ser assassinada.

No processo de regulação das responsabilidades parentais deve ser considerada a existência das medidas de coação aplicadas no processo penal e requerida, pelo Ministério Público, ao abrigo do art. 148º, nº 3 da OTM, uma medida de proteção da criança coincidente com a medida de coação aplicada no processo-crime, por exemplo, sendo decretada a medida de afastamento do agressor da residência devem ser suspensas as visitas ou sujeitas a supervisão por uma terceira pessoa da confiança da criança e da Segurança Social, juntamente com uma medida de apoio junto da mãe, a qual engloba, se necessário, apoio económico, ao abrigo do art. 35º, al. a) da Lei de Proteção.

No processo-crime, havendo condenação, a pena será aumentada, se o facto praticado contra menor, na presença de menor, no domicílio comum ou no domicílio da vítima (art. 156º, nº 2 do Código Penal) e o progenitor inibido das responsabilidades parentais por um período de um a dez anos (art. 152º, nº 6 do Código Penal).

Deve assinalar-se, também, que, mesmo que os factos não reúnam prova suficiente para fundamentar uma condenação no processo-crime podem ser objeto de prova no processo tutelar cível, que não exige um ónus da prova tão gravoso como no processo-crime. Insuficiência de prova não é o mesmo que alegação falsa e, nos processos de regulação das responsabilidades parentais o único critério de decisão é o interesse da criança, prevalecendo a proteção desta contra um perigo, mesmo que ainda não consumado.

Também acontece que as mulheres, quando vítimas de violência psicológica não acompanhada de agressões físicas, não intentam processo-

-crime mas alegam a violência nos processos de regulação das responsabilidades para protegerem os filhos e para poderem prosseguir com a sua vida, sem o controlo do outro progenitor. Estas alegações devem ser investigadas e admitir-se a produção da prova sobre elas, o que não está a suceder, neste momento, em muitos tribunais, na 1ª instância, que entendem que os problemas conjugais, mesmo quando consubstanciam factos ilícitos civis e/ou criminais, não devem ser critério para definir o interesse da criança.

6. A lição do direito da família australiano: o impacto da reforma de 2006

Em 2006, o governo australiano introduziu uma série de mudanças no direito da família, que visavam uma viragem cultural na regulação da separação e do divórcio, a redução da conflitualidade parental em torno da guarda e das responsabilidades parentais, o recurso a serviços extrajudiciais de resolução de conflitos, e uma parentalidade baseada na igualdade e na cooperação entre ambos os pais, bem como a proteção das crianças da violência e do abuso. O aspeto central desta reforma foi a introdução de uma presunção de exercício conjunto das responsabilidades com divisão igual do tempo, e a organização de um sistema extrajudicial de resolução de conflitos, em que a resposta para as famílias era de tipo relacional (serviços de relações familiares) e não judicial[101].

Em 2007, o governo australiano encomendou a realização de um conjunto de estudos ao Instituto Australiano de Estudos da Família para que fosse avaliado o impacto desta nova legislação, que culminou com a publicação de um relatório em Dezembro de 2009[102]. Embora se trate

---

[101] Cf. *Evaluation of the 2006 family law reforms*, Australian Government, Australian Institute of Family Studies, 2009, *ob. cit.*, p. 4.
[102] Cf. *Evaluation of the 2006 family law reforms*, Australian Government, Australian Institute of Family Studies, 2009, *ob. cit.*, p. E1. Os resultados deste relatório são baseados numa análise de dados provenientes de 70 estudos separados, que envolveram, no total, a participação de 28,000 pessoas (juízes, advogados e outros profissionais, pais e crianças) e a

de um estudo feito durante os três primeiros anos de aplicação da lei, insuscetível de medir mudanças comportamentais e de atitude que só a longo prazo podem ocorrer, foram, contudo, retiradas deste conjunto de estudos algumas conclusões claras, descritas no relatório de 2009, elaborado por uma equipa de avaliação do novo direito da família nomeada pelo Governo. O relatório indicou que aumentou a proporção de casos resolvidos pelo sistema extrajudicial de resolução de conflitos e que 70% das famílias utentes dos serviços pós-separação manifestaram satisfação com o seu funcionamento[103]. As mudanças encorajaram acordos mais criativos, que envolviam mais o pai nos cuidados diários prestados aos filhos, e fizeram diminuir os conselhos dados por profissionais, que propunham às famílias acordos de partilha do tempo 80-20. O estudo revela também que aumentou a utilização dos serviços extrajudiciais, diminuindo o recurso automático a soluções judiciárias como resposta às dificuldades relacionais no período pós-divórcio.

Contudo, o relatório reconhece que a proteção das vítimas de violência não foi assegurada pela nova legislação. O estudo revelou que, uma proporção significativa das famílias que entram em contacto com o sistema, têm necessidades complexas, que envolvem assuntos como violência familiar, abuso de crianças, problemas de saúde mental e abuso de substâncias, e que estas famílias são as principais clientes dos serviços de pós-separação e do setor legal[104]. Verificou-se que, embora o exercício conjunto das responsabilidades parentais fosse menos comum entre as famílias com história de violência doméstica ou que tinham preocupações contínuas com a segurança das crianças, uma proporção substancial destas famílias relatou ter adotado o exercício conjunto das responsabilidades parentais[105]. Detetou-se que, com

---

avaliação de informação administrativa dos tribunais de família e dos serviços de relações familiares, bem como recolha de informação de cerca de 1,700 ficheiros dos tribunais e análise de jurisprudência relevante.

[103] Cf. *Evaluation of the 2006 Family Law Reforms*, ob. cit., 2009, p. 362.
[104] Cf. *Evaluation of the 2006 Family Law Reforms*, ob. cit., p. 361.
[105] Cf. *Evaluation of the 2006 Family Law Reforms*, ob. cit., pp. 362-363.

a reforma de 2006 aumentaram os casos de partilha igual do tempo da criança entre ambos os pais, e que não havia indícios de que esta solução fosse menos aplicada em famílias com história de violência doméstica do que em famílias em que não tinha ocorrido violência[106]. Do mesmo modo, em famílias com preocupações de segurança em relação às crianças, a probabilidade de a solução adotada ser a partilha da guarda não era menor do que nas famílias sem estas preocupações de segurança (16% a 20% das famílias com partilha da guarda física da criança tinham preocupações com a segurança das crianças). Estas preocupações de segurança existiam também, numa proporção semelhante, nas famílias em que o modelo adotado era o de guarda única da mãe e visitas com o outro progenitor, só durante o dia, sem pernoita.

O veículo para estas soluções foram decisões feitas sem o uso dos serviços de relação familiar e decisões obtidas com a ajuda destes serviços, advogados e tribunais. Mães e pais que reportavam preocupações de segurança tendiam a fazer avaliações menos favoráveis dos seus filhos quando comparados com outros progenitores. Isto acontecia, em relação a pais com todas as formas de guarda, incluindo no sistema mais comum em que a criança vive com a mãe a maioria do tempo. Mas o carácter desfavorável das avaliações das crianças pelas mães, que revelavam preocupações com a segurança dos filhos, foi consideravelmente mais marcado para as crianças que viviam em sistemas de guarda partilhada. Demonstrou-se também, neste estudo, que o incentivo a que os pais recorram a soluções extrajudiciais e a serviços de mediação familiar significa que estes serviços estão a ser aplicados nalguns casos em que existem preocupações significativas com situações de violência e preocupações com a segurança das crianças. Apesar de os advogados e de os profissionais dos serviços pós-divórcio reconhecerem a preocupação da reforma de 2006 com a deteção dos casos de abuso e de violência, outros aspetos da legislação, como a obrigação de o tribunal ordenar o pagamento de multas contra a parte que conscientemente

---

[106] Cf. *Evaluation of the 2006 Family Law Reforms*, ob. cit., p. 364.

fez falsas alegações e o critério legal da atribuição da guarda ao progenitor que facilita a relação da criança com o outro, contribuíram para a existência de barreiras na identificação da violência e do abuso, e para o silenciamento das vítimas[107]. A ligação entre preocupações de segurança e consequências negativas para o bem-estar da criança, especialmente nos casos de guarda partilhada, demonstrou a necessidade de fazer mudanças nos modelos práticos utilizados pelos «serviços de relação familiar» e pelo setor legal, no sentido de estes setores se focarem de forma mais explícita na identificação efetiva das famílias com histórias de violência doméstica. Reconheceu-se que as decisões de guarda e de visitas devem ser moldadas pelas necessidades de segurança do progenitor e das crianças, vítimas diretas ou indiretas, e que o sistema devia ter profissionais altamente especializados e acesso a mecanismos rigorosos de avaliação. Outro resultado do estudo foi a prova da falta de articulação entre os vários serviços que prestam apoio às famílias com história de violência doméstica ou questões de abuso de crianças. Algumas destas famílias circulam entre os serviços de relação e de mediação familiar, advogados, tribunais e o sistema estadual de proteção de crianças e de violência familiar, sendo as decisões constantemente adiadas por falta de coordenação adequada entre os serviços, os advogados e os tribunais, situação com implicações adversas para o bem-estar das crianças e de outros membros da família[108].

O estudo revela, também, que muitos pais não compreendem a diferença entre o exercício conjunto das responsabilidades parentais, que se define pela tomada das decisões importantes em relação à vida dos filhos, por ambos os pais, mas não envolve partilha igual do tempo passado com a criança, e a alternância da residência da criança de acordo com um ritmo temporal, nem o que significa uma presunção legal ilidível de exercício conjunto das responsabilidades parentais. Profissionais do setor legal pensam que a reforma de 2006 promoveu uma cen-

---

[107] *Evaluation of the 2006 Family Law Reforms, ob. cit.*, pp. 249-253.
[108] *Evaluation of the 2006 family law reforms*, Australian Government, Australian Institute of Family Studies, 2009, *ob. cit.*, p. 362.

tralização do sistema nos direitos dos pais e não nas necessidades das crianças, e obscureceu a primazia do princípio do superior interesse da criança, pois a legislação não facilitava a adoção de soluções apropriadas ao estádio de desenvolvimento de cada criança[109]. A maioria dos advogados entendeu que esta reforma favoreceu os pais-homens em relação às mães e todos os pais e mães, como grupo, em relação às crianças[110]. Muitos profissionais manifestaram a preocupação de que diminuía a capacidade negocial das mães, em relação aos efeitos patrimoniais do divórcio e afirmaram que estas ficavam prejudicadas na partilha dos bens, indicando que a proporção de bens atribuída à mãe, após o divórcio, reduziu com a reforma de 2006[111]. Alguns profissionais do sistema de relação familiar e advogados entenderam que preocupações financeiras, pensão de alimentos dos filhos e partilha de bens influenciavam os modelos de guarda adotados.

Estes estudos concluíram pela inadequação da guarda partilhada para as famílias com histórias de violência doméstica e conflitualidade elevada, conclusão que exigiu do poder público, num curtíssimo espaço de tempo, uma nova reforma, que fez das vítimas de violência doméstica e das suas necessidades de segurança o novo paradigma do direito da família pós-divórcio.

7. A investigação científica sobre a guarda partilhada na Austrália

Para além de a partilha da guarda ser desaconselhável, nos casos de violência doméstica e de abuso sexual, ou noutras situações de perigo para o interesse da criança, como toxicodependência ou alcoolismo de um dos pais, negligência parental, ou outros maus-tratos, a investigação científica tem concluído que também é desaconselhável a dupla residência da criança, nos casos de conflitualidade elevada entre os pais, e que, mesmo nos casos de acordo dos pais, não deve, em regra, ser aplicada em relação a crianças em idade pré-escolar.

---

[109] *Evaluation of the 2006 Family Law Reforms*, 2009, ob. cit., p. 365.
[110] Cf. *Evaluation of the 2006 family law reforms*, 2009, ob. cit., p. 366.
[111] Cf. *Evaluation of the 2006 Family Law Reforms*, 2009, ob. cit., p. 366.

JENNIFER MCINTOSH concluiu, nos seus estudos, que se verifica um risco para as crianças cuja guarda está dividida pelos dois progenitores, quando estes carecem de uma dinâmica relacional para manter um ambiente saudável para os filhos, e que existe uma relação entre o conflito continuado entre os pais e altos níveis de angústia dos filhos[112]. Os investigadores advertem para o perigoso impacto da implantação generalizada de uma guarda partilhada, sobretudo para crianças pequenas submetidas a acordos desadequados ao seu desenvolvimento. As crianças estão particularmente em risco na presença de certos fatores: níveis baixos de maturidade e discernimento dos pais; disponibilidade emocional pobre para os filhos; níveis elevados de conflito parental; clima de amargura psicológica significativa entre os pais; um ou ambos os pais consideram que a criança está em risco quando entregue aos cuidados do outro[113].

Os autores realizaram uma revisão da literatura sobre a guarda de crianças após o divórcio e concluíram que "O desenvolvimento emocional saudável das crianças depende da sua experiência inicial de uma relação continuada, acompanhada da prestação de cuidados emocionais, através dos quais as crianças aprendem a formar um vínculo organizado e a desenvolver as suas capacidades humanas para pensar e estabelecer relações com os outros"[114].

A criança de tenra idade cria, normalmente, um vínculo mais intenso com um dos pais e quando muda para a residência do outro, tal não significa que o vínculo principal de segurança e afeto se transfira automaticamente para este progenitor, ou que a criança tenha com ambos os pais necessariamente uma vinculação igual, sobretudo se um dos pais,

---

[112] Cf. RICHARD CRISHOLM/JENNIFER MCINTOSH, «Cautionary notes on the shared care of children in conflicted parental separations», *Family Relationships Quarterly Issue*, nº 8, 2008, pp. 3-4; JENNIFER MCINTOSH/ RICHARD CRISHOLM, «Shared Care and Children's Best Interests in Conflicted Separation. A Cautionary Tale from Current Research», *ob. cit.*, pp. 1-11.
[113] Cf. RICHARD CRISHOLM/JENNIFER MCINTOSH, «Cautionary notes on the shared care of children in conflicted parental separations», 2008, p. 3.
[114] *Ibidem*, p. 4.

durante a vida em comum, não cuidava da criança ou se nunca coabitou com a mãe. A redução do tempo da criança com o seu progenitor de referência, que tem com a criança uma vinculação mais forte, geralmente a mãe, pode, nalguns casos, colocar em perigo a segurança do vínculo primário, o que produz uma série de consequências negativas para o desenvolvimento da criança[115].

O principal benefício pretendido pelas leis que consagram a guarda partilhada e pelas decisões judiciais que a aplicam, mesmo contra a vontade de um dos pais, é o aumento do tempo passado pela criança com o pai, geralmente, o progenitor não residente, nos modelos clássicos de guarda única.

Contudo, a investigação levada a cabo por MCINTOSH concluiu que não se verifica uma relação linear entre a quantidade do tempo que as crianças passaram com o pai e a qualidade dessa relação. Na verdade, o fator que permitia prever uma boa relação com o pai, quatro anos depois da separação, não era a quantidade do tempo passado com este, mas sim se havia entre pai e filhos uma boa relação antes do divórcio.

Os autores chamam a atenção para os riscos sérios que uma guarda partilhada imposta judicialmente pode ter para as crianças, afirmando que os acordos rígidos, alimentados por conflituosidade parental e pouca cooperação entre os pais, estão associados com sintomas de depressão e ansiedade dos filhos, que tentam mudar esta forma de vida.

Na Austrália, os estudos demonstram que as circunstâncias, em que acordos ou decisões judiciais de guarda partilhada são feitos, não têm nada a ver com a representação da população, segundo a qual estas decisões só se verificam quando os pais têm capacidade de cooperação e de proteger a criança da hostilidade e do conflito. Num estudo que envolveu 300 crianças, 27% das quais viviam com ambos os pais em modelos de guarda partilhada, os pais-homens reportaram, de forma consistente, uma frequência mais alta de conflitos, incluindo

---

[115] *Ibidem*, p. 4.

conflito menor, conflito verbal sério e conflito maior com as suas ex-mulheres, durante o ano em que durou o estudo[116]. E as mães, mais do que aquelas que adotaram outras formas de guarda, sentiam que o ex-companheiro ou ex-marido não acreditava que elas fossem boas mães[117].

As alterações legislativas de 2006 mudaram o perfil dos candidatos à guarda partilhada, passando a incluir-se, neste grupo, as famílias com elevado nível de conflito. Em estudos anteriores, a alternância de residência era considerada um modelo viável para um grupo reduzido de famílias, que se auto-elegiam como candidatas à guarda partilhada e que tinham o seguinte perfil relacional e estrutural:

- Proximidade geográfica das residências;
- Capacidade dos pais para se relacionarem suficientemente bem para desenvolver uma relação semelhante à negocial;
- Modelos centrados na criança (em que as crianças são postas à margem dos problemas dos seus pais, e em que as atividades das crianças são parte integrante da forma como os pais organizam a partilha da parentalidade);
- Compromisso de ambos os pais para fazer com que a parentalidade partilhada funcione;
- Ambos os pais gozam, no seu local de trabalho, de práticas laborais amigas da família;
- Estabilidade financeira (em particular da mãe);
- Confiança de cada um dos pais na competência do outro como progenitor.

Contudo, os pais separados, que pedem ao Tribunal para decidir a questão da residência dos filhos e do regime de visitas, não têm estas caraterísticas.

---

[116] RICHARD CRISHOLM/JENNIFER MCINTOSH, «Cautionary notes on the shared care of children in conflicted parental separations», 2008, p. 3.
[117] *Ibidem*, p. 3.

O primeiro estudo feito sobre a guarda partilhada tem um carácter longitudinal[118]. Em 2008, encontrava-se no quarto ano de investigação e comparou os resultados para dois grupos de pais separados, recrutados voluntariamente e selecionados com base em critérios idênticos. O estudo explorou o impacto da hostilidade psicológica dos pais na cooperação destes e no bem-estar emocional das crianças. Os dados foram recolhidos dos pais e dos filhos antes da mediação, três meses depois e um ano mais tarde. Participaram nesta fase do estudo 183 famílias, com informações fornecidas pelos pais sobre 300 crianças. As conclusões do estudo referem-se aos dados relativos à saúde mental das crianças, em idade escolar, um ano depois de o conflito estar resolvido. A saúde mental foi medida de acordo com uma escala 20 itens, que distingue as crianças com níveis de ansiedade comuns ou normais daquelas que se encontram numa situação designada por "domínio clínico", caraterizada por um sofrimento emocional preocupante, expresso em ansiedade, tristeza, medo, sintomas psicossomáticos e anti-sociais, numa dimensão que exige a intervenção de serviços especializados em psiquiatria infantil. Este estudo disponibiliza informação completa sobre 181 crianças em idade escolar: 21% das crianças desta amostra de famílias em conflito apresentaram uma taxa de ansiedade clínica mais elevada do que a média quando comparada com a taxa de 14% das crianças filhas de pais não divorciados na população australiana[119]. 27% das famílias deste estudo fizeram acordos, através dos serviços de mediação familiar, nos quais adotaram uma partilha substancial do tempo entre os pais, de pelo menos 5 noites, por quinzena, com cada um dos pais.

---

[118] JENNIFER MCINTOSH/CAROLINE LONG, *Children Beyond Dispute: A prospective study of outcomes from child focused and child inclusive post-separation family dispute resolution*, Australian Government Attorney-General's Department, 2006, disponível *in* http://www.ag.gov.au/FamiliesAndMarriage/Families/FamilyLawSystem/Documents/Archived%20family%20law%20publications/Report1.pdf.
[119] RICHARD CRISHOLM/JENNIFER MCINTOSH, «Cautionary notes on the shared care of children in conflicted parental separations», 2008, p. 3.

Os autores identificaram, neste estudo, seis variáveis associadas aos níveis elevados de sofrimento emocional da criança:

1) Níveis baixos de educação formal dos pais-homens;
2) Conflito parental elevado;
3) Divisão substancial das pernoitas da criança entre ambos os pais;
4) Pobreza da relação mãe-criança, tal como relatado pela mãe e pelas crianças;
5) Hostilidade psicológica elevada entre os pais;
6) Idade das crianças inferior a 10 anos.

As crianças com mais de 10 anos, a viver em regime de guarda partilhada, e que não estavam colocadas no meio de dinâmicas de conflito parental elevado, não demonstraram sinais de problemas de saúde mental e, em geral, revelaram uma maior capacidade para cooperar com as tensões parentais existentes.

Um segundo estudo entrevistou 77 pais e 111 crianças, que frequentaram o programa piloto de apoio à criança do Tribunal de Família Australiano[120]. Este estudo envolveu entrevistas com os pais, antes da resolução do litígio e 4 meses depois da decisão da sua disputa sobre a guarda da criança. As entrevistas exploraram os índices de conflito, de cooperação, as relações e o bem-estar da criança, de acordo com o questionário usado no estudo anterior. Foram obtidos dados relativamente a crianças com 4 anos ou mais, nos domínios da ansiedade, choro, medo, sintomas psicossomáticos e ansiedade da separação.

Quatro meses depois da resolução do litígio, 28% destas 111 crianças apresentavam níveis de bem-estar emocional com relevância clínica, indicando um nível elevado de sofrimento psíquico. Usou-se o modelo

---

[120] Cf. JENNIFER E. MCINTOSH/ CAROLINE LONG, *The Child Responsive Program, operating within the Less Adversarial Trial: A follow up study of parents and child outcomes*, Report to the Family Court of Australia, Family Transitions, Julho 2007, disponível para consulta *in* http://www.familycourt.gov.au/wps/wcm/resources/file/ebc70245b4d525f/CRP_Follow_up_Report_2007.pdf

da regressão múltipla, explorando todas as variáveis para determinar que combinação de fatores melhor explicava os problemas emocionais das crianças. As variáveis mais associadas ao índice baixo da saúde mental das crianças são as seguintes:

1) Infelicidade da criança com o modelo de guarda adotado;
2) Deterioração da relação dos pais com a criança depois da decisão judicial;
3) A criança vivia num sistema de partilha substancial do tempo com os pais;
4) Preocupações de um dos pais com a segurança da criança quando se encontra com o outro progenitor;
5) Alta conflitualidade entre os pais.

As primeiras três variáveis, independentemente umas das outras, só por si, permitem prever resultados negativos para as crianças. As variáveis 4) e 5), quando concorrem com qualquer uma das outras, indicam a probabilidade de baixos resultados para o bem-estar da criança.

O clima emocional em que os tribunais tomaram as decisões de guarda partilhada caraterizou-se pelos seguintes aspectos:

- 28% das crianças chegaram ao tribunal com um sistema de partilha do tempo entre os pais e 46% deixaram o tribunal com um modelo de guarda partilhada (pelo menos 5 noites, de quinze em quinze dias, com cada um dos pais);
- 73% dos pais envolvidos em modelos de guarda partilhada depois da intervenção do tribunal reportaram quase nunca ter cooperado com o outro progenitor;
- 39% dos pais, que adotaram modelos de partilha da parentalidade, reportaram nunca terem sido capazes de proteger os seus filhos do conflito;
- Em quatro casos de guarda partilhada deste estudo, os pais reportaram que nunca tiveram qualquer tipo de contacto um com o outro, sendo as crianças, nestas famílias, a assumir a responsabilidade da transmissão das mensagens entre os pais, no dia-a-dia;
- 70% destas decisões foram tomadas com o acordo de ambos os pais, através do programa piloto do tribunal de família ou dos ser-

viços extrajudiciais de mediação familiar e 30% foram determinadas e impostas pelo Tribunal.

É certo que estes dois estudos apresentam a limitação de se basearem em amostras populacionais relativamente reduzidas. Mas têm aspectos fortes, na medida em que comparam os resultados obtidos para cada um dos pais e para cada criança com a sua própria base de referência. Este método atribui poder estatístico às amostras populacionais pequenas e permite obter informações de vários membros da mesma família.

Os autores declaram que as correlações fortes descobertas entre as taxas de saúde mental dos pais e das mães, e a dos respetivos filhos, e entre as taxas de saúde mental dos pais e os índices de bem-estar das crianças, na perspetiva subjetiva destas, contribuem para a confiança depositada nos resultados do estudo[121].

Um estudo feito na Austrália, em 2009, baseado num inquérito a pais que se separaram depois da reforma legislativa de 2006, utilizou uma amostra populacional muito mais vasta, permitindo obter informações sobre 18.000 crianças, embora tenha a limitação de que as crianças não foram entrevistadas, sendo os dados baseados exclusivamente no relato dos pais[122]. Este inquérito teve como resultado que as crianças que viviam em modelos de guarda partilhada – divisão igual do tempo entre os pais na proporção de 48-52% e casos em que a mãe dispunha de 53 a 65% do tempo e o pai 35 a 47% – estavam tão bem adaptadas como aquelas que conviviam com o pai apenas em valores

---

[121] RICHARD CRISHOLM/JENNIFER MCINTOSH, «Cautionary notes on the shared care of children in conflicted parental separations», 2008, p. 4.

[122] Apesar de este estudo ter a limitação de se basear exclusivamente nos relatos dos pais, sem incluir entrevistas às crianças, os autores indicam que os relatos dos pais e das mães em relação às mesmas crianças tendiam a ser coincidentes, por exemplo, 84% dos pais faziam, em geral, avaliações consistentes da saúde geral dos seus filhos quando comparadas com a avaliação do outro progenitor. Este nível de consistência fornece aos investigadores a confiança de que não houve um discurso tendencioso da parte dos pais e das mães. Cf. KASPIEW et al., *Evaluation of the family law reforms*, ob. cit., 2009, p. 257.

de 1% a 34% das noites[123]. Contudo, o grupo das crianças cujas mães manifestavam preocupação com a segurança dos filhos, quando estes se encontravam junto do pai, tinha um índice de bem-estar mais baixo nos casos de guarda partilhada do que nos casos em que só conviviam com o pai numa proporção de 1 a 34% de pernoitas. Este estudo demonstra também que há uma forte ligação entre a preocupação das mães com a segurança dos filhos e a experiência de violência doméstica antes da separação[124]. Estas descobertas sugerem que os modelos de guarda adotados pelas famílias desempenham um papel secundário e mínimo na explicação das variações no bem-estar das crianças e que produzem efeitos negativos no bem-estar destas, em famílias em que a mãe manifesta preocupações com a segurança da criança e em famílias com história de violência doméstica, problemas de saúde mental do pai ou de dependência de substâncias.

Na verdade, existem tão poucos estudos empíricos sobre os efeitos da guarda partilhada depois do divórcio, que desconsiderar as informações obtidas por estes estudos, ainda que com amostras reduzidas ou outras limitações, significa abandonar o nosso conhecimento à ausência de informação e, portanto, ao risco das especulações e das crenças de cada profissional ou de cada juiz.

As crianças não devem ser objeto de experiências sociais ou judiciais, na falta de base empírica que sustente a conformidade da dupla residência aos interesses das crianças. Em matéria de guarda partilhada após o divórcio, a mediação familiar e o sistema judicial devem ter uma grande prudência, pois a criança tem direito a um «princípio de precaução»[125]. Todas as soluções que se distanciem das necessidades emocionais das crianças, em função da sua idade e estádio e desenvolvimento, para realizarem os direitos dos pais ou uma «igualdade parental», são portadoras de riscos, desnecessários e evitáveis para o desenvolvimento das crianças.

---

[123] *Ibidem*, pp. 259 e 267.
[124] *Ibidem*, p. 273.
[125] Cf. MAURICE BERGER, «Le bébé et la garde alternée, le droit d'hébrgement du pére concernant um bébé», *Dialogue*, 2002, nº 155, p. 90.

7.1. A reforma de 2011 do direito da família australiano

O Governo da Austrália, perante os graves problemas gerados pela reforma de 2006, e após a análise de vários relatórios sobre a forma como o sistema de direito da família se ocupava da violência familiar, alterou o *Family Law Act 1975*, de forma a dar prioridade, nas decisões de guarda e de visita, à segurança das crianças nos casos de violência ou de abuso. O projeto lei designado por *Family law Amendment (Family Violence) Bill 2010* deu origem a uma nova lei – *Family Law legislation Amendment (Family Violence and Other Measures) Act 2011*.

Esta lei centraliza os objetivos da regulação das responsabilidades parentais numa ideia de prevenção de danos às crianças, sem deixar de apoiar o conceito de guarda partilhada, nos casos em que as crianças estejam seguras e protegidas.

As principais alterações introduzidas foram as seguintes:

1 – Prioridade da segurança das crianças em questões de parentalidade;
2 – Mudança dos conceitos de «abuso» e de «violência familiar» para melhor captar o comportamento abusivo ou violento;
3 – Fortalecimento dos deveres dos profissionais que lidam com as famílias, exigindo-lhes que deem prioridade à segurança das crianças;
4 – Assegurar que os tribunais tenham um melhor acesso à prova do abuso e da violência familiar, através da melhoria dos relatórios exigidos relativamente aos episódios de violência ou de abuso;
5 – Facilitação da participação das comissões de proteção de crianças e jovens nos processos judiciais de regulação das responsabilidades parentais, quando adequado.

Segundo esta lei, para avaliar o conceito de interesse da criança, é necessário ter em conta, dois fatores fundamentais: 1 – O benefício, para a criança, de ter uma relação significativa com ambos os pais; 2 – A necessidade de proteger as crianças do dano físico ou psíquico de estarem expostas a situações de abuso, negligência ou violência familiar.

Quando haja uma divergência entre a aplicação destas duas considerações primárias, os tribunais têm de fazer prevalecer a regra da proteção da criança sobre a regra da relação significativa da criança com cada um dos pais.

Os critérios legais a ter em conta para determinar o interesse da criança incluem a opinião das crianças, cuja relevância o tribunal faz depender da sua maturidade e do nível de conhecimento destas, bem como questão de saber se existe violência familiar sobre a criança ou um membro da sua família e se foi apresentada queixa de violência familiar ou se foi aplicada alguma medida provisória de coação ou de proteção noutros processos. A lei não exige uma sentença de condenação para que a violência familiar seja ponderada nas decisões de guarda e de visita.

Nos critérios para decidir a guarda da criança, tem-se em conta também o comportamento passado dos pais na prestação de cuidados, no tempo dispendido em convívio com os filhos, na colaboração nas decisões importantes a tomar e na assunção de responsabilidades financeiras pelos filhos.

A chamada *"Friendly Parent Provision"* e a imposição de sanções pecuniárias em caso de alegações não provadas de violência foram revogadas pois funcionavam como um desincentivo para as vítimas revelarem a violência ou o abuso aos tribunais de família, por medo de serem consideradas progenitoras não colaborantes com o outro e perderem a guarda dos filhos e por falta de recursos económicos para pagarem as custas dos processos e multas.

Constatando-se que as vítimas e seus familiares, bem como os profissionais que com elas lidam, são relutantes em denunciar a violência, a lei impõe um papel proativo aos tribunais de família na detecção das situações de violência e de abuso. Os tribunais têm a obrigação de questionar as partes sobre a existência de violência familiar ou de abuso, perguntando expressamente a cada uma das partes se considera que a criança está ou esteve em risco de sofrer ou de estar exposta a abuso, negligência ou violência familiar, e se considera que a própria parte também esteve ou está sujeita a violência.

Exige-se às partes que denunciem a violência familiar, apresentando ao tribunal uma notificação de abuso infantil ou de violência familiar.

Uma vez informado, o tribunal estará obrigado a atuar com rapidez, para assegurar que estes se assuntos se tratem com agilidade.

A lei impõe também aos profissionais (advogados, mediadores familiares, psicólogos, terapeutas da família) deveres de denúncia das situações de violência e de abuso aos organismos estatais e territoriais competentes, desde que tenham um base razoável ou indícios fundamentados para suspeitar que uma criança foi maltratada, abusada ou exposta a condutas que a lesam psicologicamente, ou está em risco de sê-lo.

Uma importante inovação da lei de 2011 é a relevância da exposição da criança à violência familiar como critério para decidir o interesse da criança nas decisões de guarda e de visita. A lei, para além de definir em sentido muito amplo os conceitos de violência familiar e de abuso, define o que se entende por exposição da criança à violência dirigida contra outro membro da família. Este termo significa que a criança vê ou ouve ou, de outra forma, experimenta os efeitos da violência familiar, e a lei providencia uma enumeração não exaustiva de situações em que se considera que a criança está exposta à violência familiar:

> «a) Ouvir ameaças de morte ou injúrias por um membro da família da criança em relação a outra pessoa membro da mesma família;
>
> b) Ver ou ouvir uma agressão de um membro da família da criança contra outro;
>
> c) Providenciar assistência a um membro da família da criança que foi agredio por outro membro da família;
>
> d) Limpar o sítio em que um membro da família intencionalmente destruiu ou danificou a propriedade de outro membro da família;
>
> e) Estar presente quando a polícia ou a ambulância atende um dos membros da família após um incidente de violência provocado pelo outro membro da família».

Estas mudanças legislativas têm um carácter inovador, ou mesmo revolucionário, na medida em que impõem ao sistema de mediação familiar e aos tribunais uma atitude proativa na detecção das situações de violência, considerando que este fenómeno é muito frequente nas famílias em processo de divórcio. Têm, também, a virtude a aceitar os dados científicos, de acordo com os quais a criança exposta à violência familiar sofre traumas psicológicos, mentais e comportamentais que desqualificam o autor da violência para assumir a guarda dos filhos e que fundamentam restrições ao direito ao convívio daquele com as crianças.

8. A reforma de 2011 no Canadá

Evolução semelhante se processou no Canadá, em 2011, com alterações ao *Family Law Act*, que, no seu art. 37 (2), consagram como critério de determinação do conceito de interesse da criança, entre outros, os seguintes fatores: o impacto de qualquer tipo de violência familiar na segurança, proteção ou bem-estar da criança, quer a violência se dirija contra a criança, quer contra outro membro da família; se as ações da pessoa responsável pela violência familiar implicam que a pessoa pode ver-se afetada na capacidade de cuidar da criança e de satisfazer as suas necessidades; a idoneidade de um acordo que exija cooperação entre os pais nos assuntos que afetam a criança, se requerer a cooperação aumenta o risco para a segurança, a proteção, ou o bem-estar da criança ou de outros membros da família; qualquer processo civil ou penal relevante para a segurança da criança, para a sua proteção ou bem-estar.

A lei reconhece a frequência da violência familiar, e centraliza, como a legislação australiana, as decisões de guarda e de visita na segurança das crianças, valor que prevalece sobre o benefício da relação com ambos os progenitores.

As considerações da lei sobre a violência familiar são muito mais detalhadas do que a lei anterior e reconhecem o impacto no bem-estar da criança da exposição desta à violência familiar. A lei questiona também o mito de que um agressor pode ser um bom pai, ao solicitar uma avaliação da sua capacidade parental para cuidar da criança.

O artigo 38 estipula que o tribunal para o efeito de avaliar a violência familiar, nos termos do art. 37 (2), deve ter em conta o seguinte:

«A) A natureza e a gravidade da violência familiar;
B) Duração no tempo da violência familiar;
C) A frequência da violência familiar;

D) Se qualquer abuso psicológico ou emocional constitui ou demonstra um padrão de conduta coativo e de controlo dirigido a um membro da família;

E) Se a violência familiar se dirigiu contra a criança;

F) Se a criança esteve exposta a violência familiar não dirigida diretamente contra si;

G) O dano para a segurança, proteção, e bem-estar físico e psíquico e emocional da criança provocado pela violência familiar;

H) Qualquer medida que a pessoa responsável pela violência familiar tenha tomado para impedir que essa violência se produzisse de novo;

I) Qualquer outro assunto pertinente».

A reforma não prevê qualquer presunção de guarda partilhada nem qualquer presunção de que é melhor para a criança uma divisão igual do tempo entre os pais.

Relativamente aos processos de incumprimento do regime de visitas, para prevenir conflitos e não sujeitar indiscriminadamente as crianças a regimes forçados de convívio com o outro progenitor, e as mães a pagamento de multas, a lei (art. 62º) vem consagrar que a negação de tempo e convívio ao progenitor não residente não é ilícita nos seguintes casos:

«A) O progenitor residente razoavelmente crê que a criança pode sofrer violência familiar durante as visitas;

B) O progenitor residente razoavelmente crê que o outro progenitor estava afastado por drogas ou álcool no momento em que ia ser exercido o tempo de convívio;

C) A criança sofria de uma enfermidade no momento do exercício do direito de visita, e o progenitor residente apresenta declaração médica que indica não ser apropriado o exercício do direito de visita;

D) No período de 12 meses antes da negação da visita, o titular incumpriu o mesmo em diversas ocasiões e sem prévio aviso nem justificação razoável;

E) O progenitor não residente
   1) informou o progenitor residente, antes do momento da vista, de que não ia exercer o direito ao convívio;
   2) depois do qual não avisou adequadamente o progenitor residente de que pretendia exercer o tempo de convívio com a criança.

F) Outras circunstâncias, que o tribunal considere suficiente justificação para a negação».

A introdução destas causas de exclusão da ilicitude do incumprimento seria também muito importante no direito português, pois nem sempre os tribunais têm a sensatez de considerar estes fatores como causas de exclusão da ilicitude do incumprimento, devido à generalização do discurso diabolizador da mãe que tem a guarda dos filhos. Estas causas significam a constatação, pelo poder legislativo, de que os processos de incumprimento, alegadamente devidos a caprichos das mães ou a manipulações destas sobre os filhos, na verdade, assentam, segundo regras de experiência, em problemas comportamentais do progenitor não residente, em relação aos quais as mães reagem com preocupação pela segurança dos seus filhos. Mesmo que estas preocupações sejam excessivas ou infundadas, quando têm uma base objetiva, permitem excluir a ilicitude e a culpa do incumprimento.

9. Investigação científica norte-americana sobre a guarda conjunta e a guarda partilhada

Os primeiros estudos sobre guarda conjunta física (*joint physical custody*) ou partilhada (*shared custody*), nos EUA, incidiram sobre amostras populacionais muito reduzidas, não distinguiam se o sistema adotado pelas famílias estudadas era de o guarda conjunta física ou se também estavam abrangidos casos de guarda conjunta legal, sem alternância de residência, nem foram objeto de *peer-review*[126]. O método de seleção dos pais também não permitia amostras representativas da população, pois tratava-se de grupos de pais que se propunham para o estudo, e que, portanto, se situavam entre os pais mais preocupados com os filhos e que tinham adotado a guarda partilhada por acordo. Em consequência, estes estudos apenas indicam que a guarda conjunta física ou alternada pode ter efeitos positivos para os pais e para algumas das crianças,

---

[126] Cf. STEPHEN GILMORE, «Shared Parenting: The Law and the Evidence», *ob. cit.*, p. 25.

quando escolhida voluntariamente por aqueles, mas os seus resultados não são generalizáveis a toda a população, nem deles se podem retirar conclusões relativamente à guarda partilhada imposta por decisão judicial ou presumida pela lei.

De entre os primeiros estudos norte-americanos sobre a guarda partilhada, destacamos o de ABARNABEL[127]. Este estudo debruçou-se sobre os efeitos do divórcio em crianças de quatro famílias, cujos pais dividiam o tempo passado com a criança numa proporção que variava entre os 50-60% e os 67-73%, e o método usado foi o da entrevista aos pais e às crianças, em separado, e aos professores. Este estudo concluiu que as crianças estavam bem adaptadas e que não tinham problemas de comportamento, assinalando como os fatores mais importantes do sucesso da guarda partilhada, o compromisso e o apoio mútuo dos pais, a flexibilidade na partilha de responsabilidades e o acordo relativamente às regras de funcionamento do sistema.

Outro estudo com resultados otimistas em relação à guarda conjunta física foi o realizado por CONSTANCE AHRONS, em 1980[128]. As famílias foram selecionadas através dos registos dos tribunais e praticavam modelos de divisão do tempo variáveis, constituindo aquelas que dividiam o tempo de acordo com critérios de igualdade uma minoria. A autora entrevistou 41 pais divorciados, que educavam os seus filhos num sistema de guarda conjunta voluntária, um ano após o divórcio, e concluiu que 84% dos pais estavam satisfeitos com a guarda conjunta, conseguindo manter entre si uma boa relação.

LUEPNIZ realizou um estudo, em relação a 43 famílias em guarda maternal, paternal e em guarda conjunta, em média, 3 anos e meio após

---

[127] Cf. ALICE ABARNABEL, «Shared parenting after separation and divorce: a study of joint custody, *Journal of Orthopsychiatry*, April 1979, reproduzido in *Joint Custody, A Handbook for Judges, Lawyers and Counselors*, The Association of Family Conciliation Courts, 1979, p. C 12.

[128] Cf. CONSTANCE AHRONS, «Joint Custody Arrangements in the Postdivorce Family», *Journal of Divorce*, Vol. 3, 1980, pp. 189 e ss.

o divórcio[129]. Este estudo produziu resultados favoráveis à guarda conjunta quanto aos níveis de conflito: nenhuma família em guarda conjunta entrou em litígio, enquanto tal aconteceu em 56% das famílias em guarda única. Relativamente ao bem-estar das crianças, os resultados deste estudo indicam que a maioria das 91 crianças observadas não estava mal adaptada, que a sua adaptação é independente da forma de guarda e que as crianças de famílias com alto grau de conflitualidade entre os pais apresentam mais problemas psicossomáticos e comportamentais. Este estudo indicou que as crianças em guarda conjunta tinham contacto regular com ambos os pais, enquanto 50% das crianças em guarda única nunca viam o progenitor não residente, e que os pais em guarda conjunta cumprem mais a obrigação de alimentos.

Estudos levados a cabo por MACCOBY/DEPNER/MNOOKIN, em 1990, descrevem o tipo e o grau de parentalidade mantido por um grupo de cerca de mil famílias, com filhos menores de 16 anos, através de três entrevistas aos pais realizadas em três momentos: a primeira entrevista foi feita uns escassos meses após a seleção das famílias, cerca de seis meses após a separação; a segunda entrevista foi feita um ano após a primeira (18 meses após a separação dos pais); a terceira entrevista foi feita cerca de três anos após a primeira[130]. A amostra das famílias foi obtida através de registos judiciais dos processos de divórcio em duas jurisdições da California. As entrevistas aos pais foram feitas por telefone ou através de inquéritos enviados pelo correio, sendo conduzidas, apenas, uma minoria pelos investigadores, face a face, no escritório. As crianças não foram questionadas nem ouvidas, pois o objetivo do estudo não era o funcionamento psíquico da criança após o divórcio.

---

[129] DEBORAH ANNA LUEPNITZ, «A Comparison of Maternal, Paternal and Joint Custody: Understanding the Varieties of Post-Divorce Family Life», *Journal of Divorce*, vol. 9, 1983, pp. 1 e ss.
[130] Cf. ELEANOR MACCOBY/CHARLENE DEPNER/ROBERT MNOOKIN, «Coparenting in the Second Year After Divorce», *Journal of Marriage & the Family*, 1990, Vol. 52, nº 1, pp. 141--155.

Estes dois elementos (a falta de entrevistas personalizadas aos pais e a não audição das crianças) introduzem limitações na fiabilidade dos resultados.

Os autores compararam três padrões de guarda – residência da criança com a mãe, com o pai e dupla residência – e concluem que, nos casos de dupla residência, os progenitores comunicam mais um com o outro e o nível de cooperação é mais elevado do que as famílias que vivem em guarda única. Contudo, os pais que têm guarda partilhada não experimentam menos discórdias do que os outros. A prevalência dos fatores de conflito é tão grande como nos casos em que a criança reside só com um dos pais. Segundo os autores, o facto de os pais partilharem o direito de residir com a criança não aumenta nem modera o nível de conflitualidade. O montante do conflito está relacionado, não com a forma de guarda, mas com a intensidade da hostilidade existente entre os pais num momento anterior.

Em sentido contrário aos resultados deste estudo quanto aos níveis de conflitualidade dos pais, PHEAR ET AL.[131], que estudaram 500 famílias selecionadas pelo recurso a registos dos tribunais, indicam que, apesar de não haver diferença na taxa de relitigação entre os pais em guarda conjunta e os pais em guarda única, após verificada a primeira relitigação, os pais em guarda conjunta recorrem ao tribunal com mais frequência para discutir questões da educação dos filhos ou procurar uma modificação da guarda. Note-se que 90% de todos os casos de guarda conjunta abrangidos no estudo envolviam apenas uma guarda conjunta legal. Concluíram, assim, os autores que a guarda conjunta, quando comparada com a guarda única, não promove mais cooperação entre os pais e provoca mais disputas sobre questões educacionais.

Na mesma época, o estudo de STEINMAN, publicado em 1981[132], teve resultados negativos para as crianças a viver em modelos de guarda con-

---

[131] Cf. PHEAR/BECK/HAUSER/CLLARCK/WHITNEY, «An Empirical Study of Custody Agreements: Joint *versus* Sole Custody», *The Journal of Psychiatry and Law*, 1983, p. 436.
[132] Cf. SUSAN STEINMAN, «The Experience of Children in a Joint Custody Arrangement: A Report of a Study», *American Journal of Orthopsychiatry*, vol. 51, nº 3, 1981, pp. 403 e ss.

junta ou partilhada acordada pelos pais. Este estudo utilizou o método da entrevista aos pais e às crianças. Apesar de ter obtido resultados positivos em relação ao grau de satisfação dos pais, descobriu que um terço das 32 crianças observadas se sentia sobrecarregada pela exigência de manter uma presença assídua em duas casas. Os problemas das crianças estavam ligados à consciência das diferenças entre as duas casas, a conflitos de lealdade, a confusão gerada pelas mudanças de casa, à distância geográfica e às fantasias de reconciliação dos pais[133]. A autora concluiu que dividir o tempo entre duas casas faz consideráveis exigências às crianças e recomenda que cada criança, quando esteja em causa uma decisão de partilha do tempo, seja individualmente avaliada quanto à sua capacidade para suportar a alternância de residência e quanto ao seu bem-estar emocional[134].

STEINMAN, ZEMMELMAN e KNOBLAUCH estudaram 48 famílias com guarda conjunta, comparando a guarda partilhada imposta com a guarda partilhada voluntária[135]. O método utilizado foi o da entrevista aos pais, às crianças e aos professores destas. As entrevistas foram feitas no princípio do estudo e duas vezes mais tarde, com intervalos de seis meses, após os pais terem começado a receber os serviços de educação, conselho e mediação de disputas providenciado pelo *Joint Custody Project*, entidade responsável pelo estudo.

As famílias foram divididas, de acordo com determinados critérios[136], em três grupos: o grupo bem sucedido; o grupo afetado por *stress*; o grupo que fracassou na manutenção do acordo. 27% das famí-

---

[133] *Ibidem*, pp. 408-413.
[134] *Ibidem*, p. 414.
[135] Cf. SUSAN STEINMAN/STEVEN ZEMMELMAN/THOMAS KNOBLAUCH, «A Study of Parents Who Sought Joint Custody Following Divorce: Who Reaches Agreement and Sustains Joint Custody and Who Returns to Court», *American Academy Child Psychiatry*, 1985, vol. 24, p. 554.
[136] Esses critérios foram os seguintes: 1) capacidade dos pais para atingir um acordo sobre a guarda; 2) manutenção do acordo um ano depois; 3) satisfação dos pais com a guarda conjunta; 4) capacidade de cooperação dos pais e de tomar decisões em conjunto; 5) nível de conflito e de hostilidade entre os pais.

lias pertencem ao primeiro grupo e 73% aos dois restantes. O grupo que não conseguiu manter a guarda conjunta foi aquele em que a percentagem de guarda conjunta imposta pelo tribunal foi mais elevada. Os autores concluíram que os fatores principais para o sucesso da guarda partilhada são o compromisso dos pais relativamente ao conceito de guarda conjunta ou partilhada e a cooperação entre estes, ou, pelo menos, o controlo das emoções negativas em relação um ao outro.

Outro estudo relevante para o conhecimento dos fatores que afetam o bem-estar das crianças é o de JOHNSTON, KLINE e TSCHANE, que incidiu sobre 100 famílias em disputa pela guarda dos filhos, em que a guarda, conjunta ou única, foi imposta por decisão judicial[137]. Os autores concluíram que o acesso frequente das crianças a ambos os pais estava associado a problemas comportamentais e emocionais das crianças, independentemente do nível de agressão entre os pais. As crianças que exercem, com maior frequência, o direito de visita e efetuam mais mudanças apresentam maior probabilidade de serem clinicamente perturbadas, revelando indícios de depressão, incapacidade de comunicação e sintomas de doença psicossomática, com tendência para a agressividade e o isolamento. Concluem, portanto, que é contra-indicado recomendar ou decidir a guarda partilhada ou um exercício frequente do direito de visita em famílias em litígio, incapazes de resolver os seus problemas com o auxílio dos serviços de mediação.

Os resultados de uma investigação conduzida por KLINE, TSCHANN, JONHSTON e WALERSTEIN, que incidiu sobre 93 crianças, de idade compreendida entre os 3 e os 14 anos, entrevistadas no momento do divórcio, um ano e dois anos mais tarde, indicam que as crianças em guarda conjunta, apesar de manterem uma relação mais estreita com ambos os pais, não mostram nem menos perturbações nem melhor adaptação

---

[137] Cf. JOHNSTON/KLINE/TSCHANE, «Ongoing Postdivorce Conflict: Effects on Children of Joint Custody and Frequent Access», *American Journal of Orthopsychiatry*, 2009, vol. 59, nº 4, pp. 576-592.

social do que as que vivem em guarda única[138]. A guarda conjunta, concluem as autoras, não minimiza o impacto negativo do divórcio nas crianças. A forma de guarda exerce uma influência mínima na adaptação psicológica da criança. Outros fatores pesam mais: a ansiedade ou depressão da mãe, o funcionamento emocional dos pais na separação, o grau de conflito entre os pais, a idade e o sexo da criança, e o seu temperamento[139].

A investigação sobre os filhos de pais divorciados conduzida por JUDITH WALLERSTEIN, na California, de que descrevemos alguns trabalhos, assumiu um carácter longitudinal e usou o método da entrevista às crianças, tendo incidido sobre 131 crianças e adolescentes, no momento da separação dos pais, em 1971, tendo-se repetido as entrevistas um ano, cinco e dez anos após o divórcio, e, por último, vinte e cinco anos após o divórcio[140].

De acordo com os resultados desta investigação, não há fundamento empírico para que o legislador considere a guarda conjunta física ou a guarda partilhada um interesse público, que possa fundamentar que a figura se transforme num modelo preferido ou numa presunção legal[141]. O estudo indica também, como aliás muitos outros, que não é aconselhável que os tribunais imponham a guarda conjunta física nas famílias em conflito[142]. Apesar de as autoras, na análise dos resultados da investigação efetuada dez anos após o divórcio, admitirem a possibilidade de a guarda conjunta física poder, eventualmente, trazer vantagens para os filhos de pais divorciados a longo prazo, mantêm, no

---

[138] Cf. M. KLINE/J. M. TSCHANN/J. R. JOHNSTON/J. WALLERSTEIN, «Children's Adjustment in Joint and Sole Physical Custody Families», *Developmental Psychology*, 1989, Vol. 25, nº 3, pp. 430-438.
[139] *Ibidem*, p. 437.
[140] Cf. WALLERSTEIN/KELLY, *Surviving the Breakup, How Children and Parents Cope With Divorce*, Basic Books, 1980; WALLERSTEIN/BLAKELEE, *Second Chances, Men, Women and Children a Decade After Divorce*, New York, 1989; WALLERSTEIN/LEWIS/BLAKELEE, *The Unexpected Legacy of Divorce, A 25 Year Landmark Study*, Fusion Press, London, 2002.
[141] WALLERSTEIN/BLAKELEE, *Second Chances*, ob. cit., p. 258.
[142] *Ibidem*, pp. 272-273.

estudo feito vinte e cinco anos após o divórcio, a mesma conclusão dos estudos anteriores, segundo a qual não há base empírica para que a guarda conjunta física seja uma presunção legal[143]. Entendem, também, com base nos resultados da investigação, que a alternância de residência, em famílias em que os pais mantêm um nível elevado de conflitualidade, consiste numa solução altamente prejudicial à saúde física e mental das crianças, com a agravante de que é precisamente nas famílias mais conflituosas que os juízes e mediadores familiares mais aplicam esta solução[144].

As autoras aceitam, contudo, a guarda conjunta física, nos casos de acordo dos pais, mas afirmam que a sua execução não é fácil: exige que ambos pais sejam capazes de manter um compromisso ao longo do tempo e de criar para os filhos uma zona livre de conflitos, dando prioridade à capacidade de adaptação da criança e à sua necessidade de rotinas uniformes[145]. É necessário que os pais, mediadores familiares e tribunais tenham em conta que a guarda conjunta física é uma situação muito exigente para as crianças e que nem todas têm a flexibilidade necessária para mudar constantemente de casa e para se adaptarem a ambientes diferentes. A transição entre duas casas pode reforçar a ansiedade da criança em relação à constância dos lugares e à confiança nas pessoas. O temperamento básico da criança é o principal fator que contribui para a sua adaptação.

Na última fase do estudo, 25 anos após o divórcio, a investigação descobriu que os filhos de pais divorciados, qualquer que seja a forma de guarda e o grau de cooperação dos pais, revelam os mesmos problemas: dificuldade de compromisso nas relações afetivas com outros adultos,

---

[143] WALLERSTEIN/LEWIS/BLAKELEE, *The Unexpected Legacy of Divorce*, ob. cit., p. 172.
[144] *Ibidem*, p. 172. Neste sentido, veja-se também o estudo de MNOOKIN/ MACCOBY, *Dividing the child: Social and legal dilemmas of custody*, ob. cit., p. 273, indicando que a alternância de residência tem sido utilizada por mediadores familiares norte-americanos, como uma forma de atingir acordos entre pais em conflito, e por juízes, para evitar a escolha de um dos pais nos casos mais difíceis e conflituosos.
[145] Cf. WALLERSTEIN/LEWIS/BLAKELEE, *The Unexpected Legacy of Divorce*, ob. cit., p. 172.

por medo de rejeição, traição, fracasso ou perda repentina[146]. As autoras apontam a idade adulta, ou seja, a fase da vida caraterizada pela procura de afeto, intimidade sexual e compromisso, como aquela em que os filhos de pais divorciados sofrem mais, sofrimento que só com muita coragem, luta e persistência pode ser ultrapassado[147].

Outro estudo elaborado por MARYGOLD S. MELLI/PATRICIA R. BROWN[148], no Estado de Wisconsin, e publicado em 2008, comparou uma amostra casual de 590 pais divorciados em guarda partilhada com outra amostra de 590 casos de guarda única maternal, no que diz respeito a três fatores: 1) Caraterísticas sociais das famílias: educação, ocupações, rendimento e composição da família; 2) Condições de vida das famílias: estabilidade e adequação da casa de morada de família; a formação de uma nova família; horários de trabalho e soluções para o cuidado das crianças; saúde dos pais e dos filhos; 3) Relações familiares e contacto do pai com os filhos, relações entre os pais e divergências entre estes.

O estudo concluiu que as consequências da forma de guarda e as caraterísticas destas famílias não diferem substancialmente, e alerta para os riscos de uma imposição ou recomendação da guarda partilhada como uma presunção legal depois do divórcio, concluindo, também, que a lei não tem influência nos papéis de género adotados pelos pais.

9.1. O relatório do Estado de Washington

Em 1998, o Estado de Washington, o Supremo Tribunal, a Comissão de Justiça e Género e a Comissão de Relações Familiares decidiram organizar um estudo sobre o impacto do «Parenting Act» do Estado de Washington[149]. Este estudo incluiu uma pesquisa bibliográfica e uma

---

[146] *Ibidem*, pp. 234 e ss.
[147] *Ibidem*, p. 235.
[148] Cf. MARYGOLD S. MELLI/PATRICIA R. BROWN, «Exploring a new family form – The shared time family», *International Journal of Law, Policy and the Family*, vol. 22, 2008, pp. 231-269.
[149] Cf. DIANA N. LYE, Ph.D., *What the Experts Say: Scholarly Research on Post-Divorce Parenting and Child Well-Being, Report to the Washington State Gender and Justice Commission and Domestic*

análise global dos artigos publicados a partir de 1985, sujeitos a *peer review*, e que incluíssem uma avaliação direta da parentalidade pós--divórcio (tempo passado pela criança nas residências de cada um dos pais, tempo passado com o progenitor não residente e que tipo de atividades estes progenitores fazem com os filhos) e do bem-estar das crianças (avaliação do funcionamento psicológico, emocional e social das crianças, saúde, capacidade cognitiva, resultados escolares, problemas de comportamento, gravidez na adolescência, etc.). Os estudos utilizados no relatório foram selecionados com base na representatividade da amostra, no carácter longitudinal e prospetivo do estudo, no uso de variáveis de controlo (caraterísticas dos pais, bem estar psicológico destes, idade, etnia, educação, rendimento, idade dos pais aquando da celebração do casamento, caraterísticas das crianças, como idade e género, e o bem-estar das crianças antes do divórcio) e de técnicas estatísticas apropriadas.

Uma das questões colocadas pela Comissão de Justiça e de Género e pela Comissão das Relações Familiares, e que serviu de ponto de partida para a investigação, estava relacionada com o impacto da chamada guarda alternada ou partilhada (*shared parenting*) no bem-estar das crianças: a guarda partilhada melhora o bem-estar das crianças no período pós-divórcio em relação às crianças que vivem noutros modelos de guarda?

A esta questão, que também se coloca já hoje aos tribunais portugueses, aos serviços de mediação familiar e a outros profissionais que lidam com as famílias, respondeu estes relatório, após revisão da literatura relevante sobre o tema, que a investigação científica não aponta nenhum modelo de guarda em particular como mais benéfico

---

Relations Comission, June 1999, disponível para consulta *in* http://www.google.pt/url?sa=t&rct=j&q=&esrc=s&frm=1&source=web&cd=1&ved=0CDAQFjAA&url=http%3A%2F%2Fwww.thelizlibrary.org%2Fliz%2Fchap4.doc&ei=PS7MUt3YFofW7QbNloGIDg&usg=AFQjCNFTKWeLWlaTCAxeKzdgiuA6fqOJHA&sig2=WHsmuKjuWbppQLjV2CfBFw.

para as crianças. Estes estudos não fornecem apoio ao ponto de vista, segundo o qual, níveis mais elevados de contacto das crianças com o progenitor não residente são automaticamente, ou sempre, vantajosos para a criança. Contudo, a ponderação dos resultados da investigação também não sugere que, na ausência de conflito parental, altos níveis de contacto com o progenitor não residente sejam prejudiciais à criança.

O relatório esclarece que os estudos que concluem pela existência de benefícios para as crianças decorrentes da guarda física partilhada não podem servir de base a qualquer preferência legal pelo modelo da guarda conjunta física ou alternada, pois as amostras utilizadas são pequenas e não representativas, e não foram usados fatores de controlo para a seleção das famílias, enquanto os estudos que não descobrem diferenças no bem-estar das crianças nas famílias em guarda conjunta física e noutros modelos de guarda utilizaram amostras mais amplas, representativas da população em geral, e fatores de controlo, sendo, portanto, os seus resultados mais fiáveis e generalizáveis à população.

Da análise global destes estudos resulta que o conflito parental é a maior fonte de diminuição do bem-estar das crianças após o divórcio. A investigação indica que a guarda conjunta física tem consequências adversas para as crianças que presenciam situações altamente conflituosas entre os pais. Os estudos analisados indicam, também, que a guarda conjunta física e o contacto frequente com o progenitor não residente não promovem a cooperação entre os progenitores.

Verificou-se, contudo, que o envolvimento do progenitor não residente na vida dos filhos pode promover o bem-estar da criança, na medida em que faça aumentar o montante da pensão de alimentos. Mas esta conclusão só é verdadeira, se as decisões judiciais de determinação do montante da pensão não admitirem exclusão da pensão ou redução do seu montante em função do tempo de residência com o pai, e se o envolvimento do progenitor não residente não expuser as crianças a um conflito parental contínuo.

A análise das investigações levadas a cabo com famílias após o divórcio indica que o conflito dos pais é a principal causa da diminuição do bem-estar das crianças e que os fatores mais importantes para determinar o seu bem-estar são um **rendimento familiar adequado** às suas necessidades e o **bem-estar psicológico do progenitor residente**, não desempenhando a quantidade do contacto com o progenitor não residente um papel relevante na medição do bem-estar da criança. Também, nesta questão, havia estudos com resultados divergentes, mas o relatório nota que os estudos, que concluem por resultados benéficos para o bem-estar da criança decorrente da quantidade do contacto com o progenitor não residente, usavam uma amostra pequena, não tinham fatores de controlo e não tinham um carácter longitudinal, isto é, recolhiam os dados por referência a um único momento no tempo, não permitindo a identificação de relações de causalidade entre os factos e os efeitos, e não captando a natureza dinâmica das relações familiares e do processo de desenvolvimento das crianças. De entre os estudos que demonstraram a existência de uma relação entre o aumento do contacto com o pai e a melhoria do bem-estar da criança, o mais importante foi o de GUIDLABALDI ET AL. 1987[150]. Este estudo, que concluiu por um impacto positivo do envolvimento do progenitor não residente na saúde mental da criança, usou uma amostra representativa e teve um desenho longitudinal, contudo, apresenta também limitações que comprometem a fiabilidade dos resultados, pois utilizou variáveis de controlo limitadas para os fatores que podem ter influenciado o envolvimento do pai e a saúde mental das crianças. Funcionam como elementos que limitam a fiabilidade do resultado do estudo dois aspectos: o facto de a saúde mental ser uma das áreas em que as diferenças entre os filhos de pais divorciados e os filhos de pais que vivem juntos (união de facto ou casamento) são mais peque-

---

[150] Cf. GUIDABALDI, J., J. D. PERRY, and B. K. NASTASI, 1987, «Growing up in a divorced family: Initial and long term perspectives on children's adjustment», *Applied Social Psychology Annual*, Vol. 7: *Family Processes and Problems,* edited by S. Oskamp. Newbury Park, CA: Sage, *apud* DIANA N. LYE, Ph.D., «What the Experts Say: Scholarly Research on Post--Divorce Parenting and Child Well-Being», 1999, p. 15.

nas e o facto de uma amostra muito ampla poder resultar numa descoberta "significativa" casual[151].

Os estudos que concluem pela ausência de efeitos da quantidade do convívio e do envolvimento do progenitor não residente no bem-estar das crianças usam amostras amplas, de representatividade nacional, têm um desenho longitudinal, isto é, seguem a família ao longo do tempo, registando a evolução da parentalidade e do bem-estar da criança, e permitem o estabelecimento de relações de causalidade, incluem fatores de controlo apropriados, fazem um bom uso das metodologias e têm múltiplas medidas do bem-estar da criança, incluindo problemas de comportamento, capacidade cognitiva, comportamento na escola e sucesso escolar, e bem-estar psicológico[152]. Para além destes estudos, existem outros que demonstram que o nível elevado do envolvimento do pai, na vida dos filhos após o divórcio, prejudica o bem-estar destes[153]. O primeiro reporta uma redução do bem-estar emocional das crianças que têm contacto frequente com o progenitor não residente, usando uma amostra nacional representativa, um desenho longitudinal e variáveis de controlo apropriadas. Contudo, o facto de usar uma amostra ampla pode ter como resultado uma descoberta significativa casual. O segundo estudo conclui pela existência de problemas emocionais e comportamentais para as crianças que têm contacto frequente com o progenitor não residente, mas estes resultados apenas são válidos para as famílias em conflito, pois a amostra populacional em que se baseou era reduzida, não era representativa da população em geral e incluía apenas famílias altamente conflituosas.

---

[151] Cf. DIANA N. LYE, Ph.D., «What the Experts Say: Scholarly Research on Post-Divorce Parenting and Child Well-Being», 1999, p. 15, a propósito do estudo de Guidlabaldi et al. de 1987, que concluiu que o maior envolvimento do pai está associado com melhor saúde mental das crianças.

[152] Cf. ARGYS et al. 1998; FURSTENBERG et al. 1987; KING 1994 a,b, *apud* DIANA N. LYE, Ph.D, *ob. cit.*, p. 15.

[153] Cf. BAYDAR 1988 e JOHNSTON 1989, *apud* DIANA N. LYE, Ph.D, *ob. cit.*, p. 16.

Tendo em conta o nível de conflito parental e a regularidade do pagamento da obrigação de alimentos, a análise destes estudos permite concluir o seguinte: um nível elevado de relação com o progenitor não residente é benéfico para a criança em famílias com reduzida conflitualidade[154], mas negativo nas famílias altamente conflituosas (Buchanan et al. 1991, 1996)[155].

O padrão mais comum de relação entre pais divorciados é um padrão de distanciamento recíproco, em que os progenitores mantêm o mínimo de contacto possível um com o outro, incluindo muito pouca comunicação sobre a educação dos filhos. Este estilo distante e não comprometido, na relação entre ex-cônjuges ou ex-companheiros, não permite sustentar a tese, tão comum nas crenças sociais e nas convicções dos tribunais, de que a residência dupla e o contacto frequente da criança com o progenitor não residente é a melhor solução para as crianças. Pelo contrário, a investigação científica demonstra que nestas famílias, em que os pais não comunicam nem cooperam, a residência alternada e o contacto frequente da criança com ambos os pais reduzem o bem-estar entre os adolescentes[156].

Quanto à relação entre o nível de contacto e de envolvimento do progenitor não residente e o cumprimento da pensão de alimentos, todos os investigadores que estudaram esta relação concluíram que os pais que veem mais os seus filhos e participam de forma mais ativa na sua vida apresentam uma probabilidade maior de pagarem com regularidade a pensão de alimentos, e no seu valor total, do que pais que não veem ou veem pouco os seus filhos[157]. O nível de contacto da criança com o progenitor não residente contribui, desta forma, para a melhoria da situação económica da criança e para o aumento do

---

[154] Cf. AMATO and REZAC 1994, *apud* DIANA N. LYE, Ph.D, *ob. cit.*, p. 16.
[155] Cf. BUCHANAN et al. 1991, 1996, *apud* DIANA N. LYE, Ph.D, *ob. cit.*, p. 17.
[156] Cf. MACCOBY, DEPNER & MNOOKIN 1990; MACCOBY & MNOOKIN 1994, *apud* DIANA N. LYE, Ph.D, *ob. cit.*, p. 18.
[157] DIANA N. LYE, Ph.D, *ob. cit.*, p. 19.

seu bem-estar. Os autores avançam três explicações para esta relação, embora não se saiba ainda qual o mecanismo dominante: 1) o maior envolvimento dos pais, predispõe para o pagamento; 2) os pais querem ver se a pensão é gasta de forma adequada e aumentam os níveis de contacto com os filhos; 3) as caraterísticas que predispõem para o pagamento também predispõem para envolvimento na vida dos filhos.

Contudo, a relação entre o aumento da pensão de alimentos e o bem-estar da criança fica comprometida ou limitada pelos efeitos prejudiciais da exposição da criança ao conflito nas famílias altamente conflituosas. Por outro lado, há indícios que os pais não residentes fazem, nas negociações dos acordos de responsabilidades parentais, uma compensação entre uma maior quantidade de tempo passado com os filhos e uma redução do valor da pensão de alimentos[158]. Sendo assim, nalguns casos, o aumento do contacto com as crianças após o divórcio pode estar relacionado com pensões de alimentos mais baixas. Esta circunstância limita os presumidos benefícios financeiros decorrentes do aumento do contacto com o progenitor não residente.

Há unanimidade entre os investigadores de que o conflito parental é a principal fonte do reduzido bem-estar das crianças após o divórcio. A investigação demonstra que a guarda conjunta física e o contacto frequente das crianças com o progenitor não residente têm efeitos prejudiciais para as crianças nas famílias com elevada conflitualidade e não promovem a cooperação dos pais.

As ciências sociais não suportam, portanto, a ideia popular de que se deve presumir que a relação frequente e contínua da criança com ambos os pais promove o seu melhor interesse. Pelo contrário, o que tem sido demonstrado é que a relação afetiva da criança com o progenitor que cuida dela, no dia-a-dia, desde o seu nascimento, é o fator

---

[158] Cf. TEACHMAN 1990; TEACHMAN & POLONKO 1990, *apud* DIANA N. LYE, Ph.D, *ob. cit.*, p. 20.

mais importante para o bem-estar da criança quando os pais vivem separados[159].

As investigações feitas sobre o impacto do divórcio nas crianças também concluíram, diferentemente da convicção popular dos leigos, que a manutenção de uma relação frequente da criança com ambos os pais ou soluções de guarda conjunta não têm qualquer impacto na adaptação da criança ao divórcio. Esta resulta mais do facto de a criança estar ao cuidado de um progenitor responsável e consciencioso do que de uma relação frequente com ambos os pais, a qual não evita os efeitos do divórcio na saúde mental das crianças e dos adultos que enfrentaram o divórcio dos seus pais na infância[160].

Estas teorias tiveram como consequência, para os processos de regulação das responsabilidades parentais, o estabelecimento de quatro regras que devem ser seguidas pelos tribunais: a continuidade do *status quo*; a presunção de que o interesse da criança reside na permanência junto do progenitor que, em termos predominantes, cuidou da criança desde o nascimento – a pessoa de referência; a doutrina segundo a qual uma decisão de guarda não pode ser modificada a não ser que se tenha verificado uma alteração substancial das circunstâncias; a não imposi-

---

[159] JUDITH WALLERSTEIN/TONY J. TANKE, «To Move or Not to Move, Psychological and Legal Considerations in the Relocation of Children Following Divorce», *Family Law Quarterly*, Volume 30, Nº 2, 1996, p. 311.

[160] *Vide* os estudos longitudinais de JUDITH WALLERSTEIN que entrevistou os filhos de pais divorciados na altura do divórcio, um ano após o divórcio, cinco anos após o divórcio, e também dez e vinte e cinco anos após o divórcio, cujos resultados estão sintetizados no livro WALLERSTEIN, J./LEWIS, J/BLAKELEE, S., *The Unexpected Legacy of Divorce, ob. cit.* No mesmo sentido, os estudos de MAVIS HETHERINGTON/JOHN KELLY, *For Better or for Worse: Divorce Reconsidered*, W.W. Norton, 2003, pp. 126 e 133-134, concluindo que os progenitores residentes (maioritariamente mulheres) são a única ou a principal fonte de proteção social das crianças mais pequenas contra o sofrimento emocional pós-divórcio, desempenhando a quantidade da relação da criança com o progenitor sem a guarda, mesmo nos casos em que os pais têm capacidades emocionais e não há conflito entre ex-cônjuges, um papel secundário na defesa da criança contra o *stress*.

ção legal ou judicial da guarda conjunta ou do exercício conjunto das responsabilidades parentais.

Nos processos litigiosos, a exposição da criança ao conflito torna a alternância de residência prejudicial pela acentuação dos conflitos de lealdade e da ansiedade vivida no quotidiano.

A procura da decisão perfeita e ideal de acordo com as crenças sociais – a relação da criança com ambos os pais – nem sempre é possível e nem sempre é saudável para a criança. Neste contexto, deve ter-se presente que nenhuma fórmula encaixa em todas as famílias e que as decisões judiciais têm um cariz individualizado e dependente dos factos de cada caso, tendo em conta as informações fornecidas pela investigação científica como elementos auxiliares para a compreensão e conhecimento da realidade.

10. O caso específico das crianças de tenra idade e a teoria da vinculação

Desde a segunda metade do século XX, com as investigações de JOHN BOWLBY e MARY AINSWORTH, que a ciência estabeleceu como aquisição inquestionável até hoje a importância da continuidade das vinculações afetivas precoces da criança à figura materna (ou cuidador/a primária) para o seu desenvolvimento físico, psíquico e intelectual, assim como para a sua capacidade, na idade adulta, para formar e manter relações afetivas saudáveis. Estes autores chamaram a atenção para os danos causados às crianças, ao longo da sua trajetória de vida, quando são separadas da figura materna ou dos seus cuidadores primários, salientando que muitas das dificuldades na infância e na idade adulta ou psicopatologias resultam dos efeitos adversos da privação materna, a chamada «disrupção da vinculação», conceito que permanece relevante nos nossos dias[161].

---

[161] Cf. JUDY CASSIDY/PHILLIP SHAVER (eds.), *Handbook of Attachment: Theory, Research and Clinical Applications*, 1999; ISABEL SOARES (coordenação), *Relações de vinculação ao longo do desenvolvimento: Teoria e avaliação*, Braga, 2007.

Quanto a criança é de tenra idade, ou seja, até aos 3 anos de idade, as separações repetidas da pessoa de referência tornam-se um traumatismo maior para a criança do que as consequências provocadas pela redução do contacto com o outro progenitor. Apesar de as crianças terem a capacidade de estabelecer vínculos com várias pessoas, por exemplo, com a mãe, o pai e os avós, estes laços, quando os pais vivem juntos, formam-se sem mudanças de residência e de hábitos. Num quadro de separação dos pais, as mudanças constantes de residência e de cuidador podem provocar, nas crianças mais pequenas, pelas separações repetidas em relação à mãe, a sua cuidadora primária na maioria dos casos, a desorganização do seu vínculo com esta, sem que, em contrapartida, sejam estabelecidos vínculos seguros e fortes com o pai, dado que também convive com a criança num sistema de divisão do tempo com a mãe. O enfraquecimento dos vínculos com a mãe, em idades precoces, dos 0 aos 3 anos, pode comprometer o desenvolvimento psíquico e mental da criança, e a sua capacidade de confiar nos outros e de se relacionar com os outros. Nestas questões, há que ter em conta que os processos de vinculação precoce da criança ao seu cuidador principal são fundadores da sua personalidade e falta capacidade desta, quando pequena, para se adaptar a condições difíceis[162].

A vinculação estabelece-se através de um conjunto de trocas, pelas quais a criança experimenta: um *apaziguamento das suas tensões* e das suas necessidades de contacto; a *partilha de prazeres* como o de ser acarinhada, olhada, e de jogar em conjunto; *um sentimento de segurança*, quando verifica a disponibilidade dos seus pais, a sua permanência física e emocional, a sua adequação, e, a partir dos seis meses, a sua solidez em face de movimentos agressivos ou de oposição; *um sentimento de auto-estima e de identidade*[163].

---

[162] Cf. Maurice Berger, *ob. cit.*, pp. 91-92.
[163] *Ibidem*, p. 92.

Segundo MAURICE BERGER[164], o estádio atual da investigação científica, desde a teoria da vinculação de JOHN BOWLBY, tendo em conta a evolução entretanto sofrida, assenta em três princípios fundamentais, ainda não desmentidos pela ciência: 1º) A necessidade de continuidade da presença maternal nos primeiros meses de vida da criança; 2º) O carácter complementar das interações maternais e paternais; 3º) O lugar da mãe como pessoa mais securizante do que os outros cuidadores.

Há diferenças irreversíveis entre maternidade e paternidade, que tornam mais fácil a constituição deste vínculo entre mãe e filho. Em virtude da gravidez e do parto, e eventualmente do aleitamento, bem como de outras experiências físicas e psíquicas, a criança reconhece a sua mãe, entre outras mulheres, desde os primeiros dias de vida, pelo cheiro, pelo tom de voz, pelo rosto, enquanto o reconhecimento do pai, como pessoa distinta dos outros, tem lugar mais tarde[165]. Tanto BOWLBY como AINSWORTH reconhecem que a maioria das crianças no final do primeiro ano se encontram vinculadas a outras figuras, para além da mãe, nomeadamente, ao pai[166]. A ciência também reconhece que aquilo que conta para uma criança é a qualidade da maternidade e dos cuidados recebidos, podendo ligar-se ao pai ou a outra pessoa adulta (substituição parental) que faça os investimentos e desempenhe as funções que normalmente são desempenhadas pelas mães. Contudo, nas situações normais, em que a mãe é presente, e não tem qualquer problema de saúde mental nem negligencia ou maltrata a criança, o vínculo afetivo principal da criança é com aquela que se estabelece, mesmo que haja outras pessoas significativas. A criança vinculada à mãe e ao pai vive com cada um deles experiências diferentes mas complementares[167]. A criança pode estabelecer uma vinculação

---

[164] *Ibidem*, p. 92.
[165] *Ibidem*, p. 92.
[166] Cf. LÍGIA MONTEIRO ET AL., «Análise do fenómeno de base segura em contexto familiar: as relações criança/mãe e criança/pai», *Psicologia*, Vol. XXII (1), 2008, p. 108.
[167] Cf. MAURICE BERGER, *ob. cit.*, p. 97.

precoce com o seu pai e pode ser capaz de constituir múltiplas vinculações com diferentes cuidadores, mas verifica-se uma hierarquia entre estas vinculações. Os dois pais não são equivalentes no registo emocional e comportamental da criança. LAMB defendeu, numa primeira fase, entre 1975 e 1980, a equivalência da vinculação da criança ao pai e à mãe e das funções destes. Contudo, mais tarde verificou, através de um estudo publicado em 1983, que a mãe é a figura de vinculação preferencial da criança[168]. Neste estudo feito com crianças suecas, em que o cuidador primário era o pai, o autor descobriu que a vinculação da criança à mãe não depende da quantidade do tempo passado junto da criança e que estas crianças cuidadas pelo pai, manifestam, em situações estranhas, como a presença de um visitante desconhecido, uma preferência pela mãe, sobretudo, entre os 8 e os 16 meses. Nestas situações, o comportamento destas crianças era o mesmo que se verificava nas famílias em que a mãe era o cuidador primário, o que fundamentou a conclusão que, apesar de o pai ser uma figura de vinculação, a criança, em situações de sofrimento emocional, prefere a base da segurança materna.

A divisão de uma criança pequena, com menos de 4 anos, entre dois pais, duas casas e duas famílias levanta questões psicológicas complexas. Apesar de faltarem na área estudos longitudinais definitivos, e de haver resultados divergentes na investigação, pode ser dito, de acordo com os dados da investigação científica disponível, que o desenvolvimento emocional saudável das crianças depende de estas, desde cedo, experimentarem uma relação emocional e de prestação de cuidados contínua, através da qual são capazes de formar uma vinculação organizada e de desenvolver as sus capacidades humanas para o pensamento e para a relação com os outros[169].

---

[168] Cf. LAMB ET AL., «Effects of paternal involvement on infant preferences for mothers and fathers», *Child Development*, 1983, vol. 54, nº 2, pp. 450-458.
[169] Cf. MCINTOSH, «Assessing attachment needs and potential in high risk infants», *Journal of Family Studies*, Vol. 12, nº 1, pp. 57-71.

Um estudo conduzido por SOLOMON/GEORGE, em 1999, incidiu sobre 145 crianças com idades compreendidas entre 12 e 20 meses, que pernoitavam em casa do pai após o divórcio ou a separação[170]. Os pais preencheram questionários, foram entrevistados sobre as relações com os bébés e observados com os seus filhos numa "Situação Estranha". As crianças que passavam pernoitas regulares em casa do pai (n=44) eram significativamente menos seguras e mais desorganizadas na sua vinculação à mãe do que as crianças num grupo de pais casados (n=52). A vinculação ao pai não estava relacionada com a frequência das visitas, mas as crianças do grupo dos pais divorciados tendiam a estar significativamente menos vinculadas ao pai (n=39) do que as crianças que viviam com ambos os progenitores (n=44). A vinculação desorganizada às mães, no grupo de crianças com visitas com pernoita junto do pai, estava associada, segundo o relato das mães, a uma baixa comunicação entre os pais e a conflito elevado, bem como a níveis baixos de proteção psicológica da criança pela mãe, conforme avaliação decorrente da entrevista feita à mãe. Os resultados deste estudo são consistentes com a tese de BOWLBY sobre os efeitos da separação e indicam que as separações repetidas da criança em relação ao cuidador primário, durante a noite, estão associadas a ruptura na vinculação mãe-criança quando as condições das visitas são pobres, i.e, quando os pais são incapazes de providenciar adequado apoio psicológico à criança.

Em relação a crianças em idade pré-escolar, que vivem em dupla residência após a separação ou divórcio dos pais, o estudo conduzido por MCKINNON/WALLERSTEIN incidiu sobre 25 crianças de idade compreendida entre os 14 meses e os 5 anos, durante um período de quatro anos, de 1981 a 1985[171]. Do grupo das crianças de 1 a 2 anos adaptaram-se bem

---

[170] Cf. SOLOMON/GEORGE, «The development of attachment in separated and divorced families. Effects of overnight visitation, parent and couple variables», *Attachment Human Development*, 1999, pp. 2-33.
[171] Cf. ROSEMARY MCKINNON/JUDITH WALLERSTEIN, «Joint Custody and the Preschooler Child», *Behavioral Sciences and the Law*, Vol. 4, n.º 2, 1986, pp. 169 e ss.

3 em 7. As que se adaptam pior são vítimas do conflito entre os pais e da deficiente capacidade destes. Das crianças de 3 a 5 anos, só 3 em 19 se encontram bem; das outras 16 crianças, 10 estão menos bem e as restantes 6 estão perturbadas. Trata-se de crianças rejeitadas pelos pais ou que presenciaram violência doméstica, durante a constância do casamento, e depois do divórcio. Este estudo demonstrou que o grupo das crianças com idades compreendidas entre os 3 e os 5 anos revela mais perturbações de comportamento do que o grupo das crianças de 1 a 2 anos de idade, nomeadamente, pesadelos crónicos e nervosismo provocados pelas múltiplas mudanças ocorridas nas suas vidas[172]. A razão que explica esta situação, segundo as autoras do estudo, é o facto das crianças desta idade enfrentarem complexos desafios de desenvolvimento, constituindo as mudanças da vida da criança, nesta fase ou estádio, um *plus* que acresce às mutações próprias do crescimento e que as sobrecarrega em termos psicológicos.

A investigação científica esclarece que a idade e o estádio de desenvolvimento da criança são fatores decisivos na determinação da forma de guarda, devendo ser evitados períodos longos de separação da criança em relação à figura de vinculação principal.

KELLY/LAMB, pronunciando-se sobre a relação entre a idade da criança e a capacidade de separação da mãe, entendem que as crianças, a partir dos 18 meses, podem ficar duas noites separadas da pessoa de referência, mas períodos mais longos devem ser evitados[173]. Para as crianças em idade pré-escolar, concluíram que a maioria destas pode ficar nervosa por separações superiores a três ou a quatro dias em relação à mãe, exceto se se tratar de uma semana de férias. Já as crianças em idade escolar têm mais autonomia, capacidades cognitivas e emocionais, de tal forma que a separação da pessoa de referência é menos crítica, embora até aos 7 anos ou mais, a maioria das crianças não gosta

---

[172] *Ibidem*.
[173] Cf. KELLY/LAMB, «Using child development research to make appropriate custody and access decisions for young children», *Family & Conciliation Courts Review*, 2000, vol. 38, 297-311.

de períodos longos sem contacto com a pessoa de referência, podendo, por exemplo, tolerar, aos 8 anos, cinco a sete dias de separação e duas semanas nas férias. Contudo, os autores reconheceram, mais tarde, que os resultados da investigação não podem dar origem a planos *standard* de parentalidade, devendo ser examinadas cuidadosamente as circunstâncias individuais de cada caso para que fique assegurado que os modelos de guarda sejam adequados às capacidades, necessidades e tempos dos pais e das crianças[174].

A visão destes autores não é, todavia, unânime na investigação científica, conforme ficou salientado nos estudos acima referidos. Os investigadores questionam os benefícios das transições frequentes no caso das crianças mais pequenas (SOLOMON/BIRIGEN)[175], chamando a atenção para os estudos que indicam que a ligação entre o tempo que a criança passa com o pai e a vinculação da criança a este é mediada pela qualidade das interações. Neste sentido, a maioria da investigação pós-divórcio entende que a vinculação ao pai resulta mais da qualidade do tempo do que da frequência e quantidade do contacto.

11. A perspetiva da criança sobre a dupla residência e os seus direitos de participação

A adequação da guarda partilhada, ou mais propriamente, na perspetiva da criança, da dupla residência, ao interesse da criança, exige a ponderação de fatores relevantes conforme sugere a investigação científica. Um desses aspectos refere-se aos desejos e sentimentos das crianças e à sua participação nas decisões.

---

[174] LAMB/KELLY, «Improving the Quality of Parent-Child Contact in Separating Families with Infants and Young Children: Empirical Research Foundations», in R. M. GALAZTER--LEVY, J. KRAUS, & J. GALATZER-LEVY, *The scientific basis of child custody decisions* (Second edition), Hoboken, NJ: Wiley, 2009, pp. 187-214, disponível para consulta in http://jkseminars.com/pdf/ImprovingQualityArt.pdf.

[175] SOLOMON/BIRIGEN, «Another Look at the Developmental Research», *Family Court Review*, 2001, vol. 39, nº 4, pp. 355-364, *apud* STEPHEN GILMORE, «Shared Parenting: The Law and the Evidence», p. 24.

Tradicionalmente, os pais tinham o direito de decidir a vida dos seus filhos e todas as questões relativas à residência, educação e saúde destes. Presumia-se que os pais eram os melhores defensores dos interesses dos seus filhos menores. Contudo, este paradigma foi substituído por outro que dá às crianças o direito a ter voz e a participar nas decisões que lhe digam respeito. Este direito foi consagrado, no art. 12º da Convenção das Nações Unidas sobre os Direitos da Criança de 1989, documento internacional que assinalou a passagem do estatuto da criança como objeto de proteção para o estatuto de sujeito de direitos.

O direito da criança a ser ouvida foi integrado na legislação portuguesa de proteção de crianças e jovens em perigo e na lei tutelar educativa, que consagraram modelos de proteção e de educação participativos. A participação da criança nas decisões judiciais relativas a questões de particular importância que dividem os pais já existia no Código Civil desde a Reforma de 1977, mas restringida à idade de 14 anos ou mais. A reforma de 2008, contudo, eliminou este limite de idade no atual art. 1901º, nº 3 do Código Civil, norma que, apesar de referida às responsabilidades parentais na constância do casamento, deve aplicar-se analogicamente à questão da guarda de crianças após o divórcio, posição reforçada pelo art. 1878º, nº 2, 2ª parte do Código Civil, que consagra o princípio segundo o qual, os pais devem ter em conta a opinião dos filhos nos assuntos familiares e respeitar um determinado grau de autonomia na organização da sua vida, de acordo com a sua maturidade.

Os tribunais terão, portanto, que proceder à audição da criança, nos processos de regulação das responsabilidades parentais, ou à auscultação dos seus sentimentos, através de profissionais da psicologia, se a tenra idade não permitir uma audição (art. 147º-A da OTM, que remete para os princípios orientadores da lei de proteção de crianças e jovens em perigo, consagrados no art. 4º, entre os quais figura o princípio da audição obrigatória, sem limite de idade).

Dadas as dúvidas sobre a adequação da residência alternada ao interesse da criança, a opinião desta deve ter um peso decisivo nas decisões judiciais e na homologação dos acordos dos pais, que devem auscultar a opinião dos filhos e a sua adaptação ao sistema, nos casos em que ele já foi praticado pela família, durante a separação de facto, ou como decisão provisória proferida no processo de regulação das responsabilidades parentais.

Apesar de a dupla residência da criança permitir a ambos os pais um convívio frequente com os filhos e uma divisão de tarefas entre eles, podendo constituir uma solução muito prática para os adultos, o resultado dos estudos que entrevistaram as crianças sobre o modelo de guarda partilhada não foi animador para os seus simpatizantes.

Um estudo conduzido, em Inglaterra, teve por objeto entrevistas a 21 filhos/as de pais divorciados, com idades compreendidas entre os 11 e 21 anos, predominantemente de etnia branca e de classe média, que viveram com ambos os pais num modelo de divisão do tempo na proporção de 60-40 ou de 50-50, por um período de três a quatro anos[176]. As questões colocadas foram abertas para permitir respostas narrativas. As entrevistas foram gravadas, transcritas e analisadas com base nos métodos do cruzamento transversal e do estudo de casos.

Este estudo incidiu sobre as experiências práticas e emocionais das crianças, em relação à dupla residência na sua vida quotidiana. O testemunho da maioria das crianças indicou que precisaram de tempo para se habituarem a viver em dois lugares e para se adaptarem ao esforço exigido pelas deslocações, pelo distinto funcionamento das duas casas, com rotinas diferentes, diferentes códigos de comportamento e diferentes expetativas, tendo que aprender a integrar-se em dois espaços psicológica e emocionalmente distintos, o que também potencia, de acordo com os relatos de algumas crianças, que tenham de assumir diferentes personalidades em cada uma das residências. Algumas crianças acham a guarda partilhada desgastante, mas não pedem a mudança de modelo aos pais porque têm receio de aumentar o conflito entre estes ou porque se sentem culpadas por mostrar preferência por um dos pais e ferir os sentimentos do outro. Estas crianças sentem que não têm voz e que estão sujeitas à forma como os pais regu-

---

[176] Cf. NEALE/FLOWERDEW/SMART, «Drifting Towards Shared Residence?», *Family Law*, 2003, vol. 33, pp. 904-908; CAROL SMART, «From Children's Shoes to Children's Voices», *Family Court Review*, 2002, vol. 40, nº 3, pp. 307-319.

lam o seu tempo, dizendo que têm falta de tempo para si mesmas e para estar com os amigos. Este estudo revelou que, na perspetiva das crianças, a alternância de residência se torna uma solução cada vez mais insatisfatória com a passagem do tempo.

As experiências negativas das crianças eram o resultado da inflexibilidade dos modelos e da prioridade atribuída às necessidades dos pais na divisão do tempo, estando a vida daquelas marcada por um sentimento de instabilidade e de desconforto, sentindo-se mais como visitas em casa de cada um dos pais do que como um membro da família. Isto significa que não se sentem amadas pelos pais, mas antes como um objeto de disputa e de posse. Adolescentes cujos pais insistem na divisão rígida de 50% do tempo para cada um e se recusam a mudar a distribuição do tempo mostram vontade de se afastar de ambos os pais.

As experiências positivas das crianças com a dupla residência estavam associadas a modelos de guarda flexíveis, em que as necessidades das crianças eram prioritárias para os pais e em que a crianças se sentem verdadeiramente em casa nas duas residências e têm uma boa relação afetiva com ambos os pais. Nestes casos, as crianças relataram que os pais indagavam com frequência junto delas, se a alternância de residência funcionava bem e se queriam fazer alguma mudança. A flexibilidade é essencial, à medida que as crianças crescem e precisam de espaço próprio e de tempo para sair com os amigos e atividades extracurriculares. Contudo, mesmo nos casos em que a partilha da guarda funciona bem, esta solução tem custos, e algumas crianças desejam com ansiedade uma época em que deixem de viver como nómadas.

As crianças do estudo de NEALE e de SMART revelaram as seguintes preocupações:

1. Assuntos práticos relacionados com a mudança de casa e com a necessidade de assegurar que os seus pertences se encontram no lugar certo e no momento certo;
2. Diferentes estilos emocionais em cada família, aos quais as crianças precisam de se adaptar;
3. Diferentes regras e rotinas em cada uma das casas (embora tal não seja sempre visto de forma negativa e possa constituir uma experiência positiva de diferentes estilos de parentalidade);

4. Inflexibilidade da divisão do tempo para satisfazer os interesses dos pais e não das crianças;
5. O tempo de separação da criança, em relação a cada um dos pais, pode ser benéfico por providenciar espaço emocional para o progenitor e para a criança. Todavia, pode ser demasiado longo para algumas crianças (que podem experimentar aborrecimento, separação dos amigos e preocupação com o outro progenitor);
6. Dificuldade da criança em encontrar tempo para si mesma.

Os autores destes estudos concluem que a preocupação com a divisão do tempo por proporções exatamente iguais entre os pais, revelada quer por estes, quer pelas decisões judiciais, pode ser opressiva para as crianças, que sentem não ter o poder de controlar as suas vidas. Na verdade, não é a estrutura formal da residência e do contacto, contado em horas e dias, que produz crianças felizes ou insatisfeitas, mas a qualidade das relações das crianças com os pais, a qual depende da confiança e do afeto estabelecidos entre pais e filhos antes do divórcio ou da separação e da qualidade da parentalidade após o divórcio[177]. A igualdade entre os pais não se mede pela igualdade na divisão do tempo, mas pela igualdade na qualidade dos cuidados e dos afetos.

A residência alternada não é uma solução mágica para um problema difícil. Mesmo nos casos em que ambos os pais têm com os filhos uma boa relação afetiva, a dupla residência faz exigências emocionais às crianças, que não devem ser subestimadas, como advertem os autores deste estudo. Para que a guarda partilhada funcione é essencial que a criança seja consultada e que a sua possível insatisfação com a dupla residência seja tida em conta.

Na Noruega, um estudo sobre as decisões dos tribunais superiores[178] detetou que os tribunais consideram que a opinião das crianças com 12 anos ou mais é decisiva nas decisões de guarda e de visitas. Também

---

[177] Cf. CAROL SMART, «From Children's Shoes to Children's Voices», 2002, *ob. cit.*, p. 317.
[178] Cf. KRISTIN SKJORTEN/ROLF BARDINGHAUG, «The involvement of children in decisions about shared residence», *ob. cit.*, 2007, pp. 373 e ss.

metade das crianças entre os 7 e os 11 anos foram ouvidas pelos tribunais e a maior parte obteve uma decisão conforme à sua opinião. Contudo, os desejos das crianças com menos de 7 anos raramente aparecem indicados nas decisões judiciais.

Um outro estudo conduzido na Noruega[179] pretendeu investigar a relação entre a lei e a mudança social no que diz respeito à participação das crianças nos acordos de residência feitos pelos pais, após o divórcio, pois para averiguar o grau de participação das crianças interessa também saber, em que medida, na esfera familiar e privada, os pais a permitem, ou não. Este estudo recolheu dados empíricos junto de 527 pais que tinham adotado modelos de guarda partilhada e teve os seguintes resultados, de acordo com as respostas dos pais ao inquérito: 25% das crianças participaram na decisão num grau significativo; 21% dos pais relataram que a criança teve alguma influência na decisão, e 55% disseram que a criança não teve qualquer influência no acordo. Encontrou-se, neste estudo, tal como no estudo que incidiu sobre decisões judiciais, uma forte conexão entre a idade da criança no momento do acordo e o grau de co-decisão. As crianças com menos de cinco anos geralmente não são ouvidas e a partir dos 15 são sempre ouvidas. Apesar de as práticas dos pais em relação a crianças entre os 5 e os 14 ser variável, a idade de 12 anos é uma idade chave, tal como na prática judiciária, para determinar a participação da criança. Contudo, para surpresa dos autores, detetou-se uma conexão entre o nível educacional dos pais e o grau de influência da criança na decisão para os grupos etários onde a participação da criança variava mais, entre os 5 e os 14 anos. No grupo de crianças entre 10 e 14 anos, o dobro dos pais no nível educacional elevado não permitia a participação da criança quando comparado com o grupo de pais com níveis educacionais mais baixos. Para as crianças entre os 5 e os 9 anos, o padrão era o mesmo. Um outro estudo norueguês citado pelos autores, anterior a este, teve um resultado semelhante relativamente aos fatores que influenciam os pais para permitir a participação da criança no regime

---

[179] *Ibidem*, p. 373.

de visitas, tendo-se demonstrado que quanto maior é o nível educacional dos pais, menor é a compreensão com a recusa da criança às visitas.

No estudo sobre a participação das crianças na decisão de guarda partilhada, quando se usava o género como fator de controlo, descobriu-se que os pais-homens com educação superior e rendimento mais elevado admitiam menos a participação da criança na decisão do que os pais-homens com nível mais baixo de educação e menores rendimentos. Para as mulheres o impacto do nível de educação no grau de participação das decisões é menor, não havendo diferença significativa na participação da criança nas decisões, em função das diferenças do nível educacional das mães. Seria de esperar que uma maior igualdade de género na parentalidade, na medida em que são pais com níveis mais altos de educação, que participam mais na educação dos filhos, oferecesse às crianças, da parte dos pais-homens, um maior espaço de auto-determinação, o que não sucedeu. Por outro lado, estes resultados contradizem anteriores estudos segundo os quais os pais das classes trabalhadoras eram mais conservadores, no seu estilo de parentalidade, do que os pais das classes médias.

Avançam os autores, como hipótese explicativa, com a interpretação, segundo a qual os pais que participam nos cuidados dos filhos e que gozam de licença de paternidade muito ampla, na Noruega, apresentam características não só de novos pais mas também da paternidade tradicional, na medida em que continuam a ser o sustento da família e a investir na carreira profissional, o que cria um contexto onde é mais fácil ignorar a opinião da criança. Estes pais são a principal fonte de sustento das famílias, enquanto as mulheres, tendo assumido também a função de sustento através do seu trabalho fora de casa, mantiveram a sua posição tradicional de pessoa de referência dos filhos. Os autores concluem que os fatores que podem explicar a relutância dos pais de níveis de educação mais elevados, em ter em conta a opinião das crianças nas decisões de guarda partilhada, são o aumento da participação masculina nas tarefas de cuidado das crianças e a diminuição da prática destas tarefas pelas mães, nas famílias com níveis de educação e rendimentos mais elevados, bem como a crença do pai de que a guarda partilhada é um «direito» seu.

Conclusão

Os avanços legislativos e jurisprudenciais recentes, na Europa e nos EUA, não foram corroborados pela investigação científica, a qual tem demonstrado que a frequência e a quantidade do contacto da criança com ambos os pais, mesmo nas relações parentais sem conflito, não promovem a adaptação das crianças após o divórcio[180]. O interesse da criança não reside no tempo concedido à relação com cada um dos pais, mas no funcionamento emocional destes (níveis de ansiedade e de conflito) após o divórcio e na qualidade das relações estabelecidas com a criança[181]. A adaptação da criança ao divórcio depende de esta viver ao cuidado de um progenitor consciente e responsável, que ultrapasse as suas angústias e depressões pessoais, da ocorrência ou não de outros problemas psíquicos da criança antes do divórcio, e da sua idade, sexo e temperamento[182].

Os estudos até agora realizados com o objetivo de comparar soluções de guarda partilhada com a guarda única não demonstraram padrões de ajustamento da criança mais elevados em nenhum dos modelos, e concluiram que o fator decisivo para o bem-estar da criança é sempre a qualidade da relação com os pais e não a quantidade do tempo passado com cada um deles[183]. Estas conclusões tornam ilusórios os efeitos das alterações legislativas que consagram a guarda partilhada como presunção ou ponto de partida e das decisões judiciais que impõem a dupla residência da criança.

Note-se, ainda, que a consagração legal da guarda partilhada, sem uma coordenação efetiva entre os pais e uma estrutura que imponha

---

[180] Cf. JUDITH WALLERSTEIN/SANDRA BLAKELEE, *Second Chances, Men, Women and Children a Decade After Divorce*, ob. cit., p. 238.

[181] Cf. KLINE/TSCHANN/JONHSTON/WALLERSTEIN, «Children's Adjustement in Joint and Sole Physical Custody Families», *Developmental Psychology*, 1989, vol. 25, nº 3, p. 437.

[182] JUDITH WALLERSTEIN/SANDRA BLAKELEE, *Second Chances...*, ob. cit., p. 271; KLINE/TSCHANN//JOHNSTON/WALLERSTEIN, «Children's Adjustement in Joint and Sole Physical Custodv Families», 1989, p. 430.

[183] Cf. LUEPNITZ, 1986; KLINE AT AL, 1989; MCKINNON/WALLERSTEIN, 1991; MELLI/BROOWN, 2008.

que cada um desempenhe o seu papel e assuma as suas obrigações, e invista nos seus filhos, não tem semelhança alguma com uma família unida, nem apresenta qualquer vantagem, em relação a outros modelos, no sentido da responsabilização de ambos os pais, uma vez que podem não cumprir os acordos sem qualquer sanção (por exemplo, recusando que a criança fique em sua casa durante o seu turno), para além de se criar o perigo de a difusão da responsabilidade por ambos ser equivalente a nenhum assumir a sua[184].

A investigação científica indica que a política social de apoio às crianças e às famílias, marcadas pela separação ou pelo divórcio, deve passar por outros aspectos que não a forma de guarda, como processos rápidos e eficazes de execução da obrigação de alimentos devida aos filhos e a criação de uma rede social de apoio às famílias monoparentais.

Mas a alternância de residência ou a guarda partilhada não é sempre e necessariamente negativa para a criança. Na verdade, desde que não haja conflito entre os pais e que estes tenham capacidade de cooperação, e que auscultem os sentimentos da criança e a sua opinião, a dupla residência pode ser positiva para as crianças e funcionar como uma dupla fonte de afetos e de segurança. Contudo, não são estas as famílias que levantam problemas nos tribunais e que precisam da ajuda dos profissionais. Pelo contrário, as famílias que recorrem aos tribunais para obter a resolução dos seus conflitos são as que revelam menos capacidade para executar soluções de partilha das responsabilidades parentais e da guarda. Daí que seja importante alertar os profissionais, que lidam com as famílias, para que tenham cautela com os pedidos de guarda alternada fundamentados nos direitos dos pais ou em reivindicações de igualdade entre estes, e aconselhar os tribunais a não utilizarem a partilha da guarda como um meio para resolver litígios em situações familiares altamente conflituosas.

Um dos aspectos constantes e consensuais da investigação científica é a demonstração de que a conflitualidade parental elevada cria riscos

---

[184] Cf. DEBRA FRIEDMAN, *Towards a Structure of Indifference: The Social Origins of Maternal Custody*, Aldine de Gruyter, New York, 1995, p. 129.

para as crianças, qualquer que seja a sua idade ou estádio de desenvolvimento. Os acordos ou as decisões proferidas nestas circunstâncias tendem a centrar a questão nos interesses dos adultos e a desvalorizar, ou a não ponderar devidamente, as necessidades específicas das crianças e os seus interesses, critérios prioritários e que devem estar subjacentes a todos os acordos e decisões. O interesse da criança só pode ser determinado de uma forma individualizada, para cada criança concreta, e não através de afirmações sobre o que é melhor, em geral, para as crianças.

A investigação científica desaconselha modelos rígidos e únicos, com pretensões de servirem para todos os casos, e propõe, antes, uma decisão baseada nos factos de cada caso, cuidadosamente ponderados, em nome da estabilidade da criança e das suas necessidades específicas de segurança e de afeto, de acordo com a sua idade e, sempre que possível, de acordo com a sua opinião.

A intervenção do Estado na família tem limites que não podem ser ultrapassados, sob pena de o sofrimento causado às crianças ser maior do que o bem que se procura. Os tribunais têm a responsabilidade de decidir, de acordo com o interesse da criança, por mais difícil que seja a decisão. Dividir a criança ao meio, nos casos litigiosos, para respeitar a igualdade formal entre os adultos, não é decidir, mas fugir à decisão à custa de um sacrifício imposto à criança.

Recomendações

1º – O modelo de guarda conjunta física ou partilhada (ou residência alternada) deve ser limitado às famílias sem conflitos e com capacidade de cooperação elevada entre os pais e que acordam, de forma livre e ponderada, na sua adoção e execução.

2º – Os Tribunais, nos processos de regulação das responsabilidades parentais, quer se trate de uma decisão judicial, quer da homologação de um acordo de guarda partilhada, devem considerar cuidadosamente a natureza, a intensidade e o impacto do conflito entre os pais. A residência alternada não deve ser decretada em casos de conflito parental elevado ou quando um dos pais tem preocupações com a segurança dos filhos junto do outro.

3º – Em casos de suspeita ou indícios de violência doméstica e de abuso sexual de crianças intrafamiliar não deve ser decretada a guarda partilhada. Estes fenómenos não devem ser conceitualizados como uma forma extrema de conflito, mas como violações dos direitos humanos. A sua etiologia vai muito para além do conflito. Trata-se de crimes, de dimensão epidémica nas sociedades, e que ocorrem com muito mais frequência do que pensam os leigos e os profissionais do direito e da psicologia, que prestam assistência às famílias após o divórcio. Para lidar com estes casos, deve exigir-se profissionais com formação especializada e que tenham experiência na área, tal como é obrigação internacional do Estado Português, que ratificou, em 2003, o Protocolo Adicional à Convenção dos Direitos das Crianças sobre pornografia infantil, venda e exploração sexual de crianças.

4º – Os serviços de mediação familiar e os programas de educação parental para redução de conflitos não devem ser aplicados às famílias com história de violência doméstica, pois além de não serem apropriados às caraterísticas destas famílias, podem até produzir o resultado oposto, aumentando o risco de as vítimas serem revitimizadas.

5º – As soluções de guarda partilhada devem ser flexíveis para se adaptarem às necessidades das crianças, consoante a sua idade, estádio de desenvolvimento e tolerância à separação.

  a) A residência alternada não deve ser decretada para crianças com menos de quatro anos, em que é decisiva a continuidade, sem separações prolongadas, da pessoa de vinculação principal.
  b) Entre os quatro e os dez anos, a residência alternada apenas deve ser adotada, nos casos em que não há conflito parental e em que cada um dos pais confia no outro como progenitor.
  c) A partir dos dez anos, as crianças devem ser ouvidas e as suas perspetivas consideradas pelos pais, nos seus acordos, e pelos tribunais, nas decisões judiciais. Os acordos centrados nos interesses das crianças e que têm em conta as suas necessidades e pontos de vista estão associados a bons resultados e a maior durabilidade. Pelo contrário, os acordos ou decisões que resultam de uma ênfase nos direitos dos pais e que não são influenciados pela

opinião das crianças produzem resultados mais negativos para estas.

6º – Um rendimento inadequado das famílias monoparentais depois do divórcio é uma das maiores causas de dano para as crianças, de acordo com os estudos descritos. Em consequência, uma execução eficaz e rápida das obrigações de alimentos é a medida mais eficaz que os Estados podem praticar para promover o bem-estar da criança, bem como uma política social de apoio às famílias monoparentais.

7º – De acordo com os estudos analisados, a promoção do contacto do progenitor não residente com os filhos só é um fator que aumenta a taxa de cumprimento da obrigação de alimentos, se os tribunais não homologarem acordos em que a pensão de alimentos é reduzida em função da partilha do tempo de residência com a criança e se o maior envolvimento com o progenitor não residente não expuser a criança a um conflito parental contínuo.

Abuso sexual e proteção das crianças nos processos de regulação das responsabilidades parentais[*]

Sumário: Introdução. **1.** A falta de validade científica da tese das alegações falsas de abuso sexual. **2.** A noção de síndrome de alienação parental, o perfil profissional de Richard Gardner e a origem pró-pedófila das suas teses. **3.** Os mitos sobre o abuso sexual de crianças. **4.** Acusações de abuso sexual e incumprimento de visitas: estudo de casos. **5.** Síndrome de alienação parental e presunção de falsidade das alegações de abuso sexual. **6.** Efeitos negativos da transferência da guarda. **7.** Discriminação de género na avaliação da prova e nos diagnósticos de síndrome de alienação parental. **8.** Os danos causados às crianças e às mulheres pela síndrome de alienação parental, nos EUA. **9.** Do fenómeno da síndrome de alienação parental para a alienação parental. **10.** Recomendações aos Tribunais.

Introdução
O aumento dos divórcios trouxe problemas novos que não encontram ainda, nem na sociedade nem nos Tribunais, abordagem adequada.

---

[*] Texto correspondente à comunicação proferida na Conferência Internacional "O Superior Interesse da Criança e o Mito da "Síndrome de Alienação Parental", no painel "A síndrome de alienação parental e os riscos para os direitos das mulheres e das crianças", 3 de Novembro de 2011. Os artigos sem menção de origem pertencem ao Código Civil.

Neste momento histórico, julgo que não há questão mais marcada por ideologias e crenças do que os efeitos do divórcio em relação à guarda das crianças, tornando-se difícil, quer para o discurso político, quer para o discurso social e jurídico, uma análise objetiva e realista desta questão. Apesar de todos sabermos, em abstrato, que existe violência doméstica e abuso sexual de crianças dentro da família, de repente, se num processo de divórcio ou de regulação de responsabilidades parentais, a mãe acusa o outro progenitor de abusar sexualmente do/a filho/a do casal ou de violência doméstica, os profissionais da área e os Tribunais esquecem o fenómeno dos maus-tratos e idealizam a família, para efeitos de responsabilidades parentais. Colocada perante um caso concreto que sai fora dos estereótipos que temos do agressor ou do abusador, a sociedade quer, a todo o custo, ignorar as histórias de violência que muitas famílias encerram, para transformar a família pós-divórcio, numa ficção de família maravilhosa, formada por pais que educam em conjunto os filhos, e por crianças que têm que visitar o pai ao fim-de-semana e todas as quartas-feiras, nem que rejeitem o pai porque o viram bater na mãe e têm medo. A crença na indissolubilidade do matrimónio foi substituída pela crença na "guarda conjunta" e a visão da família matrimonial, como um lugar sagrado, foi substituída por um conceito de "casal parental", eterno até que a morte os separe.

A maternidade e a paternidade marcam as crianças e o desenvolvimento da sua personalidade para sempre. Nenhum ser humano existe independente do seu pai e da sua mãe. Mesmo que não os conheça, existem na sua mente, nem que seja pela ferida que fica do abandono. Todas as crianças precisam de ter bons pais e boas mães e de ser protegidas, quando estes as maltratam. Ambos os progenitores são igualmente importantes na sua vida e no seu desenvolvimento, e fazem parte da sua história pessoal. Em princípio, a criança, depois do divórcio dos pais, deve manter contacto com ambos e continuar com os pais o diálogo emocional que encetou, desde que nasceu. As situações de relação frequente da criança com ambos os pais e de educação conjunta dos filhos após o divórcio existem e são as mais saudáveis para o desenvolvimento das crianças. Mas só funcionam quando os pais estão de acordo e não há história de violência doméstica na família. Estes pais não precisam de decisão judicial a impor-lhes esta solução nem precisam de intervenção do Estado. Praticam, depois do divórcio, os padrões de comportamento que adotavam na constância do casamento.

As relações familiares entre adultos sempre foram marcadas por conflitos, não só conjugais, mas entre irmãos e entre pais e filhos. Um dos conflitos que é vulgar rebentar nalgumas famílias é a partilha de bens, em situações de herança de um progenitor comum. Para além destes conflitos, surgem muitos outros nas famílias, nos locais de trabalho e entre amigos. As pessoas vivem em relação umas com as outras, têm expectativas umas em relação às outras e projetos em conjunto. Quando estes projetos ou expectativas não se realizam, ficam, por vezes, ressentimentos e mágoas. Algumas pessoas, quando se sentem traídas, cortam relações. Algumas cortam relações por motivos fúteis. Outras por motivos fortes. Outras são magnânimas e perdoam. Esta realidade faz parte da vida social e da vida das famílias. A relação familiar é, por essência, hoje, uma relação afetiva. Quebrado o afeto, desfaz-se a relação ou mantém-se, apenas, formalmente e para o efeito da responsabilidade pelos filhos menores. O Estado não intervém na área dos afetos nem tem legitimidade para avaliar as razões pelas quais os adultos se afastam uns dos outros. A liberdade de amar ou não amar, de ser amigo ou de não ser, de conviver com alguém ou recusar convívio faz parte da liberdade individual inalienável do ser humano. O Estado não pode impor afetos.

E quando é uma criança que recusa a relação com um dos pais após o divórcio? A visão deste problema depende muito da noção de crianças que temos. Quem defende que a criança deve obediência aos seus pais, que têm autoridade sobre ela, entende que a criança deve ser obrigada a cumprir o regime de visitas. Quem entende que a criança é uma pessoa com sentimentos e emoções, defende que a criança tem direito a ser ouvida e que, em casos de recusa de visitas, não pode haver processos de incumprimento, pois estes processos foram concebidos para a entrega de coisas ou de valores patrimoniais, e não para pessoas, as quais não são reivindicáveis nem objeto de direitos de outrem[1]. A primeira posição, quando baseada em argumentos de autoridade parental, não pode ser aceite porque a criança é uma pessoa, titular de direitos fundamentais, e não objeto da autoridade dos pais. O único fundamento legalmente admissível, para impor um regime de visitas, é o próprio interesse da criança, ou seja, é preciso que fique demonstrado em Tribunal, que o interesse da criança é o da manutenção da relação com ambos os pais e que a sua vontade de recusar o convívio com um deles não é livre ou é determinada por uma dor psíquica transitória, provocada pela não adaptação ao divórcio e ultrapassável com apoio psicológico. Para resolver o problema da recusa da criança não devem é ser usados, como recentemente se tem feito, nos Tribunais, meios coercivos como intervenção policial com arrombamento de portas, pena de multa e/ou indemnizações a pagar pelo progenitor com a guarda. Para o efeito de regulamentar a relação da criança com o progenitor sem a guarda, ninguém se pode substituir à voz da criança. Esta tem direito a ser ouvida e a que a sua opinião e sentimentos sejam considerados nas decisões a tomar em relação à sua vida (art. 12º da Convenção dos Direitos da Criança e art. 4º, al. i) da LPCJP). A tese da alienação parental, quer na vertente médica, como síndrome, quer na vertente jurídica, que a encara como um facto objetivo, presumindo que a criança, quando recusa o convívio com o progenitor sem a guarda, é manipulada pelo progenitor que tem a guarda, nega a sua liberdade como pessoa e esquece um dado resultante da investigação científica, segundo o qual, na maioria dos casos, as razões da recusa da criança residem no comportamento do progenitor rejeitado[2]. Para além das situações de violência doméstica e de abuso sexual, em que a relação

---

[1] Cf. Tribunal da Relação de Évora, de 06-02-2005 (Relator: ÁLVARO RODRIGUES), que defende, quanto aos processos de incumprimento de visitas, que não deve haver lugar, perante a recusa de uma criança, a execução coerciva de regimes de visitas, pois estamos no domínio das pessoas e não das coisas e que "O Amor não se impõe por decreto ou por sentença, conquista-se com paciência e afeto!".

[2] Cf. PAUL FINK, *Leadership Council on Child Abuse & Interpersonal Violence*, disponível para consulta *in* www.lerdershipcouncil.org.

da criança com o agressor deve ser cortada para a proteção daquela, como razões legítimas de recusa da criança, podemos citar outros comportamentos desonrosos do progenitor, como a negligência nos cuidados básicos da criança, o facto de deixar a criança sozinha em casa, de a expor a companhias que esta não deseja, não a entregar à mãe na data combinada, privá-la das suas diversões e companhias, a ameaça de que será colocada uma instituição se não obedecer, etc. A solução, nestes casos, passa, não por forçar a criança ao convívio com este progenitor, mas por investir na capacidade parental do progenitor rejeitado até se conseguir refazer a relação.

Aquando do divórcio, diz-se, há muitos conflitos entre os ex-cônjuges, como se todos os conflitos fossem fúteis e desnecessários. Mas não haverá, neste contexto, conflitos que têm que ser levados a cabo, para proteção da criança ou para garantia dos direitos da criança à educação, à saúde a até à vida? Por exemplo, pedidos de restrição de visitas porque o outro progenitor é alcoólico ou toxicodependente ou porque a mãe foi vítima de violência doméstica, ou pedidos de alimentos para satisfazer as necessidades da criança? É que de repente, a sociedade, os profissionais e os Tribunais, concentrados na idealização da família pós--divórcio, devido às suas crenças religiosas ou políticas, acham que a criança e o progenitor que tem a sua guarda, normalmente, a mãe, devem esquecer a violência e a injustiça que sofreram, aceitar, de forma resignada a pobreza, e relacionarem-se de forma civilizada e afetuosa com um progenitor ou ex-cônjuge que lhes tirou a casa de morada de família, que não pagou alimentos ou que foi violento durante a vida em comum. Na verdade, aquilo que muitos designam de forma eufemística por conflitos familiares não são mais do que as sequelas do sofrimento de mulheres e crianças, vítimas de violência nunca denunciada ao sistema penal ou denunciada, mas objeto de arquivamento, sem a investigação devida dos indícios ou em que as medidas de coação aplicadas no sistema penal não são consideradas nos processos cíveis de guarda e de visitas. Esta é uma realidade social muito comum nos divórcios que dão origem a litígios. Nem tal facto nos deve surpreender, pois, se a maioria dos maus-tratos ocorre dentro da família, o resultado mais provável desta situação é que a percentagem de casos de violência doméstica e de abuso sexual de crianças seja, neste contexto, superior à da média geral da população e que as alegações de abuso ou violência sejam feitas, nos processos de divórcio, quando a mulher já está separada do agressor. Nem é de estranhar que surjam alegações de abuso sexual durante os processos litigiosos de guarda, porque as crianças sentem-se mais seguras para revelar o abuso depois de os pais se separarem, a mãe tende a acreditar mais na palavra da criança depois do divórcio ou separação, e porque, de facto, alguns casos de abuso surgem após o divórcio, porque o progenitor usa a criança como uma parceira sexual para combater a sua solidão[3].

Depois desta introdução, explicarei a falta de validade científica da tese da epidemia de alegações falsas de abuso sexual, nos processos de divórcio, o significado do fenómeno ou conjunto de sintomas designado por síndrome de alienação parental, o perfil do criador desta teoria e a origem pró-pedófila da mesma, debruçando a minha atenção sobre o aspecto mais problemático e traumatizante dos processos de regulação das responsabilidades parentais e aquele que tem sido mais desvalorizado pelos profissionais, devido à influência do fenómeno da síndrome de alienação parental: as acusações de abuso sexual de crianças de um progenitor contra o outro.

1. A falta de validade científica da tese das alegações falsas de abuso sexual

A impressão de que as taxas de acusações falsas de abuso sexual, nos processos de divórcio, são muito elevadas resulta de casos observados por psicólogos clínicos na sua atividade profissional privada, com amostras muito reduzidas, não representativas do que se passa em todas as disputas de guarda. Estes estudos, para além de se basearem em amostras não representativas da população em geral, e portanto, não terem

---

[3] Cf. JOAN ZORZA, «Child Custody Cases, Incest Allegations and Domestic Violence: Expert Insights and Practical Wisdom», Comission on Domestic Violence, *Quarterly E-Newsletter*, Volume 4, July 2006, p. 6, disponível para consulta *in* http://www.americanbar.org/content/dam/aba/publishing/ cdv_enewsletter/custodyandincest.authcheckdam.pdf.

validade científica, utilizam como critério para aceitar a falsidade das acusações apenas as declarações do acusado e não esclarecem quais os elementos definidores do conceito de abuso sexual[4].

Em Portugal, a consciencialização social do conceito de abuso sexual e a sua incriminação em termos amplos são fenómenos recentes, ainda pouco conhecidos, o que pode levar alguns profissionais das áreas da psicologia, do direito e do serviço social, sem formação especializada, a crer erroneamente nas informações sem fundamento científico que a este respeito estão a ser divulgadas em cursos sobre divórcio para profissionais, os quais difundem que 90% das acusações de abuso sexual, em contexto, de divórcio, são falsas.

Estudos norte-americanos, que incidiram sobre 9000 divórcios, demonstram que não existe qualquer epidemia de acusações de abuso sexual, em processos de divórcio, tendo-se verificado que, em apenas 2% dos processos de divórcio e em menos de 10% dos processos de guarda, há registo deste tipo de acusações, e que apenas 48% das acusações são feitas pela mãe da criança contra o pai[5]. O mesmo estudo demonstrou também que as alegações de abuso sexual feitas em processos de guarda de crianças, aquando do divórcio, não apresentam uma maior probabilidade de serem falsas do que aquelas feitas noutros contextos e que a taxa de alegações falsas não é superior àquela que se verifica em relação a outros crimes, rondando valores de 5%, não

---

[4] Cf. MERRYLIN MCDONALD, «The Myth of Epidemic False Allegations of Sexual Abuse in Divorce Cases», *Court Review*, 1998, pp. 13-14, referindo a autora que esses estudos incluíram 5 crianças (Green), 7 (Schumann) e 18 (Benedek and Schetky). Um outro estudo, conduzido por Wakefield e Underwager concluiu que cerca de ¾ das acusações eram falsas. Contudo, a perspetiva destes autores sobre a noção de abuso sexual é com certeza muito diferente da conceção da sociedade e da lei penal, bastando notar que Underwager, em 1991, deu uma entrevista a um jornal holandês chamado Paidika, auto--designando como Jornal de Pedofilia, em que afirma que "a pedofilia é uma expressão aceitável da vontade de Deus para o amor e a unidade entre seres humanos".

[5] Cf. NANCY THONNES AND PATRICIA G. TJADEN, «The Extent, Nature, and Validity of Sexual Abuse Allegations in Custody/Visitation Disputes», *Child Abuse & Neglect*, Vol. 14, 1990, pp. 151-163.

havendo motivos para uma suspeição generalizada em relação aos progenitores que fazem a acusação[6].

A teoria das alegações falsas de abuso sexual é desprovida de fundamento científico e remonta à posição de Freud acerca da origem das neuroses das suas pacientes[7]. Numa primeira fase, Freud sustentou que a causa dos problemas de saúde mental, verificados em mulheres adultas, era a sua exposição, durante a infância, a contactos sexuais com adultos, pais ou familiares próximos, e que estes contactos eram uma experiência comum a muitas pessoas (teoria da sedução). Contudo, esta posição foi defendida por Freud, durante pouco tempo, tendo, uns escassos meses mais tarde, entendido que a atividade sexual entre adultos e crianças era fantasiada por estas (teoria das pulsões) e que, quando ocorria, era entre crianças e tinha relativamente pouco significado psicológico para estas. A explicação para a neurose seria, antes, o conflito psíquico provocado pelos impulsos sexuais em relação ao progenitor do sexo oposto (complexo de Édipo) e pelo desejo de eliminar o progenitor rival. Os investigadores encontram, para esta mudança de posição de Freud, uma razão ligada à moral dominante na época, que, apesar de ver as crianças como objetos sobre os quais os quais os adultos têm poder, se recusaria a assumir, devido à imagem idealizada dos pais, a verdade incómoda e escondida dos abusos sexuais de crianças cometidos nas famílias[8]. Num ambiente em que as crianças eram

---

[6] *Ibidem.*

[7] Sobre a mudança de posição de Freud relativamente ao tema do abuso sexual de crianças por adultos, *vide* ALICE MILLER, *L'enfant sous terreur, L'ignorance de l'adulte et sin prix*, tradução francesa, 1986, pp. 129-141, SHIRLEY JOSEPH ASHER, «The Effects of Childhood Sexual Abuse: A Review of the Issues and Evidence», in *Handbook of Sexual Abuse of Children*, LENORE E. A. WALKER (ed.), New York, 1988, pp. 4-6 e HANNAH LERMAN, «The Psychoanalytic Legacy: From Whence We Come», *Handbook of Sexual Abuse of Children*, LENORE E. A. WALKER (ed.), New York, 1988, pp. 37-49.

[8] ALICE MILLER, *L'enfant sous terreur, ob. cit.*, p. 139, explica que a revelação do abuso sexual de crianças, na época de Freud, teria gerado uma onda de revolta e de indignação, não contra os abusos sofridos pelas crianças, mas contra quem ousasse falar deles; pois procurar satisfação sexual com uma criança não seria visto como um mal, desde que não

educadas debaixo do mandamento "Honrarás teu pai e tua mãe" e do princípio supremo do respeito pelos pais[9], Freud não terá querido acusar de perversão a figura paterna e terá receado o seu próprio isolamento profissional, bem como o fim da psicanálise[10]. Na sequência desta mudança de posição, Freud construiu a sua teoria do complexo de Édipo, desacreditando, assim, as experiências de abuso sexual perpetrado pelo pai relatadas pelas suas pacientes e fornecendo fundamento científico ao silêncio com que a sociedade desejava encobrir o abuso sexual de crianças dentro da família. Ainda na linha da mesma mentalidade, a sociedade e, também, os profissionais da psicologia e do direito procuram, hoje, reprimir o horror que representa o fenómeno do abuso sexual de crianças dentro da família, para manterem as suas crenças em relação à bondade do mundo, sentindo-se interiormente impelidos, como forma de explicação para a sintomatologia da criança vítima de abuso sexual, a crer em causas alternativas ao abuso, sobretudo, nos casos mais chocantes, em que o suspeito é o pai da criança.

A rotina judicial tem também muito peso nas decisões judiciais e os juízes dos Tribunais de 1ª instância, ainda jovens e com pouca experiência, tendem a querer obter acordos de visitas padronizados – fins-de-semana alternados e um dia e uma noite a meio da semana, para os pais que o solicitam – afastando do seu pensamento, como se fosse um "ruído" ou um "elemento estranho" à sua ideia de família "roman-

---

se falasse; as pessoas estavam convencidas que a criança não sofria, a não ser que se falasse com ela sobre o abuso. Os actos abusivos praticavam-se, em silêncio, como se as crianças fossem bonecas, com a firme convicção de que a criança não saberia nem poderia contar o abuso a ninguém. Esta mentalidade está ainda, hoje, presente, quer nas posições de alguns psiquiatras que entendem que o abuso sexual, em si, não provoca sofrimento, mas que ele decorre da interação social, quer na posição das famílias que têm no seu seio crianças vítimas de abuso sexual intra-familiar ou extra-familiar e que estão convencidas que o silêncio evita à criança o sofrimento e não apresentam queixa contra o abusador.

[9] *Ibidem*, p. 140.
[10] Cf. MASSON (1984), *apud* HANNAH LERMAN, «The Psychoanalytic Legacy», 1988, p. 43.

tizada", as alegações das mães que pedem restrições de visitas para proteção das crianças e não procedendo ás investigações necessárias para proteção das crianças. Esta postura tem como consequência prática a desvalorização das acusações de violência doméstica e abuso sexual, queixas atribuídas a vingança ou a histeria, por influência dos estereótipos negativos das mulheres presentes na nossa cultura. Nos EUA, na sequência da experiência das mulheres nos Tribunais de Família, fizeram-se, em 45 Estados, relatórios elaborados por várias instituições e organizações, como o Supremo Tribunal, os Tribunais Federais e a Ordem dos Advogados, sobre a discriminação de género sofrida pelas mulheres no sistema judicial[11]. Alguns destes relatórios concluíram que os preconceitos de género são mais gravosos nos Tribunais de Família, em especial, quando as mães fazem acusações de abuso sexual de crianças. Assiste-se, também, a este fenómeno nos Tribunais portugueses, em que é retirada a guarda às mães que fazem a acusação de abuso sexual, quando esta não se prova no processo-crime, mas existem indícios corroborados por psicólogos ou médicos que seguem as crianças.

O sucesso da tese da síndrome da alienação parental reside no facto de vivermos, ainda, num ambiente social e judicial, que não está consciente da frequência deste fenómeno do abuso sexual de crianças, em famílias de todas as classes sociais, e que não tem preparação para enfrentar esta realidade. Esta tese, que presume a falsidade das acusações de abuso sexual contra o progenitor da criança, constitui, também, um instrumento utilizado na luta judicial e no discurso social, quer para promover uma ideia positiva e impoluta de paternidade, favorecendo, em geral, os pais-homens na luta pela guarda dos filhos, quer como uma estratégia de defesa daqueles que, em concreto, são acusados de abusarem ou de maltratarem os seus filhos.

---

[11] Cf. STEPHANIE DALLAM, «Are "Good Enough" Parents Losing Custody to Abusive Ex-Partners?», Leadership Council on Child Abuse & Interpersonal Violence, 2008, pp. 8-10, disponível para consulta in http://www.leadershipcouncil.org/1/pas/dv.html.

2. A noção de síndrome de alienação parental, o perfil profissional de Richard Gardner e a origem pró-pedófila das suas teses

A síndrome de alienação parental surgiu, nos EUA, em 1985, com o objetivo de resolver o problema da recusa da criança ao convívio com o progenitor que não tem a sua guarda (geralmente o pai) e de explicar o aumento das queixas de abuso sexual de crianças, em contextos de divórcio. Esta tese difundiu-se rapidamente, nas perícias psicológicas, na fundamentação das decisões judiciais ou nas alegações das partes, quer nos processos civis de regulação das responsabilidades parentais, quer nos processos penais de violência doméstica e de abuso sexual de crianças.

A síndrome de alienação parental foi descrita como uma perturbação da infância que aparece quando a criança recusa relacionar-se com o progenitor sem a guarda, no contexto do divórcio e das disputas sobre guarda e visitas. Este conceito define-se como um conjunto de fenómenos observáveis e que consistem numa campanha, sistemática e intencional, levada a cabo por um dos pais (o progenitor guarda ou residente, normalmente, a mãe), com a aliança dos filhos, para denegrir o outro progenitor (geralmente o pai), acompanhada de uma lavagem ao cérebro das crianças com o objetivo de destruição do vínculo afetivo ao pai[12]. Nos casos mais graves, esta campanha de difamação abrangeria acusações falsas de abuso sexual de crianças.

---

[12] Nestes processos, devem estar presentes, segundo GARDNER, os seguintes critérios de diagnóstico, descritos, em todas os seus trabalhos, da seguinte forma: "1) Campanha para denegrir a pessoa do outro progenitor junto da criança; 2) Razões frágeis, absurdas ou frívolas para a rejeição do progenitor; 3) Falta de ambivalência; 4) O fenómeno do pensador independente; 5) Apoio automático da criança ao progenitor alienador; 6) Ausência de sentimentos de culpa em relação à crueldade e/ou exploração do progenitor alienado; 7) Presença de encenações encomendadas; 8) Propagação de animosidade aos amigos e/ou família alargada do progenitor alienado." Cf. RICHARD GARDNER, «Parental Alienation Syndrome vs. Parental Alienation: Which Diagnosis Should Evaluators Use in Child--Custody Disputes?», *The American Journal of Family Therapy*, 2002, p. 97, disponível para consulta in http://dx.doi.org/10.1080/019261802753573821.

Para compreender o conceito de alienação parental é necessário situá-lo no seu contexto originário e conhecer, também, o perfil profissional do seu autor. O criador da síndrome de alienação parental foi um médico norte-americano, especialista em psiquiatria infantil, Richard Gardner, que fez a sua carreira profissional a defender indivíduos acusados de abuso sexual de crianças e que fez das impressões clínicas retiradas da palavra dos seus clientes, uma teoria para a defesa destes em Tribunal, à qual pretendeu atribuir carácter científico. Esta tese, em sociedades como a nossa, marcadas pela falta de informação e pela negação do fenómeno do abuso sexual de crianças, tem tido um sucesso fulgurante e espalha-se com a facilidade de um rastilho de pólvora, tendo por consequência, nos EUA e também em Portugal, Espanha, Brasil e América Latina, a entrega da guarda e a imposição de visitas, em casos de indícios de abuso sexual praticado por um dos progenitores na constância do casamento e/ou após o divórcio, durante as visitas.

Richard Gardner era um psiquiatra que fazia trabalho não pago na Universidade de Columbia, como voluntário, e que utilizava, nos pareceres que fazia para processos judiciais, o título de Professor, atribuído pela própria Universidade por cortesia. Com efeito, Gardner nunca leccionou efetivamente na Universidade de Columbia, mas a utilização do título permitiu-lhe aproveitar-se do prestígio desta instituição universitária para conferir ao seu trabalho, nas editoras e revistas em que publicou artigos, um reconhecimento académico que de facto não tinha, e para se apresentar, diante dos Tribunais, como um especialista[13].

Gardner criou as suas teses para defender acusados de violência contra as mulheres e/ou de abuso sexual dos/as filhos/as, tendo feito a sua carreira profissional, como perito, a defender homens acusados

---

[13] Cf. JENNIFER HOULT, «The Evidentiary Admissibility of Parental Alienation Syndrome: Science, Law, and Policy», *Children's Legal Rights Journal*, vol. 26, nº 1, 2006, p. 16, texto disponível para consulta *in* http://www.stopfamilyviolence.org/media/Hoult_«SAP»_admissibility.pdf.

de abusar sexualmente de crianças, através da estratégia de desacreditar as vítimas, para inverter as posições e transformar o acusado em vítima[14].

As teorias de Gardner têm uma origem sexista e pedófila, na medida em que o seu autor, num livro auto-publicado, em 1992, intitulado *"True and False Accusations of Child Sex Abuse"*[15], entendia que as mulheres eram meros objetos, receptáculos do sémen do homem, e que as parafilias, incluindo a pedofilia, estão ao serviço do exercício da máquina sexual para a procriação da espécie humana.

GARDNER, neste livro, adotava o discurso legitimador e desculpabilizante da pedofilia, afirmando que *"o incesto não é danoso para as crianças, mas é, antes, o pensamento que o torna lesivo"*, citando uma frase de Shakespeare: *"Nada é bom ou mau. É o pensamento que o faz assim"*[16]. *"Nestas discussões, a criança tem que perceber que, na nossa sociedade Ocidental, assumimos uma posição muito punitiva e moralista sobre encontros sexuais adulto-criança*[17]*"* e que *"(...) a pedofilia foi considerada a norma pela vasta maioria dos indivíduos na história do mundo. "(...) e que ainda hoje, é uma prática generalizada e aceite entre literalmente biliões de pessoas"*[18]. GARDNER afirmava, ainda, contrariando todos os conhecimentos científicos sobre o sofrimento das vítimas, que qualquer dano causado pelas parafilias sexuais não é o resultado das parafilias em si mesmas, mas sim do estigma social que as rodeia: «*O determinante acerca de saber se a experiência será traumática é a atitude social em face desses encontros*»[19], defendendo que «*as atividades*

---

[14] Cf. BAREA PAYUETA/SONIA VACCARO, *El Pretendido Síndrome de Alienación Parental*, Editorial Desclée de Brouwer, 2009, p. 168.

[15] Cf. RICHARD GARDNER, *True and False Accusations of Child Sex Abuse*, Creative Therapeutics, 1992, pp. 1-39. Sobre as raízes pedófilas da síndrome de alienação parental, *vide* JENNIFER HOULT, «The Evidentiary Admissibility of Parental Alienation Syndrome: Science, Law, and Policy», 2006, pp. 18-21 e BAREA PAYUETA/ SONIA VACCARO, *El Pretendido Síndrome de Alienación Parental*, ob. cit., pp. 169-171.

[16] Cf. GARDNER, *True and False Accusations...*, ob. cit., p. 549.

[17] *Ibidem*, p. 549.

[18] *Ibidem*, p. 593.

[19] *Ibidem*, p. 670.

sexuais entre adultos e crianças são "parte do repertório natural da atividade sexual humana", uma prática positiva para a procriação, porque a pedofilia "estimula" sexualmente a criança, torna-a muito sexualizada e fá-la "ansiar" experiências sexuais que redundarão num aumento da procriação.[20]»

Gardner designou a consciencialização crescente da sociedade, em relação ao abuso sexual de crianças, como "histeria"[21], e formulou o desejo de que a sua teoria sobre a sexualidade humana tivesse um papel no despertar de simpatia pelos indivíduos que exibem estas parafilias porque desempenham um papel na sobrevivência da espécie[22].

Trata-se de uma conceção legitimadora da violência sexual e que nega o sofrimento das crianças, bem como os efeitos negativos do abuso sexual no desenvolvimento da criança e na sua vida adulta, a longo prazo. Esta visão do abuso sexual ignora as várias fases do desenvolvimento do ser humano e as necessidades específicas das crianças, assim como o direito da criança ao livre desenvolvimento da personalidade. As afirmações de GARDNER significam uma crença numa sociedade patriarcal assente na propriedade do homem, como chefe de família, sobre mulheres e crianças, ideologia que nega à criança o estatuto de pessoa autónoma e livre, considerando-a um objeto dos adultos, submetido ao poder e livre arbítrio destes. Embora GARDNER tenha afirmado mais tarde que o conceito de SAP não se aplica, quando a criança que revela os sintomas de SAP foi vítima de abuso sexual, físico, emocional, negligência ou abandono da parte do progenitor dito "alienado"[23], os critérios diagnósticos de SAP não distinguem entre aliena-

---

[20] *Ibidem*, pp. 24-25.
[21] *Ibidem, Introduction*, p. xxxvii.
[22] *Ibidem*, p. 42.
[23] Cf. RICHARD GARDNER, «Basic Facts About The Parental Alienation Syndrome», disponível para consulta in http://www.nscfc.com/Basic%20Facts%20About%20Parental%20 Alienation.pdf, onde o autor afirma que "Quando existe abuso, então a resposta da criança pela alienação está justificada e o diagnóstico da Síndrome de alienação parental não é aplicável"; "Quando existe abuso parental verdadeiro e/ou negligência, a animosidade da criança está justificada e a explicação baseada na síndrome de alienação parental não é aplicável á hostilidade da criança."

ção adaptativa e alienação patológica, alienação justificada e não justificada, porque ignoram as causas da alienação[24]. Contudo, estas afirmações devem ser entendidas à luz da teoria da sexualidade humana construída por Gardner, segundo a qual a violência sexual masculina é benéfica para a reprodução da espécie, conceção que contém um conceito de abuso sexual de crianças distinto do da lei penal. É neste contexto que devem ser compreendidas as afirmações de Gardner relativamente às acusações de abuso sexual, presumidas como falsas pelo autor. Na verdade, sabe-se que, na maioria dos casos, o abuso é praticado por familiares da criança, que é seduzida/manipulada pelo abusador e/ou não tem idade para prestar consentimento válido. Contudo, estes casos não estavam abrangidos pelo conceito de abuso sexual defendido por Gardner, na sua teoria da sexualidade humana que considerava a pedofilia como biologicamente natural e benéfica para a sociedade. Esta posição tem como consequência, na aplicação do fenómeno da síndrome de alienação parental, que, se o incesto não é visto como abuso sexual, então nunca pode ser a base para uma alienação justificada e a tentativa da mãe para evitar o contacto sexual do pai com os filhos lesa a sobrevivência da espécie[25]. Gardner entende também que as investigações policiais das alegações de abuso sexual e as entrevistas feitas à criança sobre o alegado abuso promovem o egocentrismo da criança ("ego-enhancing") e que, quando os terapeutas dizem à criança que agora está segura porque o abusador está preso, esta afirmação contribui, não para a recuperação psicológica da criança, mas para o aumento do seu medo[26]. O autor demonstra, com estas afirmações, ter uma visão errada, fútil e cínica acerca dos sentimentos da criança abusada e considerar supérflua a perseguição penal dos abusa-

---

[24] Cf. JENNIFER HOULT, «The Evidentiary Admissibility of Parental Alienation Syndrome: Science, Law, and Policy», 2006, p. 8.
[25] *Ibidem*, p. 19, a propósito da teoria de Gardner relativa à sexualidade humana.
[26] Cf. RICHARD GARDNER, «The Empowerment of Children in the development of parental Alienation Syndrome», *The American Journal of Forensic Psychology*, 20(2):5-29, 2002, disponível para consulta in http://www.fact.on.ca/Info/pas/gard02c.htm.

dores, tendo-se, também, pronunciado contra a qualificação do abuso sexual de crianças, como crime público, e contra a imunidade de quem denuncia[27].

3. Os mitos sobre o abuso sexual de crianças

O fenómeno do abuso sexual tem estado e está, ainda, influenciado por mitos desmentidos pela investigação científica e pelo conhecimento empírico da sociedade. Levou muito tempo até que a sociedade percebesse que o abuso sexual existe e que é um problema muito grave. Em Inglaterra, foi no início do século XX que as médicas que trabalhavam em instituições de meninas descobriram que estas tinham sífilis porque tinham sido sexualmente abusadas e, depois de denunciarem publicamente o problema, foram classificadas de histéricas[28]. Mas, foi nos EUA, que a discussão pública do tema atingiu maior alcance, a partir da década de 70 do século XX, movimento que só teve a mesma dimensão na Europa e em Portugal, no final da década de 90 ou no início do século XXI. O primeiro mito sobre o abuso sexual de crianças, que ainda persiste hoje, é o de que este crime é raro. Pelo contrário, a realidade social demonstra que o abuso sexual de crianças não é um fenómeno excecional e patológico, atingindo uma em cada quatro crianças do sexo feminino e uma em cada sete crianças do sexo masculino, sendo a maior parte destes abusos de natureza intra-familiar[29]. O segundo mito é o de que as mulheres e as crianças quando dizem que foram abusadas ou violadas estão a mentir ou a fantasiar e que, mesmo quando o abuso sexual se verifica,

---

[27] Cf. RICHARD GARDNER, «Revising the Child Abuse Prevention and Treatment Act: Our Best Hope for Dealing with Sex-Abuse Hysteria in the United States», 1993, disponível para consulta in http://ipt-forensics.com/journal/volume5/j5_1_3.htm.
[28] Cf. CAROL SMART, «A History of Ambivalence and Conflict in the Discursive Construction of the Child Victim of Child Sexual Abuse», *Social and Legal Studies*, volume 8, nº 3, 1999, pp. 391 e ss.
[29] Cf. MICHAEL FREEMAN, «The End of the Century of the Child?», *Current Legal Problems*, 2000, p. 533.

a culpa é da criança vítima e da sua mãe. A investigação científica demonstra que as crianças não têm qualquer tendência para terem fantasias sexuais nem para mentirem nestas matérias e que sabem distinguir a fantasia da realidade[30]. A responsabilidade pelo abuso é sempre do abusador, nunca da vítima. A ideia de culpabilização da vítima remonta também às teses de Freud, que concebiam a infância como uma fase de fantasias sexuais e de sedução relativamente ao progenitor do sexo oposto[31]. E, por último, o terceiro mito é a crença, muito difundida ainda hoje, de que o abuso sexual não provoca danos nas crianças.

Para demonstrar o sofrimento das vítimas de crimes sexuais, na infância, trago uma frase de uma menina de 14 anos (vítima de violação com 11 anos), escrita no seu diário, quando teve de enfrentar o violador, cara a cara, em audiência de julgamento, por não ter sido autorizada a vídeo-conferência.

"Se todas as feridas passam porque é que esta também não pode passar? Sinto que assassinaram a minha alma e roubaram a minha infância."

Este crime foi cometido por um estranho à criança, mas a maior parte dos crimes de abuso sexual de crianças são praticados por familiares próximos, inclusive pelo pai da criança, sendo estes últimos os mais traumatizantes e silenciados. Os danos psíquicos sofridos pelas vítimas são mais graves quando o abuso é praticado por um adulto de referência da criança, gerando o dano da traição, a dissociação da personalidade, a perda de autonomia e da sensação de segurança, em que o corpo e o lar são identificados como fonte de perigo. A sociedade ainda não consciencializou estes danos, que a ciência equipara ao stress pós-traumático sofrido pelas vítimas do Holocausto, de tortura e dos

---

[30] Cf. CATARINA RIBEIRO, *A Criança na Justiça, Trajectórias e significados do processo judicial de crianças vítimas de abuso sexual intrafamiliar*, Coimbra, 2009, pp. 115 e ss.
[31] Cf. SUSANA MARIA, «A participação da comunidade na prevenção dos abusos sexuais de crianças», *Análise Psicológica*, 2007, XXV, 1, p. 14.

veteranos da guerra[32]. Perante danos desta dimensão, não se compreende, a não ser por uma ignorância censurável nos dias de hoje, que os Tribunais e os profissionais de psicologia, que coadjuvam a função judiciária, nos processos de regulação de responsabilidades parentais, encarem as alegações de abuso sexual com ligeireza e facilitismo, acabando a impor visitas à criança ou a entregar a guarda ao progenitor suspeito de abuso sexual, com base em diagnósticos de doenças psicóticas atribuídas à mãe e à criança elaborados por psicólogos sem habilitações para o efeito e sem perícias médicas rigorosas.

A minha comunicação parte do pressuposto, de acordo com conhecimentos empíricos da sociedade, de que o abuso sexual de crianças e a violência doméstica contra as mulheres, dentro da família, são fenómenos epidémicos, caracterizados pelo silêncio das vítimas e pelo elevado número de cifras negras, ou seja, de casos que nunca são denunciados ao sistema. Historicamente, e durante cerca de cinco mil anos de patriarcado, os homens tinham o direito de agredir as mulheres e as crianças, e o direito ao corpo das mulheres. Só com o Código Penal de 1982 é que a violação dentro do casamento é considerada crime pela lei, só com a Reforma de 1995 é que se autonomizou o crime de abuso sexual de crianças e, só desde 2007, os crimes de violência doméstica e de maus tratos abrangem os castigos corporais. A tipificação recente destes crimes e o aumento de queixas subsequente criam na sociedade, habituada a ver a família e o casamento de uma forma romantizada, movimentos e atitudes que visam desacreditar as vítimas e negar o fenómeno do abuso sexual de crianças. Estes movimentos ou atitudes sociais designam-se pela expressão inglesa de *backlash*, que significa uma reação adversa a algo que atingiu alguma proeminência como preocupação social e política, como é o caso do tema da proteção das vítimas de violência. O *backlash* é estimulado, na sociedade, por movimentos de

---

[32] Cf. Daniel Goleman, *Inteligência Emocional*, tradução portuguesa, 1996, pp. 224-225; Yvonne Darlington, *Moving On, Women's Experiences of Childhood Sexual Abuse And Beyond*, The Federation Press, 1996; *I Never Told Anyone, Writings by Women Survivors of Child Sexual Abuse*, Edited by Ellen Bass and Louise Thorton, 1983.

homens que não querem perder os privilégios que tinham em relação às mulheres e às crianças, tradicionalmente vistas como propriedade do chefe da família. Para o efeito, utiliza-se o discurso do pai heróico que reivindica a igualdade e o direito de cuidar dos filhos, quando, na verdade, o que se pretende é a manutenção, para depois do divórcio, dos poderes que estes homens detinham, de facto, na constância do casamento.

4. Acusações de abuso sexual e incumprimento de visitas: estudo de casos

Ao conhecimento das Associações organizadoras desta Conferência têm chegado casos, vindos de todos os pontos do país, de Trás-os--Montes ao Algarve, e ainda não transitados em julgado, dramáticos pelos riscos a que as crianças estão sujeitas e pelo facto de muitas delas nem sequer serem ouvidas pelos Tribunais. Em todos estes processos, há indícios fortes de abuso sexual ou de violência doméstica e em todos eles surgem pareceres de psicólogos com diagnósticos de síndrome de alienação parental, recomendando a transferência da guarda para o progenitor suspeito destes crimes. Verifica-se, também, que as sentenças de 1ª instância, mesmo que não utilizem a designação síndrome de alienação parental, seguem as recomendações inerentes a este fenómeno descrito por Richard Gardner e por este interpretado como patologia.

Através da jurisprudência publicada dos Tribunais superiores, pode--se deduzir que os Tribunais de 1ª instância estão a aplicar o conceito de (síndrome de) alienação parental e a chamada terapia da ameaça, que culmina com a transferência da guarda para o progenitor "alienado", mesmo que suspeito de abuso sexual ou violência doméstica. Uma vez que a maior parte das sentenças dos Tribunais de 1ª instância não são objeto de recurso, podemos concluir que o número de casos em que a síndrome de alienação parental é invocada é muito superior aos casos que chegam aos Tribunais da Relação.

A primeira vez que pude verificar a aplicação judicial do fenómeno da síndrome de alienação parental e os riscos desta tese para os direitos das crianças e das suas mães foi num despacho de arquivamento de um processo-crime de abuso sexual (Ministério Público, Tribunal Judicial de Vila Nova de Gaia, despacho de arquivamento de 17-01-2005, Processo nº 64/04.8GAVNG), cuja queixa tinha sido apresentada por uma mãe, em processo de separação do companheiro, contra este, progenitor de uma menina de 3 anos e meio, filha de ambos. A mãe era operária e a sua formação abrangia apenas o ensino primário. O progenitor era barbeiro. No processo de regulação das responsabilidades parentais (Processo 1357/04.OTBVNG), a mãe, que, nesta fase do processo não estava representada por advogado, opõe-se às visitas, mas assina o acordo de visitas, por medo de perder a guarda. Segundo narrou, o juiz disse-lhe "ou deixa o pai ver a menina ou tiro-lhe a menina".

No processo-crime, o arquivamento fundamentou-se no facto de o exame de sexologia forense não revelar a presença de traumatismo sexual, na palavra do arguido que negou os factos que lhe eram imputados e no fenómeno da síndrome de alienação parental. A decisão referia a posição de Gardner, segundo a qual, 95% das acusações de abuso sexual de crianças, em processos de divórcio ou de separação, eram falsas, citando um artigo escrito pela psicóloga Maria Saldanha no Jornal Público, de 27/9/2001, onde se afirma o seguinte, conforme está reproduzido no despacho:

"é hoje moda acusar-se os pais de abusarem sexualmente dos filhos. Os processos litigiosos de regulação do poder paternal estão repletos destas malévolas alegações. A razão do alastrar destas acusações está ligada ao sucesso estrondosamente rápido deste tipo de "encenação". (...) Gardner – professor de Psiquiatria na Universidade de Columbia – e outros autores afirmam uma verdade muito simples "Em 95% dos casos as acusações de assédio sexual nos Tribunais de família são falsas e são mais de 70 por cento verdade em sede de Tribunal de Menores".

Após recurso hierárquico, bem sucedido, contra este despacho, o processo-crime prosseguiu (Processo nº 64/04.8GAVNG) e na sentença da 2ª Vara Mista do Tribunal de Comarca de V. N. de Gaia, de 21-12-2005, confirmada pelo acórdão da Relação do Porto, de 11-09-2006 (jurisprudência não publicada), o arguido foi condenado a uma pena de prisão de três anos, suspensa na sua execução, pelo crime continuado de abuso sexual de crianças agravado (arts. 172º, nº 1 e 177º, nº 1, al. a) do CP), juntamente com a pena acessória de inibição do poder paternal, por um período de oito anos (art. 179º do CP), com base nos seguintes factos:

"Entre os 3 e 4 anos de idade da Maria (nome fictício), em várias ocasiões, quase sempre quando tomava banho nu com a filha, após chegar a casa vindo do trabalho, o arguido convencia a Maria a palpar-lhe e a beijar-lhe o pénis, enquanto que por sua vez a beijava na região vaginal.

Por vezes, quando se encontrava a sós com a Maria a vesti-la no seu quarto, solicitava à filha que lhe beijasse o pénis, enquanto ele próprio a beijava na zona genital."

O progenitor, confrontado com os factos, em sua defesa, perante o Ministério Público, referindo-se ao seu órgão genital, disse que *"não havia problema porque estava lavada"* e, em audiência de julgamento, afirmou que estava a ensinar à filha as «coisas da vida» para ela aprender «a ser uma mulher».

O Procurador-Geral Adjunto, no Tribunal da Relação do Porto, em parecer datado de 30 de Março de 2006, emitiu opinião, segundo a qual a matéria de facto considerada provada pelo Tribunal de 1ª instância devia ser alterada, de forma a que a expressão, "o arguido *convencia* a filha", fosse substituída pela expressão "o arguido *permitiu* que a filha", como se o facto de a iniciativa eventualmente ter sido da criança mudasse a qualificação jurídico-criminal dos factos como actos sexuais de relevo, integradores do tipo legal de crime de abuso sexual de crianças. Na fundamentação deste parecer, para negar o carácter de actos sexuais de relevo aos factos provados, foi utilizada a doutrina defendida por Figueiredo Dias no Comentário Conimbricense do Código Penal[33]:

"Ao exigir que o acto sexual seja de relevo a lei impõe ao intérprete que afaste da tipicidade não apenas os actos insignificantes ou bagatelares, mas

---

[33] Cf. FIGUEIREDO DIAS (coordenação), *Comentário Conimbricense do Código Penal*, Tomo I, Coimbra, 1999, pp. 447 e ss.

> *que investigue do seu relevo na perspetiva do bem jurídico protegido (função positiva); é dizer, que determine – ainda aqui de um ponto de vista objetivo – se o acto representa um entrave com importância para a liberdade de determinação sexual da vítima... Com o que ficam excluídos do tipo actos que, embora "pesados" ou em si "significantes" por impróprios, desonestos, de mau gosto ou despudorados, todavia, pela sua pequena quantidade, ocasionalidade ou instantaneidade, não entravem de forma importante a livre determinação sexual da vítima."*

A doutrina penalista (e alguma jurisprudência) tem-se revelado excessivamente preocupada em distinguir o acto sexual de relevo de actos contra os bons costumes ou imorais, fora do domínio do direito penal, excluindo do conceito acto sexual de relevo actos que não seriam suficientemente graves para serem "de relevo", de acordo com a apreciação subjectiva do intérprete, mas que, para o senso comum e do ponto de vista da vítima, são, sem dúvida, actos sexualmente abusivos. Esta visão restritiva do conceito de acto sexual de relevo contribui para a descriminalização das variadíssimas formas que os abusadores de crianças têm de praticar os actos sexualmente abusivos, descriminalização que não foi, seguramente, visada pelo legislador, quando tipificou, como crime autónomo, o tipo legal de abuso sexual de crianças. Este tipo de considerações conceituais, referidas neste Parecer e nesta doutrina, resultam da falta de formação especializada nesta matéria e da falta de compreensão do conceito de abuso sexual de crianças, típica de uma sociedade que tem dificuldade em conceber as crianças como pessoas autónomas dos seus progenitores e que ignora o seu sofrimento, bem como o seu medo em relação à sexualidade adulta. Fazendo uma interpretação sociológica deste Parecer apresentado pelo MP, neste processo, leio nele a displicência tantas vezes demonstrada, pelas classes mais altas, em relação ao sofrimento das crianças pobres, e a dupla moral, em relação aos seus filhos e aos filhos dos outros. Na época, fiz uma exposição ao Senhor Procurador-Geral da República sobre este caso, denunciando a aplicação, pelo Ministério Público, de teses sem validade científica como a síndrome de alienação parental e a noção restritiva de acto sexual de relevo adotada no parecer de 30 de Março de 2006.

O Tribunal da Relação do Porto manteve a decisão do Tribunal de Vila Nova de Gaia e o conceito amplo de acto sexual de relevo, aceite pela jurisprudência dominante[34]:

"Ora, os actos praticados pelo arguido são actos sexuais pelo modo, locais e formas como foram realizados e segundo a manifesta motivação e objetivos do arguido, ou seja, satisfazer os seus instintos libidinosos. E o comportamento do arguido, ao convencer a sua filha, quando tinha 3 a 4 anos de idade, a apalpar-lhe e a beijar-lhe o pénis, enquanto lhe beijava a zona genital quando tomava banho nu com ela e ao solicitar-lhe que lhe beijasse o pénis enquanto lhe beijava a zona genital quando a vestia no quarto dela, não pode deixar de ser considerado como um acto sexual de relevo. A conduta praticada pelo arguido revela, pois, um desrespeito pelos mais elementares valores ético-sociais, fazendo tábua rasa da protegida liberdade sexual de um outro ser humano que no caso é uma criança."

Este caso demonstra os perigos do conceito de síndrome de alienação parental para a proteção da criança sexualmente abusada e a falsidade dos seus pressupostos, e ilustra, também, que o facto de os exames forenses não serem conclusivos não exclui a hipótese de ter ocorrido um abuso sexual da criança, pois a maior parte dos abusos sexuais não deixa marcas físicas no corpo da criança e, mesmo que existam lesões, a criança recupera rapidamente e pode já não as revelar no dia em que faz o exame[35]. É essencial atender ao testemunho da criança e valorizar este meio de prova, como a prova rainha no processo, pois os crimes violentos não são praticados diante de testemunhas e as crianças, contrariamente ao afirmado por teses antigas já desactualizadas, têm capacidade de discernimento para testemunhar e para distinguir a fantasia da realidade, a partir dos 4 anos[36].

---

[34] Cf. Varas de Competência Mista e Comarca de V. N. de Gaia, 2ª Vara Mista, 21-12-2005 (Proc. Nº 64/04.8GAVNG).
[35] Cf. JOAN ZORZA, «Child Custody Cases, Incest Allegations and Domestic Violence: Expert Insights and Practical Wisdom», 2006, p. 4.
[36] Cf. CATARINA RIBEIRO, *As Crianças e a Justiça*, ob. cit., pp. 115 e ss.

A advogada da mãe, a Dra. Emília Genésio, assistente no processo-crime, afirma ter sido tratada com suspeição por todas as entidades envolvidas no processo: o Ministério Público, o Instituto de Medicina legal e os serviços da Faculdade de Psicologia encarregados da avaliação psicológica da criança. Esta experiência também nos permite deduzir importantes conclusões quanto ao exercício da advocacia. Estes casos precisam de uma forma de advocacia empenhada e lutadora, centrada na proteção da criança e na valorização do seu testemunho, e não no que fica bem ou mal para o cliente adulto e para a imagem do/a advogado/a. Por vezes sucede que, mesmo os advogados da mãe, porque não têm formação especializada na matéria, começam a duvidar da sua cliente, quando os relatórios de sexologia forense e de avaliação psicológica apresentam resultados inconclusivos. Contudo, quando há no processo um testemunho da criança prestado a um ou a vários profissionais, segundo o qual ela narra factos que consubstanciam abuso sexuais praticados pelo pai, é pela validação do testemunho da criança que o/a advogado/a deve lutar, optando sempre, nos seus requerimentos ao processo, pela solução mais protetora para a criança – a restrição de visitas – e lutando, para convencer o Tribunal de que está movido/a pela sua preocupação com o bem-estar da criança e não pelo interesse do adulto, seu cliente.

Neste processo, aliás, o Tribunal devia nomear um defensor oficioso para a criança, ao abrigo dos princípios da Lei de Proteção de Crianças e Jovens em Perigo, aplicáveis aos processos de regulação das responsabilidades parentais, por força da remissão do art. 147º-A da OTM. Claro que o MP pode sempre pedir uma medida de proteção ao abrigo do art. 148º, nº 3 da OTM, mas sabemos que, muitas vezes, por excesso de trabalho ou por alinhar com um/a juiz/a que perfilha a tese da síndrome de alienação parental, não está suficientemente atento/a. A própria designação do processo como "Regulação das responsabilidades parentais" apaga, no plano simbólico, a pessoa da criança e a sua voz, pois invoca na mente dos profissionais o conflito entre os adultos e a visão subjectiva desse conflito como um "capricho" ou "vingança" da mãe, ignorando-se que está em causa uma mãe a lutar pela defesa do seu filho/a contra a suspeita de um crime gravíssimo, como o abuso sexual de crianças, crime, no qual, ela própria teve dificuldade em acreditar, quando observou os primeiros sinais ou quando a criança revelou os factos.

Os casos de alegações de abuso sexual acompanhadas de relatos infantis do mesmo abuso exigem dos Tribunais e das entidades que coadjuvam a função judiciária a atitude de colocar o interesse da criança acima dos interesses dos adultos. Por respeito para com o direito da criança à proteção do Estado e da sociedade (art. 69º, nº 2 da CRP), o sistema tem que presumir a boa fé da pessoa que faz a acusação ou a alegação de abuso sexual e ponderar, num processo tutelar cível, o testemunho da criança, bem como os relatórios feitos pelos psicólogos ou pediatras que a seguem, mesmo que os relatórios do Instituto de Medicina Legal tenham sido inconclusivos.

O trabalho de GARDNER, fazendo incidir a investigação judicial numa presunção de que a criança e a mãe mentem e descurando a questão de saber se o progenitor atingido é desleal ou se se comportou de uma forma que possa explicar a aversão da criança, tem contribuído para branquear o fenómeno do abuso sexual de crianças, na medida em que funciona como um conselho aos juízes de que não devem levar a sério alegações de abuso sexual, em processos de guarda de crianças, mesmo quando sustentadas num parecer de um(a) psicólogo(a) que entrevistou a criança.

Desde esta data, que a jurisprudência publicada tem dado notícia de casos de recusa de visitas da criança ao progenitor sem a guarda, em que este intenta sucessivos processos de incumprimento, culminando estas situações com decisões judiciais a decretar a entrega forçada da criança mediante arrombamento de portas[37] e com um pedido de alteração da guarda pelo pai com base na síndrome de alienação parental.

Relativamente aos processos de incumprimento dos regimes de visitas, os Tribunais de 1ª instância, tanto quanto se pode concluir pela aná-

---

[37] Cf. RL 26-01-2010 (Relatora: ANA RESENDE) e RL 15-12-2009 (Relatora: ROSA RIBEIRO COELHO), in *Base Jurídico-Documental do MJ, www.dgsi.pt*.

lise da jurisprudência das Relações, têm aplicado as recomendações de Richard Gardner – condenação do progenitor guarda em multa e "terapia da ameaça" de transferência da guarda – sem que fiquem provados factos suficientes para fundamentar a decisão, indício de que a síndrome de alienação parental está a ser aplicada sem base factual e através de presunções de culpa da mãe.

No processo de regulação das responsabilidades parentais do acórdão do Tribunal da Relação de Guimarães, de 06-01-2011, o Tribunal de 1ª instância condenou a mãe a pagar multa e indemnização, ao abrigo do art. 181º da OTM, devido ao incumprimento do regime de visitas, apesar de a menina, com seis anos de idade, ter afirmado que *"O pai é mau, bate na mamã e no tio Zé", "...não quero ir com ele..."*. A Relação de Guimarães revoga a condenação da mãe, por entender que não tinha ficado provado no processo o carácter culposo do incumprimento. Neste caso, o Tribunal de 1ª instância, por força de falta de formação especializada sobre violência doméstica, requisito que devia ser essencial para os magistrados nos Tribunais de Família, não considerou relevante o facto de a criança assistir a agressões físicas do pai contra a mãe, quando está demonstrado pela investigação científica que tal constitui um mau-trato psíquico da criança, mais grave do que a vitimação por agressão física direta contra si[38].

No acórdão da Relação de Lisboa de 21-05-2009 (Relatora: GRAÇA ARAÚJO)[39], o Tribunal, por falta de matéria de facto, anulou a decisão de 1ª instância, a qual tinha ordenado a execução do regime de visitas com intervenção policial, inclusive com arrombamento de portas e condenação da mãe em multa e indemnização por incumprimento, com base na síndrome de alienação parental.

O Tribunal da Relação de Coimbra, no acórdão de 16-11-2010 (Relator: TELES PEREIRA)[40], num caso de indícios de abuso sexual de

---

[38] Cf. ANA SANI, *As crianças e a violência: Narrativas de crianças vítimas e testemunhas de crimes*, Quarteto Editora, Braga, 2002.
[39] Cf. *Base Jurídico-Documental do MJ*, www.dgsi.pt.
[40] Cf. *Base Jurídico-Documental do MJ*, www.dgsi.pt.

uma criança associado ao regime de visitas ao progenitor não guardião, entendeu que esta situação "consubstancia um elevado perigo para a menor, justificando amplamente a restrição desse direito de visitas até ao ponto de estar totalmente garantido o afastamento desse perigo". O Tribunal justifica esta medida de proteção, no reconhecimento de que o "dano psicológico criado pelo abuso sexual persiste na idade adulta, como memória traumática produtora de sofrimento".

Contudo, nem sempre as acusações de abuso sexual, normalmente traduzidas na verbalização da criança, são levadas a sério pelo sistema, atribuindo o Tribunal estas declarações a memórias falsas da criança incutidas pela mãe. Na decisão do Tribunal Judicial de Fronteira, de 22-06-2009, uma criança do sexo feminino com sete anos de idade, que recusava visitas ao pai e o acusava de abuso sexual, alegando que o pai mexe "no corpo todo e no pipiu", foi institucionalizada por ordem do Tribunal, durante um ano, com a finalidade de, nas palavras do Tribunal, se obter a "reconstrução da personalidade" da criança, mediante o restabelecimento da relação com o pai e suspensão transitória de visitas da mãe, a pessoa de referência da criança, que cuidava de si, desde o nascimento. Esta decisão trata a criança como um "objeto" depositado numa instituição, priva-a dos seus afetos e viola o seu direito fundamental à participação (art. 12º da Convenção dos Direitos da Criança), negando-lhe o direito de audição, e desconsiderando a sua opinião e sentimentos, para ter em conta unicamente a opinião do adulto, o progenitor sem a guarda. Também não foram ponderados, pelo Tribunal, os danos resultantes da desvinculação da criança em relação à pessoa de referência. Verificou-se, neste processo, um excesso de intervenção do Estado na família, que viola os princípios orientadores desta intervenção consagrados no artigo 4º da Lei de Proteção de Crianças e Jovens em Perigo e os direitos fundamentais da criança à liberdade, ao desenvolvimento integral, à continuidade da sua relação afetiva com a pessoa de referência e à participação nas decisões que lhe dizem respeito, resultantes dos artigos 25º, 26º e 69º da CRP, bem como do art. 12º da Convenção dos Direitos da Criança.

No acórdão da Relação de Lisboa, de 19-05-2009 (Processo nº 2190//03.1TBCSC-B.L1-7)[41], perante acusações de abuso sexual dirigidas por duas meninas contra o pai, o Tribunal da Relação não considerou provados os abusos sexuais alegados, devido à discrepância entre o resultado dos exames biológicos e de sexologia forense feitos na ocasião da queixa, os quais não eram conclusivos, e os exames pedopsiquiátricos feitos mais tarde, os quais se pronunciavam pela ocorrência dos abusos. Uma das crianças, a mais gravemente abusada, narrou da seguinte forma o sucedido:

> *"O pai tirava-lhe as calças e as cuecas, punha-a de cabeça para baixo e punha-lhe a (...) na boca, e que, numa das vezes em que o pai lhe colocou a (...) boca, ela vomitou dentro do carro e que o pai lhe disse: "tu és má, tu és má", e que a "A" lhe referia também que o pai lhe esfregava o pipi com a (...). No fim, ficava "espuma de sabão no chão". No fim, sentava-a ao colo dele, dizendo-lhe: "És muito linda e vais ser minha para sempre".*

O Tribunal, baseando-se em autores cujas teorias não são aceites pela comunidade científica, Elizabeth Loftus e Enrico Altavilla[42], entendeu que o testemunho das crianças não era válido, devido à tendência destas para confabulações e fantasias, não tendo ponderado devidamente a precisão e os detalhes dos testemunhos, as emoções que acompanhavam as palavras, bem como o seu conteúdo sexual, insusceptível de ser fantasiado por crianças tão pequenas. Com efeito, a investigação científica demonstra que as crianças não têm tendência a

---

[41] Cf. acórdão da Relação de Lisboa, de 19-05-2009, (Relator: ARNALDO SILVA), in *Base Jurídico-Documental do MJ, www.dgsi.pt*.

[42] ELIZABETH LOFTUS criou a teoria das falsas memórias de abuso sexual e é acusada, nos EUA, de violação de regras éticas no seu trabalho de investigação. Quanto aos trabalhos de ENRICO ALTAVILLA, *Psicologia Judiciária*, Vol. I, 1981 e *Processo Psicológico e a Verdade Judicial*, Vol. I, trata-se de trabalhos que remontam a épocas em que não havia, ainda, conhecimentos do fenómeno do abuso sexual de crianças e do seu carácter epidémico, que atinge cerca de 15% dos meninos e 25% das meninas, optando o sistema judicial e social, por falta de conhecimentos, pela imputação à criança de fantasias.

mentir e que revelam elevadas competências testemunhais e comunicacionais, assim como uma capacidade de discernimento superior à que lhes é frequentemente atribuída, percebendo a diferença entre a verdade e a mentira, geralmente, a partir dos 4 anos[43]. O Tribunal, contudo, apesar de não considerar provada a ocorrência de abuso sexual, estava consciente dos riscos que o convívio com o pai significava para as meninas, tendo suspendido provisoriamente o regime de visitas, para respeitar a vontade destas, que recusavam ver o pai e mostravam uma forte aversão e medo em relação a este. O Tribunal considerou provado que a rejeição da figura paterna era fruto de uma decisão livre das crianças, entendendo que não havia indícios de que estas tivessem sido objeto de coação moral e indução psicológica pela mãe e que não se podia afirmar a existência de síndrome de alienação parental (SAP), tese que nem sequer teria validade científica.

No caso decidido pelo acórdão do Tribunal da Relação de Lisboa, 12-1-2009[44], o Tribunal entendeu que a rejeição da criança estava justificada pela ruptura dos laços afetivos provocada pelo abuso sexual de que fora vítima pelo pai, aceitando como meios de prova o testemunho da criança e o parecer médico, bem como os testemunhos da mãe e da tia, pela sua firmeza e coerência. O Tribunal considerou que o progenitor era uma "referência negativa" para a criança e negou-lhe o direito de visita. Este acórdão baseou-se na melhor literatura sobre o testemunho infantil[45] e no estatuto da criança como sujeito de direitos, dotada de inteligência e capacidade de expressão, tendo negado as teses antigas da tendência infantil para a confabulação e para a dificuldade de distinção entre a ficção e a realidade.

---

[43] *Vide* os resultados da literatura citada por CATARINA RIBEIRO, *Criança na Justiça, Trajectórias e significados do processo judicial de crianças vítimas de abuso sexual intrafamiliar*, ob. cit., pp. 115 e 117.
[44] Cf. 12-01-2009 (Relator: JORGE LEAL), in *Base Jurídico-Documental do MJ*, www.dgsi.pt.
[45] Cf. CATARINA RIBEIRO, *A criança na justiça, trajectórias e significados do processo judicial de crianças vítimas de abuso sexual intrafamiliar*, 2009; MARISALVA FÁVERO, *Sexualidade infantil e abusos sexuais a menores*, 2003; CRISTINA SOEIRO, «O abuso sexual de crianças: contornos da relação entre a criança e a justiça», *Sub Judice*, nº 26, 2003, p. 24.

Neste processo, o progenitor apresentou um rol de testemunhas, atestando o seu bom carácter e dedicação à filha, e um parecer de uma psicóloga e mediadora familiar, que diagnosticava síndrome de alienação parental, posição que não foi aceite pelo Tribunal. Nos casos em que o progenitor acusado de abuso pertence a uma classe social média/alta, alguns técnicos e magistrados têm dificuldade em aceitar que possa ser um abusador de crianças, devido aos estereótipos culturais do criminoso, nos quais não se encaixa um progenitor que goza de boa imagem social. GARDNER, para defesa dos seus clientes explorava este estereótipo, quando na distinção que fazia entre SAP e acusações de abusos feitas de boa fé, considerava que o progenitor abusador seria um homem psicopata, com padrão de personalidade agressivo desde a infância, com perturbações e impulsividade, que resolve conflitos pela força física, que está desempregado ou revela comportamento violento com outras pessoas e no trabalho, e que faz gastos excessivos consigo próprio, no álcool ou no jogo, em vez de apoiar financeiramente a família[46]. Pelo contrário, sabe-se, hoje, com toda a segurança, que os abusadores de crianças podem ser indivíduos de todas as classes sociais, não revelando qualquer psicopatia e tendo um comportamento social e laboral, sem sinais de violência ou agressividade.

Na fundamentação da decisão, o Tribunal da Relação de Lisboa afirmou, de acordo com a investigação científica, que não existe um perfil psicológico típico de abusador, não apresentando este, em regra, qualquer psicopatologia. Continua o acórdão, afirmando que "a boa inserção sócio-profissional do requerido não garante a impossibilidade de ter praticado os actos referidos pela filha" e que "Os abusos sexuais ocorrem em todas as classes sociais, e níveis sócio-económicos e culturais".

Há, contudo, um aspecto, que considero questionável, na fundamentação do acórdão, plasmado na afirmação do Tribunal de que a mãe

---

[46] Cf. GARDNER, «Differentiating between Parental Alienation Syndrome and Bona Fide Abuse-Neglect», *The American Journal of Family Therapy*, 1999, vol. 27, nº 2, pp. 102, 103 e 105-106.

fez bem em não ter intentado um processo-crime, evitando assim, a vitimização secundária da criança. Compreende-se o receio de quem quer proteger as crianças de um processo-crime, prolongado e excessivamente garantístico. Mas a lei já tem meios para evitar as múltiplas audições da criança, através das declarações para memória futura e do recurso à vídeo-conferência. Por outro lado, a literatura norte-americana tem demonstrado que a ausência de condenação do agressor, em processo-crime, significa uma desvalorização do sofrimento da criança e da gravidade dos factos de que foi vítima, que lesa, no futuro, a sua auto-estima. A criança tem direito à justiça e a punição do abusador é importante para a sua recuperação psicológica. Deixar o agressor partir em liberdade, sem condenação, em processo-crime, não faz justiça à criança e desvaloriza-a como pessoa.

Nos processos-crime, a síndrome de alienação parental também é invocada pelos advogados do réu, embora com menos sucesso do que nos Tribunais de Família. Veja-se, por exemplo, o acórdão da Relação de Coimbra, de 28-04-2010[47], em que o arguido, que veio a ser condenado por crime de violência doméstica, invocou a seu favor, como estratégia de defesa, a existência de síndrome de alienação parental, caracterizada por uma relação exclusivista entre a mãe e a filha, que teria conduzido à manipulação da criança pela mãe, para que testemunhasse contra o pai. O Tribunal, contudo, rejeitou a existência da alegada síndrome, considerando o testemunho da filha do arguido de 14 anos de idade rigoroso, objetivo e credível e como o principal meio de prova dos factos.

Neste momento, a jurisprudência dos Tribunais da Relação, quanto à validade científica da síndrome de alienação parental, está dividida entre um acórdão da Relação de Lisboa que a rejeita, o acórdão de 19-05-2009, que, como vimos, num caso de alegações de abuso sexual não provadas, suspende provisoriamente as visitas por respeito pela vontade das crianças, e o acórdão da Relação de Lisboa, de

---

[47] Acórdão da Relação de Coimbra, de 28-04-2010 (Relator: ALBERTO MIRA), in *Base Jurídico-Documental do MJ*, www.dgsi.pt.

26-01-2010[48], que aceita a validade da tese da síndrome de alienação parental, transferindo a guarda da mãe para o pai, em execução da recomendação de Gardner, num caso de acusação de abuso sexual contra o progenitor, que não ficou provada.

A fundamentação do Tribunal, para transferir a guarda, escudou-se em elementos bibliográficos provenientes exclusivamente do lado dos defensores da tese da síndrome de alienação parental, o caso da obra de José Manuel Aguilar, *Síndrome de Alienação Parental – Filhos manipulados por um cônjuge para odiar o outro,* Janeiro de 2008, não tendo o Tribunal consultado obras dos autores que rejeitam a validade científica desta tese e apontam os seus perigos.

Analisando a fundamentação do acórdão, nota-se que não foi levado em conta o facto de a mãe ser a pessoa de referência da criança nem os danos que resultam, para a criança, da separação, desconsiderando o Tribunal que o arquivamento do processo-crime não significa uma presunção de que a mãe mentiu e que há abusos efetivamente verificados que nunca chegam a provar-se. Apesar da convicção quanto à não ocorrência dos abusos sexuais, resultante do princípio da livre apreciação da prova, o Tribunal deve proteger a criança de qualquer mudança brusca na sua vida e respeitar a relação afetiva da criança com a sua pessoa de referência. A síndrome de alienação parental dita uma resposta demasiado fácil aos Tribunais, que significa a prevalência dos interesses do pai em relação aos interesses da criança e a penalização da mãe, com a perda da guarda, pela falta de prova do abuso sexual, ainda que também não conste dos factos provados a falsidade da acusação. O pai reclamava o exercício coercivo do direito de visita, através das forças policiais, atitude, normalmente, reveladora de um sentimento de posse e de egoísmo do progenitor e não de preocupação com os direitos dos filhos. Segundo a perícia elaborada, em 2.04.2008, *"apesar de não existirem sinais físicos de abuso sexual, o facto é que o menor tem revelado perturbações comportamentais que coincidem com o período de reapro-*

---

[48] RL 26-10-2010 (Relatora: ANA RESENDE), in *Base Jurídico-Documental do MJ,* www.dgsi.pt.

ximação do mesmo ao progenitor (designadamente gaguez, instabilidade psicomotora constatada pela técnica da segurança social que o recebeu no hospital, o não saber desenhar e brincar, relatados pela educadora de infância do menor), elemento que parece não ter sido ponderado pelo Tribunal que acentuou, antes, o facto de as visitas mediadas pelo IRS terem ocorrido de forma positiva, o exame psiquiátrico relativo às competências parentais da mãe e o facto de esta delegar as suas funções na avó materna do menor.

Relativamente ao primeiro fundamento, o facto de as visitas mediadas pelo IRS terem corrido de forma positiva, na perspetiva dos técnicos que as acompanharam, não significa que a criança não tenha sido abusada nem que a relação com o pai seja boa para o exercício da parentalidade de forma adequada. Com efeito, a investigação científica demonstra que a criança maltratada ou abusada, quando não se sente protegida pelo sistema, faz uma aliança com o abusador[49], tendendo a relacionar-se com este de forma positiva, como uma forma de adaptação ao mau-trato ou de resiliência, para sobreviver a violências psicológicas profundas perante as quais se sente impotente.

Nos casos de alegações de abuso sexual, os Tribunais e os psicólogos nomeados pelo Tribunal para acompanhar a família, pensam que, se tivesse acontecido um abuso sexual, a criança demonstraria medo ou insegurança junto do abusador, convencendo-se de que, quando a criança manifesta afeto ou alegria em conviver com este progenitor, tal significaria que o crime de abuso sexual não tinha ocorrido. Contudo, não existe nenhuma prova empírica para sustentar esta ideia e o que se sabe dos abusadores indica que estes manipulam e seduzem a criança, que ignora ou não tem consciência que está a ser maltratada ou abusada[50]. Num contexto em que a maior parte dos abusos não deixa

---

[49] LENORE WALKER et. al., «A Critical Analysis of Parental Alienation Syndrome and Its Admissibility in the Family Court», *Journal of Child Custody*, 2004, p. 55.
[50] Cf. JOAN ZORZA, «Child Custody Cases, Incest Allegations and Domestic Violence: Expert Insights and Practical Wisdom», 2006, *ob. cit.*, p. 5.

marcas físicas no corpo da criança e em que não temos profissionais especializados em coadjuvar as funções judiciais, nesta questão tão complexa, os Tribunais não devem confiar a guarda ao progenitor suspeito de um crime tão grave. No domínio do processo tutelar cível, prevalece a proteção do interesse da criança sobre a proteção do adulto. A presunção de inocência e o princípio *in dubio pro reu* operam, apenas, nos processos-crime. Nos processo tutelares cíveis, não se pode fazer "tábua rasa" destas suspeitas ou ficcionar que não existem, nem praticar a temeridade, como recomenda a tese da síndrome de alienação parental, de confiar a guarda da criança ao progenitor suspeito. O Tribunal que adota esta solução está a demitir-se da sua função de proteger a criança, para proteger, afinal, a reputação do adulto acusado. Nenhum Tribunal deve confiar a guarda a um progenitor acusado de um crime tão grave nem impor visitas coativamente, nos casos em que se verifica a hipótese de ter ocorrido um abuso sexual. Mesmo quando os exames não são conclusivos, a verdade é que também não fica excluído o abuso. Esta dúvida é lesiva dos interesses do adulto. Mas numa questão destas, não se pode pôr em risco a criança. Proteger a criança é a função do Tribunal, e, para uma criança, mais grave do que crescer sem pai, é, seguramente, crescer junto de um pai que abusa sexualmente de si.

A guarda da criança deve manter-se junto da sua pessoa de referência, que cuida da criança desde o nascimento e a quem foi entregue no momento da separação do casal. A transferência da guarda para o pai suspeito de abuso sexual viola regras de bom senso e de respeito pelo superior interesse da criança.

Esta decisão judicial assentou, também, em fundamentos discriminatórios para a mulher, como é típico nos casos em que a síndrome de alienação parental é considerada como distúrbio mental. O exame psiquiátrico feito à mãe, não sendo elaborado por especialistas em violência doméstica ou em abuso sexual, pode confundir as sequelas de uma mulher vítima de violência, ou que está desesperadamente a proteger os seus filhos contra um abuso sexual, com problemas de saúde mental da mãe. Nestes processos é comum haver diagnósticos de doenças mentais gravíssimas, como a esquizofrenia, apenas com uma entrevista à mãe feita por psicólogos ou médicos, sem especialidade em saúde mental. O mesmo juízo discriminatório, que revela uma ideia pré-concebida contra a mãe, está presente, também, na afirmação do Tribunal de que a mãe delegava tarefas na avó da criança, delegação a que a maior parte dos pais-homens, hoje, recorre, sem que tal comportamento seja objeto de censura social, moral ou jurídica e sem que seja visto como incapacidade parental ou desinteresse pelos filhos.

O Tribunal da Relação de Lisboa imputa uma perturbação mental à mãe, sem que seja claro, na fundamentação da decisão, a que perícias médicas recorreu para o efeito, parecendo que tal fundamento radica unicamente no poder discricionário do Tribunal, que aceitou de forma acrítica uma teoria, que, no seio da psicologia, não merece consenso e tem sido rejeitada, pela comunidade científica e pelos Tribunais norte-americanos[51]. Com efeito, a síndrome de alienação parental não é incluída na classificação estatística internacional de doenças e problemas de saúde da OMS (ICD-10) nem no Manual de Estatística e Diagnóstico da Academia Americana de Psiquiatria (DSM-IV), não sendo também reconhecida pela Associação Psiquiátrica Americana nem pela Associação Médica Americana[52], não podendo ser utilizada pelos Tribunais como diagnóstico de doença psíquica ou mental.

Os casos em que os Tribunais aplicam esta tese da síndrome de alienação parental baseiam-se em relatórios de avaliação psicológica, em que são feitos diagnósticos de «doença psicótica» e «ideias delirantes» da mãe, por profissionais sem competência especializada em doença mental e por psicólogos indicados pelo pai, que não ouvem a

---

[51] Cf. STEPHANIE DALLAM, «The Parental Alienation Syndrome: Is it Scientific?», in St. Charles & L. Crook (Eds), The failure of Family Courts to protect children from abuse in custody disputes, 1999, disponível para consulta in http://www.leadershipcouncil.org/l/res/dallam/3.html e LENORE WALKER et al., «A Critical Analysis of Parental Alienation Syndrome and Its Admissibility in the Family Court», 2004, p. 51.

[52] Cf. PEDRO CINTRA et al., «Síndrome de alienação parental: realidade médico-psicológica ou jurídica?», Julgar, nº 7, Janeiro-Abril 2009, p. 198.

criança nem a mãe, e que induzem os Tribunais a presumir, sem provas médicas rigorosas, a patologia e a irracionalidade das mulheres, acusadas de impedir, por vingança, os contactos da criança com o outro progenitor. Em contrapartida, verifica-se um critério duplo relativamente aos psicólogos apresentados pela mãe e que atestam a existência de abuso sexual, às vezes, depois de terem seguido a criança durante anos. Estes profissionais são desacreditados e enxovalhados, em audiência de julgamento, e o seu testemunho é afastado para dar prevalência ao parecer de psicólogos apesentados pelo pai e que nunca avaliaram a criança.

Estes processos contêm numerosos relatórios de avaliação psicológica das crianças feitos por profissionais e especialistas em Medicina Legal nomeados pelo Tribunal, que não afirmam nem excluem a existência de abuso sexual, não adiantando absolutamente nada em termos probatórios, e que utilizam uma linguagem estereotipada e marcada pela influência da obra de Richard Gardner, referindo-se à "relação fusional mãe-criança", a uma "inversão de papéis", em que a criança assumiria a função da protetora da mãe, ou à "colagem do discurso da criança ao discurso da mãe", efeitos típicos da vivência de situações de abuso sexual ou de violência doméstica, que criam uma especial solidariedade entre mãe e criança para proteção de ambas. Os relatórios, que se referem às suspeitas de abuso sexual, exprimem-se, por exemplo, da seguinte forma: ou referem que ficam "reforçadas as suspeitas de eventual abuso sexual" ou que se trata de um sintoma "compatível com abuso sexual", linguagem nem sempre compreensível para o sistema judicial.

Os juízes, nestes casos, em vez de ouvirem a criança sobre o abuso sexual e de confiarem nos relatórios feitos pelos psicólogos ou pediatras que seguem a criança e que confirmam a existência de abuso sexual, ficam confusos perante os relatórios contraditórios e inconclusivos dos peritos nomeados pelo Tribunal e agarram-se à ideia de que a acusação de abuso é falsa, por ser esta a mais confortável para o seu próprio bem--estar e que lhes evita o trauma da vitimação indireta.

Nestes processos de regulação das responsabilidades parentais, as alegações de abuso sexual são, normalmente, imputadas à doença mental de uma mãe super-protetora e os indícios de violência doméstica são vistos como um conflito parental e, portanto, não são suficientemente explorados para efeitos de investigação e de prova. Os Tribunais partem do princípio, desmentido pela investigação científica, de que, mesmo a ter ocorrido violência doméstica, ela é imputável a ambas as partes do conflito[53] e que um homem que agride a mulher pode ser um bom pai[54].

5. Síndrome de alienação parental e presunção de falsidade das alegações de abuso sexual

Nos processos de regulação das responsabilidades parentais, em que há alegações de abuso sexual, as entidades encarregadas da avaliação psicológica começam por analisar se a acusação de abuso é verdadeira ou se foi fabricada pela mãe e pela criança. Esta alternativa – abuso sexual ou alienação parental – inquina, desde o início, a neutralidade na apreciação da prova, pelo facto de os técnicos utilizarem um conceito de síndrome de alienação parental ou de alienação parental que não tem base científica e que, contendo, como requisito, a falsidade da alegação de abuso sexual em contexto de divórcio, cria imediatamente a ideia pré-concebida de que mãe e criança mentem, quando acusam o outro progenitor de abuso sexual em processos de guarda e visitas, passando o acusado a ser visto como alguém que está a ser

---

[53] A violência doméstica atinge predominantemente mulheres, 82%, e os denunciados são, na sua maioria, do sexo masculino, 88%, segundo o Relatório da Administração Interna relativo ao ano de 2010, disponível para consulta *in* http://www.mai.gov.pt/data/documentos/Relatorios%20Seguranca%20Interna/Relatorio%20Anual%20de%20Seguranca%20Interna%202010_vf.pdf. Quanta à natureza deste crime, sabe-se que a violência doméstica não resulta de um conflito familiar, que conduziria à perda de auto--controlo pelo agressor, mas sim de actos violentos, de natureza psicológica, física ou sexual, imprevisíveis pela vítima e premeditados pelo agressor.

[54] Sobre o fenómeno da vitimação direta e indireta das crianças, nas situações de violência doméstica contra a mulher, *vide* ANA SANI, «Vitimação indireta de crianças em contexto familiar», *Análise Social*, vol. XLI (180), 2006, pp. 849-864 e IDEM, «Mulher e mãe no contexto de violência doméstica», *Ex aequo*, nº 18, 2008.

vítima de uma campanha de difamação montada pela mãe e pela criança, mesmo sem provas objetivas de tal campanha ou do carácter falso das acusações.

A tese da síndrome de alienação parental recorre a um raciocínio circular (método da inversão lógica), na medida em que a recusa da criança ao convívio com o progenitor sem a guarda constitui, simultaneamente, um fundamento do diagnóstico de SAP e um efeito causado pela síndrome. O mesmo sucede com a acusação de abuso sexual, vista como um indício de SAP, e, portanto, não levada a sério. O diagnóstico de SAP, elaborado a partir da ocorrência de alegações de abuso sexual, em processos de divórcio, impõe, por sua vez, a conclusão da falsidade dessas acusações feitas em processos de divórcio. Esta tese faz com que o Tribunal entre num raciocínio fechado, em que as acusações de abuso sexual são simultaneamente indício de SAP e em que o diagnóstico de SAP feito com base nessas alegações permite, numa segunda fase, concluir pela falsidade das mesmas, induzindo os Tribunais e os profissionais a descurar a investigação dos factos alegados.

Os defensores da tese da síndrome de alienação parental, para além de presumirem a falsidade das acusações de abuso sexual, em processos de divórcio, entendem que, nos litígios entre pais quanto à guarda de crianças, há sempre um abusador, o progenitor acusado ou o progenitor que acusa, defendendo a presunção de inocência para o primeiro e não para o segundo, o qual, nos casos em que não se provasse o abuso no processo-crime, seria sempre considerado, no processo cível, um abusador da criança, porque teria inventado o abuso ou induzido a criança a mentir, mesmo sem provas específicas destes factos, apenas por raciocínio dedutivo: não se prova o abuso no processo penal, logo a acusação seria falsa. Esta posição tem um carácter totalitário, esquecendo que é possível que, factos não provados no processo-crime tenham, de facto, ocorrido, só que não se conseguiu reunir prova suficiente para preencher o ónus da prova particularmente exigente, por estar em causa a aplicação de sanções penais, restritivas da liberdade do indivíduo. Por outro lado, em matérias tão sensíveis e que constituem uma fonte de grande preocupação para muitas mães e pais, pode acontecer que haja acusações infundadas mas feitas de boa fé, as quais não seriam suscetíveis de serem consideradas falsas nem sujeitas a qualquer tipo de penalização[55].

Os Tribunais não podem ignorar que a falta de prova do abuso é comum, sobretudo, nos casos em que a criança é pequena e em que só temos como meio de prova o seu testemunho, imediatamente desacreditado devido à influência das teses da alienação parental, que incutem nos profissionais a crença ou a presunção que as mães e as crianças mentem. Deve presumir-se, pelo contrário, a boa fé de quem acusa, caso contrário, o sistema judicial induz ao silêncio os progenitores que querem proteger as crianças contra maus-tratos e abuso sexuais dentro da família, prejudicando todas as crianças como grupo, para além dos riscos individuais potenciados para cada criança concreta, pelas decisões de transferência da guarda recomendada por Gardner.

6. Efeitos negativos da transferência da guarda

As decisões de transferência da guarda, baseadas nas recomendações de Gardner, como a do acórdão da Relação de Lisboa, de 26-10-2010, colocam as crianças em perigo grave na sua saúde, segurança e desenvolvimento, porque as separam da sua pessoa de referência. Nos casos de alegações de abuso sexual ou de violência doméstica, a transferência da guarda contém sempre em si o risco de a criança continuar a ser efetivamente abusada ou agredida física e psicologicamente, uma vez que alegação não provada não significa alegação falsa nem transmite

---

[55] O TEDH (*Klouvi c. France*, Recurso nº 30754/03, decisão de 30 de Junho de 2011) entendeu que uma decisão de arquivamento ou de absolvição, no processo-crime, por insuficiência de provas, não tem por consequência a falsidade da acusação ou a presunção da má fé da parte queixosa, tendo condenado o Estado Francês ao pagamento de uma indemnização a uma mulher que tinha sido condenada por um Tribunal francês, pelo crime de denúncia caluniosa, em virtude de uma queixa-crime, por assédio sexual no trabalho e por violação, que foi objeto de um despacho de não pronúncia pelo juiz de instrução, por insuficiência de provas psicológicas e médicas. O TEDH entendeu que tal condenação violava os direitos da requerente a um processo penal equitativo e à presunção de inocência, direitos consagrados no art. 6º §§ 1 e 2 da CEDH.

ao julgador a certeza de que os factos, apesar de não se ter reunido prova suficiente no processo-crime, não se verificaram.

Nestes processos litigiosos de guarda e de visitas, as crianças estão sujeitas a uma violência institucional que dura vários anos, e em que são obrigadas a refazer, em ambiente artificial e na presença de psicólogas, a relação com um progenitor que elas rejeitam, sem que seja dado o devido peso à sua vontade e sentimentos, acabando a criança por ceder às expectativas dos adultos, após tanta insistência, ao fim de períodos muito longos de visitas assistidas. É que o diagnóstico de síndrome de alienação parental, que impõe esta terapia designada por «desprogramação» da criança, não distingue alienações justificadas de alienações injustificadas, porque não exige, como critério de diagnóstico, a investigação prévia sobre as razões da recusa da criança, a mais das vezes, como vimos, derivadas do comportamento do progenitor sem a guarda, como violência doméstica contra a mulher, desinteresse pela criança ou abandono, incumprimento da obrigação de alimentos, toxicodependência ou alcoolismo, incompreensão em relação às necessidades da criança, negligência nos cuidados básicos, etc.

A transferência da guarda, neste contexto, constitui uma intromissão nos direitos fundamentais do progenitor guarda previstos no art. 36º, nºs 5 e 6 da CRP e no direito da criança ao desenvolvimento e à proteção do Estado e da sociedade (art. 69º da CRP), os quais incluem o direito da criança à manutenção do seu ambiente natural de vida e à sua relação afetiva principal. Este tipo de decisões não está legitimada pelos critérios e princípios orientadores da intervenção do Estado na família, previstos nos arts. 3º e 4º da LPCJP e aplicáveis aos processos tutelares cíveis por força do art. 147º-A da OTM, tais como a noção de perigo para a saúde, segurança ou desenvolvimento da criança, requisito necessário para retirar a guarda da criança a quem cuida dela no dia-a-dia, bem como os princípios do superior interesse da criança, da proporcionalidade e da participação ou audição obrigatória da criança e do progenitor com a guarda, que, nestes casos, tem sido a mãe.

7. Discriminação de género na avaliação da prova e nos diagnósticos de síndrome de alienação parental

Nas sentenças que recorrem como fundamento a diagnósticos de síndrome de alienação parental, verifica-se uma disparidade de critérios na avaliação da prova, havendo casos em que todos os factos alegados pelo pai se consideram provados, enquanto os factos alegados pela mãe não são aceites como provados, em virtude de uma suspeita generalizada em relação à credibilidade das testemunhas por si apresentadas, só porque o suspeito é o pai da criança. Mas creio que, já não seria assim, se o suspeito fosse um terceiro, estranho à família.

Por força do preconceito da desconfiança, em relação à mãe, que opta por proteger o/a seu/sua filho/a, os Tribunais nem sempre confiam na efetiva existência dos sintomas revelados pela criança e que levaram a mãe a suspeitar de abuso sexual, como masturbação compulsiva, infecções vaginais e urinárias, falta de controlo esfincteriano, terrores nocturnos, etc, preferindo confiar exclusivamente nos peritos nomeados pelo Tribunal, que não tiveram oportunidade de observar diretamente os sintomas revelados pela criança nem a conhecem tão bem como o/a psicólogo/a ou o/a pediatra que a segue, a pedido da mãe. É uma contradição e um preconceito contra a mulher, que o Tribunal, por um lado, confie a guarda de uma criança à mãe, e, por outro, quando ela manifesta as suas preocupações relativamente aos sintomas de abuso sexual observados, não lhe atribua credibilidade. Em primeiro lugar, esta atitude de desconfiança do Tribunal prejudica a criança, de quem a mãe cuida no dia-a-dia e com quem tem a sua relação afetiva principal. Quem estará em melhores condições para se aperceber do mal-estar e do sofrimento da criança, senão a pessoa que dela cuida no dia-a-dia, que a levanta de manhã, que a adormece e atende a meio da noite quando chama, que cuida da sua higiene pessoal, que lhe presta assistência na doença? E porquê desautorizar completamente os profissionais (psicólogos ou pediatras), a quem a mãe recorre para perceber o que se passa com o/a seu/sua filho/a? Assiste-se, por vezes, nestes litígios, à desvalorização dos relatórios e testemunhos destes profissionais, que acompanham a criança, como se todos eles fossem desonestos ou inexperientes ao ponto de se deixarem manipular por uma mãe "diabólica". Mais uma vez, entendo que esta postura dos Tribunais é desprovida de bom senso e prejudica a criança.

Na verdade, verifica-se, neste tipo de processos, em que se recorre ao conceito de (síndrome) de alienação parental, um critério duplo na apreciação da prova, consoante seja levada pelo pai ou pela mãe, o que indica que toda a atividade probatória está inquinada por preconceitos de género e falta de neutralidade, sendo os argumentos usados na sentença construídos a *posteriori* para fundamentar a decisão, que primeiro se encontrou de acordo com ideias pré-concebidas, de acordo com o modelo de inversão do silogismo judiciário.

E não se diga que, nos Tribunais portugueses não há preconceitos de género, invocando a primeira decisão de um Tribunal superior, em que foi alegado o conceito de síndrome de alienação parental – o acórdão do Tribunal da Relação de Évora, de 24-05-2007 (Relator: Mata Ribeiro) – num caso em que as crianças foram subtraídas, pelo pai, à mãe, com quem viviam, por força de um acordo verbal entre os pais[56]. Com efeito, neste caso, apesar de o conceito de síndrome de alienação parental ter sido invocado nas alegações da mãe contra o pai, que proibiu os contactos das crianças com aquela, que a denegria junto dos filhos e que a agrediu, ameaçou e injuriou diante destes, o Tribunal de 1ª instância confiou a guarda ao pai. Esta decisão foi revogada pelo Tribunal da Relação de Évora, que, contudo, não utilizou o conceito de síndrome de alienação parental, na fundamentação da decisão de atribuição da guarda e exercício das responsabilidades à mãe. A decisão judicial baseou-se nos fatores tradicionais, nomeadamente, no facto de a mãe ser a pessoa de referência dos filhos, que deles cuidava no dia-a-dia, descrevendo-a o Tribunal como o *"progenitor que oferece em concreto melhores condições de assegurar aos menores um melhor desenvolvimento da sua personalidade designadamente a nível psicológico, afetivo, moral e social"*, enquanto o comportamento do pai se norteava

---

[56] Cf. RE 24-05-2007 (Relator: Mata Ribeiro), in *Base Jurídico-Documental do MJ*, www.dgsi.pt.

pelo egoísmo e a família paterna era ausente na vida das crianças, antes de estas viverem com o pai. Neste caso, o comportamento do pai, progenitor que impedia os contactos com o outro, e que seria designado como progenitor "alienador", na linguagem da síndrome de alienação parental, na verdade, pelos factos provados era um agressor da mulher ("Os menores assistiram a cenas que denigrem a imagem da mãe (agressões físicas, ameaças, injúrias") e não prestava cuidados de qualidade às crianças ("A Rafa deixou de frequentar o ATL e a pré-primária, bem como as consultas na psicóloga. O Rui deixou de frequentar os escuteiros"), situando-se o seu comportamento dentro do padrão abusivo de um agressor e não dentro do paradigma da alienação parental, que se refere ao comportamento de um progenitor, que, afastando a criança do convívio com o outro, desempenha de forma positiva os outros aspectos da parentalidade e dos cuidados básicos da criança[57].

Em casos de incumprimento do regime de visitas, nota-se, na jurisprudência publicada, que, quando é a mãe que não tem a guarda dos filhos a ver o exercício do seu direito de visita impedido pelo outro progenitor, os Tribunais não culpam o pai pelo incumprimento nem transferem a guarda para a mãe, vítima de alienação. É o caso do acórdão do Tribunal da Relação de Lisboa, de 08-07-2008 (Relatora: ROSÁRIO GONÇALVES)[58], em que provado que o pai impedia as visitas da mãe à filha, o Tribunal afirmou que, *"Não se pode dizer que um progenitor que dificulte o regime de visitas da mãe, não seja um bom progenitor ao ponto de se lhe alterar, por essa razão, a guarda da menor."* (...) *"qualquer atitude brusca de mudança seria sempre perigosa e poderia ocasionar danos difíceis de reparar na menor."* (...) *"Nem tão pouco se deve penalizar a criança por uma conduta a si alheia (...)."*

---

[57] Cf. JOAN S. MEIER, «Parental Alienation Syndrome and Parental Alienation: Research Reviews», *Applied Research Forum, National Online Resource Center on Violence Against Women*, 2009, p. 9, disponível para consulta *in* http://www.vawnet.org/Assoc_Files_VAWnet/AR_PAS.pdf.

[58] Cf. TRL 08-07-2008, in *Base Jurídico-Documental do MJ, www.dgsi.pt*.

No caso decidido pelo acórdão do Tribunal da Relação de Guimarães, de 24-11-2009 (Relatora: LUÍSA RAMOS)[59], relativo a um processo de incumprimento de visitas, a mãe, privada do convívio com o filho, invocou contra o outro progenitor o conceito de alienação parental, confirmado por relatório psicológico, e requereu uma indemnização. Acabou, contudo, por ver a sua pretensão indeferida, em virtude de o Tribunal ter entendido que não constavam do processo as razões que determinaram a ruptura dos laços de afetividade entre a criança e a mãe, nem as causas da recusa da criança. Apesar de ser esta a posição certa relativamente às medidas a tomar nos casos de recusa de visitas – rejeição da transferência de guarda e de medidas coativas, como multas e indemnizações – parece, pela análise da jurisprudência publicada, que a aplicação das medidas propostas pela tese da (síndrome de) alienação parental surge, sobretudo, nos casos em que o progenitor "alienador" é a mãe, fruto de uma discriminação de género, porque as mesmas medidas coativas já não se aplicam, quando é o pai o progenitor "alienador", que impede as visitas.

Um estudo feito em Espanha, por um grupo de advogadas, desmontou o principal argumento usado pelos defensores da SAP, segundo o qual esta teoria não significaria qualquer discriminação das mulheres, porque se aplica, também, relativamente a pais-homens alienadores[60]. Este estudo incidiu sobre as sentenças dos Tribunais Asturianos, proferidas entre 2003 e 2009, que faziam referência ao conceito de síndrome de alienação parental, tendo concluído que, embora quer o pai quer a mãe sejam objeto de diagnósticos de síndrome de alienação parental, as decisões judiciais são distintas, em função do género, nas medidas que adotam para resolver o problema[61]: nos casos em que

---

[59] Cf. TRG 24-11-2009, in *Base Jurídico-Documental do MJ, www.dgsi.pt*.
[60] Cf. CARBAJAL FERNÁNDEZ VICTORIA ET AL., *Estudio Jurisprudencial sobre el Impacto del SAP nos Tribunais Asturianos*, Instituto Asturiano de la Mujer, Abogadas para la Igualdad, 2010.
[61] Cf. *Ibidem*, pp. 219-224. Os resultados do estudo são os seguintes: das 21 sentenças estudadas, em 12, i.e., em 57%, alega-se que o pai é o alienador; das 21 sentenças estudadas,

o pai é o alienador, a guarda das crianças não é transferida para a mãe, e, apenas em dois casos, a guarda foi entregue a terceiros, mas num deles, as crianças regressaram à guarda paterna; na única sentença em que o pai alienador não obteve a guarda, também não se restringe o seu direito de visita. Nos casos, em que a SAP foi diagnosticada à mãe, em seis sentenças, é-lhe retirada a guarda das crianças, em cinco casos: por transferência da guarda para o pai, em quatro sentenças, e numa, a guarda é confiada a uma instituição da Segurança Social, sempre com suspensão do direito de visita da mãe. Apenas num caso, a mãe mantém a guarda, porque o pai tinha sido previamente privado do direito de visitas (não se sabe o motivo) e não via a filha há três anos.

8. Os danos causados às crianças e às mulheres pela síndrome de alienação parental nos EUA

Nos EUA, a aplicação da síndrome de alienação parental provocou a entrega da guarda de crianças a progenitores que abusavam sexualmente dos filhos, mesmo em casos em que havia prova médica do abuso

em nove, portanto, em 42%, alega-se que a mãe é alienadora. Das 12 sentenças em que se alega que o pai é o alienador, fica provado em 9, equivalente a 75%; das nove sentenças em que se alega que a mãe é alienadora, tal síndrome fica provada em 6, o que faz 66%. Das nove sentenças em que fica provado que o pai é alienador, em nenhuma delas se transfere a guarda para a mãe, com suspensão de visitas do pai, como recomendava Gardner. Somente em duas, se retira a guarda ao pai para a confiar a uma instituição ou aos avós, mas no primeiro caso, apesar de um período de suspensão inicial das visitas do pai, este recupera a guarda, sem que a relação das crianças com a mãe se tenha normalizado, e no segundo caso, as visitas do pai alienador nunca foram suspensas nem vigiadas, tendo sido o regime de visitas da mãe "alienada" supervisionado pela Segurança Social. O fundamento para a retirada da guarda ao pai não foi o facto de ser alienador, mas a sua falta de idoneidade. Numa das sentenças em que o pai "alienador" mantém a guarda, restringe-se o direito de visita da mãe "alienada", para não traumatizar as crianças. Das 6 sentenças em que fica provado que a mãe é alienadora, procede-se à retirada da guarda em 5 sentenças, o que corresponde a 83% dos casos. Quatro destas sentenças outorgam a guarda ao pai e uma delas confia a guarda a uma instituição, suspendendo-se em todos os casos o contacto da mãe com os filhos.

sexual[62], decisões de guarda conjunta ou de guarda única a favor de agressores de mulheres[63], suicídios[64] ou tentativas de suicídio de crianças[65] e um caso de homicídio de três crianças, de 6, 4 e 3 anos de idade pelo pai, portador de doença mental, durante o regime de visitas, imposto pelo Tribunal com base na avaliação psicológica judi-

---

[62] Cf. L. N. ROSEN & M. ETLIN, *The hostage child: Sex abuse allegations in custody disputes*. Bloomington, IN, Indiana University Press, 1996, apud STEPHANIE DALLAM, «Are "Good Enough" Parents Losing Custody to Abusive Ex-Partners?», 2008, p. 5 e PETER JAMISON (Mar. 2, 2011), California Family Courts Helping Pedophiles, Batterers Get Child Custody, SF Weekly, disponível para consulta *in* http://www.sfweekly.com/2011-03-02/news/family-court-parental-alienation-syndrome-richard-gardner-pedophilia-domestic-violence-child-abuse-judges-divorce/, relatando casos de crianças confiadas à guarda de progenitores acusados de abuso sexual pelas mães, que culminaram com a repetição dos abusos, que vieram a ser provados no Tribunal Criminal, tendo sido, num caso, a criança assassinada.

[63] Cf. J. S. MEIER, «Domestic Violence, child custody, and child protection: Understanding judicial resistance and imagining the solutions», *American University Journal of Gender, Social Policy, and Law*, 11, 2003, pp. 657-731.

[64] Sobre o caso de Nathan, um menino de 11 anos que se suicidou na sequência de visitas judicialmente impostas ao pai, que ele rejeitava por ser agressor da sua mãe, *vide* M. CARPENTER & G. KOPAS (1998). Causalities of a custody war (three-part series). *Pittsburgh Post Gazette*, May 31-June 2., disponível para consulta *in* http://www.postgazette.com/custody/default.asp.

[65] STAHLY, KRAJEWSKI, LOYA, UPPAL, GERMAN, FARRIS, HILSON, & VALENTINE, «Protective Mothers in Child Custody Disputes: A Study of Judicial Abuse», in *Disorder in the Courts: Mothers and Their Allies Take on the Family Law System*, 2004, apud STEPHANIE DALLAM, «Are "Good Enough" Parents Losing Custody to Abusive Ex-Partners?», 2008, pp. 6-7. Neste estudo, que incidiu sobre 100 progenitores auto-identificados como protetores dos filhos, 94% das mães eram cuidadoras primárias dos filhos e 87% tinham a guarda no momento da separação. Como resultado de terem feito queixas de abuso sexual, só 27% das mães é que mantiveram a guarda das crianças. 97% das mães afirmaram que o Tribunal desvalorizou as alegações e que foram punidas pelo facto de terem denunciado abuso sexual contra o outro progenitor. A maior parte das mães perdeu a guarda em processo urgentes, em que não foram notificadas ou ouvidas. 65% das mães relataram ter sido ameaçadas, no caso de relatarem publicamente o caso. 87% dos progenitores cuidadores pensam que o abuso continuou depois do processo judicial e 63% deixaram de reportar o abuso com medo de perderem o contacto com os filhos. 11% das crianças destes estudo tentaram suicidar-se.

cialmente ordenada, que concluiu que o risco de dano para as crianças do convívio com o pai era baixo[66]. Este último caso colocou importantes questões ao sistema de proteção de crianças, que são também pertinentes, em Portugal: a rotatividade dos juízes, a falta de formação especializada destes e o fracasso dos psicólogos na avaliação do risco de violência.

Tem sido denunciado, nos EUA, que a teoria de GARDNER, fazendo crer que se verifica uma epidemia de denúncias falsas de abuso sexual de crianças, nos processos de divórcio, e tornando patológico o exercício de direitos legais por parte da mulher que defende os seus filhos, contribuiu para a desvalorização da palavra das crianças e para a invisibilidade da violência contra mulheres e crianças, assumindo um significado ideológico muito claro: a menorização das crianças e a discriminação de género contra as mulheres. Conforme afirma a Organização Nacional de Mulheres contra a Violência (NOW), nos EUA: "(...) o psiquiatra GARDNER criou o conceito de SAP e os advogados utilizam-no, na justiça, como uma estratégia defensiva dos agressores de mulheres e dos predadores sexuais, como forma de explicar a rejeição da criança em relação a um dos progenitores ou para invalidar alegações de violência ou de abuso sexual contra este progenitor, deslocando a culpa para o progenitor protetor"[67].

O próprio GARDNER admite que alguns pais negligentes e abusivos estão a utilizar a SAP como uma manobra de defesa e encobrimento do seu comportamento, e que a sua teoria sobre a distinção entre acusações falsas e verdadeiras já permitiu que fossem absolvidos progenitores que, de facto, abusaram sexualmente dos filhos/as[68].

---

[66] Washington Post [editorial]. (April 3, 2008). JUSTICE SYSTEM ERRORS – Father Kills Three Children; Court Refused to Protect Them, Despite Repeated Warnings that They Were in Danger. *Washington Post*, p. A16, disponível para consulta *in* http://www.washingtonpost.com/wpdyn/content/article/2008/04/02/AR2008040203055_pf.html.
[67] NATIONAL ORGANIZATION OF WOMEN (NOW), texto disponível para consulta *in* http://www.now.org/organization/conference/resolutions/2006.html#pas.
[68] CAROL BRUCH, «Parental Alienation Syndrome and Parental Alienation: Getting it Wrong in Child Custody Cases», *Family Law Quarterly*, vol. 35, 2001, p. 533, nota 21.

Em 2006, o Conselho Nacional de Juízes dos Tribunais de Família e de Menores, nos EUA, qualifica a SAP como uma "síndrome desacreditada pela comunidade científica", que " conduz os tribunais a assumir que os comportamentos e atitudes das crianças em relação ao progenitor dito "alienado" não têm fundamento na realidade[69]". A SAP também desloca a atenção dos comportamentos do progenitor abusivo, geralmente o pai, para a progenitora dita "alienadora", a mãe, não averiguando se foi o pai (progenitor alienado) que causou diretamente as respostas da criança, actuando de forma violenta, desrespeitosa, intimidatória, humilhante ou desonrosa em relação à criança ou em relação à mãe[70]. Na prática, a SAP tem funcionado não como uma teoria médica, porque como tal nunca foi aceite, mas como uma construção psico-jurídica, sem base científica, para conseguir a guarda dos/as filhos/as para o pai e tem sido um conceito comercializado por advogados e psicólogos, que defendem os progenitores acusados de abuso sexual ou de violência doméstica.

9. Do fenómeno da síndrome de alienação parental para a alienação parental

As críticas dirigidas a Richard Gardner deram origem a uma mudança, entre os investigadores, do conceito de "síndrome de alienação parental", abandonado por ser tautológico e simplista, para uma nova formulação da teoria designada por "alienação parental" ou "criança alienada", conceitos que se referem a um fenómeno que afeta uma minoria de crianças, no contexto do divórcio e dos litígios de guarda[71]. A expressão alienação parental centra-se na criança e não nos pais, e é utilizada para designar o fenómeno da recusa de uma criança ao convívio com um dos progenitores, sem que esta recusa esteja associada a

---

[69] NATIONAL COUNCIL OF JUVENILE AND FAMILY COURT JUDGES, *Navigating Custody & Visitation Evaluations in Cases with Domestic Violence: A Judge's Guide*, 2008, texto disponível para consulta *in* http://stopfamilyviolence.org/media/NCFCJ%20guidebook%20final_2008.pdf, p. 12.
[70] IDEM, p. 13.

qualquer patologia da criança e do progenitor com a guarda, constituindo, apenas, uma asserção factual. Do conceito de alienação parental devem ser excluídas as situações em que a criança rejeita um dos pais por vontade própria, aquelas em que, apesar de haver influência ou tentativa de manipulação do progenitor guarda, a criança não rejeita o progenitor que o guardião tenta denegrir, e aquelas em que não há ligação de causa e efeito entre o facto de um dos pais denegrir o outro e a recusa da criança, que reside noutras causas. Também não se considera dentro do conceito de alienação, os casos em que o progenitor, autor de violência doméstica contra a mulher, impede o contacto da criança com a mãe e diz mal desta à criança, porque este comportamento faz parte do padrão de violência do comportamento do agressor e o paradigma da alienação refere-se ao comportamento alienador de um progenitor que não pratica outro tipo de abusos ou de maus-tratos[72].

Os investigadores chegam à conclusão que o número de crianças alienadas, no seu estudo, é de 20%, incluindo os casos em que há comportamentos abusivos, negligentes e destrutivos do progenitor rejeitado[73]. Excluindo do conceito as situações de rejeição adaptativa e justificada, o número de crianças alienadas constitui, apenas, 10% das crianças do número total de crianças, sendo, portanto, um fenómeno minoritário[74]. Os efeitos nocivos deste comportamento, no desenvol-

---

[71] JOHNSTON, «Children of Divorce Who Reject a Parent and Refuse Visitation: Recent Research and Social Policy Implications for the Alienated Child», *Family Law Quarterly*, vol. 38, 2005, pp. 757-775; CHAIM STEINBERGER, «Father? What Father? Parental Alienation and its Effects on Children», NYSBA *Family Law Review*, 2006, Vol. 38, No. 1, pp. 10-24, disponível para consulta in http://www.thebrooklyndivorcelawyers.com/publications/Father%20What%20Father%20%20NYSBA%20FLR%20(Part%20I).pdf.
[72] Cf. JOAN S. MEIER, «Parental Alienation Syndrome and Parental Alienation: Research Reviews», 2009, p. 9.
[73] Cf. JOHNSTON et al., «Is it Alienating Parenting, Role Reversal or Child Abuse? A Study of Children's Rejection of a Parent in Child Custody Disputes», *Journal of Child Custody*, 5, 2005, pp. 191-218.
[74] Cf. JOAN S. MEIER, «Parental Alienation Syndrome and Parental Alienation: Research Reviews», 2009, p. 9.

vimento emocional e psicológico das crianças, não estão, contudo, empiricamente documentados, tendo como única base observações clínicas, as quais não constituem prova empírica para um fenómeno[75]. No contexto desta descoberta empírica, tratar a alienação parental como o problema dominante que afeta as crianças, na altura do divórcio, perpetua a tendência iniciada pela tese da síndrome de alienação parental para desvalorizar as situações de abuso sexual, maus-tratos e negligência[76]. Apesar de os defensores da alienação parental se demarcarem da posição de Gardner de "psiquiatrização" do comportamento da mãe alienadora, visto como patologia ou doença, continuam a realçar aquilo que designam por fatores inconscientes ou subconscientes que afetam o comportamento das mães alienadoras, referindo, por exemplo, que o comportamento alienador é uma "consequência de problemas psicológicos profundos do progenitor", que causam uma "profunda desconfiança e medo do ex-cônjuge", e que o progenitor alienador acredita, com frequência, que "o progenitor rejeitado é perigoso para a criança, de alguma forma: violento, física ou sexualmente abusivo ou negligente".[77]

A tese da alienação parental, apesar de ser mais moderada e centrada na criança do que a tese da síndrome de alienação parental, e de pressupor uma avaliação prévia e realista das múltiplas causas para a rejeição da criança, acaba por conter as ideias pré-concebidas da tese de RICHARD GARDNER, não distinguindo a alienação, como adaptação saudável e natural às circunstâncias, da alienação que resulta de instigação e influência indevida do progenitor preferido, considerando patológico o comportamento do progenitor que pretende proteger a criança da

---

[75] Cf. JOHNSTON & KELLY, «Commentary on Walker, Brantley, and Rigsbee (2004) "A Critical Analysis of Parental Alienation syndrome and Its Admissibility in the family Court"», *Journal of Child Custody*, 2004, p. 84, *apud* JOAN S. MEIER, «Parental Alienation Syndrome and Parental Alienation: Research Reviews», 2009, p. 10.
[76] *Ibidem*, p. 9.
[77] Cf. JOAN KELLY & JOHNSTON, «The Alienated Child: A Reformulation of Parental Alienation Syndrome», *Family Court Review*, vol. 39, 2001, pp. 257-258.

violência e contribuindo para o obscurecimento das alegações de abuso sexual e de violência doméstica. O debate em torno do conceito de alienação parental continua, na advocacia e na investigação, na medida em que se questiona a possibilidade de ser medida a extensão do conceito de alienação parental, se é causado ou não por um dos progenitores, se tem efeitos prejudiciais para a criança ou se é simplesmente "vinho velho em odres novos"[78].

Em Portugal, assiste-se, também, nos Tribunais à invocação de alienação parental contra um dos progenitores, normalmente a mãe, a propósito de uma heterogeneidade de situações que nada têm a ver com a intenção de um dos pais de afastar a criança do outro, mas apenas com motivos ligados à vida pessoal ou profissional do progenitor guarda. É o caso da mãe de nacionalidade brasileira com a guarda do filho que regressa, após o divórcio, ao seu país de origem ou da mãe, de nacionalidade portuguesa, que casa com um estrangeiro e vai viver para um país europeu acompanhada dos filhos menores de anterior casamento dissolvido por divórcio, ou ainda, a mãe desempregada que emigra para lutar por uma vida melhor para os seus filhos[79]. Cumprido o dever de

---

[78] Cf. JOAN S. MEIER, «Parental Alienation Syndrome and Parental Alienation: Research Reviews», 2009, p. 7.
[79] Cf. RC 18-05-2010 (Relator: ALBERTO MIRA), in *Base Jurídico-Documental do MJ*, www.dgsi.pt, em que o Tribunal não aplicou a lei penal a uma mãe, que tinha a guarda do filho, que se deslocou para a Suiça acompanhada deste, incorrendo em incumprimento do regime de visitas estipulado: "Porém, sabendo-se também que o abandono do país por parte do mãe do menor foi determinado pela obtenção, em novo mundo, de outras, e melhores, condições de vida para a primeira, quer no campo familiar quer no domínio profissional, criando, ao mesmo tempo, a possibilidade de inserção do menor num contexto mais adequado ao seu bem-estar, segurança e formação, esse comportamento, porque justificado, não é ilícito, à luz da actual redação da alínea c) do nº 1 do artigo 249º do Código Penal." No mesmo sentido, autorizando a deslocação da mãe com a filha para a Suiça, onde trabalha o marido daquela, e decidindo que a guarda da criança continua a pertencer à mãe, pessoa de referência da criança com quem esta tem fortes laços afetivos, *vide* RC 01-02-2011 (Relator: ARLINDO OLIVEIRA), in *Base Jurídico-Documental do MJ*, www.dgsi.pt.

informação ao outro progenitor ou obtido o suprimento judicial da falta de consentimento deste para a deslocação, na hipótese de os pais exercerem em conjunto as responsabilidades parentais, não será aplicável nem o conceito penal de subtração de menores (art. 249º do CP) nem o conceito de alienação parental.

Defendo, portanto, que esta nova terminologia "alienação parental" ou "crianças alienadas" não deve ser utilizada para nos referirmos às crianças que recusam convívio com um dos pais, por dois motivos: (1) O seu significado simbólico e prático está contaminado pela ideologia sexista de Gardner, induzindo os profissionais a presumir atitudes de manipulação da mãe, sem averiguação dos motivos da criança, e convocando, no imaginário colectivo, a figura da mãe perversa que faz uma lavagem ao cérebro do/a filho/a; (2) A expressão alienação estigmatiza as crianças que recusam visitas do progenitor, vistas como "alienadas", palavra que na língua portuguesa significa pessoa privada do uso da razão e da liberdade ou que tem as faculdades mentais perturbadas, uma pessoa demente, louca ou perturbada.

A forma correcta de nos referirmos às crianças que recusam visitas é a utilização de uma linguagem neutra, que se reporte ao facto da recusa em si, sem juízos de valor, sempre subjectivos, falíveis e preconceituosos. Em consequência, é mais sensato utilizar expressões como "a criança que recusa visitas ou convívio com um dos pais" e ter em conta que se trata de um fenómeno multifatorial e não de uma consequência de uma manipulação ou influência materna sobre a criança. A criança é uma pessoa, dotada de sentimentos e emoções, e reage, por vezes, mal ao divórcio, culpando um dos pais, geralmente aquele que sai de casa ou que tem uma relação extra-matrimonial.

Os estudos de JUDITH WALLERSTEIN sobre o divórcio referem que a rejeição da criança relativamente a um dos pais se explica por um comportamento de cooperação da criança com a depressão, a tristeza e a solidão provocadas pelo divórcio, pela rebeldia própria da adolescência ou por uma atitude moralista da criança, que responsabiliza o progenitor rejeitado pela separação, mas este comportamento tende a ser transitório e a cessar dentro de um ano ou dois depois do divórcio, acabando as crianças por lamentar o seu anterior comportamento e por retomar a relação com o pai, antes dos 18 anos[80].

O fenómeno da recusa da criança ao convívio com o outro progenitor tem, portanto, múltiplas causas, que residem, ora nas vulnerabilidades da criança, ora no comportamento dos pais. As formas de resolver este problema não podem ser o uso da força policial ou da coação contra a criança ou contra um dos pais, como recomendava Gardner, mas o apoio psicológico ou a terapia familiar.

10. Recomendações aos Tribunais

Perante uma situação de conflito parental, sem indícios de violência nem de abuso sexual de crianças, aconselha-se que os Tribunais tomem uma decisão judicial rápida, sem perícias, para não atrasar o processo, e que se baseiem no princípio da imediação para a produção da prova, na audição dos pais e da criança, e na avaliação dos factos[81]. Nestes processos, os Tribunais não devem utilizar a chamada terapia da ameaça, propugnada por GARDNER, e que consiste na imposição de multas, perdas da guarda e penas de prisão para as mães acusadas de não cumprir o regime de visitas[82], mas sim tentar compreender os motivos da rejeição da criança. Nestes casos, o recurso à mediação familiar, medidas de aproximação entre o pai e a criança, utilizando a mediação de profissionais da psicologia ou a melhoria da capacidade parental do progenitor rejeitado são soluções possíveis para desbloquear o problema.

---

[80] Cf. WALLERSTEIN/KELLY, *Surviving the Breakup, How children and parents cope with divorce*, basic Books, 1980, pp. 77-80; JANET R. JOHNSTON, «Children of Divorce who Refuse Visitation», in *Non Residential Parenting: New Vistas in Family Living*, Depner and Bray editions, 1993, p. 124.
[81] Cf. PEDRO CINTRA, et al., *Síndrome de alienação parental: realidade médico-psicológica ou jurídica?*, ob. cit., p. 202.
[82] RICHARD GARDNER, «Should Courts Order PAS Children to Visit/Reside with the Alienated Parent? A Follow-up Study», *The American Journal of Forensic Psychology*, 2001, 19(3):61-106, disponível para consulta in http://www.fact.on.ca/Info/pas/gard01a.htm.

Nas situações de indícios de violência, abuso sexual ou outros maus tratos, os Tribunais devem respeitar a rejeição da criança, suspender as visitas do progenitor, para investigação dos factos e proteção da criança, e comunicar a denúncia ao Tribunal Penal, no caso de a mãe não o ter feito, uma vez que se trata de crimes públicos. Se o processo-penal terminar em condenação, por abuso sexual de crianças ou violência doméstica, o progenitor rejeitado deve ser inibido do poder paternal, pela sentença de condenação, ou, no processo tutelar cível, conforme permite a lei (arts. 179º, al. a) e 152º, nº 6 do CP, 1913º, al. a) e 1915º do C.C.).

Na hipótese de o processo penal ser arquivado ou não terminar em condenação, tal circunstância não permite presumir que a denúncia é falsa, mas apenas que não ficou provada, e que, quer o progenitor acusado quer a mãe que acusa se presumem inocentes. Em consequência, não há qualquer fundamento para transferir a guarda da mãe para o pai, devendo os Tribunais, nesta hipótese, nortear-se pelo princípio da intervenção mínima e manter a guarda da criança junto da pessoa de referência, para evitar à criança o dano acrescido da separação.

1. Os Tribunais não devem confiar em teorias sem validade científica e baseadas em preconceitos de género como a Alienação Parental.
2. Aceleração do andamento do processo, mediante a atribuição do carácter de urgência.
3. Audição obrigatória da criança, em condições de privacidade perante os pais.
4. As acusações de abuso sexual e de violência doméstica devem ser investigadas, de forma imparcial, por profissionais com competência especializada. A noção de especialização exige a frequência de seminários de formação contínua e preparação intensa em abuso e/ou trabalho com crianças ou adultos que tenham sido sexualmente abusados[83]. Os avaliadores, cuja expe-

---

[83] Cf. JOAN S. MEIER, «Parental Alienation Syndrome and Parental Alienation: Research Reviews», 2009, p. 12.

riência profissional incidiu, apenas, em famílias em contexto de litígio, tendem a ter as mesmas assunções não fundamentadas, que se espalharam nos Tribunais de Família, por exemplo, que muitas mães fazem alegações falsas de abuso sexual por vingança, que as crianças se deixam manipular, etc. Precisamente porque a avaliação psicológica de abuso sexual é muito dependente da predisposição do avaliador para conferir ou não credibilidade a essas alegações, o treino e a experiência em trabalhar com populações vítimas de abuso é um requisito necessário para uma avaliação válida.

5. Feitas acusações de abuso sexual credíveis ou provada a existência de abuso, as alegações de alienação parental não devem ser admitidas. A tendência recente para avaliar, em simultâneo, o abuso sexual e a alienação parental, dá demasiada atenção às alegações de alienação parental, compromete a neutralidade da avaliação psicológica relativa ao abuso sexual e mina o reconhecimento da validade e do impacto das alegações de abuso sexual reais.

6. Os medos e as necessidades de segurança das mulheres e das crianças vítimas de violência devem reflectir-se nas decisões judiciais: não devem ser impostas visitas, em situações de indícios ou de risco de violência doméstica ou de abuso sexual. As decisões judiciais, nestas situações, devem ser orientadas pela protecção da criança e não pela manutenção da relação desta com ambos os progenitores. Nos casos de maus-tratos, abuso sexual ou negligência, a relação com o progenitor rejeitado não deve ser promovida, devendo, antes ser protegida a relação da criança com o progenitor preferido.

7. Um diagnóstico de alienação parental não pode basear-se em alegações de abuso não provadas ou na aplicação de medidas de protecção à criança, pelo progenitor guarda, por exemplo, pedido de restrição de visitas. O abuso sexual e a alienação parental devem ser tratados como questões independentes. Tratar uma acusação de abuso, como indício de alienação parental, significa um uso abusivo do conceito de alienação

parental para neutralizar a seriedade ou validade das alegações de abuso.
8. As alegações de alienação parental só devem ser consideradas, mediante a verificação cumulativa dos seguintes requisitos: 1) ausência de alegações de violência doméstica ou de abuso sexual; 2) se, após a indagação cuidadosa das causas da recusa das visitas, a criança mostra uma hostilidade injustificada ao outro progenitor; 3) se existe um comportamento alienante, manipulador da criança, pelo progenitor alienador, causa da rejeição da criança.
9. A acusação de alienação só pode ser feita com base na prova de que o progenitor "alienador" tem intenção de destruir a relação da criança com o progenitor rejeitado (elemento subjectivo) e desde que possam ser identificados comportamentos específicos neste sentido (elemento objetivo), não sendo admitidos juízos de valor subjectivos nem especulativos.
10. As soluções para uma recusa injustificada de visitas estão limitadas ao reatamento da relação da criança com o progenitor rejeitado e devem basear-se na terapia familiar e no apoio psicológico à criança, e não em medidas coativas de imposição de visitas ou na transferência de guarda para o progenitor rejeitado.

Os direitos das crianças vítimas de crimes violentos*

Introdução
Este trabalho descreve a resposta do Direito aos crimes violentos que vitimizam crianças e que são praticados, sobretudo, por adultos encarregados de cuidar delas: pais, familiares, detentores da guarda ou de poderes-deveres de educação. A ordem jurídica não é indiferente perante o sofrimento das pessoas vulneráveis, vítimas de crimes violentos. As normas jurídicas substanciais e processuais, que regulam o estatuto da vítima, visam atenuar o seu sofrimento e resgatar a sua liberdade e segurança no mundo. O Direito também existe para lutar contra a dor.

O conceito de criança utilizado abrange todo o ser humano até aos 18 anos de idade conforme a definição do art. 1º da Convenção sobre os Direitos da Criança das Nações Unidas de 1989.

A resposta do Direito inicia-se com a qualificação jurídico-criminal dos factos ilícitos pelo Código Penal. Os crimes violentos que mais vitimizam as crianças integram os tipos legais de crime de violência doméstica (art. 152º CP), de maus tratos (art. 152º-A CP), e os crimes sexuais (arts. 163º a 177º CP). Estes podem ser crimes contra a liberdade sexual das pessoas, como a coação sexual (art. 163º CP), a violação (art. 164º

---

* Artigo publicado *in* ANA SOFIA NEVES (ed.), *Intervenção psicológica e social com vítimas – Crianças*, Volume I, Almedina, Coimbra, 2012, pp. 11-42, agora atualizado e aumentado.

CP) e a procriação artificial não consentida (art. 168º CP), agravados pela idade da vítima inferior a dezasseis ou catorze anos (art. 177º, nºs 5 e 6 CP), ou crimes contra a autodeterminação sexual de menores (arts. 171º a 176º CP). Estes últimos preveem, como requisito do tipo legal, a menoridade da vítima, definida por escalões etários, em que as fronteiras são os catorze anos como idade do consentimento, os dezasseis como o critério-limite para a proteção dos adolescentes entre catorze e dezasseis anos, e os dezoito, para a proteção das crianças e dos jovens vítimas de prostituição, de lenocínio e de pornografia infantil.

Os factos ilícitos criminais praticados contra crianças são invocados em processos-crime e em processos tutelares cíveis. Os primeiros visam punir o abusador ou o agressor, e os segundos, destinam-se, nos casos de maus tratos ou de abuso intra-familiar, a proteger a criança do progenitor que violou os seus direitos, limitando ou inibindo o exercício das responsabilidades parentais, suspendendo visitas e aplicando medidas de proteção.

Os direitos das crianças vítimas de crimes violentos serão abordados nas vertentes da participação e da audição, nos processos que lhes dizem respeito, da proteção para evitar a vitimação secundária e para defesa da criança em relação a ameaças à sua segurança, bem como da assistência e do apoio para promover a sua recuperação psicológica e reinserção social. Estes direitos têm a sua fonte no código de processo penal e em legislação avulsa introduzida no sistema jurídico português, por força de normas de direito internacional e comunitário.

As normas internacionais e as diretivas comunitárias, transpostas para a ordem jurídica interna, introduziram novos paradigmas e direitos que introduzem desafios ao direito da família, centrada na perspetiva dos pais, e ao direito penal e processual penal, centrado na defesa do arguido perante o poder punitivo do Estado. Contudo, estes direitos das crianças vítimas estão dispersos por legislações e códigos distintos, o que dificulta a sua sistematização e consulta. Seria mais útil uma compilação dos direitos das crianças vítimas de crimes violentos num único diploma legal para facilitar o processo de interpretação e de aplicação do direito.

1. Enquadramento jurídico: os tipos legais de crime

Os tipos legais de crime fundamentais são a violência doméstica (art. 152º CP), e o crime de maus tratos (art. 152º-A CP), que preveem, como sujeito passivo ou vítima do crime, entre outras categorias de pessoas, a pessoa menor de idade, bem como os crimes contra a liberdade e autodeterminação sexual (arts. 163º a 177º do CP), que consagram a menoridade da vítima como causa de agravação da pena ou como elemento do tipo legal de crime. Este estudo incidirá, apenas, sobre estes crimes, por serem os mais comuns na realidade social e pelo facto de serem em regra praticados em ambiente familiar ou por pessoas encarregadas de cuidar das crianças, circunstancialismo que aumenta os danos psicológicos e os traumas provocados nas vítimas, tornando necessário que a ordem jurídica intervenha com maior intensidade no domínio da sua proteção e da assistência[1].

O bem jurídico protegido por estas normas tem uma natureza complexa e abrange um conjunto de direitos fundamentais das crianças: o direito ao livre desenvolvimento da personalidade, o direito à integri-

---

[1] Estão tipificados, no Código Penal, outros crimes que preveem como causa de agravação da pena a menoridade da vítima, como os crimes de sequestro (art. 158º, nº 2, al. e) CP) e de rapto (art. 161º, nº 2, al. a) CP), dentro do capítulo dos crimes contra a liberdade pessoal, ou em que a menoridade da vítima é elemento do tipo, como o crime de subtração de menores (art. 249º CP), na secção dos crimes contra a família, onde também se insere o crime de violação da obrigação de alimentos (art. 250º CP), que, aplicando-se a vítimas maiores de idade, titulares de direito a alimentos, terá o seu campo de aplicação, por excelência, no domínio do não pagamento da pensão de alimentos devida a filhos menores. No título dos crimes contra as pessoas, estão tipificados crimes violentos, como o homicídio qualificado, que prevê como causa de especial censurabilidade ou perversidade do autor, a vulnerabilidade da vítima em razão da idade (art. 132º, nº 2, al. c) CP), o infanticídio (art. 136º), que atenua a pena da mãe que matar o filho durante ou logo após o parto sob a sua influência perturbadora, o crime de exposição ou de abandono (art. 138º), que embora não tipificando a menoridade da vítima, em regra pressupõe vítimas vulneráveis, os crimes contra a integridade física (arts. 143º a 151º CP), que incluem a ofensa à integridade física qualificada (art. 145º CP), quando a vítima é pessoa indefesa em razão da idade, e, ainda, os crime de ameaça (art. 153º CP) e de coação (art. 154º CP), cuja pena será agravada em função da menoridade da vítima (art. 155º CP).

dade pessoal, o direito à integridade física, psíquica e mental, o direito à saúde, os direitos à liberdade e à autodeterminação sexual, o direito à segurança e a dignidade humana.

1.1. Violência doméstica

O tipo legal de violência doméstica (art. 152º do CP) estipula uma pena de um a cinco anos para quem, de modo reiterado ou não, infligir maus tratos físicos ou psíquicos, incluindo castigos corporais, privações de liberdade e ofensas sexuais a cônjuge ou ex-cônjuge, pessoa com quem o agente mantém ou tenha mantido uma relação de namoro ou uma relação análoga à dos cônjuges, mesmo que sem coabitação, ou progenitor de descendente comum em 1º grau. Apesar de este tipo legal ter sido pensado, sobretudo, para vítimas adultas abrange também, como vítima, a pessoa particularmente indefesa, em razão da idade, que coabite com o agente. Esta norma inclui, como vítimas, para além das pessoas idosas, portadoras de deficiência, doença, gravidez ou dependentes economicamente do agente, as crianças, em regra, os seus filhos ou filhas[2], e também aquelas que, não tendo com o agente laços de filiação ou outros laços familiares, com ele coabitam.

O tipo legal de crime de violência doméstica vitimiza, sobretudo, mulheres, em relação conjugal ou para-conjugal. De acordo com os dados estatísticos fornecidos pelo Ministério da Administração Interna, em 2012, foram registadas 26.084 participações de violência doméstica pelas forças de Segurança, sendo que 82% das vítimas são do sexo feminino e 87% dos denunciados do sexo masculino (Relatório Anual de

---

[2] Apesar de o elemento literal da lei (art. 152º, nº 1, alínea d) do CP) exigir coabitação, não faz sentido, quando se trate dos filhos/filhas do agente (vínculo de filiação), que se exija este requisito, pois tal significaria excluir as crianças agredidas pelo progenitor sem a guarda após o divórcio do âmbito de aplicação do tipo legal do art. 152º do CP e da lei nº 112/2009, de 17-09 (que estabelece medidas de proteção e de assistência para vítimas de violência doméstica), resultado que, implicando menor proteção para as crianças agredidas durante os regimes de visitas em casos de separação dos pais, não pode ter sido querido pelo legislador.

Segurança Interna 2010, pp. 113-114). A maior parte destas mulheres tem filhos menores, que são vítimas diretas de violência, quando tentam defender a mãe, ou vítimas indiretas, pelo facto de assistirem às agressões. A lei teve em conta esta realidade, consagrando, no n.º 2 do art. 152.º CP, um agravamento de 1 ano no limite mínimo da moldura penal, que passa a ser de dois a cinco anos, se o agente praticar o facto contra menor, na presença de menor, no domicílio comum ou no domicílio da vítima. A lei penal, estipula, ainda, no n.º 6 do art. 152.º CP, uma solução decisiva para a proteção das crianças: a inibição das responsabilidades parentais do agressor, decretada pelo juiz, na sentença de condenação. Podem ser, ainda, aplicadas outras penas acessórias, previstas no art. 152.º, n.ºs 4 e 5 CP: proibição de contacto com a vítima, afastamento da residência ou do local de trabalho desta, proibição de uso e porte de armas e obrigação de frequência de programas específicos de prevenção da violência doméstica. A lei prevê a possibilidade de o cumprimento das medidas de afastamento da vítima ser fiscalizado por meios técnicos de controlo à distância (art. 152.º, n.º 5 CP).

1.2. Maus tratos
O crime de maus tratos, previsto no art. 152.º-A do Código Penal, pune com pena de prisão de um a cinco anos, agravada em caso de ofensa à integridade física grave ou de morte da vítima, quem, tendo ao seu cuidado, à sua guarda, sob a responsabilidade da sua direção ou educação ou a trabalhar ao seu serviço pessoa menor, lhe infligir, de modo reiterado ou não, maus tratos físicos ou psíquicos, incluindo castigos corporais, privações da liberdade e ofensas sexuais, ou a tratar cruelmente, a empregar em atividades perigosas (por exemplo, que impliquem o manejo de substâncias explosivas ou inflamáveis), desumanas ou proibidas (por exemplo, a utilização de menor na mendicidade ou para tráfico de droga) ou a sobrecarregar com trabalhos excessivos (por exemplo, tarefas domésticas pesadas para a sua idade). Este tipo legal de crime abrange como vítimas as crianças que foram confiadas ao cuidado ou guarda do agente, por decisão judicial, mas que não coabitam com este, e aquelas que foram confiadas ao agente para educação ou direção, no contexto da relação professor/aluno, educador/educando ou da

relação de funcionários de escolas, infantários ou instituições com as crianças. Este tipo legal de crime também é aplicável no contexto de contrato de trabalho celebrado entre o agente e pessoa menor, legalmente possível na ordem jurídica portuguesa a partir dos dezasseis anos ou idade inferior desde que tenha sido completado o ensino obrigatório (arts. 68º a 70º do CT)[3]. O conceito de trabalho, para efeitos penais, abrange não só a prestação laboral decorrente de contrato de trabalho, em que o trabalhador é menor, mas também qualquer contrato de prestação de serviços ou de serviço doméstico, e, ainda, o trabalho infantil, abaixo da idade legal, o qual, para além de dar lugar à aplicação de contraordenações por violação da lei laboral, permite a aplicação desta norma penal por significar "sobrecarga com trabalhos excessivos", "maus tratos físicos ou psíquicos", "tratamento cruel" ou "atividade desumana ou proibida". Caso o trabalho de menores abaixo da idade legal não preencha estes requisitos, será sempre punido pelo art. 82º, nº 2 do CT (crime de utilização indevida de trabalho de menor).

1.3. Crimes sexuais contra crianças

A criminalidade sexual contra crianças, longe de ser excecional e patológica, ou uma inevitabilidade biológica, é um fenómeno epidémico da sociedade, que atinge um em cada sete crianças do sexo masculino e uma em cada quatro do sexo feminino (Freeman, 2000, p. 533), afetando, também, as crianças que pertencem à mesma comunidade da vítima e que a psicologia considera, hoje, vítimas indiretas (Sani, 2002, pp. 38-50). A investigação científica revelou que não se deteta nos agressores qualquer patologia ou doença (Manita, 2003, p. 232) e que se verifica uma relação entre o crime e o sexo do agressor, o sexo masculino, em mais de 90% dos casos (Freeman, 1997, pp. 273-276).

---

[3] Estas disposições legais devem ser interpretadas, em função da lei que estipulava nove anos como a duração da escolaridade obrigatória. A lei atual (lei 85/2009, de 27 de agosto) subiu a duração da escolaridade obrigatória para 12 anos, mas o Código de Trabalho não foi ainda revisto.

Em Portugal, as estatísticas da justiça revelam que 97,9% dos arguidos constituídos, nos casos de criminalidade sexual, são do sexo masculino (Relatório de segurança interna, 2010, p. 122). Este elemento permitiu demonstrar que os crimes sexuais constituem a expressão de uma cultura sexual patriarcal, assente na desigualdade entre o homem e a mulher, na relação hierárquica entre o adulto e a criança, e na visão da criança como um objeto, concluindo-se que as causas do crime residem na construção cultural da sexualidade masculina, através da eliminação da emotividade, da agressão, da procura de poder sobre os outros e da atração pelos vulneráveis (Freeman, 1997, pp. 266-267 e 274-276, Sottomayor, 2003, p. 19).

Os crimes sexuais estão tipificados, no Título I do Código Penal, "Dos crimes contra as pessoas", cujo capítulo V – "Dos crimes contra a liberdade e autodeterminação sexual – se divide em duas secções, a primeira relativa aos crimes contra a liberdade sexual e a segunda aos crimes contra a autodeterminação sexual. No primeiro capítulo, protege-se a liberdade das pessoas sem aceção de idade, enquanto na secção II, a lei penal tutela de forma específica a autodeterminação sexual das crianças e dos jovens, constituindo a menoridade da vítima um elemento típico do crime.

a) *Crimes contra a liberdade sexual*
Na secção dos crimes contra a liberdade sexual, a lei prevê os tipos legais de coação sexual (art. 163º), violação (art. 164º), abuso sexual de pessoa incapaz de resistência (art. 165º), abuso sexual de pessoa internada (art. 166º), fraude sexual (art. 167º), procriação artificial não consentida (art. 168º), lenocínio (art. 169º) e importunação sexual (art. 170º). Destes tipos legais de crime, aqueles que não estão incluídos nos crimes contra a autodeterminação sexual de menores são os crimes de coação sexual, violação e procriação artificial não consentida, sendo os dois primeiros mais comuns. A violação e a coação sexual, porque exigem pressupostos específicos para a sua verificação, têm sido considerados crimes de execução vinculada, isto é, só podem ser praticados através dos meios de constrangimento previstos no tipo legal de crime: violência, ameaça grave, tornar a vítima inconsciente

ou colocá-la na impossibilidade de resistir. O tipo legal de coação sexual pune com pena de prisão de um a oito anos quem constranger outra pessoa a sofrer ou a praticar, consigo ou com outrem, ato sexual de relevo, através de um dos meios típicos descritos (art. 163º, nº 1), e com pena de prisão até dois anos, quem, por meio não compreendido no número anterior e abusando de autoridade resultante de uma relação familiar, de tutela ou curatela, ou de dependência económica, constranger outra pessoa a sofrer ou a praticar ato sexual de relevo, consigo ou com outrem (art. 163º, nº 2). O tipo legal de violação pune com pena de prisão de três a dez anos quem, pelos meios típicos de constrangimento acima referidos, constranger outra pessoa a sofrer ou a praticar, consigo ou com outrem, coito anal ou coito oral, ou a sofrer introdução vaginal ou anal de partes do corpo ou de objetos (art. 164º, nº 1). O tipo legal de crime de violação, tal como o de coação sexual, foi também alargado a situações em que os atos referidos no número anterior são praticados sem violência ou ameaça grave, mas através de um abuso de autoridade resultante de uma relação familiar, de tutela ou curatela, ou de dependência hierárquica, económica ou de trabalho, ou aproveitando-se de temor causado pelo agente, sendo, nestes casos, o crime punido com pena de prisão até três anos (art. 164º, nº 2). Estas situações, previstas nos arts. 163º, nº 2 e 164º, nº 2 CP, não se aplicam quando a vítima tem menos de catorze anos, pois este grupo de crianças está protegido pelo art. 171º, que pune o crime de abuso sexual de crianças, sem exigir os meios de constrangimento típicos previstos nos tipos legais de crime de violação e de coação sexual, e quando, tendo entre catorze e dezoito anos, o crime é praticado por sujeito a quem a criança foi confiada para educação ou assistência, conduta punida pelo art. 172º CP.

Nos crimes contra a liberdade sexual das pessoas, não sendo a menoridade da vítima elemento do crime, ela, conduz, contudo, a um agravamento da pena. Se a vítima do crime de violação, de coação sexual ou de procriação artificial não consentida for menor de dezasseis anos, as penas são agravadas de um terço, nos seus limites mínimo e máximo (art. 177º, nº 5 CP), se for menor de catorze anos, as penas são agravadas de metade, nos seus limites mínimo e máximo (art. 177º, nº 6 CP).

b) *Crimes contra a autodeterminação sexual de menores*

Dada a particular situação de vulnerabilidade e dependência das crianças, em relação aos adultos, bem como o seu processo de desenvolvimento, o Estado e a sociedade querem que não haja interferências de terceiros lesivas ou perturbadoras deste processo, que deve realizar-se em liberdade e de acordo o ritmo próprio das crianças e dos jovens. As crianças não têm até determinada idade, que, na lei portuguesa se fixou nos catorze anos, capacidade para formar livremente a sua vontade em matéria de relacionamento sexual nem têm maturidade para compreenderem e participarem nos atos sexuais, em que são envolvidas por adultos ou por adolescentes mais velhos. Em consequência, a lei pune como crime de abuso sexual de crianças (art. 171º CP) todos os atos sexuais praticados com crianças de idade inferior a catorze anos, mesmo que tenha havido consentimento da criança, o qual se reputa *iuris et de iure* irrelevante em termos jurídicos. O crime de abuso sexual de crianças, na lei penal, é punido com uma pena de prisão de um a oito anos (art. 171º, nº 1 CP), para quem praticar ato sexual de relevo com ou em menor de 14 anos, ou o levar a praticá-lo com outra pessoa. Se o ato sexual de relevo consistir em cópula, coito anal, coito oral ou introdução vaginal ou anal de partes do corpo ou objetos, o agente será punido com pena de prisão de três a dez anos, segundo o nº 2 do art. 171º do Código Penal. O conceito de abuso sexual tem um significado amplo, e a lei penal, no nº 3, al. a) desta disposição legal, alarga o mesmo à importunação sexual e pune com pena de prisão até três anos, quem praticar atos de carácter exibicionista perante uma criança menor de 14 anos ou quem a constranger a contacto de natureza sexual. Na mesma pena incorre, quem atuar sobre menor de 14 anos, por meio de conversa, escrito, espetáculo ou objetos pornográficos. O nº 4 do art. 171º CP prevê uma pena de prisão de seis meses a cinco anos para quem praticar os atos descritos no número anterior com intenção lucrativa.

O tipo legal de abuso sexual de crianças, como crime autónomo, é recente na ordem jurídica portuguesa, fenómeno que se explica pelo silêncio coletivo de sociedades patriarcais, que valorizam pouco as crianças e que encobrem o fenómeno, quer ao nível da população em geral, quer ao nível das elites políticas e culturais. O discurso da descriminalização subjacente ao Código de 1982, em relação ao adultério e à homossexualidade consentida entre adultos, terá obscurecido a necessidade de punir os crimes de abuso sexual de crianças (Sottomayor, 2003, p. 27). Foi só em 1995, que foi introduzido, no Código Penal, o tipo legal de crime de abuso sexual de crianças. A versão anterior do Código Penal de 1982, apenas protegia, no tipo legal de violação, no art. 201º, nº 2, as crianças menores de doze anos, vítimas de cópula ou ato análogo[4], independentemente dos meios empregados, isto é, sem que fosse necessária a prova dos requisitos de violência ou ameaça grave exigidos nº 1 da mesma norma. Mas como o conceito de violação estava restringido à cópula vaginal, atos de sexo anal e oral com crianças menores de 14 anos eram punidos, pelo tipo legal de crime de atentado ao pudor (art. 205º, nº 2), com uma pena de prisão até três anos, semelhante à pena prevista no tipo legal de furto (art. 296º). Esta solução deu lugar a críticas, pela deficiente hierarquia estabelecida entre o valor dos bens jurídicos pessoais e patrimoniais, em desconformidade com o quadro axiológico da Constituição, que estabelece como primado da ordem jurídica a dignidade da pessoa humana. Este desequilíbrio, no valor relativo dos bens jurídicos, foi alterado pela reforma de 1995 (decreto-lei nº 48/95, de 15 de março), que, para além de criar o tipo legal de abuso sexual de crianças, nele incluiu o coito anal e oral, embora só o coito anal fosse equiparado à cópula, mas não o coito oral, situação que só foi alterada em 1998 (lei nº 65/98, de setembro), com a equiparação do coito vaginal, anal e oral, para efeitos de medida da pena, dentro da modalidade mais grave de abuso sexual. Esta evolução culminou com a reforma de 2007 (lei nº 59/2007, de 4 de setembro), decorrente das obrigações internacionais e comunitárias impostas ao

---

[4] Para o preenchimento do conceito valorativo de ato análogo, atendendo ao desenvolvimento anatómico das crianças com menos de 12 anos, bastava, conforme entendia a jurisprudência, embora esta orientação não fosse unânime, o contacto físico entre os órgãos genitais masculino e feminino, em ordem a produzir a ejaculação, haja ou não *"emissio seminis"*. Cf. STJ 9-11-1994, *CJ/STJ*, Ano II, Tomo III, pp. 248 e ss. e STJ 24-09-2003 (Relator: Virgílio Oliveira), tendo este último acórdão uniformizado jurisprudência nesse sentido.

Estado Português, na sequência da Decisão-Quadro 2004/68/JAI do Conselho, que alargou, de novo, a incriminação nos tipos legais de violação e de abuso sexual de crianças.

Acima dos catorze anos, a lei penal protege a autodeterminação sexual dos adolescentes, nos casos em que a criança está confiada ao autor do crime para educação ou assistência (art. 172º CP), em situações de abuso de inexperiência (art. 173º CP), de prostituição de menores (art. 174º CP), de lenocínio de menores (art. 175º CP) e de pornografia infantil (art. 176º CP).

A lei penal protege os adolescentes, entre os catorze e os dezoito anos, sujeitos aos poderes-deveres de guarda e de educação, em relação ao titular destes poderes-deveres, que pratique ou leve os menores a praticar os atos descritos nos n.ºs 1 e 2 do art. 171º, punindo o agente do crime, normalmente, o representante legal do menor ou outro sujeito a quem tenha sido confiado para educação ou assistência com uma pena de prisão de um a oito anos (art. 172º, n.º 1 CP).

Os adolescentes com idade compreendida entre os catorze e os dezasseis anos são protegidos, pela lei penal, contra pessoas maiores de idade, que, abusando da sua inexperiência, pratiquem ato sexual de relevo, coito oral, coito anal ou introdução vaginal ou anal de partes do corpo ou de objetos com o menor ou que levem a que um destes atos seja praticado com outrem (art. 173º). O autor do crime é punido com uma pena de prisão até dois anos ou com pena de multa até 240 dias, quando o acto praticado é um ato sexual de relevo, e, com uma pena de prisão até três anos ou multa até 360 dias (art. 173º), quando se trate de atos de penetração. Contudo, é questionável que a pena possa ser substituída por multa, quando está em causa a violação de um bem jurídico tão importante para o livre desenvolvimento dos jovens.

Nas situações em que os/as adolescentes com mais de catorze anos são prostituídos/as[5], a lei não reconhece relevância ao consentimento

---

[5] Utiliza-se a expressão menores «prostituídos(as)» não só para abranger o duplo género, mas porque a as os/as adolescentes, apesar de terem idade legal para prestar consentimento em atos sexuais, quando o fazem num contexto de prostituição são vítimas de

dos/as menores, dadas as situações de miséria, abandono e exploração que acompanham a prostituição. A lei penal pune o sujeito maior de idade que recorre à prostituição de menores, praticando ato sexual de relevo, cópula, coito anal, coito oral ou introdução vaginal ou anal de partes do corpo ou objetos com menor entre catorze e dezoito anos, mediante pagamento ou contrapartida, com pena de prisão até dois anos ou de multa até 240 dias, quando o ato é um ato sexual de relevo (art. 174º, nº 1 CP), e em relação aos restantes atos, com uma pena de prisão até três anos ou pena de multa até 360 dias (art. 174º, nº 2 CP). A lei esclarece, no nº 3 do art. 174º, que a tentativa é punível.

A lei penal pune, também, quem fomentar, favorecer ou facilitar o exercício da prostituição de menor com pena de prisão de um a cinco anos (art. 175º, nº 1). A moldura da pena de prisão aumenta para dois a dez anos (art. 175º, nº 2), se o agente cometer o crime: a) Por meio de violência ou ameaça grave; b) Através de ardil ou manobra fraudulenta; c) Com abuso de autoridade resultante de uma relação familiar, de tutela ou curatela, ou de dependência hierárquica, económica ou de trabalho; d) Atuando profissionalmente ou com intenção lucrativa; ou e) Aproveitando-se de incapacidade psíquica ou de situação de especial vulnerabilidade da vítima.

A pornografia infantil, como um instrumento que permite utilizar crianças para espetáculos pornográficos, fotografias, filmes ou outros meios audiovisuais constitui um crime sexual muito grave e em expansão, devido às novas tecnologias. A pornografia, para além de ter por consequência o abuso sexual das crianças utilizadas e a cumplicidade de quem consome o material pornográfico com este abuso, provoca o aumento dos abusos sexuais, por parte de quem visualiza os materiais,

---

exploração por outrem e não dispõem de condições de vida que permitam uma decisão livre. Rejeita-se, portanto, a expressões utilizadas pela doutrina penalista de «menor prostituto» (Albuquerque, 2008, p. 483) ou de «prostituta menor de 14 anos» (Cunha, 2003, p. 217), por conterem, implícita e inconscientemente, a negação do estatuto de criança às vítimas e a equiparação à pessoa adulta.

criando um perigo para a autodeterminação sexual de todas as crianças. Pensava-se, tradicionalmente, que a pornografia não aumentava a criminalidade sexual, podendo até ter um efeito catártico (Cunha, 1995, pp. 157-158). Contudo, estudos norte-americanos demonstram existir uma ligação entre a pornografia e a criminalidade sexual contra mulheres e crianças (Russell and Purcell, 2011). Por força das obrigações internacionais do Estado português, com a finalidade de dissuasão e de prevenção do fenómeno, deve ser punido não só quem utiliza as crianças, mas também quem produz, quem divulga e quem adquire ou tem na sua posse os materiais pornográficos. A lei penal, no art. 176º, nº 1, alíneas a) a d), pune com uma pena de prisão de um a cinco anos quem utilizar menor em espetáculo, fotografia, filme ou gravação pornográficos ou o aliciar para esse fim, quem produzir, distribuir, importar, exportar, divulgar, exibir ou ceder estes materiais e quem os adquirir ou detiver com o propósito de os distribuir, importar, exportar, divulgar, exibir ou ceder. A moldura penal da pena de prisão aumenta para um a oito anos, se o agente praticar os atos descritos no nº 1 do art. 176º profissionalmente ou com intenção lucrativa (art. 176º, nº 2 CP). A lei penal, após a reforma de 2007, alargou o âmbito da incriminação do tipo legal de pornografia de menores à produção ou distribuição, aquisição ou detenção de materiais pornográficos com representação realista de menor com o propósito de divulgação, exibição ou cedência (art. 176º, nº 3), bem como à mera aquisição ou detenção de materiais pornográficos que utilizem crianças reais, independentemente da sua divulgação ou cedência (art. 176º, nº 4). Na primeira situação, o agente é punido com uma pena de prisão até dois anos (art. 176º, nº 3), e na segunda, com pena de prisão até um ano ou com pena de multa (art. 176º, nº 4). O art. 176º, nº 5 consagra o princípio de que a tentativa é punível.

As penas dos tipos legais de crime contra a autodeterminação sexual de menores, previstos nos arts. 174º (Recurso à prostituição de menores), 175º (Lenocínio de menores) e 176º, nº 1 (Pornografia de menores) sofrem agravações nos termos do art. 177º CP. A existência de relações familiares entre o agente e a vítima é uma causa de agravação da pena, nos crimes sexuais, em um terço dos seus limites mínimo e máximo, se a vítima for ascendente, descendente, adotante, adotado, parente ou afim até ao segundo grau (art. 177º, nº 1, al. a) ou se encontrar numa relação familiar, de tutela ou curatela, ou de dependência hierárquica, económica ou de trabalho e o crime for praticado com aproveitamento desta relação (art. 177º, nº 1, alínea b). A lei prevê mais causas de agravação da pena, por exemplo, se o agente for portador de doença sexualmente transmissível, as penas serão agravadas de um terço, nos seus limites mínimo e máximo (art. 177º, nº 3), se dos atos praticados resultar gravidez, ofensa à integridade física grave, transmissão de agente patogénico que crie perigo para a vida, suicídio ou morte da vítima, as penas serão agravadas de metade nos seus limites mínimo e máximo (art. 177º, nº 4). Na hipótese de se verificarem, em relação ao mesmo comportamento, mais do que uma causa de agravação, só é considerada a que tiver efeito agravante mais forte, sendo a outra ou outras valoradas na medida da pena. (art. 177º, nº 7).

Para proteção das crianças, o juiz, na sentença de condenação proferida no processo-crime, pode, tendo em atenção a concreta gravidade do facto e a sua conexão com a função exercida pelo agente, inibir este do exercício do poder paternal, da tutela ou curatela ou proibir o exercício de profissão, função ou atividade que impliquem ter menores sob sua responsabilidade, educação, tratamento ou vigilância, por um período de dois a quinze anos (art. 179º). Trata-se, contudo, de uma faculdade do juiz, a qual, por convicção pessoal deste, pode não ser concretizada na sentença, ficando, por exemplo, a criança, filha do condenado por crime de abuso sexual de crianças, sujeita a ter que pedir ao progenitor que de si abusou autorização para ato de particular importância na sua educação ou sujeita a que lhe seja imposto, num processo de regulação das responsabilidades parentais, um regime de visitas ao progenitor. Dada a gravidade destes crimes, as sequelas que deixam nas vítimas e a probabilidade de reincidência do abusador, a aplicação da inibição do exercício das responsabilidades parentais devia ser automática e operar *ope legis*, sobretudo, nos casos em que a vítima é filha do abusador.

c) *Noção de ato sexual de relevo*
O estudo das normas de direito penal implica, necessariamente, a interpretação do conceito de ato sexual de relevo, utilizado nos tipos

legais de crime. Esta noção, de carácter aberto e indeterminado, presta-se, por força dos preconceitos do intérprete, a visões demasiado restritivas, que os profissionais que representam as vítimas devem rebater para proteger de forma mais intensa as crianças.

Segundo a conceção da jurisprudência, a noção de ato sexual de relevo comporta um elemento objetivo e um subjetivo, abrangendo apenas atos que se revistam de certa gravidade, devido ao carácter do direito penal como *ultima ratio* de intervenção social[6]. Contudo, a invocação da natureza fragmentária ou subsidiária do direito penal, neste contexto, não parece pertinente, quando estão em causa comportamentos lesivos da dignidade e da integridade das crianças praticados com dolo intenso, devendo ser decisivo o elemento subjetivo. Não se trata de criminalizar aspetos interiores à pessoa, meramente psicológicos, que não tenham tradução em atos. Mas de reconhecer que há atos que, apesar de objetivamente neutros no plano sexual, quando praticados com intenção de obter gratificação sexual, adquirem um carácter sexual que permite a sua inclusão dentro da categoria ato sexual de relevo. O elemento subjetivo pode estar presente em atos aparentemente anódinos, mas que, devido à intenção com que são praticados, assumem um carácter lesivo da dignidade humana da criança, da sua autonomia e integridade psicológica e sexual. Eventuais dificuldades probatórias do elemento subjectivo não devem interferir na conceitualização do ato sexual de relevo para efeitos jurídicos. A negação à vítima do seu estatuto de pessoa e a sua redução a objeto de outrem justificam a inclusão destes atos, no âmbito da incriminação penal, independentemente da prova de um concreto perigo para a sua autodeterminação sexual, pois a lei presume, de acordo com as regras de experiência, que estes atos prejudicam o livre desenvolvimento das crianças.

---

[6] Cf. Acórdão da Relação de Coimbra, de 15-09-2010 (Relator: Paulo Guerra), in *Base Jurídico-Documental doMJ*, *www.dgsi.pt*. «Ato sexual de relevo só pode ser considerado aquele que tem relação com o sexo (relação objetiva) e em que, além disso haja por parte do seu autor a intenção de satisfazer apetites sexuais.»

A doutrina penalista (Dias, 1999, pp. 449 e 543), orientada por uma preocupação de evitar uma excessiva criminalização, tende a fazer uma interpretação restritiva do conceito, que desprotege as crianças vítimas de abusos que não deixam marcas físicas. Não são conhecidos os fundamentos dos despachos de arquivamento e das decisões de absolvição dos Tribunais de 1ª instância, que não estão publicados. Contudo, sabe-se, como resulta dos trabalhos de investigação feitos na área, que um despacho de arquivamento não significa denúncia falsa ou infundada, e que o motivo mais frequente para fundamentar o arquivamento é a insuficiência de provas (Jardim, 2011, p. 26), fenómeno explicado por falta de formação especializada dos profissionais ou erros na apreciação da prova, pela desvalorização do testemunho das crianças mais pequenas, pela ausência de lesões ou vestígios físicos do abuso ou pelo desaparecimento das provas biológicas (sémen, saliva ou pele do abusador), devido à realização tardia dos exames (Jardim, 2011, pp. 17-20). Afigura-se provável que tal resultado se explique, não só pelas dificuldades de prova ou por deficiência na avaliação da mesma, mas também por erro na qualificação dos factos, em virtude de uma visão demasiado restrita do conceito de ato sexual de relevo, jurisprudência, nos casos que terminam em condenação, tem adotado uma visão relativamente ampla do conceito de ato sexual de relevo[7-8-9].

---

[7] Cf. Acórdão da Relação de Lisboa, de 28 de maio de 1997, *CJ*, 1997, Tomo II, pp. 148 e ss.: «Pratica um "ato sexual de relevo" (....), o arguido com 50 anos de idade, que, com intenção de obter satisfação sexual, e, depois de lhe ter oferecido dinheiro, dá um beijo na boca a uma menor de 10 anos de idade, agarrando-a pela cintura».

[8] Cf. Acórdão da Relação do Porto, de 11-09-2006 (não publicado): «Entre os três e quatro anos de idade, em várias ocasiões, quase sempre quando tomava banho nu com a filha, após chegar a casa da barbearia, o arguido convencia a filha, a apalpar-lhe e beijar-lhe o pénis enquanto por sua vez a beijava na região vaginal. Por vezes, quando estava a sós, a vesti-la no seu quarto, solicitava à filha que lhe beijasse a zona genital».

[9] Cf. Acórdão da Relação de Coimbra, de 02-02-2011 (Relator: Belmiro Andrade), in *Base Jurídico-Documental do MJ*, www.dgsi.pt: «Pratica ato sexual de relevo para efeitos do art. 171º, nº 1, do Código Penal o arguido que ao meter a mão por baixo da saia, apalpando a vagina da menor pergunta-lhe se gostava.»

d) *Crime continuado*

A determinação da pena nos crimes sexuais, quando o agente abusa repetidamente da mesma vítima, estava sujeita, na jurisprudência, à aplicação da figura do crime continuado, que permitia aos sujeitos condenados beneficiar de reduções substanciais da pena de prisão. Os tribunais aplicavam a figura do crime continuado, como um costume jurisprudencial. Foi a lei nº 40/2010, de 3 de setembro que aboliu a aplicação do conceito nos crimes contra as pessoas. De acordo com esta figura, o autor de vários crimes, contra a mesma vítima, era punido, não por todos os crimes praticados, de acordo com as regras do concurso, mas apenas por um crime, sendo a medida da pena determinada pela parcela mais grave das várias atuações do agente (Beleza, 2000, pp. 555-556)[10]. As decisões judiciais baseadas no crime continuado eram justificadas pela ideia de "dar uma oportunidade" ao abusador, sobretudo, quando este era o pai da vítima, devido à idealização da paternidade biológica e à esperança de recuperação da relação pai-criança, mesmo contra toda a evidência dos factos. A figura também era útil para o Ministério Público, que ficava, assim, dispensado de proceder à prova de todos os factos ocorridos, tarefa complexa devido à dificuldade de prova gerada pela erosão da memória da vítima e pelo sofrimento que lhe provocavam os interrogatórios. O recurso ao crime continuado, que alguma jurisprudência do Supremo Tribunal de Justiça ainda utiliza, em relação aos factos praticados antes da entrada em vigor da lei nº 40/2010[11], vai contra os resultados da investigação sobre a elevada

---

[10] A autora pronunciou-se contra a figura do crime continuado, em virtude de este consistir numa ficção, pela imprecisão dos seus contornos e pela fluidez da sua aplicação, suscetível de pôr em causa o princípio da igualdade, assim como pela falta de sentido da ideia de diminuição da culpa que lhe está ligada. Cf. BELEZA, 2000, pp. 555-556.

[11] Cf. STJ 09-12-2010, processo nº 925/09.8JDLSB.L1.S1. Rejeitando a figura do crime continuado, por entender que os crimes de abuso sexual de crianças são cometidos com dolo intenso e que as circunstâncias exteriores que potenciam a sua repetição não diminuem, mas antes agravam a culpa do agente, *vide* acórdão de 29-11-2012, processo nº 862//11.6TAPFR.S1. Contudo, reduziu-se a pluralidade de crimes a um só, considerando-se o abuso sexual de crianças como um crime de trato sucessivo, "atividade sexual criminosa",

culpabilidade do abusador, bem como ignora os danos sofridos pela vítima de múltiplos crimes sexuais. A criança vítima de abusos repetidos

tal como os crimes de tráfico de estupefacientes. Esta figura teria surgido como uma forma de resolver as dificuldades na contagem do número de crimes, mas não pressupõe qualquer atenuação da culpa derivada das circunstâncias em que os crimes são praticados. Contudo, o resultado prático traduz-se, tal como na hipótese de aplicação do crime continuado, na transformação da pluralidade de crimes numa unidade para o efeito de determinação da pena. Segundo Eduardo Correia, citado na fundamentação do acórdão, nos crimes de trato sucessivo existe uma unidade resolutiva e «para afirmar a existência de uma unidade resolutiva é necessária uma conexão temporal que, em regra e de harmonia com os dados da experiência psicológica, leva a aceitar que o agente executou toda a sua atividade sem ter de renovar o respetivo processo de motivação». Entendo, em sentido diferente, que considerações pragmáticas ligadas à dificuldade da contagem do número de crimes praticados não devem influenciar as construções jurídicas da dogmática, pois tal significa uma inversão metodológica. Tratando-se de uma criminalidade de elevada gravidade do ponto de vista da violação dos direitos humanos das vítimas, e portadora de grande danosidade social, é inaceitável a aplicação de figuras que dispensem um rigoroso trabalho de investigação e de produção da prova pelo Ministério Público e pelo tribunal. Por outro lado, a figura do crime de trato sucessivo não se verifica nos casos de múltiplos crimes sexuais praticados pelo mesmo sujeito contra a mesma vítima, pois não pode afirmar-se, de acordo com critérios de normalidade, que a resolução criminosa não seja renovada em relação a cada crime. Pelo contrário, verifica-se, nestes casos, uma pluralidade de processos resolutivos, pois tendo o agente consciência da ilicitude e premeditando cada crime, tem, cada vez que pratica um crime, de renovar a vontade de realização do projeto criminoso, correspondendo a cada resolução um juízo de censura autónomo. O argumento utlizado pelo Supremo Tribunal para a determinação da pena concreta de 11 anos assentou, também, na comparação com as molduras penais que se encontram no Código Penal para outros crimes, como o caso de homicídio qualificado, cuja pena se fixaria entre os 12 e os 25 anos de prisão, o que exigiria uma pena abaixo do limite mínimo previsto neste tipo legal de crime. Ora, em sentido diferente, a investigação científica sobre o sofrimento das crianças violadas ou sexualmente abusadas de forma repetida indica que a vítima revive ciclicamente, ao longo de toda a sua vida, o trauma que fica gravado no seu cérebro, e que sofrer violência sexual repetida na infância, uma fase de desenvolvimento crucial do ser humano, altera ou condiciona para sempre o seu equilíbrio bio-psico-social, sendo estas sequelas equiparadas a uma forma de morte emocional. E ao ser humano não interessa uma vida estritamente biológica, mas uma vida com qualidade psicológica e emocional, a qual pode ficar perdida, ou, pelo menos, fortemente condicionada, sobretudo se a criança não tiver apoio psicológico adequado como em geral acontece.

apresenta um sofrimento designado por dano da confiança, em virtude de o abuso ser praticado por um sujeito encarregado de cuidar de si e em quem a vítima confiava (West, 1999, p. 102), em regra superior ao sofrimento da criança abusada uma vez por um desconhecido[12]. A investigação científica tem equiparado o sofrimento das vítimas de abuso sexual à síndrome pós-traumática das vítimas do Holocausto e dos veteranos da guerra do Vietname (Goleman, 1996, pp. 224-225). As crianças abusadas, de forma repetida, por familiares criam distância, isolamento e supressão dos sentimentos, como uma defesa contra o abuso vivido na infância, aprendem a dissociar-se dos seus corpos como um meio de se adaptarem ao abuso, sendo a forma mais extrema de dissociação a criação de múltiplas personalidades (Darlington, 1996, pp. 7-8). Muitas mulheres vítimas de abuso relatam, tal como os sobreviventes de campos de concentração e tortura, que se separam do seu corpo para não sentirem dor, e a consequência mais devastadora do abuso sexual, para a sexualidade das mulheres, acontece quando as vítimas se sentem amadas e confortadas durante o abuso, o que significa uma forma de cooperar com o sofrimento e de sobreviver (Mackinnon, 1989, pp. 146-147). As crianças vítimas de abuso sexual continuado pelo pai ou figura de substituto parental, no momento da revelação do abuso, sofrem de depressão, problemas de comportamento, tentativas de suicídio, períodos de confusão mental e de uma cólera imensa dentro de si (Marneffe, 1998, p. 109). A longo prazo, revelam problemas de autoestima e confiança em si próprias, de perturbações de memória e de dificuldades na vida afetiva e sexual, perturbações na vida relacional e social, angústias em relação à maternidade, provocadas pelo medo de que esta esteja marcada pelo passado ou que se reproduza a mesma agressão (Marneffe, 1998, p. 109), ansiedade, sentimentos de culpa e de vergonha, maior tendência para consumo de drogas ou de álcool, e uma maior vulnerabilidade à repetição da vitimação (Darlington, 1996, pp. 10-11).

---

[12] Sobre os danos causados às vítimas de abuso sexual, na família, *vide* WEST, 1999, p. 102, referindo o dano da invasão, da traição e da exposição, da perda de autonomia e da sensação de segurança e de privacidade, sendo o corpo e o lar identificados como o perigo.

A aplicação do crime continuado significa reduzir as vítimas de crimes violentos à situação de objeto e uma violação dos direitos à dignidade da pessoa humana (art. 1º da CRP), à integridade pessoal e ao livre desenvolvimento da personalidade (arts. 25º e 26º da CRP), bem como um incumprimento do dever de proteção das crianças (art. 69º, nº 1 da CRP), vítimas de abuso sexual, dentro da família e das instituições. Em termos de prevenção geral, a aplicação do crime continuado torna indiferente, para o autor do crime, a prática de um ou de vinte crimes, deixando as vítimas desprotegidas e aumentando exponencialmente a sua vitimação. A aplicação da figura do crime continuado aos abusadores sexuais fica a dever-se a uma compaixão ou a uma benevolência em relação ao abusador, a que corresponde, como o outro lado da moeda, uma insensibilidade ao sofrimento da vítima, cujos direitos e dignidade têm estado fora das preocupações da ciência jurídica penalista. A doutrina mais recente, relativamente ao crime continuado (Cunha, 2009, p. 323), situa a *ratio* da figura no propósito de evitar penas demasiado severas e numa «importante razão processual», traduzida na necessidade de «evitar dificuldades de prova e promover a *economia processual*». Contudo, fica por explicar porque é que alguma jurisprudência, nos casos em que essas razões processuais mais pertinentes se revelavam – nos crimes de cheques sem cobertura e nos crimes fiscais – não aplicava a noção de crime continuado, e, em contrapartida, a aplicava nos casos de abuso sexual de crianças[13], crime indicado, por Eduardo Correia[14], como um exemplo típico de crime continuado devido ao «acordo» entre agente e vítima, e que Figueiredo Dias, em anotação ao art. 172º do Código Penal (na versão anterior a 2007), também considerava um caso de crime continuado, quando a vítima fosse a mesma[15].

---

[13] Acórdãos do Supremo Tribunal de Justiça, de 03-05-2007, Processo nº 07P341; de 14-05-2009, Processo 07P0035; de 9-12-2010, Processo nº 925/09.8JDLSB.L1.S1.
[14] Cf. Eduardo Correia, *Direito Criminal*, Vol. II, Coimbra, 1971.
[15] Cf. Figueiredo Dias, Anotação ao art. 172º, Comentário Conimbricense do Código Penal, Coimbra editora, Coimbra, 1999, p. 553.

2. Disposições comuns aos crimes de violência doméstica, maus tratos e criminalidade sexual

2.1. Natureza pública

Os crimes de violência doméstica, de maus tratos e os crimes sexuais contra crianças são crimes públicos, com exceção, dentro deste grupo, do crime de atos sexuais com adolescentes, previsto no art. 173º, o qual depende de queixa, salvo se dele resultar suicídio ou morte da vítima (art. 178º, nº 2).

A classificação de um crime violento como público significa que não é necessária a apresentação de queixa nem a demonstração processual da vontade de agir da vítima ou dos seus representantes legais. A promoção da ação penal compete ao Ministério Público, como titular da ação penal, e a desistência da vítima ou dos seus representantes legais não é relevante.

A denúncia é obrigatória para as entidades policiais para todos os crimes de que tomarem conhecimento e para os funcionários quanto a crimes que tomarem conhecimento no exercício das suas funções e por causa delas (art. 242º do CPP). Qualquer profissional (psicólogo/a, médico/a, professor/a, diretor/a ou funcionário/a de escola ou de instituição) que tenha conhecimento de um crime violento contra uma criança, quer exerça funções numa instituição pública, quer numa pessoa coletiva de direito privado de utilidade pública, por exemplo, um colégio privado, deverá denunciar o crime às entidades policiais ou ao MP, junto do tribunal penal. A comunicação é, também, obrigatória para qualquer pessoa que tenha conhecimento de situações que ponham em risco a vida, a integridade física ou psíquica e a liberdade da criança ou do jovem e deve ser feita às entidades com competência em matéria de infância ou juventude, às entidades policiais, às comissões de proteção ou às autoridades judiciárias (art. 66º, nº 2 da LPCJP).

2.2. Possibilidade de suspensão provisória do processo

Apesar de não ser necessária apresentação de queixa pelos representantes legais, nos crimes contra a liberdade e auto-determinação sexual de menor não agravados pelo resultado, o Ministério Público, tendo em conta o interesse da vítima, pode determinar a suspensão provisória do processo, com a concordância do juiz de instrução e do arguido, desde que não tenha sido aplicada anteriormente medida similar por crime da mesma natureza (art. 178º, nº 3 CP).

Em relação aos crimes de violência doméstica e de maus tratos, de acordo com o art. 281º do CPP, o MP, em fase de inquérito, pode determinar a suspensão do processo, com a concordância do juiz de instrução, mediante a imposição ao arguido de injunções e regras de conduta, sempre que se verificarem os seguintes pressupostos: concordância do arguido e do assistente; ausência de condenação anterior por crime da mesma natureza; ausência de aplicação anterior de suspensão provisória de processo por crime da mesma natureza; não haver lugar a medida de segurança de internamento; ausência de um grau de culpa elevado; e ser de prever que o cumprimento das injunções e regras de conduta responda suficientemente às exigências de prevenção que no caso se façam sentir. Esta medida permite que o arguido não seja sujeito a julgamento nem condenado e visa promover, nos termos do art. 38º, nº 2 da lei 112/2009, a reinserção do agente. Contudo, em especial a suspensão admitida com base em requerimento livre e esclarecido da vítima, nos termos do art. 281º, nº 6, deve ser cuidadosamente aplicada, para que não se transforme no veículo para permitir que a vítima de violência doméstica, a mulher e mãe das crianças também vitimizadas, desista do processo, pelo medo de retaliações do agressor ou por desvalorizar a proteção dos filhos.

2.3. Possibilidade de suspensão da pena

A pena de prisão pode ser suspensa na sua execução, isto é, pode não ser cumprida, se atendendo à personalidade do agente, às condições da sua vida, à sua conduta anterior e posterior ao crime e às circunstâncias deste, o julgador concluir que a censura do facto e a ameaça de pena de prisão realizam de forma adequada e suficiente as finalidades da punição (art. 50º, nº 1 do CP), podendo esta suspensão ser subordinada ao cumprimento de deveres ou à observância de regras de conduta (art. 50º, nº 2 do CP), bem como a programas para autores de crimes de violência doméstica (art. 38º, nº 2 da lei 112/2009).

A investigação científica sobre crimes violentos contra crianças, sobretudo, tratando-se de abuso sexual de crianças demonstra que estes crimes são premeditados e reveladores de uma elevada culpabilidade, e que o agressor tende a reincidir, pelo que, em contracorrente ao que tem sido a prática judiciária[16], não deve ser suspensa a execução das penas de prisão, por razões de prevenção geral e especial, bem como de proteção das vítimas e garantia do direito destas à recuperação psicológica e reinserção social.

3. Direitos das vítimas nos processos que lhes dizem respeito
3.1. Obrigações internacionais e comunitárias do Estado Português relativamente ao estatuto processual da vítima e à luta contra a exploração sexual de crianças e pornografia infantil

a) *A Decisão-Quadro 2001/220/JAI do Conselho, de 15.3.2001, relativa ao estatuto da vítima em processo penal e a Diretiva 2012/29/UE do Parlamento Europeu e do Conselho*

Em Portugal, o Código Penal e o Código de Processo Penal têm sido objeto de constantes alterações no sentido de proteger o papel da vítima em processo penal, em especial, da vítima menor de idade. A vítima tem-se sentido afastada do processo penal ou uma mera figurante,

---

[16] Segundo estatísticas da Justiça de 2006 (*Estatísticas da Justiça, Justiça Penal 2006*) para um total de 94 condenados por crime de maus tratos a menores ou pessoas indefesas, 84 das penas de prisão aplicadas foram suspensas na sua execução, valor correspondente a uma proporção de 89,3%, o que denota a displicência com que os Tribunais encaram estes crimes. Nos crimes de abuso sexual de crianças e menores dependentes, a proporção de penas de prisão suspensas (88) relativamente ao total de condenados (161) foi de 54,6%, em 2006. Resultados semelhantes decorrem também do estudo de JARDIM, 2011, p. 23, que incidiu sobre 185 decisões judiciais (arquivamento e sentença) relativas a crimes de natureza sexual contra vítimas com idade inferior a 18 anos, submetidas a exame médico-legal nos serviços do Norte do Instituto Nacional de Medicina Legal, entre 2004 e 2008. Nos casos que terminaram em condenação (26,5% do total dos casos), aos condenados foi aplicada pena de prisão efetiva em 49% dos casos e pena suspensa em 42,8%. Quatro condenados (8,2%) foram considerados inimputáveis em razão da idade ou por patologia do foro psiquiátrico, tendo-lhes sido aplicadas medidas de segurança. *Ibidem*, p. 26.

em que o centro é ocupado pelo conflito entre o infrator e o Estado, representado pelo Ministério Público. Transformações sociais, nomeadamente, a preocupação crescente com a segurança e bem-estar das crianças, têm feito surgir avanços nas ciências sociais, em relação às suas necessidades especiais, que têm tido repercussão no direito penal e processual penal. A vitimologia, como um novo ramo da ciência, permite estabelecer a relação entre conhecimentos de várias áreas do saber e proceder a uma abordagem multidisciplinar do crime, numa perspetiva nova: a perspetiva da vítima. O iluminismo e o liberalismo trouxeram a preocupação com o delinquente, numa posição de fragilidade perante o poder punitivo do Estado, e ele próprio o produto de responsabilidades colectivas, resultantes de uma sociedade estruturalmente injusta e desigual. Contudo, a sociedade sofre mutações com a passagem do tempo e nem sempre os paradigmas encontrados numa época ficam intactos em épocas seguintes. Os direitos da vítima, por força de numerosas diretivas e decisões-quadro da União Europeia, bem como de convenções internacionais, constituem um novo paradigma, com o qual o anterior terá de se conciliar, sem que isso implique restrições de direitos fundamentais para os cidadãos suspeitos ou acusados de crime. Neste contexto, a União Europeia, quando está em causa a criminalidade sexual contra crianças, reclama competências para estipular regras mínimas quanto à definição dos comportamentos a criminalizar e quanto à estipulação de sanções tendencialmente uniformes no espaço europeu, bem como para consagrar regras de proteção e assistência às vítimas de crime.

A União Europeia tem revelado preocupação com o estatuto das vítimas de crime, em processo penal, em contextos jurídicos, em que, por força da tradição histórica liberal, a defesa do arguido perante o Estado tem sido a preocupação central da ordem jurídica. Cada Estado Membro deve assegurar às vítimas de crime um conjunto de direitos que abrangem, entre outros, o direito ao respeito pela sua dignidade pessoal e ao reconhecimento de um papel real e adequado na sua ordem jurídica penal (art. 2º), o direito de ser ouvida e de fornecer elementos de prova (art. 3º), o direito de receber informações (art. 4º), garantias de comunicação (art. 5º), direito a assistência adequada (art.

6º), direito à proteção (art. 8º), direito a indemnização no âmbito do processo penal (art. 9º), com destaque para a proteção e assistência às vítimas mais vulneráveis.

A Diretiva 2012/29/EU vem substituir a Decisão-Quadro 2001/220/JAI, aperfeiçoando e melhorando os direitos das vítimas e a sua participação no processo penal. Os Estados-membros devem, assim, garantir que todas as vítimas sejam reconhecidas e tratadas com respeito, cuidado e profissionalismo e de forma personalizada e não discriminatória, em todos os contactos estabelecidos com serviços de apoio às vítimas ou de justiça restaurativa e com as autoridades competentes que intervenham no contexto de processos penais. A vítima tem direito a compreender e a ser compreendida (art. 3º), e a que a linguagem utilizada, na comunicação oral e escrita, seja simples e acessível, e tenha em conta as suas características pessoais. A vítima tem direito de receber informações (arts. 4º e 6º) e direitos especiais quando apresenta uma denúncia (art. 5º), nomeadamente, o direito de fazer a denúncia numa língua que compreenda, ou de receber a assistência linguística necessária para o fazer, bem como de receber gratuitamente uma tradução da confirmação por escrito da sua denúncia. Quando a língua do processo penal não seja a sua língua, a vítima tem direito a serviços gratuitos de interpretação e de tradução (art. 7º). Tem direito, também, a serviços especiais de apoio (arts. 8º e 9º). Os Estados-membros devem assegurar que, na aplicação da presente diretiva, caso a vítima seja uma criança, o superior interesse da criança constitua uma preocupação primordial e seja avaliado de forma personalizada. Deve prevalecer sempre uma abordagem sensível à criança, que tenha em conta a sua idade, maturidade, pontos de vista, necessidades e preocupações. A criança e o titular da responsabilidade parental ou outro representante legal, caso exista, devem ser informados de todas as medidas ou direitos especificamente centrados na criança. No quadro do próprio processo penal, as vítimas têm direito, nomeadamente, a ser ouvidas, a uma decisão de indemnização pelo autor do crime, a apoio judiciário, à restituição de bens, além de outros direitos relacionados com necessidades especiais de proteção. Os Estados-membros ficam ainda obrigados à formação do pessoal suscetível de entrar em contacto com as vítimas, nomeadamente agentes policiais e funcionários judiciais, que devem receber formação geral e especializada, a fim de aumentar a sua sensibilização em relação às necessidades das vítimas e de lhes permitir tratá-las de forma não discriminatória e com respeito e profissionalismo.

Contudo, as alterações de direito positivo têm-se revelado insuficientes. Para se obter uma harmonização do direito penal europeu e uma efetiva proteção das vítimas, é necessário uma ciência penal europeia que reflita e teorize sobre o impacto destas mudanças, e uma unidade teleológico-funcional entre política criminal, dogmática jurídico-penal e criminologia/penologia (Pinto 2013, p. 365).

b) *A Convenção sobre os Direitos da Criança e Protocolo Adicional Facultativo*

A Convenção sobre os Direitos da Criança de 1989, ratificada em 1990 pelo Estado português, consagra nos seus artigos 34º e 39º, respetivamente, o direito da criança à proteção contra todas as formas de exploração e de violências sexuais e o direito à recuperação física e psicológica e à reinserção social da criança vítima de qualquer forma de negligência, exploração ou sevícias, de tortura ou de qualquer outra pena ou tratamento cruéis, desumanos, degradantes ou de conflito armado. Estes direitos das crianças criam a obrigação para os Estados de tomarem medidas adequadas para que a criança seja efetivamente protegida e garantidos os seus direitos. Para melhor realizar os objetivos da Convenção sobre os Direitos da Criança e a aplicação das suas disposições, os Estados Parte celebraram um Protocolo Facultativo à Convenção sobre os Direitos da Criança relativo à venda de crianças, prostituição e pornografia infantis, ratificado pelo Estado português, em 2003, em que se comprometem a adotar medidas adequadas para proteger, em todas as fases do processo penal, os direitos e interesses das crianças vítimas das práticas proibidas pelo Protocolo (art. 8º, nº 1), nomeadamente, a adaptar os procedimentos às necessidades especiais das crianças enquanto testemunhas (art. 8º, nº 1, al. a), a informar as crianças vítimas a respeito dos seus direitos, do seu papel e do âmbito, duração e evolução do processo, e da solução dada ao seu caso (art. 8º, nº 1, al. b), a permitir que as opiniões, necessidades e preocupações das crianças vítimas sejam apresentadas e tomadas em consideração nos processos que afetam os seus interesses pessoais (art. 8º, nº 1, al. c), a proporcionar às crianças vítimas serviços de apoio adequados ao longo de todo o processo judicial (art. 8º, nº 1, al. d), a proteger a privacidade e identidade das crianças vítimas (art. 8º, nº 1, al. e), a garantir a segurança das crianças vítimas, bem como das suas famílias e testemunhas favoráveis, contra atos de intimidação e represálias (art. 8º, nº 1, al. f), a evitar atrasos desnecessários na decisão das causas e execução de sentenças (art. 8º, nº 1, al. g). Os Estados Parte devem garantir que, no tratamento dado pelo sistema de justiça penal às crianças vítimas das infrações previstas no presente Protocolo, o interesse da criança seja a consideração primacial (art. 8º, nº 3) e devem adotar medidas destinadas a garantir a adequada formação, em especial, nos domínios do direito e da psicologia, das pessoas que trabalham junto das vítimas. Os Estados Parte comprometem-se, também, a adotar medidas administrativas, políticas, legislativas e sociais para prevenir a exploração sexual de crianças, com particular atenção à proteção das crianças especialmente vulneráveis a tais práticas, bem como a organizar campanhas de sensibilização da população e das crianças, a respeito das medidas preventivas e dos efeitos nocivos das infrações ao Protocolo, salientando a participação da comunidade e, em particular, das crianças e crianças vítimas, nos programas de educação e de formação (art. 9º, nºs 1 e 2). Os Estados Parte devem, ainda, adotar medidas para assegurar assistência adequada às vítimas (art. 9º, nº 3) e garantir que todas tenham acesso a procedimentos adequados que lhes permita, sem discriminação, reclamar indemnização por danos aos responsáveis (art. 9º, nº 4). Os Estados Parte devem adotar todas as medidas adequadas a fim de proibir eficazmente a produção e difusão de material que faça publicidade às infrações previstas no Protocolo (art. 9º, nº 5). Devem, também, adotar as medidas necessárias a reforçar a cooperação internacional para a prevenção, deteção, investigação, exercício da ação penal e punição dos responsáveis, para auxiliar as crianças vítimas, bem como para lutar contra as causas profundas da exploração sexual de crianças, como a pobreza e o subdesenvolvimento (art. 10º).

c) *A Decisão-Quadro 2004/68/JAI do Conselho, de 22 de dezembro de 2003 e a Diretiva 2011/93/UE do Parlamento Europeu, de 13 de dezembro de 2011*

A União Europeia tem como objetivos de política criminal assegurar um elevado nível de segurança, através de medidas de prevenção e combate da criminalidade, incluindo o abuso sexual e exploração sexual de crianças, mediante o estabelecimento de regras mínimas relativas à definição das infrações penais e das sanções, bem como reprimir, de forma eficaz, o crime, proteger os direitos das vítimas e prevenir a exploração sexual e o abuso de crianças.

Para promover estes objetivos, a Decisão-Quadro 2004/68/JAI do Conselho, relativa à luta contra a exploração sexual de crianças, introduziu medidas destinadas a aproximar as legislações penais dos Estados-membros e a promover o desenvolvimento de uma cooperação eficaz, nos domínios policial e judiciário, contra a exploração sexual de crianças e pornografia infantil, como graves violações dos direitos humanos das crianças, que devem ser punidas através de sanções efetivas, proporcionadas e dissuasivas. Para o efeito, define-se criança como qualquer pessoa com menos de 18 anos de idade (art. 1º, al. a) e define-se pornografia infantil (art. 1º, al. b), de forma ampla, como qualquer material pornográfico que descreva ou represente visualmente crianças reais, envolvendo-se em comportamentos sexualmente explícitos, incluindo a exibição lasciva dos seus órgãos genitais ou partes púbicas ou pessoas reais com aspeto de crianças ou imagens realistas de crianças não existentes envolvidas nos referidos comportamentos. A Decisão-Quadro, que determinou a reforma penal de 2007 na ordem jurídica portuguesa, teve como objetivo que os Estados membros punissem não só a produção, distribuição, divulgação ou transmissão de pornografia infantil, a sua oferta ou disponibilização, mas também a aquisição e posse de pornografia infantil (art. 3º), tendo este último aspeto sido o mais inovador, em face do Código Penal português, que não punia, na versão anterior a 2007, a mera detenção de material pornográfico infantil. Relativamente à prostituição de menores, o art. 2º obriga os Estados membros a tomar todas as medidas necessárias para que sejam punidos todos os comportamentos ligados à coação e recrutamento de uma criança para a prostituição e também o sujeito que recorre à prostituição de menores, oferecendo dinheiro ou outras formas de remuneração ou de pagamento, obrigação que determinou a introdução do novo tipo legal de crime previsto no art. 174º do CP (recurso à prostituição de menores). A Decisão-Quadro impôs, aos Estados-membros, a obrigação de tomar as medidas necessárias para garantir que as pessoas coletivas possam ser consideradas responsáveis por exploração sexual de crianças e pornografia infantil cometidas em seu benefício ou por falta de vigilância ou de controlo por qualquer pessoa que nela ocupe uma posição dominante, que tenha tornado possível a prática de uma infração (art. 6º). A Decisão-Quadro impôs também aos Estados-membros que a instauração de processo penal pelas infrações nela abrangidas não dependa de denúncia ou de queixa da vítima e que as vítimas de exploração sexual de crianças, nos termos do art. 2º, sejam consideradas particularmente vulneráveis para o efeito da Decisão-Quadro 2001/220/JAI do Conselho relativa ao estatuto da vítima em processo penal e que lhes seja assegurada assistência adequada, bem como às suas famílias. As revisões de 2007 ao Código Penal e ao Código de Processo Penal contêm inovações que decorrem desta Decisão-Quadro: o alargamento dos prazos de exercício do direito de queixa e de prescrição do procedimento criminal em crimes sexuais contra menores; a possibilidade de exercício da ação penal após a maioridade da vítima; o fato de todos os crimes sexuais contra menores, com exceção do crime de atos sexuais com adolescentes, serem crimes públicos, que não dependem de queixa; o poder-dever do tribunal informar o/a ofendido/a da data da libertação ou da fuga do arguido ou condenado, quando esta possa criar perigo.

A Diretiva 2011/93/UE do Parlamento Europeu revogou a Decisão-Quadro 2004/68/JAI, considerada insuficiente na aproximação das legislações penais, na criminalização de novas formas de abuso e exploração, e na repressão de crimes fora do território nacional, dada a dimensão transfronteiriça da exploração sexual de crianças. A evolução das tecnologias da informação, produção e divulgação de imagens e o anonimato dos autores do crime tornaram necessárias medidas legislativas para criminalizar novas formas de abuso por meio da internet.

Com efeito, verificou-se um aumento dos sítios na web com imagens de pornografia infantil, a idade cada vez mais jovem das crianças exploradas e a violência crescente das imagens. Surgiram os fenómenos do turismo sexual, os crimes contra crianças praticados por nacionais da UE no estrangeiro, e organizações criminosas que conseguem obter, por insuficiência e falta de harmonia do direito penal da UE, lucros substanciais com riscos mínimos.

A fim de evitar o risco de reincidência, os Estados-membros tomam as medidas necessárias para garantir que uma pessoa singular condenada por qualquer dos crimes referidos nos arts. 3º a 7º seja impedida de exercer atividades que impliquem contactos regulares com crianças e para que os empregadores ao recrutarem pessoal para atividades profissionais ou para atividades voluntárias organizadas que impliquem contactos diretos e regulares com crianças, tenham o direito de solicitar informação nos termos da legislação nacional, por qualquer meio apropriado, como o acesso à existência de condenações penais por crimes sexuais contra crianças constantes do registo criminal ou à existência de qualquer inibição de exercer atividades que impliquem contactos com crianças (art. 10º, nºs 1 e 2).

A diretiva impõe aos Estados a adoção de medidas adequadas para evitar ou proibir a difusão do material publicitário que anuncie a oportunidade de praticar crimes de exploração sexual de crianças ou pornografia infantil (art. 21º, al. a). Consagra, também, o dever dos Estados garantirem medidas de assistência e apoio às vítimas, em particular, medidas necessárias para garantir a proteção das crianças que denunciem casos de abuso no seio da sua família, sendo as medidas de assistência específicas tomadas na sequência de uma avaliação individual das circunstâncias especiais de cada criança vítima de crime, atendendo às opiniões, necessidades e preocupações dessas crianças, que são consideradas vítimas particularmente vulneráveis na aceção da Decisão-Quadro 2001/220/JAI. (art. 19º). Decisivos são também os direitos das crianças vítimas de crimes em investigações e ações penais (art. 20º), tais como o direito a que o Estado nomeie um representante especial da criança, o direito a aconselhamento jurídico e a patrocínio judiciário, e o direito a que a audição da criança vítima do crime se realize sem demoras injustificadas, em instalações concebidas ou adaptadas para o efeito e que seja feita por profissionais qualificados, devendo os Estados garantir que o número de inquirições seja o mais reduzido possível. As crianças gozam, também, do direito ao acompanhamento pelo seu representante legal ou por um adulto à sua escolha, bem como do direito a que as audições sejam gravadas por meios audiovisuais e a que as gravações possam ser utilizadas como prova no processo penal.

O direito penal português, apesar de já se encontrar bastante avançado por força das alterações de 2007, ainda terá de sofrer novamente mudanças no domínio da criminalização, da medida das penas e das causas de agravação destas, nos casos de crimes sexuais contra menores, por força da diretiva 2011/93/UE. Sem transposição para o direito interno, as normas que introduzem novos tipos legais de crimes ou aumento de penas não podem ser diretamente aplicáveis na ordem jurídica interna, por força dos princípios da legalidade e da tipicidade em matéria de direito penal. Contudo, as normas que consagram direitos das crianças vítimas, no que diz respeito à assistência e apoio, participação no processo penal e audição, são diretamente aplicáveis mesmo sem transposição, pois consistem em direitos fundamentais análogos aos direitos, liberdades e garantias previstos na Constituição e que, portanto, vinculam imediatamente todas as entidades públicas e privadas (arts. 17º e 18º, nº 1 da CRP).

O Código Penal Português terá que introduzir, em transposição desta diretiva, um novo tipo legal de crime, de natureza dolosa, consistente na «obtenção de acesso a pornografia infantil com conhecimento de causa e por meio das tecnologias de informação e da comunicação». Para além de o consumidor de pornografia infantil pactuar com os crimes de abuso sexual de crianças gravados nas imagens, contribuindo para a prática destes, estudos recentes demonstram que o consumo destes materiais aumentam o interesse sexual por crianças e a taxa de incidência dos crimes de abuso sexual de crianças. Não se trata de uma norma que visa proteger bens jurídicos colectivos ou a moral social, mas a sua razão de ser situa-se, ainda, no âmbito do programa dos direitos fundamentais e dos valores protegidos pela Constituição, pois está em causa a proteção da violação da liberdade e auto-determinação sexual das crianças, valor que prevalece sobre a liberdade de expressão ou de opinião dos adultos. Pelos mesmos motivos, a diretiva impõe também a punição de quem assiste a espectáculos pornográficos em que participem crianças.

Relativamente à «proposta de um adulto, feita por intermédio das tecnologias de informação e da comunicação para se encontrar com uma criança que ainda não tenha atingido a maioridade sexual para praticar atos sexuais ou para produção de pornografia infantil», penso que também nos encontramos numa área de neocriminalização e que o legislador terá de introduzir no Código Penal um tipo legal autónomo. Apesar de os atuais artigos 171º e 176º, que punem o abuso sexual de crianças com menos de 14 anos e a pornografia de menores, preverem a punibilidade da tentativa, a qual é susceptível de abranger o aliciamento de uma criança por um adulto para um encontro sexual, sempre colocará problemas de qualificação dos fatos e de prova, que tornarão, na prática, difícil a investigação e a punição do aliciamento como tentativa de abuso sexual de crianças ou de pornografia de menores. Com efeito, a tentativa exige atos de execução, podendo o convite dirigido à criança não ser considerado suficiente pelo sistema penal para constituir uma tentativa de abuso sexual. Defendo, portanto, a tipificação autónoma do aliciamento de menores de 14 anos através da web, não só porque facilita a investigação criminal e a qualificação dos fatos como crime, mas também porque constitui uma forma mais clara de comunicação à comunidade acerca do que é crime, permite aumentar a consciencialização para o valor do bem jurídico e dissuadir os cidadãos deste tipo de práticas, melhorando a prevenção geral.

Por imperativo dos artigos 3º, nº 5 e 9º, al. a) da diretiva, o Estado português terá que criminalizar autonomamente o abuso de criança portadora de deficiência ou incapacidade mental ou física, por influência de droga ou álcool, ou introduzir uma nova causa de agravação da pena nestes casos.

Para além das causas de agravação da pena previstas no art. 177º do Código Penal, outras terão de ser introduzidas por força do art. 9º da diretiva: Crime cometido por alguém que coabita com a criança; Crime cometido por várias pessoas em conjunto; Crime cometido no âmbito de uma organização criminosa; Crime cometido por agente já previamente condenado por crimes da mesma natureza.

A diretiva vai ter por consequência aumento dos limites máximos das molduras penais de alguns crimes, como o lenocínio e a pornografia de menores de 14 anos, que devem ser punidos por penas máximas não inferiores a oito anos de prisão.

Impõem-se também ao Estado alterações legislativas destinadas a reformular as práticas judiciais e a forma como as crianças são ouvidas, e a criar um sistema de profissionais altamente especializados para entrevistar e acompanhar as crianças.

Deverão ser alterados os prazos para a ação penal e para a extinção do procedimento penal, de forma a que seja possível intentar a ação penal "durante um período suficiente após a vítima ter atingido a maioridade e proporcional à gravidade do fato". No Código Penal Português, nos crimes contra a autodeterminação sexual de menores, o processo-crime não se extingue, por prescrição, até a vítima perfazer 23 anos (art. 118º, nº 5 do CP). Mas este prazo, no contexto específico deste tipo de criminalidade, é insuficiente. Sabe-se que as famílias impõem às vítimas o silêncio. A sociedade sempre culpabilizou as vítimas, considerando a revelação do abuso uma «vergonha» para a pessoa abusada. A ciência demonstra que algumas crianças sexualmente abusadas só recordarão os fatos, por terem padecido de amnésia ou de «sleep effect», muitos anos mais tarde, já na idade adulta. Nos crimes sexuais contra crianças, o trauma da vítima pode perdurar durante toda a sua vida. O seu futuro e a sua personalidade já não vão ser os mesmos que estavam predestinados a ser. As vítimas de abuso ou exploração sexual na infância e na adolescência enfrentam condicionamentos e medos que as acompanharão para sempre. Neste contexto psicológico e sócio-cultural não é justo que estes crimes prescrevam. Alguns países, como o Canadá, já consideram os crimes de abuso sexual de crianças imprescritíveis. Outros, como a Alemanha e o Brasil, têm vindo a alargar os prazos de prescrição. Na verdade, não se justificam necessidades de segurança ou de certeza jurídica a proteger o autor de crimes de abuso sexual e pornografia infantil, uma vez que estes crimes são de uma gravidade extrema, geralmente praticados com um grau elevado e intenso de dolo e de premeditação, e as vítimas são especialmente vulneráveis, vulnerabilidade que se prolonga para toda a vida, em virtude da forma como a sociedade tem encarado este tipo de crimes, sobretudo, quando ocorrem no seio da família e quando as vítimas de exploração sexual são crianças pobres e abandonadas. O direito à recuperação psicológica e ao acesso à justiça das vítimas deve prevalecer sobre qualquer ideia de segurança jurídica.

A lei deverá consagrar deveres de denúncia dos crimes para profissionais cujos estatutos os obrigam à confidencialidade.

O Estado deverá organizar programas ou medidas de intervenção preventiva, de forma a garantir a pessoas, que temam poder vir a cometer crimes sexuais contra crianças, o acesso a programas ou medidas para avaliar e prevenir os riscos da prática desses crimes (art. 22º), bem como programas ou medidas de intervenção, a título voluntário, durante ou após o processo penal, com o objetivo de avaliar o perigo e os riscos de reincidência de crimes sexuais, bem como de prevenir e minimizar esses riscos de reincidência.

Quanto ao sistema de registo de pessoas condenadas por crimes sexuais contra crianças, a diretiva apresenta-o como facultativo para os Estados e não impõe alterações ao direito nacional relativo ao acesso ao registo criminal pelas autoridades competentes ou pela própria pessoa, já previsto e regulado na Lei 113/2009, de 17 de Setembro. Esta lei prevê o acesso aos registos criminais pelas autoridades judiciárias para informação dos empregadores, de forma garantir a proibição de exercício de atividades com crianças, e para impedir a entrega da guarda de crianças, apadrinhamento, tutela, acolhimento familiar ou adoção, a indivíduos condenados por crimes sexuais contra menores ou a alguém que com eles coabite.

Para que todas estas alterações legislativas não fiquem dispersas, considero que o legislador devia elaborar uma lei autónoma, à semelhança da Lei nº 112/2009, de 17 de Setembro (dirigida às vítimas de violência doméstica), que concentrasse todas as medidas de proteção e boas práticas dirigidas às crianças vítimas de crimes sexuais, para evitar a atual dispersão por várias leis avulsas ou diplomas, situação que torna as normas jurídicas de mais difícil interpretação, coordenação e aplicação pelo julgador e impede uma visão de conjunto do sistema.

d) *A Convenção do Conselho da Europa para a Prevenção e o Combate à Violência Contra as Mulheres e a Violência Doméstica (Istambul, 11.05.2011)*

Os Estados Membros do Conselho da Europa e os outros signatários da presente Convenção, ratificada por Portugal em 21 de Janeiro de 2013, reconhecem que a realização de *jure* e de *facto* da igualdade entre mulheres e homens é um elemento chave na prevenção da violência contra as mulheres e que esta é uma manifestação das relações de poder historicamente desiguais entre mulheres e homens que conduziram à dominação e discriminação das mulheres pelos homens, o que as impediu de progredirem plenamente.

Esta Convenção reflecte um avanço ideológico e simbólico na teorização da violência contra as mulheres, ultrapassando-se a linguagem neutra em relação ao género, a qual tem sido adotada na legislação nacional. Todas as formas de violência contra as mulheres são concebidas como violência de género, assumem uma natureza estrutural na sociedade, e têm sido legitimadas pela cultura, constituindo «um dos mecanismos sociais cruciais pelo qual as mulheres são forçadas a assumir uma posição de subordinação em relação aos homens». Para o efeito, a Convenção, para além dos conceitos de "violência contra as mulheres" e de "violência doméstica" usa o conceito de "género", termo através do qual designa os papéis, os comportamentos, as atividades e as atribuições socialmente construídos que uma sociedade considera apropriados para as mulheres e para os homens e o conceito de "violência contra as mulheres baseada no género", que designa toda a violência dirigida contra uma mulher por ela ser mulher ou que afeta desproporcionalmente as mulheres.

Reconhece-se que mulheres e raparigas estão muitas vezes expostas a formas graves de violência, tais como a violência doméstica, o assédio sexual, a violação, o casamento forçado, os chamados "crimes de honra" e a mutilação genital, que constituem uma violação grave dos direitos humanos das mulheres e raparigas e um obstáculo grande à realização da igualdade entre as mulheres e os homens-

Apesar de se reconhecer que os homens também podem ser vítimas de violência doméstica, afirma-se, contudo, que esta afeta as mulheres de forma desproporcional, e que as mulheres e as raparigas estão expostas a um maior risco de violência de género do que os homens. A Convenção reconhece também que as crianças são vítimas da violência doméstica, inclusivamente como testemunhas de violência no seio da família.

Estas inovações conceituais e terminológicas terão de ter por consequência alterações legislativas no direito português, em vários domínios, dos quais destacamos os seguintes:

– O art. 31º da Convenção consagra o dever de os Estados Parte tomarem medidas legislativas ou outras que se revelem necessárias para assegurar que os incidentes de violência abrangidos pelo âmbito de aplicação da presente Convenção sejam tidos em conta na tomada de decisões relativas à guarda das crianças e sobre o direito de visita das mesmas, bem como para assegurar que o exercício de um qualquer direito de visita ou de um qualquer direito de guarda não prejudique os direitos e a segurança da vítima ou das crianças.

A Convenção reconhece que a violência doméstica continua depois da ruptura da relação e do divórcio, e que, as mulheres e as crianças vítimas de violência doméstica, para além de precisarem da lei penal, precisam também da lei civil, em particular, do direito da família, para obterem a proteção adequada. A violência contra mulheres e crianças não pode ser discutida apenas nos tribunais penais, mas também nos tribunais de família, caso contrário, corremos o risco que as mulheres que não apresentam queixa-crime fiquem sem qualquer proteção. E não se diga que, sendo a violência doméstica um crime público, os processos penais serão o lugar para fazer justiça. As mulheres e os terceiros que têm conhecimento do crime nem sempre o comunicam às autoridades competentes e nem sempre os processos-crime prosseguem até ao fim, por insuficiência de prova. Durante a pendência do processo crime e nos casos de arquivamento ou absolvição por insuficiência de prova, as mulheres ficam desprotegidas quando vigora, como exige a actual lei, o exercício conjunto das responsabilidades parentais como princípio-regra, de ordem pública, sujeitando-se estas a ter que entrar em contacto com o agressor para tomada de decisões em relação ao/às filho/as, colocando-os/as em perigo, e sendo perseguidas penalmente por crime de subtração de menores, tipificado pelo art. 249º, nº 1, al. c) do Código Penal[17]. Para evitar a ameaça penal injustificada contra as mulheres e para proteger as crianças, o regime de visitas do progenitor masculino deve ser suspenso ou supervisionado por terceira pessoa indicada pelo Tribunal. As crianças que assistem à violência doméstica são crianças em perigo, de acordo com as alíneas a) e d) do art. 3º da Lei de Proteção de Crianças e Jovens em Perigo, porque estão sujeitas a maus tratos psíquicos e a comportamentos que afetam o seu equilíbrio emocional. O MP deve requerer, ao abrigo ao art. 148º, nº 3 da OTM, no processo de regulação das responsabilidades parentais, uma medida de proteção de apoio junto da mãe, acompanhada da suspensão das visitas (art. 35º, al. a) da Lei de Proteção). O facto de a lei civil ter uma válvula de escape, no art. 1906º, nº 2, que permite ao/à juiz/a decretar o exercício exclusivo das responsabilidades parentais, sempre que o exercício conjunto seja contrário ao interesse da criança, não é suficiente pata proteger as crianças da violência e do conflito, dado o carácter indeterminado e altamente subjectivo do conceito. Nas representações sociais, o interesse da criança, aquando do divórcio dos pais, está ligado à ideia de biparentalidade e à crença na manutenção do casal parental. Esta crença tem sido, na prática, um obstáculo à proteção das vítimas, mesmo nos casos em que no processo-crime se obtete uma sentença de condenação do agressor, defendendo os tri-

---

[17] Considerando a tipificação criminal do incumprimento do regime de visitas, ainda que «significativo» e praticado «de modo repetido e injustificado», como uma violação do princípio da legalidade, devido ao uso de conceitos indeterminados, e do princípio da necessidade penal ou da subsidiariedade, *vide* SOTTOMAYOR (2011 a). Em sentido próximo, CUNHA (2013, pp. 927-928).

bunais de família que o que se passa no processo-crime nada tem a ver com a regulação das relações familiares, compelindo as crianças a visitas que não desejam e que as põem em perigo e até, em casos extremos, confiando a guarda das crianças ao agressor.

– Os artigos 33º, 34º e 35º impõem, respetivamente, a obrigação de os Estados tomarem medidas legislativas ou outras para assegurar a criminalização do ato intencional de lesar gravemente a integridade psicológica de uma pessoa através de coerção ou de ameaças (Violência psicológica), da conduta intencional de ameaçar repetidamente outra pessoa, fazendo-a temer pela sua segurança (Perseguição), bem como da conduta intencional de cometer atos de violência física contra outra pessoa (Violência física). A violência psíquica e física já se encontram criminalizadas, quer como elementos dos tipos legais de crime de violência doméstica e de maus tratos, quer como crimes autónomos. Já a perseguição, correspondente à expressão anglo-saxónica, *stalking*, não estará ainda compreendida nos tipos legais de crime existentes na ordem jurídica portuguesa.

– O art. 36º, nº 1 da Convenção estipula que os Estados deverão adotar as medidas legislativas ou outras que se revelem necessárias para assegurar a criminalização da conduta de quem intencionalmente a) Praticar a penetração vaginal, anal ou oral, de natureza sexual, de quaisquer partes do corpo ou objetos no corpo de outra pessoa, sem consentimento desta última; b) Praticar outros atos de natureza sexual não consentido com uma pessoa; c) Levar outra pessoa a praticar atos de natureza sexual não consentidos com terceiro. O nº 2 da mesma disposição afirma que o consentimento tem de ser prestado voluntariamente, como manifestação da vontade livre da pessoa, avaliado no contexto das circunstâncias envolventes e o nº 3 afirma, de acordo com os inquéritos à população que demonstram que a maioria dos crimes sexuais ocorrem em contexto relacional, que a criminalização prevista no nº 1 se aplica a atos praticados contra os cônjuges ou companheiros ou contra os ex-cônjuges ou ex-companheiros.

Esta norma impõe que, nos crimes de violação e de coação sexual, sejam abolidos os requisitos da violência e da ameaça grave, como elementos dos tipos legais de crime previstos nos artigos 163º, nº 1 e 164º, n.º 1 do Código Penal[18]. A lei penal deve, assim, ser alterada de forma a clarificar que os actos sexuais enumerados na lei são puníveis porque falta o consentimento de uma das partes ou porque esse consentimento não foi livre, passando a existência de violência física ou de ameaça grave a constituir causas agravantes da pena.

Os Estados Partes, entre várias medidas de apoio social, psicológico, jurídico e económico às vítimas, terão que tomar as medidas legislativas ou outras necessárias para permitir o estabelecimento de centros de ajuda de emergência apropriados para vítimas de violação ou violência sexual, de acesso fácil e em número suficiente, a fim de lhes oferecer um exame médico e médico-legal, apoio em caso de trauma e aconselhamento (art. 25.º).

O crime de violação, mesmo nos casos em que a vítima não é menor, deve ser um crime público, podendo o MP prosseguir com a acção penal independentemente da vontade da vítima. Num quadro legal, em que o bem jurídico liberdade e autodeterminação sexual é indisponível e está constitucionalmente protegido, o Estado deve intervir, pois as vítimas raramente apresentam queixa por sentirem que os actos sexuais em que foram envolvidas sem o seu consentimento não serão percecionados como violação. A dependência de queixa perpetua o sistema do silêncio e permite a continuação da violência sexual contra as mulheres e a sua impunidade. Em regra, a não apresentação de queixa não é uma decisão livre das vítimas, mas o fruto da estigmatização social ou de ameaças e retaliações dos autores dos crimes. Invocar a «vergo-

---

[18] Defendendo que, mesmo ao abrigo da atual redação dos arts. 163.º, n.º 1 e 164.º, n.º 1 do CP, o conceito de violência como requisito dos tipos legais de crime de violação e de coação sexual se bastava com a falta de consentimento da vítima, *vide* SOTTOMAYOR (2011 b), em anotação ao acórdão do Tribunal da Relação do Porto, de 13-04-2011, que absolveu o agente, médico, do crime de violação da sua paciente, em virtude de não estar preenchido o conceito de violência previsto no art. 164.º, n.º 1 do CP. Pronunciando-se contra a absolvição do réu, mas com base numa avaliação da matéria de facto, sem opinar sobre a questão de direito colocada no processo – a de saber se o conceito de violência exige atos positivos de violência física adicional ao ato sexual imposto ou se se basta com a falta de consentimento – *vide* CUNHA (2011, pp. 471-475).

nha» sentida pelas vítimas para não tornar o crime público é usar a discriminação histórica das mulheres como fundamento para perpetuar essa mesma discriminação. A violação não pertence ao domínio da vida privada das mulheres, mas é uma questão de interesse público. A perseguição penal dos violadores constitui um contributo decisivo para a igualdade de género e para um ambiente social onde os direitos à liberdade e à autodeterminação sexual das mulheres serão mais respeitados.

Criam-se novos imperativos de criminalização como o «Casamento forçado» (art. 37º), a «Mutilação genital feminina» (art. 38º), «Aborto e esterilização forçados» (art. 39º) e os crimes de honra.

O art. 40º, sob a epígrafe «Assédio sexual», impõe, aos Estados, o dever de tomar as medidas legislativas ou outras necessárias para assegurar que qualquer tipo de comportamento indesejado de natureza sexual, sob forma verbal, não-verbal ou física, com o intuito ou o efeito de violar a dignidade de uma pessoa, em particular quando cria um ambiente intimidante, hostil, degradante, humilhante ou ofensivo, seja passível de sanções penais ou outras sanções legais.

Penso, a este propósito, que o assédio sexual, nas ruas e no trabalho, deve ser criminalizado, pois trata-se de comportamentos que violam direitos fundamentais das mulheres e das adolescentes do sexo feminino – direito ao livre desenvolvimento da personalidade e à integridade pessoal (arts. 25º e 26º da CRP) – assumindo, portanto, dignidade penal, e que revelam danosidade social, pois impedem a construção de uma sociedade baseada na igualdade de género, perpetuando a subordinação das mulheres. Não estão em causa bens jurídicos colectivos como amoral social, mas bens jurídicos que fazem parte do quadro axiológico plasmado no catálogo dos Direitos, Liberdades e Garantias da Constituição, em relação aos quais se impõe a proteção através do direito penal. Também não se pode afirmar a falta de danosidade do assédio nem que faltaria, para legitimar a intervenção do direito penal, um desvalor do resultado. Está demonstrado que o assédio sexual nas ruas é altamente lesivo do desenvolvimento intelectual das adolescentes do sexo feminino, com reflexos na educação, na política, na ciência, na arte, etc. A dificuldade em ocupar, com segurança e liberdade, os espaços públicos e as limitações físicas e psíquicas com que as mulheres aprendem a viver desde a adolescência, fazem com que, por exemplo, na educação, as mulheres tenham mais dificuldade em ter um pensamento independente, opiniões próprias e em assumir riscos intelectuais (Rich, 1979, p. 242), o que provoca, necessariamente, uma menor participação das mulheres nos espaços públicos, na política, na vida cívica, etc.

Desde as reformas de 1995 e 1998, que o Código Penal prevê o tipo legal de crime de coação sexual (art. 163º, nº 1), que pune actos sexuais de relevo praticados com violência ou ameaça grave, e também os actos sexuais de relevo praticados, sem o recurso aos meios de constrangimento do nº 1 (violência ou ameaça grave), por meio de abuso de autoridade decorrente de relação familiar, de tutela ou curatela, de dependência hierárquica, económica ou de trabalho, ou com aproveitamento do temor causado. A lei penal pune, assim, algumas formas de assédio sexual no trabalho e na rua, na medida em que se prove abuso de autoridade e, na última hipótese, o aproveitamento do temor causado. Contudo, a tentativa de praticar acto sexual de relevo não é punível e a jurisprudência e a doutrina interpretam o conceito de acto sexual de relevo de forma muito restritiva, excluindo do âmbito da criminalização a maior parte das situações vividas pelas mulheres como assédio sexual. Em 2007 (Lei nº 59/2007, de 4 de Setembro), foi introduzido um tipo legal de crime, designado por importunação sexual (art. 170º do Código Penal), susceptível de abranger o assédio sexual na rua ou em locais públicos, mesmo que o acto para o qual a vítima é constrangida não seja considerado um acto sexual de relevo. Todavia, é duvidoso que possam estar incluídos no âmbito da norma todos os tipos de assédio sexual, nomeadamente, as situações de abuso verbal. O art. 170º do Código Penal pune actos de exibicionismo e o constrangimento a contactos de natureza sexual, exigindo, nesta segunda hipótese, que exista um contacto físico ou um toque no corpo. Mas a tentativa de praticar estes contactos físicos não é punida pela norma penal. Em consequência, se não houver toque no corpo, tudo o que seja abuso verbal, que é também ofensivo e perturbador, bem como sinal de ameaça iminente de contacto físico sexual, não está penalizado como assédio sexual. Se a vítima for uma criança com menos de 14 anos, o âmbito de punição é mais amplo, pois estão penalizadas, como crime de abuso sexual de crianças, no art. 171º, nº 3, alínea b) do Código Penal, as conversas de teor sexual, a exposição a escrito, espectáculo ou objeto pornográficos. Contudo, a partir dos 14 anos não é crime ofender verbalmente uma mulher ou uma adolescente que circula na rua, a não ser que se possa integrar essa verbalização no tipo legal de crime de difamação (art. 180º do Código Penal) ou de injúria (art. 181º do Código Penal). O conteúdo sexual, humilhante e invasivo contido nas palavras não está, em regra, abrangido naquilo que se entende ser um crime de injúria ou de difamação, nem o bem jurídico protegido por estas normas penais é o mesmo que é violado com o assédio verbal. A injúria e a difamação protegem o bom nome de uma pessoa, a sua honra ou consideração. Já a penalização do assédio sexual nas ruas visa proteger a liberdade, o livre desenvolvimento da personalidade e a autonomia, um bem jurídico mais profundo, íntimo e integrador da personalidade do que o bom nome. O assédio sexual nas ruas distingue-se, também, dos tipos legais de crime de injúria e difamação pela intencionalidade que lhe preside: pressionar e aterrorizar as mulheres, induzindo-as a permanecer no espaço privado e a «auto-excluirem-se» do espaço público. Ao contrário das crenças populares não se trata de uma brincadeira inofensiva e que não tem consequências. A frequência com que estas agressões são praticadas provoca nas adolescentes medo de sair à rua, deixando de exercer a sua liberdade ou, pelo menos, não a exercendo com a tranquilidade e a segurança a que têm direito como pessoas[19]. As meninas e as mulheres, quando andam sozinhas nas ruas, sobretudo à noite, fazem--no «transidas de medo»[20], medo que funciona como um instinto de

---

[19] A criminologia feminista e realista refutou a tese da irracionalidade do medo das mulheres, devido à existência na sociedade de violência oculta, sexual e doméstica contra as mulheres. Cf. CARLA MACHADO/CÂNDIDO AGRA, Insegurança e Medo do Crime: A Ruptura da Sociabilidade à Reprodução da Ordem Social», *Revista Portuguesa de Ciência Criminal*, Ano 12, nº 1, 2002, p. 94.
[20] Cf. TERESA PIZARRO BELEZA, *A Mulher no Direito Penal*, Cadernos da Comissão da Condição Feminina, 1984, p. 25.

defesa e de alerta, que impede as sensações de liberdade e de autonomia, tão importantes para o desenvolvimento da pessoa humana, para a realização das suas potencialidades e para a alegria de viver.

Os Estados Partes tomarão as medidas legislativas ou outras necessárias para assegurar que, nos processos penais iniciados no seguimento do cometimento de quaisquer actos de violência cobertos pelo âmbito de aplicação da presente Convenção, a cultura, os costumes, a religião, a tradição ou a pretensa "honra" não sejam considerados como justificação para tais actos (art. 42º, nº 1). Isto cobre, em particular, as alegações segundo as quais a vítima teria transgredido normas ou costumes culturais, religiosos, sociais ou tradicionais relativos a um comportamento apropriado.

3.2. Legislação de direito interno para proteção das vítimas

a) *Medidas para proteção de testemunhas em processo penal*

A lei de proteção de testemunhas (lei 93/99, de 14 de julho, com as alterações introduzidas pela leis 29/2008, de 4 de julho e 42/2010, de 3 de setembro, regulamentada pelo decreto-lei 190/2003, de 22 de agosto) regula a aplicação de medidas para proteção de testemunhas, em processo penal, quando a sua vida, integridade física ou psíquica, liberdade ou bens patrimoniais de valor consideravelmente elevado sejam postos em perigo por causa do seu contributo para a prova dos factos que constituem objeto do processo. Estas medidas podem abranger os familiares das testemunhas, as pessoas que com elas vivam em condições análogas às dos cônjuges e outras pessoas que lhes sejam próximas. A lei prevê, também, medidas que se destinam a obter, nas melhores condições possíveis, depoimentos ou declarações de pessoas especialmente vulneráveis, nomeadamente em razão da idade, mesmo que se não verifique perigo para a sua vida, liberdade ou integridade. A especial vulnerabilidade da testemunha pode resultar da sua diminuta ou avançada idade, do seu estado de saúde ou do facto de ter de depor ou prestar declarações contra pessoa da própria família ou de grupo social fechado em que esteja inserida numa condição de subordinação ou dependência (art. 26º). Neste conceito de pessoas especialmente vulneráveis, em razão da idade, estão abrangidas as crianças vítimas ou testemunhas de crimes violentos, aplicando-se o conceito de crianças da Convenção sobre os Direitos das Crianças e das diretivas relativas à luta contra o abuso e a exploração sexual de crianças, que abrange todas as pessoas até aos 18 anos de idade.

A lei prevê, entre outros, o direito à ocultação de imagem e distorção de voz (art. 4º), o direito a depor por teleconferência (art. 5º), direito à não revelação da identidade da testemunha (art. 13º), se estiverem presentes os pressupostos do art. 16º, o direito a medidas de segurança e proteção policial, entre as quais a alteração do local físico da residência habitual (art. 20º), o direito a programa especial de segurança, de acordo com os requisitos do art. 21º e o direito a acompanhamento por técnico de serviço social ou outra pessoa especialmente habilitada para o seu acompanhamento, bem como, se for caso disso, direito a apoio psicológico por técnico especializado (art. 27º). Durante o inquérito, o depoimento ou as declarações da testemunha especialmente vulnerável deverão ter lugar o mais brevemente possível após a ocorrência do crime, devendo sempre que possível ser evitada a repetição da audição da testemunha especialmente vulnerável, podendo ainda ser requerido o registo para memória futura nos termos do art. 271º do CPC (art. 28º). A testemunha especialmente vulnerável, nas fases subsequentes ao inquérito, tem direito a não se encontrar com o arguido e a ser ouvida com utilização de meios de ocultação ou de teleconferência, nomeadamente a partir de outro local do edifício do tribunal (art. 29º).

b) *A audição das crianças nos casos de abuso sexual e as declarações para memória futura*

Foi na área da criminalidade sexual contra crianças, que surgiu, nos processos-crime, uma tendência, no direito europeu, para valorizar o testemunho das crianças, mesmo das que têm idades mais baixas. Esta tendência foi, depois, alargada a todos os processos em que as crianças participam. Não havendo, na maioria das situações, evidências do abuso reveladas na perícia médica, o testemunho da criança constitui o único meio de prova contra o abusador. O método utilizado na entrevista à criança é um aspeto decisivo, pois influencia a qualidade do testemunho da criança. Assim, considera-se que a criança deve ser questionada o mínimo de vezes possível, de preferência sempre pelos mesmos profissionais, que estes tenham competência especializada e que a entrevista seja adequada à idade da criança e às suas características. Da experiência europeia e dos estudos feitos nesta matéria resulta que o melhor método para ouvir a criança consiste na entrevista não dirigida ou no relato livre, segundo o qual a criança é convidada a evocar os factos de maneira livre, pelas suas palavras e ao seu próprio ritmo, permitindo este relato livre obter uma recordação mais fiel e evitar perguntas dirigidas ou sugestivas (Somers, Vandermeersch, 1998, p. 114, Freeman, 1997, p. 294).

A audição da criança é registada em vídeo, para evitar o trauma de a criança ser obrigada a relatar o facto a várias entidades e uma confrontação direta com o abusador, que gera medo e falta de liberdade na criança, assim como para registar as suas emoções, choros, silêncios, hesitações, respostas gestuais e olhares que são sempre apagados pela linguagem escrita (Somers, Vandermeersch, 1998, pp. 128-129). Deve criar-se, à criança, um ambiente de confiança e de proteção, para que ela perceba que o sistema confia nas suas declarações; a entrevista não deve durar mais de 20/30 minutos; a criança tem o direito de se fazer acompanhar de uma pessoa da sua confiança e à audição pode assistir um/a psicólogo/a ou pedo-psiquiatra, encarregado/a de um exame médico-psicológico da criança (Somers, Vandermeersch, 1998, pp. 107-109, 112-116, 119-121). Os profissionais com formação especializada recomendam estratégias facilitadoras da entrevista e defendem a audição para memória futura ou pela entrevista com recurso a espelho unidirecional, de forma a evitar a vitimação secundária resultante da repetição das audições (Ribeiro, 2009, pp. 117 e 197). Excesso de perguntas e interrogatórios intermináveis constituem uma violência para a criança. Deve salvaguardar-se o mais possível o conforto e o bem-estar psicológico da vítima, pois a sexualidade constitui uma problemática que a criança domina mal e que afeta o seu pudor e intimidade (Somers, Vandermeersch, 1998, p. 133).

As regras de produção e de apreciação da prova do abuso sexual e dos crimes violentos são distintas dos outros crimes, sendo importante notar que, imprecisões ou contradições nas afirmações da criança não constituem sinais de mentira e que a erosão das lembranças e as dificuldades em estabelecer a sequência cronológica dos factos são normais nas crianças vítimas de abusos sexuais, sobretudo, se se tratar de abusos repetidos (Somers, Vandermeersch, 1998, pp. 124-125). A declaração da vítima de crimes violentos praticados dentro da família, aos quais ninguém assiste, para além de vítima e agressor, é a prova rainha, nestes processos, conforme tem atestado a jurisprudência e a doutrina (Lopes, 2003, p. 17)[21].

As declarações para memória futura constituem, na fase de inquérito, um caso de intervenção do juiz de instrução destinado à "aquisição e validação da formação antecipada da prova". No código de processo penal aprovado pelo decreto-lei nº 78/87, de 17 de Fevereiro, a audição para memória futura estava prevista apenas "em caso de doença grave ou de deslocação para o estrangeiro de uma testemunha", e tinha por finalidade permitir que o depoimento pudesse, se necessário, ser tomado em conta no julgamento (arts. 271º e 294º).

Em 1998, com a lei nº 59/98, de 25 de agosto, passou a poder recorrer-se a esta forma de audição para o testemunho das vítimas de crimes sexuais, como forma de evitar o trauma da vitimação secundária e de garantir a fiabilidade da prova.

Em 1999, a Lei de Proteção de Testemunhas recomenda a sua utilização na inquirição das vítimas especialmente vulneráveis, vulnerabilidade proveniente da diminuta ou avançada idade, estado de saúde ou de o testemunho visar pessoa da sua família ou de grupo social fechado em que estejam inseridas (arts. 26º, nº 2 e 28º da Lei 93/99, de 14 de Julho, alterada pela lei nº 29/2008, de 4/7).

Note-se, contudo, que o código de processo penal não impunha ao julgador a audição para memória futura das vítimas de crimes sexuais,

---

[21] Na jurisprudência, *vide* acórdão da Relação de Lisboa, de 06-06-2001 (Relator: Adelino Salvado), in *Base Jurídico-Documental do MJ*, *www.dgsi.pt* e acórdão da Relação de Coimbra, de 09-03-2005 (Relator: Belmiro Andrade), in *CJ*, 2005, Tomo II, pp. 36-39.

deixando a decisão a um juízo discricionário deste, de acordo com princípios de concordância prática entre direitos fundamentais em colisão: os direitos de defesa do arguido perante o poder punitivo do Estado (art. 32º da CRP) e o direito da criança vítima à proteção e à recuperação psicológica (art. 39º da Convenção sobre os Direitos da Criança de 1989). Foi a revisão do Código de Processo Penal de 2007 (Lei nº 48//2007, de 29-08) que alterou o regime das declarações para memória futura, na sequência de deveres internacionalmente assumidos pelo Estado Português, decorrentes do Protocolo Adicional à Convenção dos Direitos da Criança, ratificado em 2003, da Decisão-Quadro 2001//220/JAI do Conselho de 15 de Março de 2001, relativa ao estatuto da vítima em processo penal, e da Decisão-Quadro 2004/68/JAI do Conselho de 22 de Dezembro de 2003, relativa à luta contra a exploração sexual de crianças e pornografia infantil. Nesta sequência, o art. 271º, nº 2 do CPP passa a ter a seguinte redação: «No caso de processo por crime contra a liberdade e autodeterminação sexual de menor, procede-se sempre à inquirição do ofendido no decurso do inquérito, desde que a vítima não seja ainda maior». Também as vítimas de tráfico de pessoas, a par das vítimas de crimes sexuais, que sejam maiores de idade, podem ser ouvidas para memória futura, nos termos do nº 1 do art. 271º. Mas, em relação às vítimas menores, passa a vigorar no sistema jurídico um dever de o Estado proceder à recolha de declarações para memória futura e de assegurar as condições da sua realização, nos termos do art. 271º, nº 4: as declarações de menor vítima de crime contra a liberdade e autodeterminação sexual terão de ser realizadas em local e de forma a garantir um ambiente informal e reservado, sendo o menor assistido e acompanhado por técnico especialmente habilitado. Ficou expressamente estipulado, neste novo regime, a obrigatoriedade de comparência do Ministério Público e do defensor do arguido. Determina-se expressamente a possibilidade de afastamento do arguido durante a diligência, nos termos do art. 352º, nº 1, al. b) do CPP. O contacto, ainda que meramente visual da criança vítima com o arguido pode provocar a falta de liberdade do seu depoimento ou o silêncio, por medo ou bloqueio psicológico. Não se pode esquecer que os crimes sexuais são particularmente aterrorizadores para uma criança e que o abusador se encontra em relação a ela numa situação de poder e de domínio.

O método mais adequado para evitar o contacto, mesmo visual, entre a vítima e o arguido é a utilização de espelhos unidirecionais, que separam fisicamente o local onde se encontra a criança e quem dirige e executa a inquirição e o local onde se encontram os restantes intervenientes, permitindo-se, ao mesmo tempo, o contraditório, através da participação do defensor do arguido e do direito a inquirir a testemunha através do juiz. Deve usar-se a teleconferência para transmitir o som e a imagem do local onde está a criança e quem dirige a inquirição para o local onde estão os restantes intervenientes. Não deve ser utilizado trajo profissional. Este sistema deve ser acompanhado de uma gravação audiovisual que registe integralmente as declarações da vítima e as questões que lhe foram colocadas.

Estas medidas são particularmente importantes, dados os danos psicológicos gerados pela vitimização secundária da criança, isto é, pela sua participação em processo penal. Está demonstrado que o relato da vitimização obriga a criança a reviver de forma intensa e desgastante uma experiência traumática e que a participação no processo judicial e o contacto com os profissionais e com as instituições pode ser uma fonte de *stress* tão intensa, ou mais, do que o próprio abuso.

As causas da vitimização secundária residem na morosidade do sistema, na desadequação dos espaços, na multiplicidade de audições, na impreparação dos profissionais que lidam com as vítimas e na natureza das medidas de proteção, que passam, a mais das vezes, pela institucionalização da criança, nos casos em que o abuso é intra-familiar. Contudo, a participação da criança no processo judicial não é necessariamente negativa, podendo ter uma função catártica e estruturante, permitindo-lhe, sobretudo se o processo terminar com a condenação do autor do crime, a recuperação do controlo sobre a sua vida e a sensação de que se fez justiça.

As declarações para memória futura das crianças vítimas de crimes sexuais devem ser recolhidas no mais curto espaço de tempo possível após a ocorrência ou o conhecimento dos factos, para garantir a genuinidade do testemunho e evitar pressões ou ameaças do arguido ou de terceiros, para observar os sintomas psicológicos e emocionais de vitimação que acompanham o depoimento e para atenuar o risco de incorporação, no relato, de elementos que resultem de conversas com outras pessoas e que possam contaminar o seu discurso, diminuindo o seu valor para efeitos probatórios.

Para proceder à inquirição para memória futura, como tem salientado a doutrina e a jurisprudência, não é necessário aguardar pela identificação do suspeito ou pela constituição de arguido, desde que se nomeie defensor para assegurar a defesa da pessoa a quem se atribui a prática do crime (Albuquerque, 2007, p. 685; Rui do Carmo, 2013, pp. 126-127; acórdãos do Supremo Tribunal de Justiça, de 07-11-2007 e de 25-03-2009).

Devem evitar-se, também, as repetições da inquirição, como resulta da recomendação Rec (2001) 16 do Comité de Ministros do Conselho da Europa sobre a proteção das crianças, assim como da Decisão-Quadro 2001/220/JAI do Conselho da União Europeia, de 15 de março de 2001, relativa ao estatuto da vítima em processo penal. O art. 271º, nº 8 do CPP apenas admite a repetição das declarações em audiência de julgamento, se tal for possível e não puser em causa a saúde física ou psíquica de quem tem de prestar depoimento. Ou seja, eventuais novas declarações da mesma vítima devem ter lugar apenas se se revelarem absolutamente necessárias para o apuramento da verdade ou para o esclarecimento de questões que se tenham mostrado essenciais no decurso da investigação, e devem ser efetuadas pelas mesmas pessoas.

Na prática, verifica-se um desfasamento entre a lei e a sua aplicação. As crianças continuam a ser ouvidas várias vezes e por diversas pessoas, de acordo com uma multiplicidade de técnicas de entrevista, e em fases avançadas da investigação. As audições não cumprem, salvo raras exceções, as exigências de reserva e de proteção da testemunha e as instalações judiciais não estão devidamente preparadas (Rui do Carmo, 2013, pp. 132-133).

Segundo estudos empíricos, as crianças vítimas de abusos sexuais intra-familiares são ouvidas em média oito vezes (Ribeiro, 2009), sendo esta repetição o aspecto do processo judicial que as crianças consideravam mais penoso. Mesmo nos processos em que existem sinais físicos e biológicos de abuso sexual, as crianças são ouvidas entre 4 a 9 vezes sobre os mesmos factos (Peixoto, 2012). Esta realidade afeta a qualidade do testemunho das crianças, aumentado o risco de contaminação pelo discurso dos adultos e enfraquece o seu valor probatório, bem como agrava o estado emocional das vítimas. O testemunho das crianças, quando de tenra idade, não é bem recolhido nem valorado, o que dá origem a uma taxa de arquivamentos superior a 60%, de acordo com o estudo já citado, conduzido a partir de dados fornecidos pelo Instituto de Medicina Legal do Porto (Jardim, 2011, p. 26).

A primazia atribuída às declarações prestadas em audiência de julgamento e o atraso na realização da entrevista para memória futura são o fruto de um *deficit* de direção do inquérito pelo Ministério Público, que não assume, como devia, tal responsabilidade, comprometendo o interesse da criança, que lhe cumpre proteger e promover (Rui do Carmo, 2013, p. 130).

O Conselho da Europa continuou a preocupar-se com a questão da audição das crianças na Convenção para a Proteção das Crianças contra a Exploração Sexual e os Abusos Sexuais, assinada em Lanzarote, em 25 de Outubro de 2007 e que entrou em vigor na ordem jurídica portuguesa a 1 de Dezembro de 2012. No seu art. 35º, esta Convenção estabelece um importante conjunto de normas quanto à audição das crianças:

«Cada Parte toma as necessárias medidas legislativas ou outras para garantir que:
a) As audições da criança tenham lugar sem atrasos injustificados após a denúncia dos factos às autoridades competentes;
b) As audições da criança tenham lugar, sempre que necessário, em instalações adequadas ou adaptadas para esse efeito;
c) As audições da criança sejam efetuadas por profissionais com formação adequada a esse fim;
d) Se possível e apropriado, as audições da criança sejam efetuadas pelas mesmas pessoas;
e) O número de audições seja limitado ao mínimo e na estrita medida do necessário à evolução do processo;

f) A criança possa fazer-se acompanhar do seu representante legal ou, se apropriado, por um adulto da sua escolha, salvo decisão razoável em contrário no que se refere a tal pessoa.

2. Cada Parte toma as necessárias medidas legislativas ou outras para garantir que todas as audições da vítima ou, se apropriado, com uma criança na qualidade de testemunha, possam ser gravadas em vídeo e que as audições assim registadas possam ser aceites em tribunal como elementos de prova, segundo as regras previstas no seu direito interno.

(...)»

O art. 20º da Diretiva 2011/93/UE do Parlamento Europeu e do Conselho, de 13 de Dezembro de 2011, sob a epígrafe «Proteção das crianças vítimas de crimes em investigações e ações penais», para além de garante no nº 1, o dever de o Estado nomear um representante especial da criança vítima, nos casos em que os titulares da responsabilidade parental estejam impedidos de representar a criança devido a um conflito de interesses entre eles e a vítima, ou nos casos em que a criança não esteja acompanhada ou esteja separada da família, e no nº 2, o acesso das crianças vítimas a aconselhamento jurídico e a patrocínio judiciário gratuitos, caso não disponham de recursos financeiros suficientes.

No nº 3, estabelecem-se as seguintes regras quanto à audição da criança:

«3. Sem prejuízo dos direitos da defesa, os Estados-Membros tomam as medidas necessárias para garantir que, no inquérito relativo aos crimes referidos nos artigos 3º a 7º:

a) A audição da criança vítima do crime se realize sem demoras injustificadas logo após a denúncia dos factos às autoridades competentes;

b) A audição da criança vítima do crime se realize, se necessário, em instalações concebidas ou adaptadas para o efeito;

c) A audição da criança vítima do crime seja feita por profissionais qualificados para o efeito ou por seu intermédio;

d) Sejam as mesmas pessoas, se possível e adequado, a realizar todas as audições da criança vítima do crime;

e) O número de inquirições seja o mais reduzido possível e as inquirições sejam realizadas apenas em caso de estrita necessidade para efeitos da investigação e do processo penal;

f) A criança vítima do crime seja acompanhada pelo seu representante legal ou, se for caso disso, por um adulto à sua escolha, salvo decisão fundamentada em contrário no que se refere a essa pessoa.

4. Os Estados-Membros tomam as medidas necessárias para garantir que, no inquérito sobre qualquer dos crimes referidos nos artigos 3º a 7º, todas as audições da criança vítima do crime ou, se for caso disso, da criança que testemunhou os actos, possam ser gravadas por meios audiovisuais, e que as gravações possam ser utilizadas como prova no processo penal, de acordo com as regras previstas na legislação nacional.

5. Os Estados-Membros tomam as medidas necessárias para garantir que, nos processos penais relativos aos crimes referidos nos artigos 3º a 7º, possa ser decidido que:

a) A audiência se realize à porta fechada;

b) A criança vítima do crime seja ouvida pelo tribunal sem estar presente, nomeadamente com recurso a tecnologias de comunicação adequadas.

6. Os Estados-Membros tomam as medidas necessárias, no interesse das crianças vítimas de crimes, e tendo em conta outros interesses superiores, para proteger a privacidade, a identidade e a imagem dessas crianças e para impedir a difusão pública de todas as informações que possam conduzir à sua identificação».

O cumprimento da Convenção e da Diretiva irá determinar uma reformulação do art. 271º, nº 2 do CPP e das práticas judiciárias dominantes. Os profissionais que entrevistam a vítima terão que receber formação especializada e o depoimento da criança terá que ser gravado por meios audiovisuais, para registar as emoções reveladas nas expressões faciais da criança, a linguagem não-verbal, e assim garantir uma maior imediação e credibilidade ao seu testemunho. Estas gravações poderão ser utilizadas como prova no processo penal, em momentos ulteriores do processo judicial, sem que a criança tenha que ser novamente inquirida.

A entrevista forense é um momento fundamental na investigação criminal em que a criança assume o papel de testemunha. Nos crimes sexuais contra crianças, o discurso da criança é com frequência o único meio de prova, dada a ausência de provas biológicas.

Segundo a investigação científica, a capacidade da criança para testemunhar verifica-se a partir dos 4 anos de idade, fase do desenvolvimento em que distingue a verdade da mentira (Ribeiro, 2009, p. 117), sendo falsa a aceção tradicional de que a criança tem tendência para mentir e fazer confabulações. Os resultados da investigação demonstram que as crianças podem recordar e contar a sua experiência com precisão, desde uma idade muito baixa, a um nível nível pré-escolar (Cristina Soeiro, 2003, p. 24).

O art. 131º, nº 3 do CPP estipula que, tratando-se de depoimento de menor de 18 anos, em crimes contra a liberdade e autodeterminação sexual, pode ter lugar perícia sobre a personalidade para averiguar a sua capacidade de testemunhar. Contudo, a realização destas perícias não deve atrasar a concretização das declarações para memória futura, podendo ser realizadas em momento posterior. A perícia psicológica não tem por objeto a valoração da veracidade do conteúdo do depoimento nem se destina a recolher o depoimento da testemunha, mas apenas a fornecer ao julgador o conhecimento das características psicológicas e de personalidade de quem o presta, elemento que consiste num contributo para a apreciação do testemunho, mas que não é decisivo.

O depoimento da vítima consiste no elemento probatório fundamental do processo. A prova testemunhal só é válida se for recolhida com respeito pela sua disciplina normativa, está sujeita aos princípios da oralidade e imediação, e é livremente apreciada pelo juiz. Nesta matéria, deve advertir-se para a tendência cultural de desvalorizar o testemunho das crianças, sobretudo, no contexto de um crime tão gravoso para a reputação dos adultos, em que as crenças e as representações sociais optam, muitas vezes, por negar a ocorrência do abuso para não terem de assumir ou de enfrentar o lado negro da sociedade e da família.

Como forma de assegurar um testemunho fidedigno e que não levante dúvidas acerca da sua veracidade, a psicologia elabora guiões ou protocolos de entrevistas. As entrevistas das crianças vítimas devem ser conduzidas, tendo em conta a etapa de desenvolvimento em que se encontram, para que sejam superadas algumas limitações desenvolvimentais das crianças em idade mais jovem, suscetíveis de dificultar a sua capacidade de descrever acontecimentos por si vividos (Peixoto et al., 2013, p. 151). Os profissionais que entrevistam a criança e os juízes devem formular perguntas abertas, sem sugestões, para garantir o relato livre e espontâneo da criança, com o máximo de informações (Peixoto et al., 2013, pp. 151-152).

Para o efeito, utilizam-se protocolos de entrevista forense, de acordo com os quais o entrevistador deve recorrer essencialmente a questões abertas, não sugestivas e não diretivas para assegurarem o aumento da quantidade e da fiabilidade da informação fornecida pela criança e limitarem a sugestionabilidade interrogativa (Peixoto et al., 2013, pp. 152-153). Estes protocolos permitem uniformizar as regras a que devem obedecer as entrevistas, melhorar a investigação criminal e a decisão judicial, através da obtenção de uma prova testemunhal robusta e fiável, e proteger a criança da vitimação secundária (Peixoto et al., 2013, p. 166).

O Código de Processo Penal estabelece, no art. 349º e no art. 278º, nº 5, regras relativas à inquirição de testemunhas menores de 16 anos, as quais se devem alargar até aos 18 anos, por força da do art. 29º, al. c) da lei de proteção de testemunhas: A inquirição de testemunhas é levada a cabo apenas pelo presidente e os outros intervenientes processuais (juízes, jurados, Ministério Público, defensor do arguido e advogados do assistente e das partes civis) só podem pedir ao presidente que formule à testemunha perguntas adicionais. Ou seja, não lhes é permitido o confronto direto com a testemunha, para garantir que o interrogatório não é perturbado por atitudes que possam influenciar o relato da criança.

No Código de Processo Penal existem ainda outras normas destinadas à proteção das vítimas de crimes sexuais, entre as quais o art. 87º, nº 3, que estipula que, em caso de processo por tráfico de pessoas ou contra a liberdade e autodeterminação sexual, os atos processuais decorrem, em regra com exclusão de publicidade, e o art. 88º, nº 2, al. c), relativo à proibição da publicação da identidade da vítima de crimes contra a autodeterminação sexual.

c) *Regime jurídico aplicável à proteção e à assistência das vítimas de violência doméstica*

A Lei 112/2009, aplicável exclusivamente às situações descritas no art. 152º do CP (violência doméstica), conforme o art. 2º, prevê um conjunto de medidas de proteção e de assistência, e princípios de intervenção, dos quais destacamos, o princípio do respeito e reconhecimento da dignidade pessoal da vítima (art. 6º), o princípio da autonomia da vontade (art. 7º), o princípio da confidencialidade (art. 8º), o princípio do consentimento (art. 9º), o princípio do acesso equitativo aos cuidados de saúde (art. 12º), o direito ao estatuto de vítima (art. 14º), o direito a assistência específica (art. 18º), o direito a um nível adequado de proteção (art. 20º), o direito à informação (art. 15º), o direito à audição e à apresentação de provas (art. 16º), o direito a assistência específica (art. 18º), o direito à proteção das vítimas e suas famílias, no que respeita à segurança e vida privada (art. 20º, nº 1), devendo evitar-se o contacto entre vítimas e arguidos, em todos os locais que impliquem a sua presença em diligências conjuntas (art. 20º, nº 2), e o direito a que as vítimas especialmente vulneráveis beneficiem, por decisão judicial, de condições de depoimento que as protejam da audiência pública (art. 20º, nº 3), bem como a possibilidade de o juiz ou o MP determinarem que seja assegurado à vítima apoio psicossocial e proteção por teleassistência (art. 20º, nº 4). A vítima beneficia de condições de prevenção da vitimação secundária, gozando do direito a ser ouvida em ambiente informal e reservado, e do direito a dispor de atendimento psicológico e psiquiátrico (art. 22º), bem como da garantia de acesso ao direito e a apoio judiciário, com natureza urgente, ponderada a insuficiência económica (art. 25º).

A lei consagra, também, o direito da vítima a indemnização e à restituição de bens (art. 21º). No que diz respeito ao direito de indemnização, este pode ser deduzido em processo civil separado ou no processo penal. Não tendo sido deduzido este pedido de indemnização, o tribunal, no processo penal, em caso de condenação, pode arbitrar uma quantia a título de reparação pelos prejuízos sofridos pela vítima, quando particulares exigências de proteção desta o justifiquem (art. 82º-A CPP), nomeadamente em casos de grave carência económica. A vítima de crimes violentos e de violência doméstica tem também o direito ao adiantamento da indemnização por parte do Estado, nos termos do regime definido na lei 104/2009, de 14 de Setembro.

Em caso de flagrante delito por crime de violência doméstica, o agressor pode ser detido, ou seja, ser privado da liberdade por um prazo máximo de 48 horas, até ser apresentado a audiência de julgamento sob a forma sumária ou a primeiro interrogatório judicial para eventual aplicação de medida de coação ou de garantia patrimonial (art. 30º, nº 1). É possível também a detenção fora de flagrante delito, efetuada por mandado do juiz ou do MP, se houver perigo de continuação da atividade criminosa ou se tal se mostrar imprescindível à proteção da vítima (art. 30º, nº 2).

As medidas de coação constituem também uma forma de proteção das vítimas, mas a sua aplicação depende dos princípios da adequação, necessidade e proporcionalidade, de acordo com os pressupostos definidos no Código de Processo Penal. O art. 31º da lei 112/2009 enumera as medidas de coação aplicáveis: a) Não adquirir, não usar ou entregar, de forma imediata, armas ou outros objetos e utensílios que detiver, capazes de facilitar a continuação da atividade criminosa; b) Frequência de programa para arguidos no contexto da violência doméstica; c) Não permanecer na residência onde o crime tenha sido cometido ou onde habite a vítima; d) Proibição de contacto com a vítima ou de frequência de certos lugares ou certos meios. A lei 112/2009 prevê, ainda, a aplicação dos meios de controlo à distância para fiscalização das medidas de coação (art. 35º).

Nos processos-crime de violência doméstica, são também aplicáveis as demais medidas previstas no Código de Processo Penal, nomeadamente, as mais restritivas da liberdade do arguido, a prisão preventiva e a obrigação de permanência na habitação, de acordo com o princípio da subsidiariedade, isto é, desde que as outras medidas não sejam suficientes, e que a gravidade dos factos e o perigo de continuação da atividade criminosa o exijam. O art. 202º, nº 1, al a) do CPP não constitui obstáculo à aplicação da medida de prisão preventiva, pois, apesar de referir como pressuposto da medida que haja fortes indícios da prática de um crime doloso com pena de prisão de máximo superior a cinco anos, o que excluiria a violência doméstica, punível, segundo o art. 152º, nºs 1 e 2 do CP, com uma moldura penal de limite máximo de 5 anos, a mesma disposição legal prevê, na sua al. b), a possibilidade de o juiz impor a prisão preventiva, se houver fortes indícios de prática de crime doloso que corresponda a criminalidade violenta. Este conceito, em que se integra o crime de violência doméstica, está definido no art. 1º, al. j) do CPP, como as condutas que dolosamente se dirigirem contra a vida, a integridade física, a liberdade pessoal, a liberdade e autodeterminação sexual ou a autoridade pública, puníveis com pena de prisão de máximo igual ou superior a 5 anos. No caso de, paralelamente ao processo-crime, estar a correr um processo de regulação das responsabilidades parentais, o juiz do processo-crime deve comunicar a existência da medida de coação ao juiz do processo tutelar cível, a fim de evitar que o regime de visitas frustre os fins da medida de coação.

A vítima tem ainda o direito de recurso à vídeoconferência ou à teleconferência e ao acompanhamento na prestação de declarações por profissional de saúde (art. 32º). O juiz pode, a requerimento da vítima ou do MP, proceder à inquirição da vítima no decurso do inquérito, embora a tomada de declarações nestes termos não prejudique a prestação de depoimento em audiência de julgamento, sempre que ela seja possível e não ponha em causa a saúde física e psíquica da vítima (art. 33º, nºs 1 e 7).

A vítima beneficia de tutela social, nos termos do Código de Trabalho, em matéria de mudança da trabalhadora que seja vítima de violência doméstica de tempo completo para tempo parcial ou vice-versa (art. 41º), direito à transferência, temporária ou definitiva, a seu pedido para outro estabelecimento da empresa (art. 42º), as faltas dadas pela vítima em razão do crime de violência doméstica são consideradas justificadas (art. 43º). A vítima tem, ainda, direito a apoio ao arrendamento (art. 45º), ao rendimento social de inserção (art. 46º), a transferência da perceção do abono de família relativamente aos filhos menores (art. 47º), à formação profissional (art. 48º), a tratamento clínico (art. 49º) e a isenção de taxas moderadoras no âmbito do Serviço Nacional de Saúde. Existe uma rede nacional de apoio às vítimas de violência doméstica, composta pelo organismo da Administração Pública responsável pela área da cidadania e da igualdade de género, as casas abrigo, os centros de atendimento e os centros de atendimento especializado, que prestam serviços gratuitos (arts. 53º e 54º, nº 1). Aos filhos menores das vítimas acolhidas em casa abrigo é garantida a transferência escolar, sem observância do *numerus clausus*, para estabelecimento escolar mais próximo da casa abrigo (art. 74º).

d) *Medidas de proteção de menores, em cumprimento do art. 5º da Convenção do Conselho da Europa contra a exploração sexual e o abuso sexual de crianças, de 25 de outubro de 2007*

O art. 2º, nº 1 da lei 113/2009, de 17 de setembro exige que, no recrutamento para profissões, empregos, funções ou atividades, públicas ou privadas, ainda que não remuneradas, cujo exercício envolva contacto regular com menores, a entidade recrutadora esteja obrigada a pedir ao candidato a apresentação de certificado de registo criminal e a ponderar a informação constante do certificado na aferição da idoneidade do candidato para o exercício das funções. O certificado requerido por particulares para o fim previsto no nº 1 deve conter as condenações por crime de violência doméstica, maus-tratos e por crimes contra a liberdade e a autodeterminação sexual e as decisões que apliquem penas acessórias de inibição do exercício das responsabilidades parentais, em sentenças de condenação por crime de violência doméstica e por crimes contra a autodeterminação sexual de crianças ou medidas de segurança que interditem a atividade. Neste certificado constam também as decisões proferidas por tribunais estrangeiros.

A lei prevê, no seu art. 3º, um dever de aferição de idoneidade, na tomada de decisões de confiança de menores, para as autoridades judiciárias que devam decidir sobre a adoção, tutela, curatela, acolhimento familiar, apadrinhamento civil, entrega, guarda ou confiança de menores ou regulação do exercício das responsabilidades parentais, através do acesso à informação sobre a identificação criminal das pessoas a quem a criança possa ser confiada. As autoridades judiciárias podem ainda aceder à informação sobre a identificação criminal das pessoas que coabitem com as candidatas à guarda e exercício das responsabilidades parentais. Tratando-se de procedimento não judicial, a comissão de proteção de crianças e jovens, ou a entidade que for competente, solicita informação ao Ministério Público.

4. Ligação entre processo-crime e processo tutelar cível

A partir do momento em que o crime de abuso sexual, maus tratos ou de violência doméstica é revelado, a criança vítima entra no mundo da justiça através de duas vias, a da justiça criminal, que tem como objetivo a investigação dos factos e a aplicação de uma sanção ao agressor, e a da justiça de proteção, relevante nos casos, em que o abuso ou o mau trato apresenta uma natureza intra-familiar, o que sucede na maioria dos casos.

Nestes termos, a par do processo-crime, pode ser instaurado um processo de promoção e proteção, regulado na lei nº 147/99, de 1 de setembro, um processo de regulação das responsabilidades parentais ou um processo de limitação/inibição das responsabilidades parentais, de acordo com as normas da Organização Tutelar de Menores e do Código Civil.

Nos termos do art. 3º, nº 2 da LPCJP, as crianças que sofrem abusos sexuais ou que são vítimas de maus tratos físico ou psíquicos, ou são obrigadas a trabalhos excessivos ou inadequados à sua idade, são consideradas crianças em perigo e sujeitas à aplicação de uma das medidas de promoção e proteção presentes no art. 35º. Estas têm como objetivo afastar o perigo em que a criança se encontra, proporcionar-lhe as condições que permitam proteger e promover a sua segurança, saúde, formação, educação, bem-estar e desenvolvimento integral, bem como garantir a recuperação física e psicológica da criança. As medidas de proteção das crianças vítimas, no caso do abuso intra-familiar, têm consistido, sobretudo, na institucionalização, estigmatizante para as crianças, pois agrava os danos psicológicos causados pelo abuso e provoca angústia, sensação de abandono e desamparo, bem como ambivalência em relação ao abusador (Ribeiro & Manita, 2007, pp. 61-62). Para respeitar o superior interesse da criança, deve reforçar-se a posição dos membros da família não abusadores e aplicar medidas que fomentem a manutenção da criança no meio natural de vida, junto destes familiares (art. 35º, al. b) da LPCJP).

Durante os processos judiciais, as crianças são sujeitas a sucessivos e longos interrogatórios realizados por profissionais sem formação especializada e a perícias e avaliações psicológicas para averiguar a sua capacidade de testemunhar, exigidas, sobretudo, quando se trata de suspeita de crime sexual, contexto em que mais se duvida da credibilidade do testemunho da criança (Ribeiro, 2009, pp. 115 e 117). Para evitar esta vitimação secundária, a criança tem o direito de se fazer acompanhar por uma pessoa da sua confiança, nos processos de promoção e de proteção (art. 84º, nº 2 da LPCJP) e a audição das crianças, nos casos de abuso sexual, obedece a determinados métodos e regras, devendo de preferência, como vimos, ser feita pela mesma pessoa ou uma única vez, por uma equipa altamente especializada (Ribeiro & Manita, 2007, p. 75 e Ribeiro, 2009, pp. 116-117).

Quando existem simultaneamente intervenções criminal e de proteção, para se evitar as audições sucessivas da criança por diversas entidades e profissionais, deve atribuir-se centralidade às declarações para memória futura recolhidas no procedimento criminal, devendo estas ser valoradas no processo de promoção e de proteção para recolher as informações necessárias para a abordagem da situação social, familiar, psicológica e médica da criança (Rui do Carmo, 2013, p. 142). É fundamental, para este efeito, que seja organizada a comunicação entre os processos e que se pondere a possibilidade de participação na diligência dos profissionais responsáveis pelas vertentes sociais, familiares e da saúde (Rui do Carmo, 2013, p. 142). O Ministério Público tem um papel essencial na comunicabilidade entre os processos e na harmonização das decisões, devido às suas múltiplas funções, relacionadas quer com a proteção, o bem-estar e o projeto de vida da criança, quer com a direção da investigação criminal e da titularidade do exercício da ação penal (Rui do Carmo, 2013, pp. 142-143). Para o efeito da articulação entre a intervenção de promoção e proteção e a intervenção penal, é necessária a interação entre o magistrado interlocutor da CPCJ e o magistrado titular do inquérito, tendo em vista avaliar a adequação das medidas de proteção e promover a transmissão de informação entre os dois processos ("Diretiva Conjunta" do Procurador-Geral da República e do Presidente da Comissão Nacional de Crianças e Jovens em Perigo, de 23 de Junho de 2009).

Vejam-se, a este propósito, mais recentemente, as regras de atuação recomendadas pelo Procurador-Geral Distrital de Coimbra, através do despacho nº 3/2012, para os casos de crimes contra a liberdade e a autodeterminação sexual de menores (Rui do Carmo, 2013, pp. 144-145):

> «a) Nas situações em que o suspeito agressor coabite ou conviva frequentemente com a vítima ou tenha com ela uma relação familiar próxima, o Ministério Público providencia pela instauração de processo judicial de promoção e proteção, sem prejuízo dos procedimentos de urgência que as entidades de proteção devam desencadear;
>
> b) O magistrado que seja responsável pelo inquérito criminal deve verificar se já foi instaurado processo de promoção e proteção, assim como o magistrado responsável pelo processo de promoção e proteção deve verificar se já foi, quando pertinente, instaurado inquérito criminal. E ambos devem zelar para que esses processos entrem em comunicação.
>
> c) Os magistrados titulares desses processo zelarão, nomeadamente, para que:
> - se aproveitem em ambos as diligências realizadas em cada um deles, evitando repetições inúteis;
> - haja uma avaliação conjunta de cada caso, para acordo sobre as medidas de promoção e proteção, as medidas de coação e outras decisões interlocutórias ou finais que cada magistrado haja de promover, defender ou tomar no respetivo processo, com vista ao conseguimento da maior coerência e eficácia na defesa do superior interesse da criança;
> - se observem estes procedimentos e se cumpram estes objetivos ainda que o inquérito criminal esteja a ser executado por órgão de polícia criminal».

Nos processos judiciais em que se discutem crimes contra a liberdade e autodeterminação sexual de menores deve prevalecer o superior interesse da criança sobre qualquer outra consideração, em conformidade com a Carta dos Direitos Fundamentais da União Europeia e com a Convenção das Nações Unidas sobre os Direitos da Criança. E um dos pilares da proteção do interesse da criança é a cooperação interdisciplinar e interinstitucional entre todas as entidades e profissionais intervenientes nos processos e a valorização do testemunho da vítima, o qual adquire uma importância probatória decisiva num contexto em que raramente existem lesões físicas ou vestígios biológicos do crime.

4.1. Medidas de coação no processo penal e condenação em pena de prisão efetiva

Na escolha das medidas de coação relativamente ao abusador e das medidas de proteção da criança, importa também considerar, como critério de ponderação nas decisões judiciais, quer no processo-crime, quer no processo de promoção e de proteção (art. 4º, al. a) da LPCJP), o interesse da criança vítima e o seu direito à reinserção social e à recuperação física e psicológica, bem como direito à assistência, consagrados no art. 39º da Convenção dos Direitos da Criança e no art. 9º, nº 3 do Protocolo Adicional Facultativo relativo à venda de crianças, à exploração sexual e pornografia infantis.

No processo penal, as medidas alternativas à prisão e as medidas de segurança em regime aberto revelam-se ineficazes quando o agressor é um membro da família da criança ou vive nas proximidades, como é a regra nestes crimes. Para realizar os objetivos da Convenção e do Protocolo, dada a tendência dos abusadores sexuais para reincidir, deve dar-se preferência a medidas de coação que envolvam a restrição da liberdade do abusador, como a prisão preventiva, e à aplicação de penas de prisão efetiva ou de medidas de segurança em regime fechado, em caso de condenação.

4.2. Processos tutelares cíveis: promoção e proteção de crianças em perigo e regulação das responsabilidades parentais

a) *Abuso sexual de crianças*

Se não existirem, no processo-crime, elementos suficientes que permitam afirmar a culpabilidade do agressor ou a prova dos factos, mantêm-se, todavia, o processo de promoção e proteção ou o processo de regulação das responsabilidades parentais, em caso de separação ou divórcio dos pais.

O facto de o número de condenações por crime de abuso sexual de crianças ser baixo não significa qualquer epidemia falsa de denúncias, sendo, antes, o fruto do silêncio da sociedade e da falta de profissionais especializados, circunstâncias que aumentam a probabilidade de, em processos-crime, que terminam com absolvição por insuficiência de prova ou despachos de arquivamento, ter efetivamente ocorrido um abuso[22]. Aceitar os princípios fundamentais do Estado de Direito, segundo os quais o arguido se presume inocente e não pode ser condenado com base em factos não provados, não implica que as declarações de uma criança se presumam mentirosas ou "falsas memórias". Os processos tutelares cíveis regem-se pelos mesmos princípios dos processos de promoção e proteção de crianças em perigo, por força da remissão do art. 147º-A da OTM, norteando-se pelo princípio do superior interesse da criança (art. 4º, al. a) da LPP). Estes processos têm por objeto decidir o destino de uma criança, de acordo com o seu interesse, e/ou a aplicar medidas de proteção contra um perigo, não visando condenar penalmente o progenitor, mas sim proteger a criança, sendo o ónus da prova no processo civil menos exigente do que no processo penal, em que vale o princípio *in dubio pro reu*. Em caso de dúvida, a decisão, no processo de regulação do poder paternal, deve ser *pro interesse da criança* e não *pro interesse do adulto acusado ou suspeito*, como sucede nos processos-crime, perante situações de dúvida na apreciação da prova.

---

[22] Segundo os resultados do estudo de JARDIM, 2011, p. 26, a análise de 185 decisões judiciais (sentença e despachos de arquivamento) revelou que a maioria das denúncias foram arquivadas pelo MP, 68,1%, tendo apenas 30,8% dos casos sido objeto de acusação e julgamento. O motivo mais frequente para o arquivamento foi a insuficiência de provas, invocado em 54,8% dos despachos de arquivamento. Dos casos em que houve acusação, em 14%, o arguido foi absolvido e, em 86%, o arguido foi condenado, representando a taxa de condenação 26,5% dos casos iniciais.

Nos processos tutelares cíveis, deve prevalecer uma lógica de proteção da criança sobre a reputação do adulto acusado. A noção de perigo, nos processos tutelares cíveis, não exige a consumação do dano, bastando, para a aplicação de uma medida de proteção, a probabilidade da sua verificação (Borges, 2007, pp. 27 e 31). Por outro lado, a noção de abuso sexual prevista no art. 3º, nº 2, al. b) da LPCJP é distinta da noção de «ato sexual de relevo» ou de importunação sexual, como elementos do tipo legal de crime de abuso sexual (art. 171º do CP), abrangendo atos com conotação sexual, mas que não consubstanciam, de acordo com a ótica mais exigente do Tribunal Penal, atos sexuais de relevo ou de importunação sexual (Borges, 2007, p. 41)[23]. Do ponto de vista da LPCJP não interessa nem a intenção do agente nem a culpa jurídico-criminal do agente, mas a perceção do facto pela criança, ou seja, a forma como esta sente que o facto praticado é intrusivo na sua intimidade e no seu corpo ou ofensivo da sua sensibilidade.

No processo penal, prevalecem princípios garantísticos dos direitos dos arguidos perante o poder punitivo do Estado, o que implica exigências especiais de prova para fundamentar uma condenação, dado o carácter estigmatizante e restritivo de direitos fundamentais, que resulta da condenação e da aplicação de penas. No processo de proteção ou de regulação, o bem-estar da criança é o centro do processo, e os seus interesses e necessidades de proteção prevalecem sobre os interesses dos adultos, podendo suceder que factos que não reúnem prova suficiente no processo penal se considerem provados no processo tutelar cível e/ou que indiciem uma situação de perigo para o bem-estar e segurança da criança.

---

[23] Borges, 2007, p. 41: "Pode verificar-se abuso sexual carente de proteção pela LPCJP, ainda que o ato sexual de relevo (na terminologia do artigo 172º do CP) seja praticado com jovem de mais de 14 anos e ainda que tal prática sexual não seja punida penalmente."

b) *Violência doméstica e maus tratos*

Crianças em perigo são também, para além das crianças vítimas diretas de violência doméstica e de maus tratos físicos e psíquicos, as crianças que assistem à violência doméstica, de acordo com as alíneas a) e d) do art. 3º da LPCJP, porque estão sujeitas a maus tratos psíquicos e a comportamentos que afetam o seu equilíbrio emocional, situação que merece destaque devido à sua habitual invisibilidade.

A violência doméstica tem permanecido oculta, nos processos de regulação das responsabilidades parentais, marcados por acordos tipificados, que as mulheres não têm poder para negociar, e por uma lógica de igualdade formal, que privilegia o exercício conjunto das responsabilidades parentais e o direito de visita do progenitor masculino, em detrimento da segurança da mãe e do/as filhos/as. Em certos casos, por pobreza da mãe, a guarda das crianças é atribuída ao pai, devido ao mito segundo o qual um homem pode ser agressivo com a mulher mas bom para os/as filhos/as. Estes mitos devem ser desfeitos, através de formação especializada de magistrados, pois os filhos costumam assistir ou aperceber-se das agressões do pai contra a mãe e sofrem danos psicológicos graves. Está demonstrado, pela investigação científica, que as crianças, que assistem à violência do pai contra a mãe ou que meramente a conhecem, sofrem de problemas comportamentais, intelectuais, físicos e emocionais, doenças psicossomáticas, regressão no desenvolvimento, sono agitado, baixa autoestima, pesadelos, desordens alimentares, insucesso escolar, isolamento e depressão, consistindo a violência uma forma de abuso psíquico das crianças (Parkinson/Humphreys, 1998, pp. 147-159 e Sani, 2006, pp. 849-864). A memória das crianças, que viram ou ouviram a violência do pai contra a mãe, acompanha-as para sempre. O sofrimento causado por este facto provoca, nas crianças, danos na sua saúde psíquica, que se prolongam na idade adulta (Wallerstein, Lewis, Blakelee, 2002, pp. 78-79).

A experiência tem revelado que a violência continua depois da separação ou do divórcio e que as crianças são diretamente atingidas quando tentam proteger a mãe ou indiretamente pelo facto de assistirem à violência. As crianças vítimas de violência doméstica, para além de precisarem da lei penal, para verem o agressor punido, precisam, também, da lei civil, em particular, do direito da família, o qual deve refletir a sua situação de fragilidade e de injustiça, assim como o seu sofrimento, contendo medidas de proteção. A violência doméstica não pode ser discutida apenas nos tribunais penais, mas também nos tribunais de família, caso contrário, nas situações em que não é apresentada queixa-crime ou em que o processo-crime não termina em condenação, por insuficiência de provas, as vítimas ficam sem qualquer proteção. Num contexto legislativo em que o princípio-regra consagrado na lei é o exercício conjunto das responsabilidades parentais (art. 1906º, nº 1 C.C.), as mulheres sujeitam-se a ter que entrar em contacto com o agressor, para tomada de decisões em relação aos/às filhos/as e a cumprir regimes coercivos de visitas, mesmo perante a recusa da criança, sob pena de serem perseguidas penalmente por crime de subtração de menores, tipificado pelo art. 249º, nº 1, al. c) do CP, que pune o incumprimento do regime de convivência com o outro progenitor[24]. Para evitar a ameaça penal injustificada contra as mulheres e para proteger as crianças, o regime de visitas do progenitor masculino, nas situações de indícios ou de suspeita de violência doméstica, deve ser suspenso ou supervisionado, e o MP deve requerer, ao abrigo ao art. 148º, nº 3 da OTM, uma medida de proteção de apoio junto da mãe (art. 35º, al. a) da LPCJP).

5. Conclusões e recomendações
Os profissionais e os cidadãos que têm conhecimento de crimes de violência doméstica, maus tratos ou abuso sexual de crianças devem denunciá-los às entidades judiciárias ou policiais.

---

[24] Defendendo que a criminalização do incumprimento do regime de visitas viola os princípios da dignidade e da eficácia da tutela penal, mesmo atendendo aos requisitos "injustificado" e sistemático", os quais pelo seu carácter indeterminado não promovem a segurança jurídica nem a igualdade de critérios nas decisões judiciais, vide MARIA CLARA SOTTOMAYOR, *Regulação do exercício das responsabilidades parentais nos casos de divórcio*, Almedina, Coimbra, 2011.

A realização de exames e da entrevista forense para memória futura deve ser o mais precoce possível, para que a prova não desapareça, devendo a criança ser imediatamente conduzida ao Instituto de Medicina Legal, evitando-se múltiplas audições prévias, que acabam por «contaminar» o discurso da criança e contribuir para a desvalorização do seu testemunho.

A criança deve ser ouvida por profissionais com formação especializada em violência doméstica e abuso sexual, de preferência sempre pela mesma pessoa, para que se crie uma relação de confiança. O depoimento da criança deve ser gravado em vídeo.

A noção de especialização profissional exige a frequência de seminários de formação contínua e preparação intensa em abuso sexual ou violência doméstica, bem como trabalho com crianças ou adultos que tenham sido sexualmente abusados. O treino e a experiência em trabalhar com populações vítimas de abuso e/ou de violência doméstica e maus tratos é um requisito necessário para uma avaliação psicológica válida da criança.

Os medos e as necessidades de segurança das mulheres e das crianças, vítimas de violência, devem refletir-se nas decisões judiciais: não devem ser impostas visitas, em situações de indícios ou de suspeita de violência doméstica ou de abuso sexual. As decisões judiciais, nestas situações, devem ser orientadas pela proteção da criança e não pela manutenção da relação desta com ambos os progenitores.

A criança tem direito a fazer-se acompanhar por uma pessoa da sua confiança, em todas as audições, e à nomeação de um advogado ou representante, não só nos processos de promoção ou proteção, conforme está previsto na lei (art. 103º, nº 2 da LPCJP), mas também nos processos de regulação das responsabilidades parentais, e nos processos-crime.

Nos processos-crime, em que haja fortes indícios da prática do facto e perigo de continuação da atividade criminosa, deve aplicar-se imediatamente a medida de coação de prisão preventiva.

Nos processos que terminem em condenação, não deve ser aplicada a suspensão da execução da pena, por razões de culpabilidade do agressor, proteção da vítima, prevenção geral e especial.

Bibliografia

ALBUQUERQUE, Paulo Pinto (2007), *Comentário do Código de Processo Penal à luz da Constituição da República Portuguesa e da Convenção Europeia dos Direitos do Homem*, Universidade Católica Portuguesa.

ALBUQUERQUE, Paulo Pinto (2008), Comentário do Código Penal à luz da Constituição da República e da Convenção dos Direitos do Homem, Universidade Católica editora.

BELEZA, T. P. (2000), *Direito Penal*, 2º Volume, Lisboa, AAFDL.

BELEZA, T. P. (1984), *A Mulher no Direito Penal*, Cadernos da Comissão da Condição Feminina.

BORGES, B. M. (2007), *Proteção de Crianças e Jovens em Perigo, Comentários e Anotações à Lei Nº 147/99 de 1 de setembro*, Coimbra, Livraria Almedina.

CARMO, Rui do (2013), Declarações para memória futura. Crianças vítimas de crimes contra a liberdade e a autodeterminação sexual, *Revista do Ministério Público*, nº 134, pp. 117-147.

CUNHA, M. C. F. (1995), *"Constituição e Crime", Uma Perspetiva da Criminalização e da Descriminalização*, Estudos e Monografias, Porto, Universidade Católica Portuguesa – Editora.

CUNHA, M. C. F. (2003), Crimes sexuais contra crianças e jovens, in *O poder paternal como cuidado parental*, in *Cuidar da Justiça de Crianças e Jovens, A função dos juízes sociais*, Fundação para o Desenvolvimento Social/Faculdade de Direito da Universidade Católica Portuguesa, Outubro de 2002, Coordenação de MARIA CLARA SOTTOMAYOR, Almedina, Coimbra, pp. 189-227.

CUNHA, M. C. F. (2009), *Questões Actuais em Torno de uma "Vexata Quaestio": O Crime Continuado*, Separata de Estudos em Homenagem ao Prof. Doutor Jorge de Figueiredo Dias, Volume II, BFDC, Coimbra, pp. 321-370.

CUNHA, M. C. F. (2011), Sobre o conceito de violência no crime de violação – anotação ao Acórdão da Relação do Porto de 13/04/2011, *Revista Portuguesa de Ciência Criminal*, nº 21, 441-479.

CUNHA, M. C. F. (2013), A tutela penal da família e do interesse da criança – Reflexão acerca do crime de subtração de menor e sua distinção face aos crimes de sequestro e rapto de menores, in *Direito Penal, Fundamentos Dogmáticos e Político-Criminais, Homenagem ao Prof. Peter Hünerfeld*, Coimbra Editora, Coimbra, pp. 919-974.

DARLINGTON, Yvonne (1996), *Moving On, Women's Experiences of Childhood Sexual Abuse And Beyond*, The Federation Press, Sydney.

DIAS, J. F. (1999), *Comentário Conimbricense do Código Penal, Parte Especial, Tomo I, Artigos 131º a 201º*, Coimbra, Coimbra Editora.

Freeman, M. (2000), The End of the Century of the Child?, *Current Legal Problems*, vol. 53, pp. 505-558.

Freeman, M. (1997), *The moral status of children. Essays on the Rights of the Child*, The Netherlands, Martinus Nijhoff Publishers.

Goleman, D. (1995), *Inteligência Emocional*, tradução portuguesa, Círculo de Leitores.

Jardim, P. (2011), *O abuso sexual na criança, Contributo para a sua caracterização na perspetiva da intervenção médico-legal e forense*, Porto.

Lopes, M. (2003), O interrogatório da vítima nos crimes sexuais: Declarações para memória futura, *Sub Judice*, nº 26, Out.-Dez. 2003, pp. 13-19.

Machado/Agra (2002), Insegurança e Medo do Crime: A Ruptura da Sociabilidade à Reprodução da Ordem Social», *Revista Portuguesa de Ciência Criminal*, Ano 12, nº 1.

Mackinnon, C. (1989), *Toward a Feminist Theory of the State*, Cambridge, MA, Harvard University Press.

Manita, C. (2003), Quando as portas do medo se abrem... Do impacto psicológico ao(s) testemunho(s) de crianças vítimas de abuso sexual, in *Cuidar da Justiça de Crianças e Jovens, A Função dos Juízes Sociais, Actas do Encontro*, Coimbra, Almedina, pp. 229-253.

Marneffe, C. (1998), Les Conséquences du Passage à L'Acte Pédophile Sur L'Enfant, in AAVV, *La Pédophilie, Approche pluridisciplinaire*, Bruxelles, Bruylant.

Parkinson/Humphreys (1998), Children who witness domestic violence – the implications for child protection, *Child and Family Law Quarterly*, Volume 10, nº 2, 1998, pp. 147-159.

Peixoto, C. E. (2012), *Avaliação da credibilidade de alegações de abuso sexual de crianças: Uma perspetiva psicológica forense*. Tese de Doutoramento, Porto: FPCEUP.

Peixoto, C. E./Ribeiro, C./Alberto, I. (2013), O Protocolo de entrevista forense do NICHD: contributo na obtenção do testemunho da criança no contexto português, *Revista do Ministério Público*, Nº 134, pp. 149-187.

Pinto, Inês Horta, *A Harmonização dos Sistemas de Sanções Penais na União Europeia*, Coimbra Editora, Coimbra, 2013.

Relatório Anual de Segurança Interna (2012), disponível *in* http://www.parlamento.pt/Documents/XIILEG/RASI_%202012.pdf.

Ribeiro, C. (2009), *A Criança na Justiça, Trajetórias e Significados do processo Judicial de Crianças Vítimas de Abuso Sexual Intrafamiliar*, Coimbra, Livraria Almedina.

Ribeiro, C. & Manita, C. (2007), Crianças vítimas de abuso sexual intra-familiar: significados do envolvimento no processo judicial e do papel dos magistrados. *Revista do Ministério Público*, Ano 28 (Abr-Jun), nº 110, pp. 47-86.

Rich, Addrienne (1979), *Taking Women Law Students Seriously*, in *Lies, Secrets, and Silence*, 1979.

Russell, D. H. E. and Purcell, N. J. (2011), Exposure to Pornography as a Causa of Child Sexual Victimization, disponível in http://www.dianarussell.com/exposure_to_porn_cause_child_sexual_victimization.html.

Sani, A. (2002), *As Crianças e a violência: narrativas de crianças vítimas e testemunhas de crimes*, Braga, Quarteto.

Sani, A. (2006), Vitimação indireta de crianças em contexto familiar, *Análise Social*, vol. XLI (180), pp. 849-864.

Soeiro, Cristina (2003), O abuso sexual de crianças: contornos da relação entre a criança e a justiça, *Sub Judice*, nº 26, Outubro/Dezembro.

Somers, P. & Vandermeersch, D. (1998), O registo das audições dos menores vítimas de abusos sexuais: primeiros indicadores de avaliação da experiência de Bruxelas, *Infância e Juventude*, nº 1, pp. 97-133.

Sottomayor, M. C. (2003), O poder paternal como cuidado parental e os direitos da criança, in *Cuidar da Justiça de Crianças e Jovens, A função dos juízes sociais, Atas do encontro*, Coimbra, Almedina, pp. 9-63.

Sottomayor, M. C. (2011a), Regulação do exercício das responsabilidades parentais nos casos de divórcio, Almedina, Coimbra.

Sottomayor, M. C. (2011b), O conceito legal de violação: um contributo para a doutrina penalista, *Revista do Ministério Público*, nº 128, Out.-Dez. 2011, pp. 273-318.

Wallerstein, J./Lewis, J./Blakelee, S. (2002), *The Unexpected Legacy of Divorce, A 25 year Landmark Study*, London, Sheena Dewan.

West, R. (1997), *Caring for Justice*, New York, New York University Press.

O direito dos afetos
e o interesse da criança*

1. A dimensão cognitiva das emoções nas decisões judiciais

A ordem jurídica tem evoluído de um conceito de pessoa assente na autonomia e na auto-tutela de interesses para uma noção de pessoa que assume responsabilidade pelos outros e pela comunidade, e que se define como "ser em relação" com o outro e que cuida dos interesses dos outros. Esta noção de pessoa é distinta do conceito de sujeito, pressuposto do liberalismo, que zela de forma egoísta e intransigente pelos seus interesses. A noção de pessoa como ser em relação abre a porta ao papel das emoções enquanto empatia com o sofrimento do outro.

As emoções assumem uma dimensão cognitiva que pode ser importante nas decisões judiciais. Há contextos em que prosseguir um raciocínio intelectual separadamente das emoções impede um julgamento racional, como sucede com o acesso à dor ou ao amor de alguém, elemento necessário para a compreensão da realidade inerente a algumas decisões judiciais.

À objeção de que as emoções podem não ser fiáveis ou irracionais, responde MARTHA NUSSBAUM que o facto de algumas emoções serem

---

* Conferência proferida no Congresso Luso-Brasileiro *O direito dos afetos*, "O melhor do mundo são as crianças", Faculdade de Direito da Universidade de Lisboa, coordenação de Jorge Duarte Pinheiro, 8 de Maio de 2009. Todos os artigos sem menção de origem pertencem ao Código Civil.

irracionais não significa que todas as emoções devam ser banidas do raciocínio jurídico[1].

"As emoções são frequentemente mais fiáveis, na deliberação ou no processo de decisão, do que um raciocínio puramente intelectual, pois as emoções integram alguns dos pontos de vista mais profundamente enraizados em nós sobre o que é importante na vida, pontos de vista que se podem facilmente perder durante processos de raciocínio intelectualmente sofisticados"[2].

Na ciência do direito, existe a crença, segundo a qual os juízos em que as emoções se baseiam são todos falsos. Os juízos baseados nas emoções, atribuindo muito valor a realidades não controladas e fora do agente, traduziriam o reconhecimento do carácter imperfeito e finito da vida humana[3]. Mas se tivermos um ponto de vista diferente sobre a situação do ser humano e os seus objetivos, as emoções tornam-se necessárias como uma forma de reconhecimento de algumas verdades importantes sobre a vida humana[4].

O conhecimento da perspetiva das partes, num litígio judicial, é estudado pelo movimento "Direito e Literatura", o qual, dando a conhecer ao julgador as emoções e os dilemas das personagens, permite ultrapassar a falta de experiência da vida e de horizontes demasiado paroquiais de muitos juristas, bem como desenvolver as dimensões mais ricas e complexas do pensamento jurídico.

As emoções têm sido, ao longo da história, a força motora das mudanças dos sistemas políticos, das religiões, da Justiça, da luta contra a escravatura e contra todas as formas de opressão. Os valores e as conquistas do sistema jurídico, protagonizados por advogados, juízes e cidadãos envolvidos no sistema legal, são formatados por aquilo que

---

[1] MARTHA NUSSBAUM, *Love's Knowledge: Essays on Philosophy and Literature*, Oxford University Press, 1990, pp. 41-42.
[2] *Ibidem*, p. 42.
[3] *Ibidem*, p. 42.
[4] *Ibidem*, p. 42.

as emoções contêm. A história da humanidade tem sido uma luta contra o sofrimento e contra a opressão, luta travada não só pelas vítimas dessa opressão, mas também por aqueles que têm empatia com o seu sofrimento.

As emoções desempenham, também, necessariamente, um papel, na elaboração da lei, no julgamento e no raciocínio jurídico. Há reformas legislativas e movimentos sociais que tiveram origem naquilo que os juízes pensaram ou sentiram quando, através das decisões judiciais, reflectiram sobre a natureza humana e sobre si próprios. Os sentimentos têm um papel no processo de decisão. Contudo, o julgador deve ter consciência dos seus sentimentos e de que eles não são infalíveis, e questionar se estes sentimentos são ou não partilhados pelos membros da sociedade ou se constituem preconceitos impeditivos de uma avaliação objetiva do caso. Juízes e juristas devem ter a capacidade de examinar a sua própria consciência para detectar os seus preconceitos e crenças. Os processos de decisão e de auto-conhecimento são fenómenos intrinsecamente ligados.

Quando me refiro ao papel dos sentimentos e das emoções, no raciocínio jurídico, quero dizer com isto que é importante uma ética de cuidado nas decisões judiciais, quando estão em causa grupos socialmente vulneráveis. Na verdade, sabe-se que um/a juíz/a é também um ser humano que sente compaixão por outros seres humanos, e esta compaixão é muitas vezes importante para a justiça do caso concreto. Por exemplo, num processo-crime por abuso sexual de crianças, para a aplicação das medidas de proteção contra a vitimização secundária, as quais estão na dependência de uma valoração discricionária do juiz, é decisiva a compreensão do sofrimento da vítima. Num conflito entre um progenitor biológico e uma terceira pessoa com a guarda de facto da criança, a compaixão pode surgir ou pelo progenitor biológico, que reclama a criança, ou pela criança que vai ser separada da sua pessoa de referência. Os sentimentos e as emoções, contudo, podem tender para um auto-centrismo, no sentido em que é mais fácil a um adulto colocar-se no lugar de outro adulto (o progenitor que reclama a criança) – porque já não é criança e não recorda a sua própria infância – do que no lugar da criança, que vai ser desinserida do seu ambiente e relações afetivas. Processos que têm por objeto a decisão do destino de uma criança exigem que o julgador tenha empatia com o sofrimento das crianças e não com os problemas ou frustrações dos adultos.

As emoções, se dirigidas aos grupos sociais mais vulneráveis, podem abrir, clarificar e enriquecer a compreensão da realidade social e da matéria de facto, assim como permitir a consciencialização do julgador acerca das consequências das decisões judiciais para os seus destinatários. E porque a lei não tem um sentido unívoco, comportando vários significados, o intérprete pode, através das emoções, perceber qual de entre os vários sentidos possíveis da lei é o melhor para as pessoas e para a sociedade. O mesmo sucede com o jurista-investigador, colocado, perante os temas que estuda, numa posição semelhante a um juiz. Julgo ser a este propósito que CANARIS refere a existência de um *pensamento decisivo* do jurista, que o conduz, entre as várias soluções possíveis para um problema jurídico, a optar por uma delas. Nas decisões judiciais e no trabalho do jurista, que tem de assumir posições, há sempre um momento de voluntariedade e de opção que ultrapassa o método estritamente formal e lógico.

A emoção, como empatia com o sofrimento do outro, tem sido essencial para a evolução do direito em questões como as medidas de proteção das vítimas de crimes sexuais, a prevalência dos laços afetivos sobre os vínculos biológicos nos conflitos sobre a guarda de crianças, a proteção dos animais como seres vivos e não como coisas, as leis de proteção do consumidor, a evolução da legislação laboral, a proteção da parte mais fraca no direito dos contratos, a tutela da confiança no direito privado e no direito público, o alcance do princípio da boa fé no direito das obrigações e nos direitos reais, a responsabilidade do produtor e o alargamento dos casos de responsabilidade objetiva. Estes novos princípios foram inovadores em relação à base racional do direito penal, do direito da família, do direito dos contratos e da responsabilidade civil, assente, respetivamente, nos direitos do arguido, no princípio da verdade biológica e na proteção jurídica dos direitos dos pais biológicos contra a intervenção do Estado, no princípio da autonomia privada e no princípio da culpa. No processo de evolução do Direito, o momento de rutura com os princípios tradicionais é sempre influenciado por uma emoção com significado racional e susceptível de ser traduzida numa explicação racional.

2. Noção de interesse da criança e o conceito de família afetiva

A noção de pessoa humana como um ser em relação com os outros traz novas perspetivas ao pensamento jurídico com reflexos na noção de «interesse da criança».

Este conceito, de natureza vaga e indeterminada, tem um carácter apelativo e um valor retórico, aparentemente consensual. Na prática judicial, assume, contudo, contornos distintos consoante a mentalidade e a sensibilidade do juiz.

No termos da lei de proteção de crianças e jovens em perigo, a intervenção do Estado deve atender prioritariamente aos interesses e direitos da criança e do jovem, sem prejuízo da consideração que for devida a outros interesses legítimos no âmbito da pluralidade dos interesses presentes no caso concreto (art. 4º, al. a) LPP).

O art. 3º da Convenção dos Direitos da Criança afirma que «Todas as decisões relativas a crianças, adotadas por instituições públicas ou privadas de proteção social, por tribunais, autoridades administrativas ou órgãos legislativos, terão primacialmente em conta o interesse superior da criança».

Nos litígios judiciais que incidem sobre a guarda de crianças (processos de regulação das responsabilidades parentais e processos de promoção e proteção de crianças em perigo), dá-se, por vezes, uma idealização da família biológica, uma fantasia de reconciliação entre pais e filhos ou o mito da recuperação da imagem do progenitor agressor.

A esta idealização da família biológica corresponde, nas práticas sociais, uma visão das crianças como não-sujeitos ou como objeto dos pais biológicos ou propriedade do pai. Contudo, a visão moderna das crianças, como agentes constitutivos da sua própria socialização e projeto de vida, implica o reconhecimento às crianças de direitos de participação e a passagem do estatuto de objeto das decisões dos adultos, que sabem o que é melhor para elas, para o estatuto de sujeito de direitos, dotadas de uma voz própria que deve ser escutada pelos vários poderes – legislativos, judiciais e sociais – que tomam decisões em relação a elas.

O interesse da criança, como conceito indeterminado, apesar de ter a virtualidade de constituir uma forma de osmose entre direito e sociedade e um reflexo da consciência jurídica geral, na prática, abre a porta às convicções pessoais e aos preconceitos dos juízes, gerando um fenómeno de discricionariedade judicial *versus* democratização da função judiciária. Apreciações divergentes sobre o conteúdo do conceito legal de interesse da criança põem em causa a segurança jurídica e o direito à igualdade, valor essencial do Estado de Direito, que exige tratamento idêntico de situações semelhantes. Esta situação cria a necessidade de consagração legal do direito da criança à preservação das suas ligações psicológicas profundas em face das prerrogativas conferidas pela lei aos progenitores biológicos.

O Direito da Família e da Filiação esteve centralizado no princípio da verdade biológica, pretendendo o Estado fazer coincidir os vínculos biológicos com os vínculos jurídicos e afetivos. É em primeiro lugar à família biológica que o Estado exige a responsabilidade pelas crianças, como é visível nos processos de averiguação oficiosa da paternidade. Só por via subsidiária, quando há indícios de que os pais falham na sua missão, se acentua a responsabilização da comunidade, através dos processos de promoção e de proteção.

A lei pretende que a filiação jurídica se processe de acordo com o princípio da verdade biológica.

O estabelecimento da filiação (da maternidade e da paternidade) transforma a realidade biológica em realidade jurídica, conferindo aos progenitores biológicos a qualidade jurídica de pai e de mãe. O principal efeito da filiação é a titularidade das responsabilidades parentais, nos termos dos artigos 1877º e seguintes do Código Civil.

Contudo, não se pode, por este motivo, afirmar que o Código Civil é biologista e não reconhece o conceito de família afetiva. Desde logo, no domínio do estabelecimento da filiação, o Código dá relevância também à verdade afetiva e sociológica da criança, em detrimento da verdade biológica: não permite a impugnação da presunção de paternidade do marido da mãe, no caso de inseminação artificial desta com sémen de um terceiro (art. 1839º, nº 3); não confere legitimidade direta a quem se afirme progenitor biológico de uma criança para impugnar a presunção de paternidade em relação ao marido da mãe, mas apenas uma legitimidade indireta através do Ministério Público, que terá de apreciar a viabilidade do pedido, podendo o tribunal paralisar o processo, se entender que a impugnação é contrária ao interesse da criança (art. 1841º); a chamada posse de estado ou tratamento como filho, no plano afetivo e sócio-económico, permite presumir a paternidade (art. 1871º, nº 1, al. a); em caso de procriação medicamente assistida com sémen de um terceiro dador, este não é havido como pai da criança nem assume poderes e deveres parentais em relação a ela (art. 21º da lei nº 26/2006, de 26 de junho). A biologia tem apenas uma relevância residual no instituto da adoção e na procriação medicamente assistida, traduzida no direito da criança ao conhecimento da parentalidade biológica e num direito de informação por razões médicas.

Mas é na distinção entre titularidade das responsabilidades parentais e o exercício das mesmas que a lei demonstra não ter um preconceito biologista relativamente às funções parentais. A titularidade das responsabilidades parentais, como efeito da filiação, resulta, em regra, da verdade biológica, e pertence sempre e apenas às pessoas que têm, perante a lei, a qualidade jurídica de pai e de mãe. Já o exercício das responsabilidades parentais, enquanto desempenho efetivo de prestação de cuidados e de responsabilidades educativas e financeiras (arts. 1878º e 1885º), pode ser atribuído, por decisão judicial, a terceiras pessoas (arts. 1907º, 1918º e 1919º).

A lei, conhecedora da realidade de que existem pais que abandonam e maltratam os filhos ou que não têm capacidade, ainda que sem culpa, para deles cuidar, admite que a procriação biológica não coincide sempre com capacidade parental, amor e responsabilidade, e fornece, para proteger as crianças, várias figuras jurídicas que permitem que as crianças sejam educadas por terceiras pessoas: as limitações e inibições ao exercício das responsabilidades parentais (arts. 1915º e 1918º); as medidas de proteção de confiança a pessoa idónea ou a família de acolhimento (art. 35º, alíneas c) e e) da LPCJP); a medida de proteção de confiança judicial com vista a futura adoção (art. 35º, al. g) da LPCJP e arts. 1978º e 1978º-A); a tutela (arts. 1921º e ss.); o apadrinhamento civil (lei 103/2009, de 11 de Setembro). Por último, a adoção plena – relação jurídica familiar semelhante à filiação, constituída por sentença judicial – implica a extinção das relações jurídicas familiares da criança com a família biológica (art. 1986º, nº 1) e a elaboração de um novo registo de nascimento (art. 123º, nº 1 do CRC).

O afeto ou a relação afetiva são conceitos jurídicos, desde logo porque consagrados na lei e objeto de apreciação e aplicação pelos tribunais. A lei de proteção de crianças em perigo contém uma noção de perigo, no art. 3º, que abrange a criança que sofre maus-tratos psíquicos (art. 3º, al. b), que não recebe os cuidados e a afeição adequados à sua idade (art. 3º, al. c) e que está sujeita a comportamentos que afetem gravemente a sua segurança ou o seu equilíbrio emocional (art. 3º, al. e). Utilizando o conceito de afeição, a lei remete para os dados científicos que demonstram que a continuidade da relação afetiva da criança com os seus cuidadores é o aspeto mais importante no seu processo de desenvolvimento, e considera que a criança está em perigo, se não recebe a afeição adequada à sua idade. Este conceito de afeição remete para o que resulta das regras de experiência e da vida corrente das pessoas e das famílias, sendo um conceito cujo conhecimento é acessível à generalidade das pessoas e, portanto, também dos juristas.

A norma de direito da família (art. 1978º, nº 1), que especifica os requisitos da confiança judicial com vista a futura adoção, utiliza para aferir acerca da manutenção ou não dos vínculos jurídicos da criança com a família biológica, o conceito de vínculo afetivo, ou seja, exige, para que a criança seja adotável, que se encontrem «seriamente comprometidos os vínculos afetivos próprios da filiação». O Código Civil considera assim decisivo, para que os progenitores biológicos possam constituir uma família com os seus filhos, a existência de vínculos afetivos, pressupondo uma noção de família que se define pela relação afetiva entre os seus membros.

Contudo, a Constituição, no art. 36º, nºs 5 e 6, coloca limites à possibilidade de as crianças serem entregues a terceiras pessoas, atribuindo aos pais o poder-dever de educação e o direito a não serem separados

dos filhos, a não ser quando não cumpram os seus deveres fundamentais para com os filhos e sempre por decisão judicial. No mesmo sentido, o art. 9º da Convenção dos Direitos da Criança afirma que os Estados Partes garantem que a criança não é separada de seus pais contra a vontade destes, salvo se as autoridades competentes decidirem que essa separação é necessária no interesse superior da criança, por exemplo, em virtude de maus tratos ou negligência.

A lei fundamental e a Convenção sobre os Direitos da Criança acentuam mais os direitos dos progenitores do que os seus deveres e, na prática judicial, neste binómio direito-dever, tem sido acentuado o termo direito, enquanto poder de reclamar a guarda dos filhos e de fixar o seu local de residência.

Ora, numa sociedade justa e equilibrada não faz sentido atribuir o exercício de direitos de guarda e de educação (ou o exercício das responsabilidades parentais) a progenitores que nunca coabitaram com os filhos e que nunca exerceram os seus deveres. A reclamação de direitos, sem que tenha havido o cumprimento de obrigações, consiste num comportamento contraditório, susceptível de integrar o fenómeno do abuso de direito.

Os direitos das crianças, apesar de relegados para o capítulo dos direitos e deveres económicos, sociais e culturais (art. 69º da CRP), constituem direitos fundamentais análogos aos direitos, liberdades e garantias (art. 17º da CRP) e, em caso de conflito com os direitos dos pais, devem ter primazia sobre estes.

A sociedade abre-se cada vez mais à parentalidade-decisão ou parentalidade relacional, através da valorização do instituto da adoção e da atribuição da guarda, de facto ou de direito, a terceiras pessoas. O fator mais relevante para a proteção jurídica da relação entre pais e filhos não deve ser o elemento genético, mas a assunção de uma responsabilidade plena pelo desenvolvimento da criança, desde o seu nascimento, sem interrupções ou intermitências. A criança, que vive ao cuidado de terceiras pessoas, em casos de abandono ou de maus tratos, e que é "reivindicada" por progenitores biológicos que desconhece e não vê como tal, é uma criança em perigo emocional ou psicológico gerado pela separação das suas pessoas de referência.

O centro dos processos em que se decide a guarda de uma criança não são "as condições dos pais" ou a sua "capacidade parental", analisada em abstrato, mas a pessoa da criança, as suas necessidades afetivas, sentimentos e emoções.

A ciência demonstra que a relação afetiva precoce com os pais ou figuras de referência ou de substituição parental promove a segurança, a proteção e a regulação emocional da criança marca o seu desenvolvimento psicológico, os sentimentos existenciais de confiança e segurança, em si própria e nos outros. A afetividade é necessária para a criança ultrapassar com sucesso as várias etapas e desafios de desenvolvimento que tem de enfrentar ao longo do seu crescimento.

A separação das pessoas de referência provoca sofrimento e danos psíquicos às crianças, segundo a teoria da vinculação de John Bowlby, que, criada na década de 50 do século XX, permanece válida até hoje.

A lei, no art. 1907º, deu um passo em frente na proteção da relação das crianças com os seus cuidadores, procedendo a uma clarificação acerca da legitimidade de terceiros cuidadores para o estatuto de parte num processo de regulação de exercício das responsabilidades parentais e permitindo a confiança da criança a terceiros, independentemente da prova da situação de perigo, nos termos do art. 1918º.

A *ratio* desta norma, introduzida em 2008, cuja constitucionalidade tem sido questionada, assenta na intenção de fazer face à reticência dos tribunais à noção de perigo emocional ou psicológico, por força de uma visão restritiva da noção de perigo como prejuízo físico e como dano já verificado ou iminente.

Na verdade, a noção de perigo abrange os danos psicológicos e basta-se com uma ideia de potencialidade e de prevenção de danos, não pretendendo ser um remédio posterior à verificação dos prejuízos. Basta, assim, para legitimar a intervenção do Estado, uma situação de lesão potencial (não efetiva) dos interesses da criança ou uma situação de incerteza e de risco quanto ao seu bem-estar físico e psíquico. A aceitação do conceito de perigo psíquico ou emocional radica no próprio conceito de pessoa humana, o qual contém uma ligação incindível entre a dimensão física e a psíquica, e no reconhecimento, pela generalidade das pessoas, de que o aspecto afetivo e emocional da vida é decisivo para o desenvolvimento humano e para a felicidade individual.

O afeto é um conceito jurídico susceptível de prova porque objetivado em atos de cuidado demonstráveis em tribunal pelos processos tradicionais de produção da prova. O critério da pessoa de referência, como forma de concretização do conceito de interesse da criança, está centralizado na noção de cuidado quotidiano e abrange tarefas como o ato de deitar a criança à noite e de a levantar de manhã, de tratar da sua alimentação, higiene, vestuário e saúde, de lhe prestar assistência na doença, de lhe ensinar regras de etiqueta, de zelar pela educação social e moral da criança, etc. A prestação de cuidados tem por consequência, de acordo com as regras da experiência da vida, o estabelecimento de uma relação afetiva entre a criança e os seus cuidadores. A prova destes atos de cuidado permite presumir a relação afetiva entre a pessoa adulta cuidadora e a criança. É certo que esta relação afetiva pode ser desorganizada ou marcada por situações de negligência ou de maus tratos, hipótese em que se aplicarão os critérios legitimadores da intervenção do Estado na família, para a proteção da criança, os quais podem implicar a modificação da guarda da criança. Contudo, esta possibilidade não implica que deixe de ser verdade que, de acordo com o curso normal da vida, a criança estabelece as suas relações afetivas principais com as pessoas que de si cuidam no dia-a-dia, em substituição dos pais biológicos que abandonaram a criança ou que, por qualquer motivo, ainda que não culposo, não assumiram a responsabilidade pelos filhos, desde o nascimento.

Segundo a jurisprudência do Tribunal Europeu dos Direitos Humanos, uma relação estritamente biológica, sem prestação de cuidados básicos e sem responsabilidade financeira e relação afetiva, não é uma relação familiar protegida pelo art. 8º da CEDH. Mesmo nos casos em que os Estados são condenados a pagar indemnizações aos pais biológicos por violação dos seus direitos parentais, de visita e de educação, o TEDH não confere a estes o direito de desinserir a criança da família de acolhimento onde esta se integrou nem de impor a esta direitos de visita coercivos.

PARECER*

Este parecer reporta-se ao processo nº 526/09.OTMMTS relativo à Adoção Plena de A., nascido a 09 de Março de 2001, filho de MT e de MJ, em que é requerente o marido da mãe, FM. No âmbito deste processo foi proferida uma decisão judicial de improcedência da ação, pelo Tribunal de Família e de Menores de Matosinhos, datada de 18 de Junho de 2010.

A sentença recorrida funda-se na falta de verificação dos pressupostos da dispensa do consentimento do progenitor da criança para a adoção, nos termos do art. 1981º, nº 1, al. c) e nº 3, al. b) da mesma disposição legal, que remete para os requisitos de adotabilidade previstos nas alíneas c), d) e e) do nº 1 do art. 1978º: abandono do menor; perigo grave para a segurança, a saúde, a formação, a educação ou para o desenvolvimento do menor; manifesto desinteresse pelo filho, em termos de comprometer seriamente a qualidade e a continuidade dos vínculos afetivos próprios da filiação, durante, pelo menos, os três meses que precederam o pedido de confiança. A sentença recorrida baseia-se também no não preenchimento, no caso concreto, dos requisitos gerais da adoção previstos no art. 1974º: o superior interesse da criança; reais vantagens da adoção para o adotando; motivos legítimos.

---

* Todos os artigos sem menção de origem pertencem ao Código Civil.

Os factos dados como assentes pela sentença recorrida foram os seguintes:

«1 – A nasceu a 09 de Março de 2001 e foi registado como filho de MT e de MJ.

2 – FM nasceu a 19 de Abril de 1973 e contraiu casamento com MT a 19 de Julho de 2008.

3 – MF nasceu a 05 de Outubro de 2009 e foi registada como filha do requerente e de MT.

4 – MM nasceu a 05 de Outubro de 2009 e foi registado como filho do requerente e de MT.

5 – O menor A. é fruto de uma gravidez não planeada.

6 – Os progenitores do menor residiam ambos em Oeiras e mantinham um relacionamento e, quando soube da gravidez, o pai do menor manifestou sempre que não pretendia casar-se.

7 – O pai do menor compareceu, pelo menos, a uma consulta de acompanhamento da gravidez.

8 – O pai do menor visitou o filho logo após o nascimento e passou a efectuar visitas (juntamente com os seus familiares a até amigos), em casa dos avós maternos, onde a criança residia com a mãe.

9 – O pai do menor teve intervenção na escolha do nome do filho e tanto ele como a família e amigos compareceram na cerimónia religiosa do baptizado do A.

10 – Porque notava um ambiente muito hostil por parte da família materna e pretendia regularizar a situação e ter mais contactos com o filho, o pai biológico intentou ação de regulação do exercício do poder paternal relativamente ao menor A.

11 – A referida ação correu termos com o nº 508/2001 do 1º Juízo do Tribunal de Família e de Menores de Cascais.

12 – Com data de 25 de Outubro de 2001 foi proferida sentença homologatória do acordo dos progenitores, nos termos da qual ficou determinado que o menor ficaria confiado à guarda e cuidados da mãe que sobre ele exerceria o poder paternal.

13 – Ficou ainda judicialmente determinado que até o menor completar 18 meses de idade estaria com o pai quinzenalmente entre as 13h de Sábado e as 19h30m de Domingo, pernoitando porém em casa da mãe; depois de o menor completar 18 meses de idade estaria com o pai quinzenalmente entre as 10h de Sábado e as 18h30m de Domingo.

14 – Foi ainda fixada uma prestação de alimentos a pagar pelo pai no montante mensal de 35.000$00, anualmente actualizável de acordo com a taxa de inflação publicada pelo INE, e a repartição em partes iguais relativamente às despesas extraordinárias autorizadas pelo pai e relacionadas com a saúde, educação e roupa para o menor.

15 – Num período inicial este regime chegou a ser cumprido.

16 – Posteriormente e a partir do primeiro ano de vida da criança, paulatinamente, verificou-se um afastamento.

17 – A mãe e a família materna começaram a dificultar os contactos e o pai foi-se conformando e deixando de aparecer.

18 – O pai não prestava alimentos ao filho e considerava que tal facto o impedia de "exigir" o cumprimento da decisão judicial no referente aos contactos com a criança.

19 – O pai nunca suscitou judicialmente o incumprimento do regime fixado quanto a visitas.

20 – A mãe do menor enviou uma carta registada com AR ao pai, datada de Janeiro de 2003, informando apenas que "a partir do final deste ano lectivo o A. vai viver comigo para o Porto".

21 – A referida carta não foi recebida pelo pai do menor, tendo sido devolvida.

22 – No final de 2003 o pai apercebeu-se que o filho e a mãe tinham deixado de residir em Oeiras.

23 – Em Agosto de 2003 a avó paterna do menor conseguiu contactar a mãe do A., combinaram um encontro já no Porto e a avó esteve pela última vez com o neto.

24 – Desde então não mais a avó paterna conseguiu contactar a mãe do A.

25 – O pai biológico deixou também de conseguir contactar telefonicamente com a mãe do menor.

26 – Há cerca de três ou quatro anos atrás, por intermédio de contactos junto das operadoras de telemóveis, o pai do menor conseguiu obter um número de telefone da mãe do A. e conseguiu falar com ela por uma única vez.

27 – O pai biológico verbaliza afecto pelo filho e reconhece que poderia e deveria ter feito mais diligências para evitar o afastamento.

28 – A mãe do menor veio residir para o Porto com o filho em 2003 e ainda neste ano começou a namorar com o requerente.

29 – O requerente e a mãe do menor apenas passaram a residir juntos depois do casamento.

30 – Até ao dia do casamento do requerente com a sua mãe o A. tratava o avô materno por "pai" e o namorado da mãe por "F.".

31 – No dia do casamento do requerente com a sua mãe, o A. terá dito ao avô materno "a partir de hoje já te vou tratar por avô, porque o meu pai vai ser o F."

32 – Desde esse dia, o menor trata o requerente por "Pai".

33 – O menor não tem memória do pai biológico.

34 – Quando ingressou no 1º ano de escolaridade o menor foi informado de que tinha um pai que vivia em Lisboa.

35 – Nos dias seguintes a ter recebido tal informação o A. teve pesadelos.

36 – Quando tem que escrever o nome do pai o A. escreve o nome do requerente.

37 – O requerente pretende adotar o menor A. pois considera que "é o desenrolar normal de um processo".

38 – A família alargada do requerente é a favor da adoção do A. considerando que "deve ter os mesmos direitos que os outros".

39 – O requerente trata o menor A. como se seu filho fosse.

40 – Os que convivem de perto com o requerente começaram a ouvir falar da pretensão deste em adotar o menor na mesma altura em que começaram a ouvir falar da pretensão de casamento e como uma "consequência lógica, inerente ao casamento".

41 – O requerente é arquitecto auferindo mensalmente cerca de 1300 euros e a mãe do menor é professora auferindo mensalmente sensivelmente o mesmo valor.

42 – O agregado reside num apartamento T3 dotado de boas condições de habitabilidade e conforto.

43 – Ambos os elementos do casal mantêm relacionamento próximo e positivo com a família alargada de origem».

Tendo sido questionada sobre a decisão proferida pelo Tribunal de Família e de Menores de 18-06-2010 e sobre a pertinência da fundamentação da mesma, emito o parecer, segundo o qual, a decisão judicial referida não está certa por violação da lei, pois a al. e) do nº 1 do art. 1978º, de acordo com a letra e com o espírito da lei, aplica-se à adoção do filho do cônjuge que exerce as responsabilidades parentais, e não está certa também devido a erro na interpretação de conceitos indeterminados, à atribuição de um peso decisivo a factos irrelevantes, como a identidade biológica da criança, e a erro na ponderação de fatores relevantes para a decisão, devendo, portanto, ser dado provimento ao recurso e revogada a sentença recorrida, a qual deverá ser substituída por acórdão que dê procedência à ação, decretando a adoção plena do A. por FM.

A minha posição assenta nos seguintes argumentos:

Introdução
a) *A adoção do filho do cônjuge, um fenómeno crescente nas sociedades ocidentais*

A sociedade evoluiu e o instituto da adoção adapta-se a estas mudanças, adquirindo novas finalidades. Com o aumento dos nascimentos fora do casamento, das rupturas das uniões de facto e dos divórcios seguidos de segundos casamentos, surge um fenómeno designado, pela doutrina, por "famílias recompostas ou reconstituídas[1]". É o caso das famílias que se formam, após um divórcio seguido de segundo casamento da mãe e abandono, pelo pai biológico, dos filhos do casamento dissolvido, ou das famílias formadas, após um nascimento fora do casamento seguido de abandono ou de desinteresse do progenitor biológico, filho esse que depois é assumido como tal pelo marido ou companheiro da mãe. Nos países ocidentais, a adoção por padrastos da criança tem crescido nas últimas décadas, representando, a partir da década de 90 do século XX, cerca de metade do número total de adoções[2]. Este fenómeno significa, também, que a sociedade protege a paternidade sócio-afetiva, em detrimento de uma paternidade biológica sem significado afetivo para a criança, na mesma linha do que tem sido entendido pelo Tribunal Europeu dos Direitos Humanos, para

---

[1] Cfr. MARIA LUISA CAIULO, «Famiglie Ricostituitte: "Puzzle" Familiari», *Il Diritto di Famiglia e delle Persone*, 2008, nº 4, pp. 2105 e ss.
[2] Cfr. ISABELLE LAMMERANT, *L'adoption et les droits de l'homme en droit comparé*, LGDJ, Paris, 2001, p. 211; CRETNEY and MASSON, *Principles of Family Law*, London, 1997, p. 889.

quem o vínculo biológico não acompanhado de fatores adicionais, como a relação afetiva, a prestação de cuidados e a responsabilidade financeira não constitui uma relação familiar protegida pelo art. 8º da Convenção Europeia dos Direitos Humanos[3].

A adoção pelo marido da mãe, como um símbolo de predisposição afetiva para ser pai de uma criança com quem não tem laços de sangue e para lhe reconhecer os mesmo direitos que aos seus filhos biológicos, está dentro da finalidade e sentido do instituto da adoção como um instrumento de solidariedade social para com os mais fracos – as crianças – e de "convívio amoroso entre os seres humanos[4]".

b) *Pressupostos de dispensa do consentimento e requisitos da adoção*
Para que a adoção plena possa ser decretada sem o consentimento do progenitor biológico é necessário que se verifiquem os requisitos do art. 1978º, nº 1, alíneas c), d) ou e) e do nº 2 da mesma disposição legal, norma para a qual remete o art. 1981, nº 3, al. b), bastando a demonstração de uma das alíneas para que o consentimento do progenitor biológico possa ser dispensado.

De acordo com a lei e com a jurisprudência, na situação do caso *sub iudice*, todos os requisitos do art. 1978º, nº 1 se verificam, não tendo sido coerente nem conforme à lei e à jurisprudência a argumentação da sentença recorrida, que, reconhecendo a quebra dos laços afetivos entre a criança e o progenitor biológico, não considera que a criança que vive com a mãe é uma criança entregue a um particular para efeitos da al. e) do nº 1 do art. 1978º. Improcede, também, a recusa do conceito de abandono, consagrado na alínea c) do nº 1 do art. 1978º, numa situação da vida em que um pai se afastou do filho completamente, durante

---

[3] Cfr. MARIA CLARA SOTTOMAYOR, «Qual é o interesse da criança? Identidade biológica *versus* relação afetiva», in Volume Comemorativo dos 10 Anos do Curso de Pós-Graduação "Proteção de Menores – Prof. Doutor F. M. Pereira Coelho", nº 12, Faculdade de Direito da Universidade de Coimbra, Centro de Direito da Família, Coimbra, 2009, pp. 23-60.
[4] CAPELO DE SOUSA, *A adoção*, Boletim da Faculdade de Direito, Coimbra, 1971, p. 33.

cerca de 7/8 anos, tal como não convence o argumento de que a criança não se encontra em perigo grave por omissão do progenitor, nos termos da alínea d) do n.º 1 da mesma disposição legal, relativamente a uma criança que não tem memória do seu pai, que tem que viver com a ferida da ausência e do abandono do progenitor biológico, e que goza, em termos jurídicos, de um estatuto inferior aos seus irmãos, não beneficiando, em caso de morte do marido da mãe ou de divórcio, dos mesmos direitos dos seus irmãos, nem de uma relação jurídica protegida pelo Direito com o adulto que identifica como pai. Incorre também em contradição a sentença recorrida que, apesar de reconhecer que o marido da mãe cuida da criança como se fosse pai, e que a criança o trata por pai e o identifica como tal, afirma duvidar da formação de uma relação afetiva semelhante à filiação, entre o marido da mãe e a criança, nega a existência de motivos legítimos para adotar e de vantagens reais para a criança.

1. Requisitos de adotabilidade

a) *Noção de abandono para efeitos da alínea c) do n.º 1 do art. 1978.º*

A sentença *a quo* distingue entre abandono num único acto, que classifica de abandono físico, categórico e absoluto, só este consubstanciando a modalidade de abandono prevista na al. c) do n.º 1 do art. 1978.º, e o abandono progressivo, que se teria verificado no caso *sub iudice* e que seria integrável na al. e) do n.º 1 do art. 1978.º, traduzido num manifesto desinteresse.

O conceito de abandono nos termos do art. 1978.º, al. c) é distinto da situação em que os pais põem a criança em perigo grave, por ação ou omissão (al. d) do n.º 1 do art. 1978.º) e da situação em que os pais revelam manifesto desinteresse pelo filho acolhido em instituição ou por um particular (al. e) da mesma disposição legal), o que não significa que todas estas situações não possam verificar-se em simultâneo.

Conforme afirma DULCE ROCHA, de acordo com a experiência jurídica e social, a entrega de uma criança recém-nascida aos serviços públicos revela, de per si, uma situação de ruptura ou de inexistência dos laços próprios da filiação e falta de vontade, por parte dos progenitores, de a estabelecer[5]. A autora aponta, como exemplo, o caso de uma mãe que declara não querer assumir as responsabilidades inerentes ao conteúdo do poder paternal, institucionalizando o seu filho. Contudo, embora a situação socialmente típica de abandono se refira à criança recém-nascida, o abandono não se verifica, apenas, em relação a crianças cujos pais se afastam logo após o nascimento e declaram não a querer assumir, como entende a sentença recorrida. Também é abandono o desaparecimento e a demissão das funções parentais de um progenitor, durante os anos posteriores ao nascimento da criança, mesmo que numa fase inicial se tenha envolvido. Também, em fases posteriores, se pode verificar o abandono físico, categórico e absoluto do filho, sendo inaceitável a ideia de que só há abandono da criança quando o progenitor não a assume após o nascimento.

De um ponto de vista substancial, o pai que, após a ruptura da relação com a mãe, se afasta completamente do filho, durante cerca de sete/oito anos, como o caso *sub iudice*, sem nunca o visitar ou, por qualquer modo, contactar, nem paga pensão de alimentos, está exactamente na mesma situação da mãe que deixa o filho numa instituição e que desaparece, não mais o contactando.

O conceito de manifesto desinteresse refere-se a um progenitor que aparece para ver o filho de forma intermitente enquanto o abandono, para efeitos da alínea c) se esgota num único acto. Este único acto não é, na maioria das situações da vida, assumido por declarações expressas do progenitor, mas deduz-se do seu comportamento. Um progenitor, que não procura o seu filho há cerca de 7/8 anos nem paga alimentos, abandonou a criança, mesmo que tenha intentado ação de regulação do exercício do poder paternal, aquando do nascimento, e efetuado algumas visitas num período inicial pós-nascimento. O interesse ou o envolvimento inicial na vida do filho não impede a classificação de abandono, para efeitos da alínea c), relativamente a um comportamento totalmente omissivo e verificado durante um período longo que

---

[5] MARIA DULCE ROCHA, *Adoção – Consentimento – Conceito de Abandono*, Revista do Ministério Público, nº 92, 2002, pp. 101-102.

abrange cerca de 7 anos da vida de uma criança que tem actualmente 9 anos de idade. Apesar do progenitor não ter declarado expressamente não pretender relacionar-se com o filho, a sua ausência e o seu conformismo com a situação revelam inequivocamente que se verificou um abandono num único acto, para efeitos da al. c) do nº 1 do art. 1978º.

A jurisprudência dos Tribunais superiores tem aplicado o conceito de abandono, previsto na alínea c) do nº 1 do art. 1978º, quando o progenitor desaparece, após situações de interesse inicial. É o caso do acórdão da Relação de Lisboa, de 11 de Maio de 2000[6], em que o Tribunal considera que um progenitor que visitou o menor no Centro de Acolhimento entre 17-03-99 e 19-05-99, tendo-se mostrado ligado afetivamente ao filho, prolongando a duração das visitas e dando algumas refeições ao menor, e a partir dessa data não mais o visitou, ou manifestou, por qualquer outra forma, cuidado ou afeto pelo filho, praticou um abandono para efeitos da alínea c) do nº 1 do art. 1978º. No mesmo sentido, veja-se, também, a aplicação do conceito de abandono da al. c) do nº 1 do art. 1978º, a um pai, que deixou de procurar a filha após um ano de vida desta, no acórdão do STJ 31-01-2006 (Relator: AZEVEDO RAMOS[7]): "O pai abandonou-a em Julho de 1999, não mantendo com ela quaisquer contactos desde então" (...)"; "Por isso, é de considerar verificado o condicionalismo previsto no citado art. 1978º, nº 1, al. c) (em relação ao pai). No acórdão do STJ, de 28-02-2008 (Relatora: MARIA DOS PRAZERES BELEZA)[8], o Tribunal aplicou o conceito de abandono, previsto no nº 1 do art. 1978º, al c), a um progenitor que apenas viu a criança cerca de duas vezes e sempre se mostrou indisponível para acolher o menor. No acórdão da Relação de Lisboa, de 11 de Agosto de 2003 (Relatora: ROSA RIBEIRO COELHO)[9], o Tribunal entendeu que o

---

[6] Cfr. Acórdão do Tribunal da Relação de Lisboa, de 11-05-2000, CJ, 2000, Tomo III, pp. 85 e ss.
[7] Cfr. Base Jurídico-Documental do MJ, www.dgsi.pt.
[8] Cfr. Base Jurídico-Documental do MJ, www.dgsi.pt.
[9] Cf. acórdão da Relação de Lisboa, de 11 de Agosto de 2003, CJ, Tomo IV, 2003, pp. 88--90.

conceito de abandono é aplicável a progenitores que "seguem a sua vida completamente desligados do que possa vir a acontecer ao seu filho, sem o verem, procurarem ou com ele se preocuparem, tornando-se desde logo evidente um corte radical entre aquele e este, em termos tais que não podem deixar de ser considerados como abandono". A doutrina e a jurisprudência entendem que "Abandonar significa, em linguagem vulgar, desamparar, desistir, renunciar"[10].

Julgo, por isso, que está presente o conceito de abandono, no caso *sub iudice*, de acordo com regras de experiência e orientações jurisprudenciais anteriores. Seria uma discriminação da criança "deixada" pelo progenitor, numa fase posterior da sua vida, negar-lhe o estatuto de abandonada, em situações idênticas às que consideramos para uma criança recém-nascida. A noção civil de abandono não inclui culpa nem requisitos como pôr em perigo a vida ou a saúde da criança, como o conceito penal, bastando o sentido corrente da palavra, de acordo com o qual abandono significa afastamento, desamparo, deserção. Não foi este o comportamento do progenitor biológico, que esteve cerca de sete/oito anos sem procurar o seu filho, sem o contactar ou visitar, e sem pagar pensão de alimentos, a ponto de o filho nem ter qualquer recordação ou memória do progenitor?

No mesmo sentido se pronuncia a doutrina, a propósito do conceito de abandono da al. c) do nº 1 do art. 1978º. PIRES DE LIMA e ANTUNES VARELA afirmam, em anotação ao art. 1978º, que o conceito de abandono previsto na al. c) do nº 1 desta disposição legal se refere ao "*abandono de facto*, segundo a noção corrente da palavra"[11].

Na perspetiva da criança, das ciências sociais e da sociedade em geral, houve um abandono num único acto: o progenitor desapareceu

---

[10] Cf. acórdão do Tribunal da Relação de Lisboa, de 23-05-1956. No mesmo sentido, definindo abandono, para o efeito da Lei de Proteção de Crianças e Jovens em Perigo, de acordo com a noção corrente da palavra, vide TOMÉ D'ALMEIDA RAMIÃO, *Lei de proteção de Crianças e Jovens em Perigo, Anotada e Comentada*, 2010, p. 29.

[11] Cf. PIRES DE LIMA/ANTUNES VARELA, *Código Civil Anotado*, Volume V (Artigos 1796º a 2003º), Coimbra Editora, 1995, p. 518.

e não mais contactou o filho, não tendo sequer assumido a responsabilidade mínima que o Tribunal ordena aos progenitores sem a guarda de pagar uma pensão de alimentos mensal. Nem é crível que um indivíduo esteja impossibilitado de pagar a pensão, desempregado ou sem qualquer rendimento, durante oito anos.

O conceito de abandono progressivo regulado na al. e) do nº 1 do art. 1978º aplica-se, apenas, aos pais que visitando a criança, o fazem irregularmente e sem continuidade ou qualidade afetiva, não àqueles que após o nascimento ou, numa fase mais tardia, por exemplo, após o primeiro ou segundo ano de vida, deixam completamente de contactar a criança.

Neste sentido, veja-se o acórdão do STJ de 30-11-2004 que distingue entre um pai que deixou de fazer visitas após o primeiro ano de vida da criança e que o Tribunal considera que abandonou, para efeitos da alínea c) do nº 1 do art. 1978º, e a mãe que visitava a filha irregularmente, cujo comportamento foi classificado de manifesto desinteresse:

> "Sendo a família um lugar de afeto, o interesse ou desinteresse dos pais pelos filhos não pode aferir-se exclusivamente por um critério meramente cronológico, traduzido apenas pela existência ou inexistência de uma visita dos primeiros aos segundos em cada três meses."

Não há dúvida, portanto, que, de acordo com a opinião da doutrina e da jurisprudência, um progenitor que está ausente, durante cerca de sete/oito anos, abandonou o seu filho. Foi este o pensamento do legislador e é também o entendimento que resulta da moral social e da consciência ou sensibilidade social, critério importante para preencher os conceitos indeterminados, os quais não podem ter o significado que resulta da subjectividade judiciária ou convicção pessoal de quem decide, pois os Tribunais administram a justiça em nome do Povo (art. 202, nº 1 da CRP). O entendimento da sentença recorrida parece reflectir uma preocupação excessiva com a auto-estima do adulto que, confrontado com um pedido de adopção do seu filho, tem sentimentos de culpa do abandono praticado. Contudo, a preocupação dos Tribunais, nestes casos, deve centrar-se, apenas no direito da criança à manutenção das suas relações afetivas principais, direito deduzido de uma interpretação sistemática do art. 69º, nº 1 da Constituição, que consagra o direito da criança ao desenvolvimento integral[12]. Os Tribunais devem proteger a parte mais fraca e decretar soluções que, na medida do possível, apaguem da vida da criança a dor de ter sido abandonada, reconhecendo o estatuto de pai a quem o merece ter, em virtude da prestação de cuidados e dedicação à criança.

b) *Noção de perigo grave para efeitos da alínea d) do nº 1 do art. 1978º*
Para definir as situações de perigo, no âmbito da aplicação da alínea d), a lei remete para a lei de proteção de crianças e jovens em perigo (Lei nº 147/99, de 1 de Setembro), considerando que o menor se encontra em perigo quando se verifique alguma das situações qualificadas como tal pela legislação relativa à proteção e à promoção dos direitos das crianças (art. 1978º, nº 3), nos termos do art. 3º da mesma lei:

> A criança ou o jovem está abandonada ou vive entregue a si própria; Sofre maus tratos físicos ou psíquicos ou é vítima de abusos sexuais; Não recebe os cuidados ou a afeição adequados à sua idade ou situação pessoal; É obrigada a atividades ou trabalhos excessivos ou inadequados à sua idade, dignidade ou situação pessoal ou prejudiciais à sua formação e desenvolvimento; Está sujeita, de forma direta ou indireta, a comportamentos que afetem gravemente a sua segurança ou o seu equilíbrio emocional; Assume comportamentos ou se entrega a atividades ou consumos que afetem gravemente a sua saúde, segurança, formação, educação ou desenvolvimento.

Esta enumeração é meramente exemplificativa, podendo verificar-se outras situações que não estejam expressamente previstas na lei

---

[12] Cfr. ARMANDO LEANDRO, «Direito e Direitos dos Menores, Síntese da situação em Portugal no domínio civil e no domínio para-penal e penal», *Infância e Juventude*, nº especial, 1991, p. 263; MARIA DULCE ROCHA, «Adoção – Consentimento – Conceito de Abandono», *Revista do Ministério Público*, Ano 23º, Outubro-Dezembro 2002, nº 92, pp. 98 e 107; MARIA CLARA SOTTOMAYOR, «A família de facto e o interesse da criança», *Boletim da Ordem dos Advogados*, nº 45, Jan.-Fev. 2007, pp. 4-8.

e que consubstanciem, também, situações de perigo para a criança. No caso *sub iudice*, a criança está em perigo, no sentido psíquico ou emocional, na medida em que foi abandonada pelo seu progenitor biológico e não recebe deste a afeição e os cuidados necessários à sua idade, nos termos da alíneas a) e c) do art. 3º da LPP. O conceito de abandono distingue-se do conceito, também presente na alínea a) do art. 3º, de criança entregue a si própria, exigindo este último, mas não o primeiro, que a criança esteja sozinha ou desamparada. A noção de abandono é compatível com o facto de criança estar confiada à guarda de um dos pais, mas viver confrontada com o desaparecimento do outro progenitor. Apesar de a criança ser cuidada pela mãe e pelo seu marido, em substituição do progenitor biológico, este, que se demitiu completamente das suas funções parentais, pode em qualquer momento reclamar a guarda ou direitos de visita coercivos, provocando na vida da criança instabilidade e medo de perder aqueles que ama.

Os Tribunais têm admitido que a possibilidade de um progenitor demandar unilateralmente a guarda de uma criança, que já se integrou de facto numa família, consiste num perigo emocional e que urge dar estabilidade à relação afetiva entre os cuidadores e a criança. Veja-se a decisão do STJ, de 4 de Fevereiro de 2010 (Relator: Oliveira Vasconcelos):

> "Na verdade e conforme muito bem se diz na sentença proferida na 1ª instância, retirar neste momento a menor DD do ambiente em que sempre viveu e que reconhece como sendo o seu meio de vida (...) seria alterar radicalmente a vida desta criança, causando-lhe perturbação e inquietação emocional e afastando-a do ambiente securizante que até hoje proporcionou que crescesse e se desenvolvesse em ternos francamente satisfatórios". Por mais que aceitemos a existência de como um "direito subjectivo" dos pais a terem os filhos consigo, é no entanto o denominado "interesse superior da criança" – conceito abstrato a preencher face a cada caso concreto – que deve estar acima de tudo. Se esse "interesse subjectivo" dos pais não coincide com o "interesse superior" do menor, não há outro remédio senão seguir este último interesse. Ora, face ao que ficou dito, **cremos que a segurança, a saúde a educação da DD seriam postos em perigo se se interrompesse a continuidade da relação que tem com a tia e com o ambiente familiar envolvente.**" (sublinhado nosso).

A noção de perigo psíquico foi também aplicada pelo Tribunal da Relação de Lisboa, no acórdão de 17-11-2009 (Relatora: Cristina Coelho)[13], num caso em que a criança vivia há 9 anos com um casal a quem foi entregue pela progenitora, tendo criado com este casal profundos laços afetivos e tendo recebido o tratamento de filha:

> "(...) para dar cobertura legal à situação de confiança em que a menor se encontra, e com vista a obstar a decisão arbitrária da progenitora no sentido de fazer cessar o "acordo" estabelecido com o casal, sendo certo que do retorno ao agregado materno pode resultar perigo para a menor nos termos do art. 1918º".
>
> (...) "A menor necessita de estabilidade e certeza, de saber com quem está e em que moldes, e de ter confiança em que a situação não tem a virtualidade de se alterar, radicalmente, de um momento para o outro, por vontade unilateral de uma pessoa, que não obstante ser sua mãe, não tem desenvolvido um relacionamento como tal".

No caso *sub iudice*, o facto de a criança viver com a mãe biológica, que exerce as responsabilidades parentais, não impede o progenitor biológico de reclamar direitos sobre esta criança, podendo ter sucesso neste pedido, como diversas vezes tem sucedido nos nossos Tribunais, quando os juízes defendem conceções biologistas de família. A noção de perigo refere-se apenas à iminência ou potencialidade deste dano, não sendo necessário que a lesão tenha efetivamente ocorrido[14].

A ausência durante oito anos, mesmo que desacompanhada de carências materiais e físicas da criança, que foi cuidada e sustentada pela mãe e pelo seu marido, significa uma "omissão" que põe em perigo, de forma grave, o desenvolvimento da criança que tem que crescer com a consciência de que o seu pai a abandonou e com o senti-

---

[13] Cf. TRL 17-11-2009, in *www.dgsi.pt*.
[14] Cf. Beatriz Marques Borges, *Proteção de Crianças e Jovens em Perigo*, Livraria Almedina, Coimbra, 2007.

mento de não ter pai, fatores que marcarão para sempre o seu cérebro e a sua noção de si própria, e que só poderão ser reparados ou atenuados pela sua adoção plena por parte do requerente, que cuida do A como filho.

c) *Noção de manifesto desinteresse em termos de comprometer seriamente a qualidade e a continuidade dos vínculos afetivos próprios da filiação para efeitos da alínea e) do nº 1 do art. 1978º*

Na al. e) do art. 1978º, a lei refere-se às crianças acolhidas por um particular ou por uma instituição, prevendo a confiança judicial com vista a futura adoção, se os pais tiverem revelado manifesto desinteresse pelo filho, em termos de comprometer seriamente a qualidade e a continuidade dos vínculos afetivos próprios da filiação, durante, pelo menos, os três meses que precederam o pedido de confiança.

Tornou-se claro, após as alterações introduzidas pela Lei 31/2003, que não é necessário, como exigiam alguns tribunais, para que os requisitos desta norma estejam preenchidos, nem culpa dos pais nem uma ausência completa de visitas durante o período de três meses anterior ao pedido de confiança. O Tribunal pode decidir que, apesar da regularidade das visitas, estas não são gratificantes para a criança, que rejeita os pais e/ou não os identifica como tal. A intenção da lei foi precisamente distinguir a hipótese da falta de qualidade das visitas da mera ausência destas, prevendo a primeira para os casos em que os pais biológicos visitam sem regularidade a criança e para os casos em que estas visitas não têm qualidade afetiva. Nesta situação não é o critério cronológico que conta, como costumavam entender os Tribunais, antes de 2003, mas o carácter esporádico das visitas e a falta de qualidade afetiva destas.

A ausência completa de visitas, durante períodos longos, nos primeiros anos de vida da criança, podendo, também, integrar a hipótese legal da al. e), integra-se de forma mais adequada, como vimos, no conceito de abandono previsto na alínea c) da mesma disposição legal, pois a alínea e) está relacionada, conforme entendimento da jurisprudência, com a qualidade e a continuidade dos vínculos afetivos próprios da filiação enquanto o abandono implica um corte total de contactos com a criança, deixando o progenitor de a visitar e de a procurar[15].

d) *Noção de particular para efeitos da alínea e) do nº 1 do art. 1978º*

A sentença recorrida considerou preenchidos os requisitos do "manifesto desinteresse" e do "comprometimento sério dos laços afetivos próprios da filiação", decidindo, contudo, pela inaplicabilidade da al. e) do nº 1 do art. 1978º, em virtude de uma interpretação restritiva do conceito de particular, o qual não abrangeria a situação de uma criança que vive com um dos progenitores biológicos, no caso *sub iudice*, a mãe, que tem a guarda e o exercício das responsabilidades parentais.

Na opinião da sentença recorrida, o conceito de "particular" abrange apenas a pessoa que tem a guarda de direito ou de facto da criança, mas que não tem com esta vínculos de filiação. De acordo com esta linha de pensamento, a adoção seria um instituto apenas utilizado para criança órfãs, abandonadas ou maltratadas por ambos os pais, para evitar que vivam em situações precárias e de vazio afetivo, sem projeto de vida, como sucede nas instituições, que não proporcionam às crianças a afetividade de uma família, ou nas situações em que a criança vive com terceira pessoa ou família de acolhimento, que apenas cuida da criança, numa situação transitória, sem intenção de a assumir como filha. Só nestas situações, seria urgente dar à criança uma família definitiva, através de uma sentença de adoção plena, que confere à criança o estatuto de filha.

Todavia, a lei prevê expressamente a adoção do filho do cônjuge do adotante, nos artigos 1979º, nº 2, 2ª parte, 1979º, nº 5, 1980º, nº 1 e nº 2, 2ª parte, demonstrando o legislador que a adoção não se refere apenas às crianças a viver em instituição ou confiadas a terceiros, sem projeto de vida.

---

[15] Cf. STJ 30-11-2004 e STJ 28-02-2008, in Base Jurídico-Documental do MJ, www.dgsi.pt.

Por outro lado, de acordo com os melhores cânones hermenêuticos, onde o legislador não distingue não deve o intérprete distinguir, abrangendo, portanto, a expressão "particular" qualquer pessoa que tenha a criança à sua guarda, quer se trate de uma terceira pessoa, de um membro da família alargada ou de um dos progenitores, que exerce as responsabilidades parentais.

Se a lei, nas normas em que se referiu expressamente à adoção do filho do cônjuge do adotante, facilitou os requisitos de adotabilidade, por exemplo, em relação à idade do candidato e da criança (arts. 1979º, nº 2 e nº 5, 1980º, nº 2), e à duração do casamento (art. 1979º, nº 1 e nº 2), bem como não exigindo uma decisão prévia de confiança judicial ou administrativa ou medida de promoção e de proteção de confiança a pessoa seleccionada para adoção (art. 1980º, nº 1), podendo a adoção plena ser requerida diretamente, não pode o julgador dificultar a adoção do filho do cônjuge do adotante, restringindo o alcance da expressão "particular" contrariamente à letra e ao espírito da lei. Note-se que, o art. 1981º, nº 3, al. b) dispensa o consentimento do progenitor biológico do adotando, quando se verifique alguma das situações que, nos termos das alíneas c), d) e e) do nº 1 e do nº 2 do artigo 1978º, permitiriam a confiança judicial (art. 1981º, nº 3, al. b), sem excluir da alínea e) do nº 1 do art. 1978º a adoção do filho do cônjuge do adotante. A lei confia na relação afetiva e de confiança entre estas três pessoas que coabitam: o casal formado pelo adotante e pelo progenitor, e a criança[16].

A fazer vencimento a tese da sentença recorrida teríamos uma contradição entre o alcance do conceito de particular na alínea e) do nº 1 do art. 1978º, que excluiria o progenitor que exerce as responsabilidades parentais, no caso de a adoção ser pretendida pelo seu cônjuge, e a alínea b) do nº 3 do art. 1981º, que dispensa o consentimento do progenitor biológico, remetendo para as alíneas c), d) e e), sem excluir, nesta última hipótese, a adoção do filho do cônjuge do adotante, e

---

[16] Cf. PIRES DE LIMA/ANTUNES VARELA, *Código Civil Anotado*, Volume V, *ob. cit.*

que se refere, por excelência, a esta situação, dado que nas hipóteses de crianças institucionalizadas ou a viver em famílias de acolhimento, há, normalmente, processos prévios de promoção e de proteção ou de confiança administrativa ou judicial. Ora, de acordo com o art. 9º, nºs 1 e 3, o intérprete, na fixação do sentido e do alcance da lei, deve ter em conta, sobretudo, a unidade do sistema jurídico e presumir que o legislador soube exprimir o seu pensamento em termos adequados. Daqui resulta que a única interpretação coerente e integrada na unidade e no espírito do sistema jurídico, de acordo com os argumentos gramatical, teleológico e sistemático de interpretação, é a que aceita o significado corrente da palavra "particular" como qualquer pessoa singular que assume de facto ou de direito a guarda da criança, com ou sem o exercício das responsabilidades parentais, com ou sem vínculo de filiação com a criança. Na medida em que a sentença recorrida exclui a adoção do filho do cônjuge do adotante, numa situação em que a lei, na sua letra e no seu espírito, a permitem, a sentença *a quo* é ilegal por violação da lei.

e) *O superior interesse da criança como critério de decisão*
Havendo dúvidas de interpretação, o alcance da lei deve ser aquele que promove o interesse da criança, de acordo com o nº 2 do art. 1978º, segundo o qual, "Na verificação das situações previstas no número anterior o tribunal deve atender prioritariamente aos direitos e interesses do menor".

De acordo com o interesse da criança, uma vez que nada tem a esperar deste progenitor biológico que a abandonou, provocando-lhe uma ferida para sempre no seu coração, uma quebra de auto-estima e insegurança emocional, o melhor é oficializar a relação com o seu padrasto, tornando-a uma relação de paternidade, com os mesmos direitos e deveres. Não ficará o A mais seguro, se, na hipótese de falecimento da sua mãe ou de separação e divórcio do casal, tiver exactamente os mesmos direitos dos seus irmãos? Não será melhor para o A evitar as discriminações sociais, provenientes do facto de ser filho de uma relação anterior da sua mãe, de exibir apelidos de alguém de quem nem tem memória nem consegue falar com carinho e saudade, mas apenas como um "pai antigo"? Não será melhor para o A ter um estatuto familiar exactamente igual ao dos seus irmãos e ter os mesmos direitos sucessórios que os seus irmãos? Não será melhor para o A que a ordem jurídica lhe diga o teu pai é quem cuida de ti e quem te ama?

2. Requisitos da adoção

O art. 1974º recorre à técnica legislativa dos conceitos indeterminados, carecidos de preenchimento valorativo, os quais exigem do julgador uma atividade complementar à do legislador, facultando uma osmose entre as máximas ético-sociais e o direito[17]. No entanto, estes conceitos de *reais vantagens* para o menor, *motivos legítimos* para adotar, *vínculo semelhante ao da filiação* não são conceitos discricionários susceptíveis de serem desenvolvidos de acordo com a valoração pessoal do juiz. Haverá que perguntar se a sua valoração pessoal é susceptível de ser partilhada pela generalidade das pessoas e se está de acordo com normas sociais em torno das quais exista consenso. A atividade judicial é sindicável em sede de recurso de forma semelhante ao controlo da discricionariedade da Administração[18], no caso de existir por parte do julgador um abuso de poderes discricionários, que afetem o mérito da decisão, como por exemplo, a atribuição de uma importância decisiva a um fator irrelevante, como sucedeu com a relevância atribuída à identidade biológica; a falta de consideração de um fator relevante para a decisão, como a não audição da criança, obrigatória por lei; o erro na ponderação de um fator relevante, como o facto, considerado provado, de que o requerente cuidou do A como filho e de que este o trata como pai.

---

[17] Cfr. Baptista Machado, *Introdução ao Direito e ao Discurso Legitimador*, Livraria Almedina, Coimbra, 1983, p. 114.
[18] Cfr. Caroline Forder/Roger Ward, «Child Custody Appeals: The search for principles», *The Cambridge Law Journal*, vol. 46, 1987, pp. 133 e ss.

Passemos então à análise do preenchimento dos conceitos indeterminados realizado na sentença recorrida:

a) *O conceito de motivos legítimos*
Quanto aos motivos legítimos para adotar, entendemos que foi preenchido, pela sentença recorrida, de uma forma oposta àquela que tem sido o entendimento da doutrina e às conceções da sociedade.

Os motivos alegados pelo requerente – "a inerência da adoção ao casamento ou como uma consequência do casamento", "querer que o A tenha os mesmos direitos dos outros filhos e use os mesmos apelidos" ou porque a adoção representa "o culminar de um processo" – num contexto em que o requerente cuida da criança como pai, constituem motivos legítimos para adotar. De acordo com a doutrina, só se consideram, como motivos ilegítimos, aqueles que são completamente desligados do interesse da criança, como o prejuízo de direitos sucessórios de terceiros ou o favorecimento de relações libidinosas com alguém, conforme exemplificam PIRES DE LIMA/ANTUNES VARELA[19], ou as adoções que visam lesar o Fisco, transferindo bens do adotante para o adotado, por snobismo ou por passatempo segundo CAPELO DE SOUSA[20].

O amor filial, considerado como o único motivo legítimo para adotar, existe, por excelência, neste desejo do requerente assumir, como sua filha, uma criança com quem não tem vínculos biológicos, e pretender que esta tenha os mesmos direitos que os filhos biológicos do requerente. Aliás, este, querendo assumir como seu filho um menino que, em termos biológicos, é filho de outro homem, tratando-o como seu filho e dando-lhe um estatuto igual ao dos seus filhos biológicos, demonstra uma generosidade acima da média da população. Assim o tem reconhecido a doutrina: "O interesse em adotar num sentido obla-

---

[19] Cfr. PIRES DE LIMA/ANTUNES VARELA, *Código Civil Anotado*, Volume V, Coimbra, 1995, p. 510.
[20] Cfr. CAPELO DE SOUSA, *A adoção. A constituição da relação adotiva*, Separata do BFDC, 1973, pp. 117 e 127-128.

tivo, e em ser adotado identificam-se, pois o interesse de quem aspira a tomar alguém como filho resolve-se no próprio interesse do adotado"[21]. A satisfação do interesse do adotante, na unidade da família, realiza simultaneamente o interesse do menor em ser amado e ter uma família. Há coincidência entre estes dois interesses tal como acontece, em regra, numa família biológica. Também os pais biológicos casados decidem ter filhos porque consideram que tal é inerente ao casamento ou uma consequência do casamento, que, nas representações sociais, permanece ligado à procriação e educação dos filhos, para além do seu papel na realização afetiva dos adultos.

O entendimento, segundo o qual, o desejo de integrar a criança, na nova família formada pelo casamento com a mãe do A, não é um motivo legítimo para adotar, significa uma desconfiança em relação à parentalidade afetiva que não se verifica em relação à parentalidade biológica, fruto, ainda que inconsciente, de uma menor valoração da família adotiva em face da família biológica, considerada a "verdadeira família". Se os pais biológicos fossem sujeitos a este escrutínio da parte dos Tribunais, aqueles que decidem ter filhos porque tal é inerente ao casamento ou consequência do casamento não mereceriam o estatuto de pai ou de mãe, por falta de motivos legítimos para assumir a paternidade/maternidade, solução completamente desrazoável, desprovida de bom senso e não aceite pela consciência social.

b) *Que seja razoável supor que entre o adotante e o adotado se estabelecerá um vínculo semelhante ao da filiação*

Para analisar se um vínculo entre um adulto e uma criança é ou não semelhante ao da filiação importa averiguar o tempo que o adulto dedica à criança, os cuidados que lhe presta no dia-a-dia, o grau de desenvolvimento da criança e a relação afetiva entre ambos. O reconhecimento, pela sentença recorrida, de que o requerente cuida do A como pai e de que o A, quando lhe pedem para escrever o nome do pai, escreve o nome do requerente, significa que o candidato à adoção é o

---

[21] *Ibidem*, p. 128.

pai psicológico do menor, ou seja, a pessoa que numa base de continuidade no dia-a-dia, através de interação, companhia, ação recíproca e mútua, preenche a necessidade psicológica e física da criança de ter um pai[22].

O requisito do *estabelecimento de um vínculo semelhante ao da filiação entre o candidato a adotante e a criança* merece uma resposta positiva, pois é a própria sentença recorrida que reconhece que a criança está bem integrada na família do candidato a adotante e que a trata como pai.

c) *O conceito de reais vantagens e a identidade biológica da criança*

As vantagens que a adoção deve apresentar para o adotando, como tem reconhecido a doutrina, podem ser de ordem patrimonial ou não patrimonial (afetivas, morais ou espirituais)[23] e para serem "reais", como exige o Código Civil, no art. 1974º, têm que verificar-se de modo concreto, não podendo consistir em afirmações gerais ou abstratas[24].

A demonstração das vantagens afetivas e morais da relação adotiva, far-se-á através de *fatores indiciários*, sobre os quais possa assentar a fundada convicção de que a adoção terá efeitos favoráveis para o adotado[25].

Está provado no processo, que o recorrente representa para o menor em causa, a par da mãe biológica, uma figura parental de referência[26], sendo um adulto que cuida da criança no dia-a-dia e com quem a criança estabelece a sua relação emocional mais significativa e profunda, semelhante à relação filial.

A ligação do menor à figura primária de referência é a pedra básica do desenvolvimento emocional saudável da criança e tem um efeito

---

[22] Noção de progenitor psicológico segundo GOLDSTEIN/ANNA FREUD/SOLJNIT, *Beyond the Best Interest of Children*, Burnett Books, 1973, p. 98.
[23] Cfr. CAPELO DE SOUSA, *A adoção. A constituição da relação adotiva*, ob. cit., p. 116.
[24] *Ibidem*, p. 117.
[25] *Ibidem*, p. 118.
[26] Sobre a figura primária de referência *vide* MARIA CLARA SOTTOMAYOR, *Regulação do exercício do poder paternal nos casos de divórcio*, Almedina, Coimbra, 2002, pp. 53-58.

contínuo importante na capacidade da criança para ultrapassar, com sucesso, cada estádio de desenvolvimento[27].

Na sentença recorrida ficou provado que o menor está bem integrado na família do recorrente. Este facto permite a conclusão de que a adoção traz, em concreto, reais vantagens afetivas, morais e espirituais para a formação da personalidade da criança e para a estabilidade do seu ambiente natural de vida.

Houve, na sentença recorrida, relativamente ao preenchimento deste conceito de reais vantagens, a falta de consideração de factos essenciais para a decisão: o desenvolvimento da criança e a prestação de cuidados pelo recorrente, como pai. Estes factos são indícios de que houve uma experiência emocionalmente reparadora[28] na criança em relação à perda do seu pai biológico e que a relação com o marido da mãe lhe transmite segurança e felicidade. Com efeito, de acordo com os dados da psicologia infantil[29], são a relação afetiva com os cuidadores que substituem os pais, no dia-a-dia, e as trocas emocionais verificadas entre estes e as crianças, que ficam registadas no cérebro da criança, contribuindo decisivamente para o seu desenvolvimento, para a formação da sua personalidade e para a construção da sua identidade como pessoa, para o seu "Eu".

Como reais vantagens, para além das afetivas, podemos enunciar também vantagens patrimoniais do estatuto de filho: o A passa a ser herdeiro legitimário do requerente e a ter direitos a alimentos, em caso de divórcio, como teria se o candidato fosse seu ascendente biológico,

---

[27] Cfr. DAVID CHAMBERS, *Rethinking the substantive rules for custody disputes in divorce*, Michigan Law Review, 1984, vol. 83, nº 3, pp. 529-530. "Nos primeiros estádios do seu desenvolvimento, esta ligação é decisiva para a criança aprender a ter confiança nos outros e nas suas próprias capacidades. Mais tarde desempenha um papel central na capacidade da criança estabelecer ligações emocionais com outras pessoas e afeta também o desenvolvimento no menor de qualidades intelectuais e sociais".

[28] Sobre a experiência emocionalmente reparadora, *vide* EDUARDO SÁ/MARIA JOÃO CUNHA, *Abandono e Adoção, O nascimento da família*, Livraria Almedina, Coimbra, 1996, p. 37.

[29] GOLDSTEIN/ANNA FREUD/ALBERT J. SOLNIT, *No Interesse da Criança?*, (tradução brasileira de *Beyond the Best Interests of the Child*, Free Press, 1979), São Paulo, 1987.

não gerando a morte do requerente ou o eventual divórcio deste com a mãe do A qualquer discriminação patrimonial, em relação aos seus irmãos.

Com a adoção plena, permite-se a unidade da família, simbolizada na utilização dos apelidos do requerente, pelo A, que passa a ter os mesmos apelidos dos seus irmãos. Este aspecto, diferentemente do que considera a sentença recorrida, não é, apenas, formal. Magistrados/as que têm muitos processos de adoção e funcionários da Segurança Social, que lidam com as crianças, contam que estas não gostam de ter, nos bilhetes de identidade, uma paternidade atribuída a alguém que não conhecem e apelidos de um progenitor que as abandonou ou maltratou, desejando as crianças profundamente usar os apelidos dos adultos que cuidam delas como pais e a quem amam. Os documentos de identificação da criança devem traduzir, no seu interesse, o seu sentimento de pertença a uma família. Os seres humanos e a sociedade vivem de símbolos, importantes para a identidade e inserção social dos indivíduos.

A adoção plena vai favorecer a integração do A na família, a igualdade de estatuto com os seus irmãos e evitar a existência de discriminações sociais ou constrangimentos do A perante terceiros, que o questionem sobre a diferença de apelidos, em relação aos seus irmãos, e sobre a sua paternidade.

A adoção plena do A, pelo requerente, constitui, também, uma forma de ajudar o A, durante a infância e na sua idade adulta, a resolver o problema existencial de ter sido abandonado pelo progenitor biológico e a ter uma família completa como tem a maior parte das pessoas, com pai e mãe.

No juízo de valor sobre as vantagens da adoção, a sentença recorrida considerou a identidade biológica da criança como um fator que desaconselharia a adoção. A adoção, «dado o seu carácter irreversível, "apagaria" para sempre a identidade biológica da criança»[30]. A sentença

---

[30] Sentença recorrida, p. 13.

recorrida esquece, contudo, que a identidade biológica significa para esta criança apenas a memória de um abandono e da dor de não ter pai. Será no seu interesse manter esta memória formalizada no registo civil, nos seus documentos de identificação e nos apelidos que terá que usar toda a vida?

A adoção plena vai cortar os laços com a família biológica paterna (art. 1986º). Mas não foram estes laços cortados há muito tempo, por decisão do progenitor biológico e dos seus parentes, contra a qual o A, em virtude da sua fragilidade, nada pôde fazer? Neste contexto, a verdade biológica é um conceito vazio para a criança. O que conta, para si, é a verdade afetiva e a verdade sociológica. O Direito deve adotar a perspetiva da criança e reconhecer, no plano jurídico, aquilo que a criança sente e vive: pai é aquele que cuida e que ama no dia-a-dia.

Mesmo para quem defenda que não é bom para a criança apagar a sua identidade biológica e que esta deve conhecer a sua historicidade pessoal, a adoção plena não impede o exercício destes direitos pela criança. A Constituição, no art. 26º, nº 1, reconhece o direito à identidade pessoal e o direito ao livre desenvolvimento da personalidade, os quais abrangem o direito da criança adotada conhecer a sua identidade biológica[31]. A lei permite o acesso ao registo de nascimento da pessoa adotada, no processo preliminar para casamento, para averiguação de impedimentos matrimoniais aquando da celebração do casamento (art. 1986º, nº 1, 2ª parte e art. 1603º). A pessoa adotada pode, também, requerer, ao Tribunal, nos termos do art. 173º-B da OTM a consulta dos processos de adoção e a extração de certidões, mediante a prova, em processo judicial, de interesse legítimo e motivos ponderosos.

Neste caso, uma vez que a criança tem 9 anos e conhece a sua história, assim como o nome e os apelidos do seu progenitor biológico, não

---

[31] Sobre o tema, *vide* MARIA CLARA SOTTOMAYOR, «Quem são os "verdadeiros" pais? Adoção plena de menor e oposição dos pais biológicos», *Direito e Justiça, Revista da Universidade Católica Portuguesa*, Volume XVI, 2002, Tomo 1, pp. 191-241.

representará qualquer dificuldade para si, procurar o progenitor biológico, na adolescência ou na idade adulta, se sentir necessidade de tal. O direito ao conhecimento da verdade biológica não constitui, portanto, um impedimento à adoção plena ou algo que seja necessário manter visível na identidade da criança.

Manter o estatuto de pai a um progenitor biológico que não assumiu os seus deveres, com base no argumento biologista, é fazer prevalecer o interesse do adulto sobre o da criança, em sentido contrário à lei e à jurisprudência.

Com efeito, de acordo com a jurisprudência dos nossos Tribunais:

> **"É que não basta ter filhos, é preciso merecê-los. Também não chega vir tardiamente recusar o consentimento para a adoção de um filho, quando antes o pai não se preocupou, durante 22 meses, com a sua existência, alimentação, saúde e vigilância"** (STJ, 31-01-2006, Relator: AZEVEDO RAMOS)[32].

> **"A família é um lugar de afeto, dependendo a qualidade do afeto da potencialidade afetiva da pessoa que cuida da criança no dia a dia, que acompanha os seus sonhos e vive as suas alegrias."** (STJ, 30-11-2004, Relator: AZEVEDO RAMOS)[33].

> **"E, relativamente aos filhos – que não são coisas, muito menos bens de que os progenitores sejam proprietários – os pais e as mães só têm deveres e não direitos"** (Relação de Lisboa, 22-10-2007, Relator: EURICO REIS)[34].

d) *A audição da criança*

Para o efeito de avaliar as vantagens da adoção para a criança e a existência de uma relação afetiva semelhante à filiação, o Tribunal devia ter ouvido a criança. Não tendo auscultado a sua opinião e sentimentos

---

[32] Cf. Base Jurídico-Documental do MJ, www.dgsi.pt.
[33] Cf. Base Jurídico-Documental do MJ, www.dgsi.pt.
[34] Cf. Base Jurídico-Documental do MJ, www.dgsi.pt.

acerca da adoção plena, o Tribunal desconsiderou um fator decisivo para a decisão e obrigatório nos termos da lei.

As crianças têm o direito a ser ouvidas e a que a sua opinião seja tomada em conta, de acordo com art. 12º da Convenção dos Direitos da Criança de 1989, ratificada pelo Estado Português.

A lei, de acordo com a conceção moderna de infância, como pessoa competente para tomar decisões, reconhece às crianças direitos de participação nos assuntos que lhe dizem respeito (art. 12º da Convenção dos Direitos da Crianças, arts. 1878º, nº 2 e 1901º do Código Civil e arts. 10º, 84º, 103º, 104º, 105º, nº 2, 112º e 114º da Lei nº 147/99, de 1 de Setembro) e consagra, como princípio fundamental da intervenção do Estado, a audição obrigatória da criança (art. 4º, al. i) da LPP), sem limite de idade, constituindo todas as referências a idades concretas, em determinadas normas jurídicas, apenas indicações que não significam uma negação do direito da criança a ser ouvida em qualquer idade. Terá que ser a parte interessada em que a criança não seja ouvida ou o próprio Tribunal a demonstrar a falta de maturidade da criança para tal, caso contrário, presume-se a maturidade necessária para a audição. O Direito das Crianças tem evoluído, sendo a tendência moderna a de abandonar a ideia negativa de incapacidade de exercício para a substituir pela capacidade natural da criança, de acordo com as suas aptidões intelectuais, afetivas e volitivas[35]. De acordo com esta lógica, presume-se a capacidade da criança para actos relacionados com a sua vida pessoal e afetiva, tendo as incapacidades que estar expressamente previstas em normas jurídicas, que são objeto de interpretação restritiva.

A ordem jurídica tem um novo paradigma, que concebe a criança como sujeito de direitos, e que se substitui ao paradigma tradicional da criança como objeto dos direitos dos adultos. Os Tribunais devem adaptar-se a este novo paradigma e "olhar" sobre a criança e sobre as suas capacidades, sendo esta a única forma de atenderem ao seu supe-

---

[35] Cf. ROSA MARTINS, *Menoridade, (In)capacidade e Cuidado Parental*, Coimbra Editora, 2008.

rior interesse. Uma criança é uma pessoa com a mesma dignidade e direitos dos adultos.

A audição da criança é obrigatória, conforme exige o art. 4º, al. i) da Lei de Proteção de Crianças e Jovens em Perigo, aplicável aos processos tutelares cíveis, por força da remissão do art. 147º-A da OTM. Neste sentido, se tem orientado a jurisprudência do STJ, em relação à audição da criança em processos tutelares cíveis. Veja-se o acórdão do STJ, de 07-02-2008 (Relator: MOREIRA CAMILO), nos termos do qual: "No tocante à regulação do poder paternal, não existe na nossa lei qualquer idade mínima para a audição de um menor, pelo que, em cada caso, poderá verificar-se a necessidade e a possibilidade de ouvir o menor, sopesando, nomeadamente, a idade e o grau de maturidade do menor."

Mesmo não tendo o Tribunal ouvido o A., deduz-se dos factos provados que este, porque escreve o nome do requerente quando lhe pedem para escrever o nome do pai, deseja ser adotado.

Conclusões

No caso *sub iudice*, verificam-se os pressupostos de dispensa do consentimento do progenitor biológico (art. 1981º, nº 3, al. b) e os requisitos da adoção plena, previstos no art. 1974º:

1. De acordo com a opinião da doutrina e da jurisprudência, o conceito civil de abandono é diferente do conceito penal, remetendo a lei, apenas, para o significado corrente da palavra: abandono significa afastamento, desamparo, deserção. Consequentemente, um progenitor que está ausente, durante cerca de sete/oito anos, abandonou o seu filho, para efeitos da alínea c) do nº 1 do art. 1978º.

2. A criança está em perigo grave, no sentido psíquico ou emocional, na medida em que não recebe do seu pai biológico a afeição e os cuidados necessários à sua idade. Ainda que a criança se encontre em bom estado de saúde e de desenvolvimento, em virtude dos cuidados prestados pelo outro progenitor ou por terceiros, ela encontra-se em perigo de poder ser a todo o momento

reivindicada pelo progenitor biológico, que se demitiu completamente das suas funções parentais, provocando na vida da criança instabilidade e medo de perder aqueles que ama. Esta noção de perigo preenche os requisitos exigidos pela al. d) do nº 1 do art. 1978º.
3. A expressão "particular" presente na al. e) do nº 1 do art. 1978º abrange qualquer pessoa que tenha a criança à sua guarda, quer se trate de uma terceira pessoa, de um membro da família alargada ou de um dos progenitores, que exerce as responsabilidades parentais. É esta a solução que resulta do cânone hermenêutico, segundo o qual "onde o legislador não distingue não deve o intérprete distinguir".
4. Os motivos alegados pelo requerente – "a inerência da adoção ao casamento ou como uma consequência do casamento" e a intenção de dar direitos a uma criança – num contexto em que cuida da criança como pai, constituem motivos legítimos para adotar, de acordo com o pensamento legislativo, que prevê adoção do filho do cônjuge, e de acordo com as conceções da sociedade.
5. O requerente é o *pai psicológico* do A, ou seja, a pessoa que numa base de continuidade no dia-a-dia, através de interação, companhia, ação recíproca e mútua, preenche a necessidade psicológica e física da criança de ter um pai. Provado no processo que o autor cuida da criança como sua filha, tal significa que esta relação afetiva semelhante à filiação ficou criada, na medida em que a expressão "cuidar como filho" significa a presença de amor filial, independentemente dos laços de sangue.
6. A adoção produz reais vantagens para a criança porque a equipara, em direitos, aos seus irmãos biológicos (uterinos), evita discriminações sociais decorrentes de ser filho de uma relação anterior ao casamento e de usar apelidos diferentes dos irmãos, confere estabilidade e definitividade à relação afetiva com o marido da mãe, e reconhece a verdade afetiva da criança, mais importante para o seu desenvolvimento do que a identidade biológica.

7. A adoção plena não impede a criança adotada de conhecer a sua identidade biológica e de requerer ao Tribunal o nome dos seus pais biológicos, no exercício do seu direito fundamental de conhecer as suas origens e historicidade pessoal (art. 26º da CRP).
8. Deduz-se dos factos provados que o A está de acordo com a adoção plena, na medida em que não tem memória do seu "pai antigo" e quando tem que escrever o nome do pai, o A escreve o nome do requerente, a quem trata por pai.
9. O Direito deve adotar a perspetiva da criança e reconhecer, no plano jurídico, aquilo que a criança sente e vive, a sua verdade sociológica e afetiva: pai é aquele que cuida e que ama, no dia-a-dia.

ÍNDICE

PREFÁCIO	7
NOTA PRÉVIA	13

O DIREITO DAS CRIANÇAS – UM NOVO RAMO DO DIREITO — 21
Introdução — 21
1. A noção de criança — 27
   a) Filosofia — 27
   b) Direito — 32
   c) Psicologia e sociologia — 37
   d) Antropologia — 42
2. A autonomização do Direito das Crianças — 43
   a) Elemento material — 44
   b) Elemento finalístico: o interesse da criança — 49
   c) Elemento metodológico — 52
3. A Convenção sobre os Direitos das Crianças e os direitos de participação — 52
4. O fim da regra da incapacidade geral de exercício e o modelo gradualista — 58
5. Conclusão: O Direito das Crianças como disciplina nova e autónoma — 63

ENTRE IDEALISMO E REALIDADE: A DUPLA RESIDÊNCIA DAS CRIANÇAS APÓS O DIVÓRCIO — 65
Introdução — 65

ÍNDICE

1. Definição de conceitos: exercício conjunto das responsabilidades parentais e guarda (ou residência) alternada ou partilhada — 69
2. Origem norte-americana do conceito de guarda partilhada e a sua difusão na Europa — 76
3. Dimensão quantitativa da guarda partilhada e evolução da jurisprudência — 91
4. A posição da jurisprudência portuguesa em relação à guarda partilhada — 94
5. Exercício conjunto das responsabilidades parentais e violência doméstica: a insuficiência da solução adotada no art. 1906º, nº 2 — 111
5.1. Necessidade de articulação entre o Direito Penal e o Direito da Família — 122
5.2. Os riscos para as crianças que assistem à violência doméstica e as medidas de proteção — 127
6. A lição do direito da família australiano: o impacto da reforma de 2006 — 131
7. A investigação científica sobre a guarda partilhada na Austrália — 135
7.1. A reforma de 2011 do direito da família australiano — 144
8. A reforma de 2011 no Canadá — 147
9. Investigação científica norte-americana sobre a guarda conjunta e a guarda partilhada — 149
9.1. O relatório do Estado de Washington — 157
10. O caso específico das crianças de tenra idade e a teoria da vinculação — 165
11. A perspetiva da criança sobre a dupla residência e os seus direitos de participação — 171
Conclusão — 178
Recomendações — 180

ABUSO SEXUAL E PROTEÇÃO DAS CRIANÇAS NOS PROCESSOS DE REGULAÇÃO DAS RESPONSABILIDADES PARENTAIS — 183
Introdução — 183
1. A falta de validade científica da tese das alegações falsas de abuso sexual — 188

2. A noção de síndrome de alienação parental, o perfil profissional
   de Richard Gardner e a origem pró-pedófila das suas teses ... 193
3. Os mitos sobre o abuso sexual de crianças ... 198
4. Acusações de abuso sexual e incumprimento de visitas: estudo
   de casos ... 201
5. Síndrome de alienação parental e presunção de falsidade
   das alegações de abuso sexual ... 219
6. Efeitos negativos da transferência da guarda ... 221
7. Discriminação de género na avaliação da prova
   e nos diagnósticos de síndrome de alienação parental ... 223
8. Os danos causados às crianças e às mulheres pela síndrome
   de alienação parental ... 227
9. Do fenómeno da síndrome de alienação parental
   para a alienação parental ... 230
10. Recomendações aos Tribunais ... 235

OS DIREITOS DAS CRIANÇAS VÍTIMAS DE CRIMES VIOLENTOS ... 239
Introdução ... 239
1. Enquadramento jurídico: os tipos legais de crime ... 241
1.1. Violência doméstica ... 242
1.2. Maus tratos ... 243
1.3. Crimes sexuais contra crianças ... 244
   a) Crimes contra a liberdade sexual ... 245
   b) Crimes contra a autodeterminação sexual de menores ... 247
   c) Noção de ato sexual de relevo ... 252
   d) Crime continuado ... 255
2. Disposições comuns aos crimes de violência doméstica, maus
   tratos e criminalidade sexual ... 259
2.1. Natureza pública ... 259
2.2. Possibilidade de suspensão provisória do processo ... 259
2.3. Possibilidade de suspensão da pena ... 260
3. Direitos das vítimas nos processos que lhes dizem respeito ... 261
3.1. Obrigações internacionais e comunitárias do Estado Português
   relativamente ao estatuto processual da vítima e à luta contra
   a exploração sexual de crianças e pornografia infantil ... 261

a) A Decisão-Quadro 2001/220/JAI do Conselho, de 15.3.2001, relativa ao estatuto da vítima em processo penal e a Diretiva 2012/29/UE do Parlamento Europeu e do Conselho ... 261
b) A Convenção sobre os Direitos da Criança e Protocolo Adicional Facultativo ... 264
c) A Decisão-Quadro 2004/68/JAI do Conselho, de 22 de dezembro de 2003 e a Diretiva 2011/93/UE do Parlamento Europeu, de 13 de dezembro de 2011 ... 266
d) A Convenção do Conselho da Europa para a Prevenção e o Combate à Violência Contra as Mulheres e a Violência Doméstica (Istambul, 11.05.2011) ... 273

3.2. Legislação de direito interno para proteção das vítimas ... 281
   a) Medidas para proteção de testemunhas em processo penal ... 281
   b) A audição das crianças nos casos de abuso sexual e as declarações para memória futura ... 282
   c) Regime jurídico aplicável à proteção e à assistência das vítimas de violência doméstica ... 293
   d) Medidas de proteção de menores, em cumprimento do art. 5º da Convenção do Conselho da Europa contra a exploração sexual e o abuso sexual de crianças, de 25 de outubro de 2007 ... 296

4. Ligação entre processo-crime e processo tutelar cível ... 297
4.1. Medidas de coação no processo penal e condenação em pena de prisão efetiva ... 300
4.2. Processos tutelares cíveis: promoção e proteção de crianças em perigo e regulação das responsabilidades parentais ... 300
   a) Abuso sexual de crianças ... 300
   b) Violência doméstica e maus tratos ... 303
5. Conclusões e recomendações ... 304
Bibliografia ... 306

O DIREITO DOS AFETOS E O INTERESSE DA CRIANÇA ... 309
1. A dimensão cognitiva das emoções nas decisões judiciais ... 309
2. Noção de interesse da criança e o conceito de família afetiva ... 313

PARECER	321
Introdução	325
a) A adoção do filho do cônjuge, um fenómeno crescente nas sociedades ocidentais	325
b) Pressupostos de dispensa do consentimento e requisitos da adoção	326
1. Requisitos de adotabilidade	327
a) Noção de abandono para efeitos da alínea c) do nº 1 do art. 1978º	327
b) Noção de perigo grave para efeitos da alínea d) do nº 1 do art. 1978º	332
c) Noção de manifesto desinteresse em termos de comprometer seriamente a qualidade e a continuidade dos vínculos afetivos próprios da filiação para efeitos da alínea e) do nº 1 do art. 1978º	335
d) Noção de particular para efeitos da alínea e) do nº 1 do art. 1978º	336
e) O superior interesse da criança como critério de decisão	338
2. Requisitos da adoção	339
a) O conceito de motivos legítimos	340
b) Que seja razoável supor que entre o adotante e o adotado se estabelecerá um vínculo semelhante ao da filiação	341
c) O conceito de reais vantagens e a identidade biológica da criança	342
d) A audição da criança	346
Conclusões	348